美玉如斯 沉积人生

刘宝珺传

周图伽 ◎ 著

中国科学院院士传记丛书
科学家学术成长资料采集工程

1931年	1950年	1954年	1982年	1989年	1991年	1996年	2013年
出生于天津	考入清华大学地质系	考取北京地质学院研究生	任成都地质矿产研究所所长	获李四光地质科学研究者奖	当选中国科学院院士	获斯潘迪亚罗夫奖	获中国沉积学成就奖

老科学家学术成长资料采集工程
中国科学院院士传记丛书

美玉如斯 沉积人生
刘宝珺 传

周图伽 ◎ 著

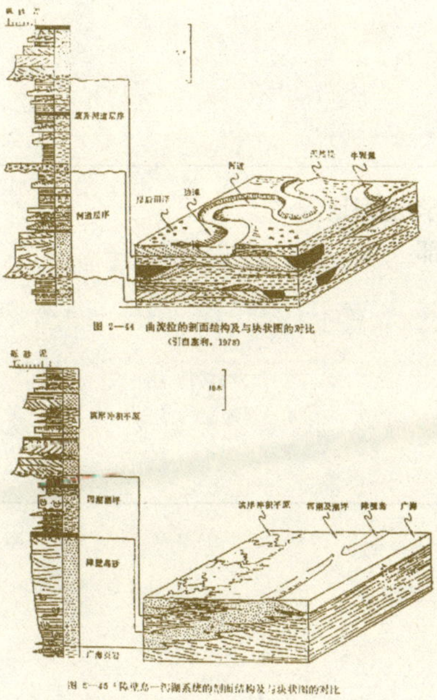

图 7—44 曲流powders的剖面结构及与块状图的对比（引自惠特，1978）

图 5—45 院里岛—抗州系统的剖面结构及与块状图的对比

中国科学技术出版社
上海交通大学出版社

图书在版编目（CIP）数据

美玉如斯　沉积人生：刘宝珺传 / 周图伽著 . —北京：中国科学技术出版社，2020.5

（老科学家学术成长资料采集工程丛书　中国科学院院士传记丛书）

ISBN 978-7-5046-8379-3

Ⅰ.①美… Ⅱ.①周… Ⅲ.①刘宝珺—传记　Ⅳ.
① K826.14

中国版本图书馆 CIP 数据核字（2019）第 214105 号

责任编辑	余　君
责任校对	焦　宁
责任印制	李晓霖
版式设计	中文天地

出　版	中国科学技术出版社　上海交通大学出版社
发　行	中国科学技术出版社有限公司发行部
地　址	北京市海淀区中关村南大街 16 号
邮　编	100081
发行电话	010-62173865
传　真	010-62173081
网　址	http://www.cspbooks.com.cn

开　本	787mm×1092mm　1/16
字　数	430 千字
印　张	27
彩　插	2
版　次	2020 年 5 月第 1 版
印　次	2020 年 5 月第 1 次印刷
印　刷	北京华联印刷有限公司
书　号	ISBN 978-7-5046-8379-3 / K・267
定　价	138.00 元

（凡购买本社图书，如有缺页、倒页、脱页者，本社发行部负责调换）

老科学家学术成长资料采集工程
领导小组专家委员会

主　任：韩启德

委　员：（以姓氏拼音为序）

　　　　陈佳洱　　方　新　　傅志寰　　李静海　　刘　旭
　　　　齐　让　　王礼恒　　徐延豪　　赵沁平

老科学家学术成长资料采集工程
丛书组织机构

特邀顾问（以姓氏拼音为序）

　　　樊洪业　　方　新　　谢克昌

编委会

主　编：老科学家学术成长资料采集工程领导小组办公室

编　委：（以姓氏拼音为序）

　　　　定宜庄　　董庆九　　郭　哲　　胡宗刚　　胡化凯
　　　　刘晓堪　　吕瑞花　　秦德继　　任福君　　王扬宗
　　　　熊卫民　　姚　力　　张大庆　　张　藜　　张　剑
　　　　周大亚　　周德进

编委会办公室

主　任：孟令耘　　杨志宏
副主任：许　慧　　刘佩英
成　员：（以姓氏拼音为序）

　　　　冯　勤　　高文静　　韩　颖　　李　梅　　刘如溪
　　　　罗兴波　　王传超　　余　君　　张佳静

老科学家学术成长资料采集工程简介

老科学家学术成长资料采集工程（以下简称"采集工程"）是根据国务院领导同志的指示精神，由国家科教领导小组于2010年正式启动，中国科协牵头，联合中组部、教育部、科技部、工信部、财政部、文化部、国资委、解放军总政治部、中国科学院、中国工程院、国家自然科学基金委员会等11部委共同实施的一项抢救性工程，旨在通过实物采集、口述访谈、录音录像等方法，把反映老科学家学术成长历程的关键事件、重要节点、师承关系等各方面的资料保存下来，为深入研究科技人才成长规律，宣传优秀科技人物提供第一手资料和原始素材。

采集工程是一项开创性工作。为确保采集工作规范科学，启动之初即成立了由中国科协主要领导任组长、12个部委分管领导任成员的领导小组，负责采集工程的宏观指导和重要政策措施制定，同时成立领导小组专家委员会负责采集原则确定、采集名单审定和学术咨询，委托科学史学者承担学术指导与组织工作，建立专门的馆藏基地确保采集资料的永久性收藏和提供使用，并研究制定了《采集工作流程》《采集工作规范》等一系列基础文件，作为采集人员的工作指南。截至2016年6月，已启动400多位老科学家的学术成长资料采集工作，获得手稿、书信等实物原件资料73968件，数字化资料178326件，视频资料4037小时，音频资料4963小时，具有重要的史料价值。

采集工程的成果目前主要有三种体现形式，一是建设"中国科学家博物馆网络版"，提供学术研究和弘扬科学精神、宣传科学家之用；二是编辑制作科学家专题资料片系列，以视频形式播出；三是研究撰写客观反映老科学家学术成长经历的研究报告，以学术传记的形式，与中国科学院、中国工程院联合出版。随着采集工程的不断拓展和深入，将有更多形式的采集成果问世，为社会公众了解老科学家的感人事迹，探索科技人才成长规律，研究中国科技事业的发展历程提供客观翔实的史料支撑。

总序一

中国科学技术协会主席 韩启德

老科学家是共和国建设的重要参与者，也是新中国科技发展历史的亲历者和见证者，他们的学术成长历程生动反映了近现代中国科技事业与科技教育的进展，本身就是新中国科技发展历史的重要组成部分。针对近年来老科学家相继辞世、学术成长资料大量散失的突出问题，中国科协于2009年向国务院提出抢救老科学家学术成长资料的建议，受到国务院领导同志的高度重视和充分肯定，并明确责成中国科协牵头，联合相关部门共同组织实施。根据国务院批复的《老科学家学术成长资料采集工程实施方案》，中国科协联合中组部、教育部、科技部、工业和信息化部、财政部、文化部、国资委、解放军总政治部、中国科学院、中国工程院、国家自然科学基金委员会等11部委共同组成领导小组，从2010年开始组织实施老科学家学术成长资料采集工程。

老科学家学术成长资料采集是一项系统工程，通过文献与口述资料的搜集和整理、录音录像、实物采集等形式，把反映老科学家求学历程、师承关系、科研活动、学术成就等学术成长中关键节点和重要事件的口述资料、实物资料和音像资料完整系统地保存下来，对于充实新中国科技发展的历史文献，理清我国科技界学术传承脉络，探索我国科技发展规律和科技人才成长规律，弘扬我国科技工作者求真务实、无私奉献的精神，在全社会营造爱科学、学科学、用科学的良好氛围，是一件很有意义的事情。采集工程把重点放在年龄在80岁以上、学术成长经历丰富的两院院士，以及虽然不是两院院士、但在我国科技事业发展中作出突出贡献的老科技工作者，充分体现了党和国家对老科学家的关心和爱护。

自2010年启动实施以来，采集工程以对历史负责、对国家负责、对科技事业负责的精神，开展了一系列工作，获得大量反映老科学家学术成长历程的文字资料、实物资料和音视频资料，其中有一些资料具有很高的史料价值和学术价值，弥足珍贵。

以传记丛书的形式把采集工程的成果展现给社会公众，是采集工程的目标之一，也是社会各界的共同期待。在我看来，这些传记丛书大都是在充分挖掘档案和书信等各种文献资料、与口述访谈相互印证校核、严密考证的基础之上形成的，内中还有许多很有价值的照片、手稿影印件等珍贵图片，基本做到了图文并茂，语言生动，既体现了历史的鲜活，又立体化地刻画了人物，较好地实现了真实性、专业性、可读性的有机统一。通过这套传记丛书，学者能够获得更加丰富扎实的文献依据，公众能够更加系统深入地了解老一辈科学家的成就、贡献、经历和品格，青少年可以更真实地了解科学家、了解科技活动，进而充分激发对科学家职业的浓厚兴趣。

借此机会，向所有接受采集的老科学家及其亲属朋友，向参与采集工程的工作人员和单位，表示衷心感谢。真诚希望这套丛书能够得到学术界的认可和读者的喜爱，希望采集工程能够得到更广泛的关注和支持。我期待并相信，随着时间的流逝，采集工程的成果将以更加丰富多样的形式呈现给社会公众，采集工程的意义也将越来越彰显于天下。

是为序。

总序二

中国科学院院长 白春礼

由国家科教领导小组直接启动，中国科学技术协会和中国科学院等12个部门和单位共同组织实施的老科学家学术成长资料采集工程，是国务院交办的一项重要任务，也是中国科技界的一件大事。值此采集工程传记丛书出版之际，我向采集工程的顺利实施表示热烈祝贺，向参与采集工程的老科学家和工作人员表示衷心感谢！

按照国务院批准实施的《老科学家学术成长资料采集工程实施方案》，开展这一工作的主要目的就是要通过录音录像、实物采集等多种方式，把反映老科学家学术成长历史的重要资料保存下来，丰富新中国科技发展的历史资料，推动形成新中国的学术传统，激发科技工作者的创新热情和创造活力，在全社会营造爱科学、学科学、用科学的良好氛围。通过实施采集工程，系统搜集、整理反映这些老科学家学术成长历程的关键事件、重要节点、学术传承关系等的各类文献、实物和音视频资料，并结合不同时期的社会发展和国际相关学科领域的发展背景加以梳理和研究，不仅有利于深入了解新中国科学发展的进程特别是老科学家所在学科的发展脉络，而且有利于发现老科学家成长成才中的关键人物、关键事件、关键因素，探索和把握高层次人才培养规律和创新人才成长规律，更有利于理清我国科技界学术传承脉络，深入了解我国科学传统的形成过程，在全社会范围内宣传弘扬老科学家的科学思想、卓越贡献和高尚品质，推动社会主义科学文化和创新文化建设。从这个意义上说，采集工程不仅是一项文化工程，更是一项严肃认真的学术建设工作。

中国科学院是科技事业的国家队，也是凝聚和团结广大院士的大家庭。早在1955年，中国科学院选举产生了第一批学部委员，1993年国务院决定中国科学院学部委员改称中国科学院院士。半个多世纪以来，从学部委员到院士，经历了一个艰难的制度化进程，在我国科学事业发展史上书写了浓墨重彩的一笔。在目前已接受采集的老科学家中，有很大一部分即是上个世纪八九十年代当选的中国科学院学部委员、院士，其中既有学科领域的奠基人和开拓者，也有作出过重大科学成就的著名科学家，更有毕生在专门学科领域默默耕耘的一流学者。作为声誉卓著的学术带头人，他们以发展科技、服务国家、造福人民为己任，求真务实、开拓创新，为我国经济建设、社会发展、科技进步和国家安全作出了重要贡献；作为杰出的科学教育家，他们着力培养、大力提携青年人才，在弘扬科学精神、倡树科学理念方面书写了可歌可泣的光辉篇章。他们的学术成就和成长经历既是新中国科技发展的一个缩影，也是国家和社会的宝贵财富。通过采集工程为老科学家树碑立传，不仅对老科学家们的成就和贡献是一份肯定和安慰，也使我们多年的夙愿得偿！

鲁迅说过，"跨过那站着的前人"。过去的辉煌历史是老一辈科学家铸就的，新的历史篇章需要我们来谱写。衷心希望广大科技工作者能够通过"采集工程"的这套老科学家传记丛书和院士丛书等类似著作，深入具体地了解和学习老一辈科学家学术成长历程中的感人事迹和优秀品质；继承和弘扬老一辈科学家求真务实、勇于创新的科学精神，不畏艰险、勇攀高峰的探索精神，团结协作、淡泊名利的团队精神，报效祖国、服务社会的奉献精神，在推动科技发展和创新型国家建设的广阔道路上取得更辉煌的成绩。

总序三

中国工程院院长　周　济

由中国科协联合相关部门共同组织实施的老科学家学术成长资料采集工程，是一项经国务院批准开展的弘扬老一辈科技专家崇高精神、加强科学道德建设的重要工作，也是我国科技界的共同责任。中国工程院作为采集工程领导小组的成员单位，能够直接参与此项工作，深感责任重大、意义非凡。

在新的历史时期，科学技术作为第一生产力，已经日益成为经济社会发展的主要驱动力。科技工作者作为先进生产力的开拓者和先进文化的传播者，在推动科学技术进步和科技事业发展方面发挥着关键的决定的作用。

新中国成立以来，特别是改革开放30多年来，我们国家的工程科技取得了伟大的历史性成就，为祖国的现代化事业作出了巨大的历史性贡献。两弹一星、三峡工程、高速铁路、载人航天、杂交水稻、载人深潜、超级计算机……一项项重大工程为社会主义事业的蓬勃发展和祖国富强书写了浓墨重彩的篇章。

这些伟大的重大工程成就，凝聚和倾注了以钱学森、朱光亚、周光召、侯祥麟、袁隆平等为代表的一代又一代科技专家们的心血和智慧。他们克服重重困难，攻克无数技术难关，潜心开展科技研究，致力推动创新发展，为实现我国工程科技水平大幅提升和国家综合实力显著增强作出了杰出贡献。他们热爱祖国，忠于人民，自觉把个人事业融入到国家建设大局之中，为实现国家富强而不断奋斗；他们求真务实，勇于创新，用科技为中华民族的伟大复兴铸就了辉煌；他们治学严谨，鞠躬尽瘁，具有崇高的科学精神和科学道德，是我们后代学习的楷模。科学家们的一生是一本珍贵的教科书，他们坚定的理想信念和淡泊名利的崇高品格是中华民族自强不息精神的宝贵财富，永远值得后人铭记和敬仰。

通过实施采集工程，把反映老科学家学术成长经历的重要文字资料、实物资料和音像资料保存下来，把他们卓越的技术成就和可贵的精神品质记录下来，并编辑出版他们的学术传记，对于进一步宣传他们为我国科技发展和民族进步作出的不朽功勋，引导青年科技工作者学习继承他们的可贵精神和优秀品质，不断攀登世界科技高峰，推动在全社会弘扬科学精神，营造爱科学、讲科学、学科学、用科学的良好氛围，无疑有着十分重要的意义。

中国工程院是我国工程科技界的最高荣誉性、咨询性学术机构，集中了一大批成就卓著、德高望重的老科技专家。以各种形式把他们的学术成长经历留存下来，为后人提供启迪，为社会提供借鉴，为共和国的科技发展留下一份珍贵资料。这是我们的愿望和责任，也是科技界和全社会的共同期待。

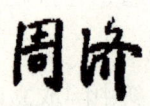

周济

刘宝珺

采集小组工作启动仪式
（2015 年 11 月 9 日）

采访翟裕生院士
（2017 年 4 月 24 日）

序 一

上世纪七十年代，地质矿产部所属的六个大区研究所，各自拥有不同的学科发展方向。鉴于成都地质矿产研究的地域优势和研究基础，则以发展沉积学为研究目标。为此，刘宝珺先生于1982年初由成都地质学院调入成都地质矿产研究所，由教学转向以科研为主。有幸与刘宝珺先生相识并共事，至今已有四十余载，在沉积地质学的学科领域研究中，颇有教益。

早期，刘宝珺先生在执教期间，以水动力分析思路研究床砂形态，迈出沉积岩石学的范畴，拓展了沉积环境、沉积相与盆地的相关性和成矿作用的研究，并取得成效，在国内外有较高知名度，为沉积地质学科的发展奠定了深厚的基础。

记忆中，刘宝珺先生到成都矿产研究所的几十年间，有三个重要的举措，促使该研究所成为沉积学研究中心，并培养了一批中青年沉积学科骨干、科研带头人以及良好的科研团队。

首先，培养人才。

沉积地质学既具理论性，更富实践性，并涉及与沉积学相关的多个地质边缘学科。沉积学的发展也需与国际地学接轨，认识学科新动态，研究热点和前沿领域，因此培养人才则是重中之重。为此，刘宝珺先生充分利用个人在国际地学界的优势，在地矿部的支持下，邀请国际地科联沉积学会历届主席，各国著名沉积地质学家、构造学家来华讲课，并实地考察。如加拿大三位学者分别讲授碳酸盐岩、成岩作用、生物礁；德国学者主讲事件沉积；荷兰学者讲现代海岸沉积；英国学者讲盆地分析等。除此，还邀请国内学者讲授沉积相、遗迹化石、生物碎片等。

十多年间，由成都地质矿产研究所出面主持、举办的全国性的大型学习班十多次，每次有一二百名学员参加，一般五到十天不等，有的达半个月之久。学员不仅来自地矿部，还有大专院校、煤炭部、石油部门的地质人员参加，由此掀起沉积学学术研究的热潮，也是沉积学发展的鼎盛阶段。更重要的是开阔了地质者的视野，了解了国际沉积学的现状、热点问题及前沿研究领域，同时也为全国培养了大批优秀的沉积学研究者。在此期间，刘宝珺先生多次带领成矿所的地质人员同赴野外考察，现场讲解并分析沉积特征的成因、沉积序列演化。刘先生对地质体的观察思路、分析方法，提高了吾等认识露头沉积学的实践能力，为引申分析沉积地质体的演化打下坚实的实践能力。这一举措，刘宝珺先生功不可没。

其二，开创新一轮的岩相古地理研究。

我国古地理研究和编图，始于五十年代，刘鸿允先生以地层为依据，编制《中国断代古地理图》；八十年代初，王鸿祯先生以构造活动论的思路，编制《中国古地理图集》。地质矿产部在"七五"期间设一专项，将"中国南方岩相古地理及沉积、层控矿产远景预测"（以下简称"南古项目"）列为国家重点攻关项目，以沉积地质学为基础，以板块构造和构造活动论为主控，编制新一轮的岩相古地理图，由刘宝珺先生组织实施。

南古项目，可称为一浩大的、多学科组队的协作工程，项目设置了八个二级课题、四十七个三级课题。成都地质矿产研究所在刘宝珺先生主持下，组织了由沉积学、构造、地层、古生物、矿床等多学科的研究人员参加，并负责总项目的统筹。除此，参加项目的包括南方各省地矿局有实践经验地质工作者、地质院校以及石油系统人员等，共三十个单位、三百三十二名地质科技工作者参与。

庞大的科研协作组团，可谓地质系统的首列，历时五年完成任务，出版了《中国南方震旦纪－三叠纪岩相古地理图集》、《中国南方古大陆沉积地壳演化与成矿》专著、《中国南方震旦纪至三叠纪八个地质时代的岩相古地理与成矿作用》七本专著等系列丛书。

王鸿祯院士认为，南古项目的系列成果和古地理图集，以八十年代的最新理论、构造活动论和演化阶段论,阐述了基底构造演化与盆地演化的关系,在古地理研究中具有里程碑意义的成果。至今该成果仍是古地理研究的典范之一。

其三,追踪当前沉积地质学的前沿及热点。

刘宝珺先生极为重视国际沉积学的发展前景,宗旨是为国内沉积学界的研究水准与国际同步,特别是对幕式事件沉积认识的定性、推广层序地层学的应用有重大的贡献。

岩石地层中的任一界面之间,均是事件的响应－沉积间断,但作为地质历史中罕见的幕式事件沉积物,保存极少,识别、判断此特征极为重要。

四川兴文二叠纪风暴岩是罕见的幕式事件沉积,为刘宝珺先生首次发现,一时间国内掀起风暴岩热潮。

为准确识别、辨认风暴岩,刘宝珺先生从风暴流形成的盆地背景、水动力条件和风暴流的运动轨迹,以及对底层沉积物的破坏和改造,形成特殊的沉积构造和地层序列,如口袋构造、粒序性、丘状交错层理等,它和地层中常见的密度流、浊流沉积、重力流以及强风浪的沉积物有极大不同,不可混为一体。对引导地学者,慎重定性保存下的罕见事件沉积物,起了决定性的作用。

层序地层学的兴起,是九十年代地学的又一次革命,改变了沉积学者的传统观念,以活动论、三维时空立体观识别有成因联系的地质体。刘宝珺先生提出以层序地层学的新思维,作为分析沉积盆地的重要手段,提出构造控盆、构造与盆地分析相结合新认识。

吾等与刘宝珺先生共事多年,悟到他对地质事业的敬爱,对地质体的求实理解和慎重识别的分析思路,细密观察地质现象的思维方式,受益匪浅。借此序,亦示谢意。

许效松[①]

2017年12月于成都

[①] 许效松:中国地质调查局成都地质调查中心研究员,四川省学木技术带头人。

序 二

　　刘宝珺院士是我的老师。我们相识已经有六十年了。他是一位令人尊敬的园丁，勇于创新的科学家，中国沉积地质学的拓荒者。数十年来，他披荆斩棘，迎难而上，殚精竭虑，献身中国沉积地质学的研究。他的业绩受到了国内外同行的交口称赞。

　　1958年1月，四川石油勘探局在川中龙女寺构造的陆相侏罗系地层中首钻获得工业油流，宣告了"中国贫油论"的破产。消息传来，石油地质界为之震动。当时的地质部当机立断，决定从北京地质学院石油地质系抽调一部分师生，整建制转入成都地质学院，以加快该学院石油天然气地质专业的建设。我们班有幸光荣入选。那一年，我刚刚读完大学三年级的课程，对未来正充满着憧憬和企望。

　　1958年5月，春意阑珊。我们怀着无比的依恋之情告别北京，南下鄂西的巴东进行以二十万分之一区域地质调查为主要内容的生产实习，并受命在实习结束后立即束装西行，到筹建中的成都地质学院注册报到。同年8月底，我们完成了巴东的填图任务，乘船逆流而上，过三峡，经重庆，一路高歌，转赴蓉城。就在那里，我遇见了刘宝珺院士。那时，他是教授石油地质专业"沉积岩石学"的一位青年教师。正是那一次邂逅，我们结下了终身的师生之缘。

　　沉积岩石学是石油地质专业学生必修的专业基础课程，原是地层学的一部分，上世纪初从地层学中分离出来，成为一门独立的地球科学分支学科。到上世纪的五十年代，仅过五十年，学科体系尚欠成熟。有一些人认为，沉积岩石学既无高深的理论，又无先进的技术手段，甚至连分类方案都难以自圆其说，致使初学者兴趣缺乏，在岩浆岩、沉积岩和变质岩这三大岩类中，一向被认为是最难讲授的一门课程。可是，沉积岩又是绝大多数石油和天然气的储层，其重要性不言而喻。也许就是因为这个缘故吧，沉积岩石学的教学常被视为畏途。

沉积岩石学是我们抵蓉后的第一门专业基础课，凝结着大家的期盼。就在我们抵达成都不久，学生中就有传言，石油系的这门课程将由刘宝珺老师主讲。刘老师是清华的高材生，池际尚教授的入室弟子，在白银厂搞过铜矿，在北地教过岩浆岩，稍后调任成都地院，改行搞沉积岩。他好学多思，待人和蔼，治学严谨，思想敏锐，讲课要言不烦，是一位出类拔萃的业务尖子。不过，虽执教多年，却依然是一名助教。

第一堂课对学生和老师都很重要。上课的铃声终于响起，学生们正襟危坐，怀着期盼注视着阶梯教室的大门。刘宝珺出现了。他高高的身材，白皙的脸庞，腰杆挺直，步履稳健，神态自若，简单地和同学们打一招呼，就转入正题，开始充满自信地将学生们引入一个新的世界。他以沉积岩的形成为主线，用精辟的语言讲解着什么是沉积岩，它们的产地和产状，它们的时代分布，它们的成因以及研究沉积岩的重要意义，深入浅出，字字珠玑，引人入胜。听着他的课，我慢慢地沉浸到他为初入门者精心编织的故事之中，心头涌起的是喜悦和信任。

秋去春来，一个学期很快就过去了。我已然对沉积岩石学产生了浓厚的兴趣，刘宝珺的名字也就永远刻在了我的记忆中。六十年转瞬即逝，刘宝珺院士作为一个出色的园丁的形象，却依然历历在目。

毕业以后，同学们各奔东西。我被分配到长春地质学院沉积岩教研室，成了刘老师真正的同行，我们之间的关系也就更深了一层。但凡有机会到成都，我都会去看望他，向他请教。他写的书，他的文章，我都会认真拜读。以后他转赴成都地质矿产研究所当所长，但依旧在播种知识，通过各种方式授业布道，从来也没有放弃过园丁的生涯。

刘宝珺院士又是一位充满创新精神的拓荒者。

序 二 | 5

沉积岩石学是地球科学历史发展的产物，原是地层学的一部分。上世纪初，因为生产实践的需要，从地层学中分离出来成为一门独立的基础学科。1925年，有鉴于沉积岩成因研究和环境分析的需要，A. C. 特罗布列奇提出，扩大沉积岩石学的研究范畴，加强沉积岩形成过程和形成环境研究，设立一门他称之为"沉积学"的新学科。其任务是，"在沉积物和沉积岩的描述和分类的基础上，加强沉积物形成作用机理和沉积环境的研究"。这一主张很快得到沉积地质学界的热烈响应，一大批有关沉积岩形成环境和形成作用的研究成果先后问世。其中包括英国沉积学家拉尔夫·巴格诺德在沉积动力学方面所做的开创性工作。上世纪五十年代，又有浊流学说问世。基于现代沉积研究而提出的碳酸盐岩分类，从根本上改变了人们对碳酸盐沉积作用的认识。沉积相、岩相古地理的研究也有了巨大的进展。

1968年，"深海钻探计划"（DSDP）上马，吹响了地学革命的号角，板块构造理论应运而生。它以摧枯拉朽之势，风卷残云，将统治地球科学长达百年的"地槽论"拉下神坛；一些被权威们划为"禁区"的领域，也受到了无情的挑战。地学革命步步深入，开创了地球科学大发展的盛世，也为沉积学的发展开辟了条条康庄大道。现代沉积和现代沉积作用的研究和原位监测得到了重视和加强；比较沉积学、事件沉积学、层序地层学、古海洋学、古湖泊学等新兴学科如雨后春笋般破土而出；沉积物和沉积岩的研究方法和技术突飞猛进；在岩类学方面，除了碳酸盐岩和浊积岩的历史性突破和理论创新，在蒸发岩、磷块岩、河流沉积作用、三角洲沉积作用、湖泊沉积作用、生物礁沉积作用、风成沉积作用和成岩后生作用等方面，都取得了划时代的伟大成就；沉积模拟实验和实验沉积学也受到了沉积学家们的普遍重视；沉积动力学的发展更上层楼，定量沉积学日有进展；深海油气和天然气水合物的勘探开发正在改变人类的能源结构和布局；大区域岩相古地理编图重新提出将沉积物的历史演化，特别是沉积序列的纵向更迭和沉积体系域的时空分布与海平面变化等地质事件联系起来，进一步加强了沉积学与地层学和其他相关学科的结合；在广袤无垠的深海底发现的铁锰多金属结核、富钴结壳、深海热液硫化物和深海稀土软泥等大型和特大型的矿物堆积，不仅开创了沉积学的新的研究领域，也将彻底改写人类社会的资源结构和资源开发历史；深海生物的发现及其沉积成岩作用的研究，将为解决生命的起源和许多沉积学的历史悬疑提供新的契机。深海已经敞开它的大门，准备着迎接沉积学新纪元的到来。

上世纪七十年代，沉积地球科学一反从前的沉闷，成为了年轻人最为喜爱的一个学科领域。1966年，《沉积地质学》杂志创刊。"沉积地质学"这一新的学科和研究方向得到地质学界的普遍承认和赞赏。沉积地球科学也完成了从沉积岩石学到沉积学，再到沉积地质学的历史性转变。

刘宝珺院士以他敏锐的科学眼光，热切地关注着国际沉积地质学界的风云变幻。根据中国的国情及其优越的区位优势，他积极投身国际沉积学研究的急流涌浪，创新性地引入国际地学革命的成果，为发展具有我国特色的沉积地球科学理论作出了卓越的贡献。1971年底，刘院士率领一支科研小分队对云南滇中含铜砂岩进行科学研究，开始应用相模式的理论，进行环境的分析和矿床成因的探讨，得出了河流相砂岩后生成矿的创新性结论；与此同时，他通过科研和讲学，开始在国内大力推广当代沉积动力学研究和岩相古地理研究的最新成果；提出了沉积期后分异作用和成矿作用的理论，大大促进了岩相控矿的新的矿床成因理论的研究和普及。与此同时，他还在国内开风暴岩研究的先河，提出了扬子地台陆缘寒武纪磷质风暴岩的沉积模式。二十世纪九十年代，他首次把全球变化的概念引入历史地质学的研究领域，提出了"统一地质场"的理论。他还主持地矿部重点攻关项目"中国南方岩相古地理及沉积、层控矿产远景规划"，编制出一套中比例尺的岩相古地理图，受到学术界的欢迎和高度称赞。

从沉积岩石学到沉积学再到沉积地质学，从教授、园丁、拓荒者到创新人——这就是刘宝珺院士的人生轨迹。2017年，刘宝珺院士已经八十六高龄，依然不远千里，从成都赶到南京参加第六届全国沉积学大会。他依然在思考，继续关注着中国沉积学的发展，还在极尽所能，全心全意为国家和人民服务。"老骥伏枥，志在千里"，作为一位爱国科学家，他为我们

序 二 | 7

树立了一座丰碑。他的志向、他的精神、他的学识和品德，包括他的多彩人生，都是值得我们学习的。

何起祥[①] 谨识
2017 年 11 月 24 日

---

① 何起祥：研究员，中国地质调查局海岸带地质研究中心主任、青岛海洋地质研究所科学技术咨询委员会主任，兼任 CCOP 终生荣誉顾问。

序 三

由中国科协主持的"老科学家学术成长资料采集工程"在全国展开，这是以国家的名义来记录中国老科学家们的经历、记录他们的学术成长与成就。这如同展开了一部新中国的科技创业史、共和国的崛起史，也是一座老科学家的荣誉殿堂。一个个功勋卓越的老科学家名列其上，我的老师刘宝珺先生也名列其中。我受托为老师刘宝珺先生的传记写序，不胜荣幸。

国破家何在，以血荐轩辕。先生的童年、少年时代，正值中华民族危难之时。日寇侵华，半壁河山已沉沦，半壁河山尚在血火之中。人才荟萃的南开校园，培育了先生报效国家、献身民族的初心。此后一生，无论风雨如磐，还是灯火阑珊，先生都初心不改。

先生是幸运的。南开、清华、地大，一个个精英摇篮，又培育了先生严格的治学方法和态度，将先生领入了科学探索的大门。冯景兰、池际尚、王嘉荫这些老一辈知识分子言传身教，使精忠报国的使命感，浸润到了先生的骨子里。

先生也是艰辛的。从事地质研究，长年攀行于崇山峻岭之中，喝苦水，咽干馍，住帐篷。野外工作夏有无遮的酷暑，冬有难御的寒风，还有"文化大革命"的风雨……这些都阻挡不了先生的地质科学研究。

精卫填海式的求学生涯，夸父逐日般的考察，中条山、祁连山、喜马拉雅山……一个个地质现场，筑就了先生的科学理论，成就了先生的地质事业。岩相古地理的研究，李四光地质科学奖，国际斯潘迪亚罗夫奖……

他一路走来，硕果累累。先生关注国际地学研究的最新动态，以高屋建瓴的宏观理论和沉积岩的微观求证，开拓了中国沉积学的研究，培养出一支沉积学研究队伍，并将这支引人注目的队伍带入了国际地学研究的前沿。

"苟利国家生死以。"先生传承了中国知识分子以天下为己任的胸怀，心系吾国吾民。早年，作为"白专道路"的代表屡遭政治批判，竟至二十余年助教身份不改，先生淡泊以对，身处逆境而矢志不移。晚年，对关系国计民生的南水北调西线工程，先生多次秉直上书，以一个科学家的态度，提出自己的意见。先生的中国知识分子的家国情怀，潮涌般澎湃在年轻学子们的胸中。

壁立千仞，春风拂面。先生作为一名学者，声名赫赫；作为一名师者，呕心沥血。先生在灯下伏案写出的一本一本专著和教材，已成为后来者们攀登沉积学科学高峰的阶梯。我有幸作为先生门下的第一个研究生，跟着先生进入到沉积学宫殿。先生孜孜不倦的教诲，如桃李春风，常绕心头。

是夜，我知道先生还在笔耕不已，我看见先生背已微驼。"鞠躬尽瘁，死而后已"，是先生的写照，也是中国老科学家们的写照，也将是我辈的信条。

是以此篇感怀为序。

王成善[①]
2017 年 12 月于北京

[①] 王成善：中国科学院院士，教授。中国地质大学（北京）青藏高原地质研究中心主任、国际沉积学家协会副主席。

目 录

老科学家学术成长资料采集工程简介

总序一 ·· 韩启德

总序二 ·· 白春礼

总序三 ·· 周　济

序　一 ·· 许效松

序　二 ·· 何起祥

序　三 ·· 王成善

导　言 ·· 1

第一章 | 家风家学 ·· 9

　　天津"海货刘" ·· 9

幼承庭训	12
世家生活	15
母亲鲍氏	18
刘父教子	21

第二章 津门成长 … 26

初入学堂	26
杂家小子	31
最忆南开	40

第三章 赴京求学 … 54

两年清华园	54
野外实习	66
辗转地院	81

第四章 师从大家 … 100

白银遇伯乐	100
北地读研	114
祁连山科考	129
结缘沉积岩	144

第五章 沉积而发 … 151

打入另册	151
遣至锦官城	158
"白专"道路	172
接轨欧美现代沉积学	186
滇中成名战	196
走出沉寂	207

| 第六章 | 成矿所岁月 | 220 |

　　转战成都地矿所 …… 220
　　一所之长 …… 224
　　重大科研项目建设 …… 242
　　学术国际化道路 …… 248

| 第七章 | 攻关岩相古地理 | 263 |

　　研究推广沉积岩相 …… 263
　　"七五"南古项目 …… 268

| 第八章 | 南水北调西线备忘录 | 280 |

　　七旬护水 …… 280
　　秉直上书 …… 291

| 第九章 | 吾国吾民 | 298 |

　　转战环境科学 …… 298
　　可持续发展的践行者 …… 303
　　争议事件发声者 …… 316
　　先生之风 …… 321

结　语 …… 335

附录一　刘宝珺年表 …… 341

附录二　刘宝珺主要论著目录 …… 381

参考文献 …… 389

后　记 …… 393

图片目录

图 1-1　1936 年天津市海货商业同业会会员名册 ……………………… 10
图 1-2　1931 年刘宝珺祖父刘筱舟购买房产时的不动产登记证书……… 11
图 1-3　1935 年全家福……………………………………………………… 13
图 1-4　1961 年刘宝珺与二弟刘宝璋、五娣等家人在天津的合影……… 14
图 1-5　1987 年刘宝珺与七叔、八叔、五娣等家人在天津的合影……… 14
图 2-1　1987 年刘宝珺寻访曾就读的原天津第六小学旧址 ……………… 27
图 2-2　1944 年刘宝珺小学毕业合影 …………………………………… 29
图 2-3　1944 年初中时的刘宝珺 ………………………………………… 31
图 2-4　刘宝珺曾就读的河北省立天津中学 …………………………… 32
图 2-5　天津市第三中学重新修建的"铃铛阁" ………………………… 33
图 2-6　1946 年刘宝珺初三第一学期成绩一览表 ……………………… 34
图 2-7　天津市南开中学校训 …………………………………………… 42
图 2-8　天津南开学校校门及北楼 ……………………………………… 43
图 2-9　1950 年南开中学新操场落成篮球表演赛全体队员 …………… 49
图 2-10　1949 年刘宝珺与高中同学于清华大学地质系门口合影 ……… 52
图 2-11　1950 年毕业前夕与南开中学同学校内合影 …………………… 52
图 2-12　1991 年刘宝珺与朱家榕在灌口考察时合影 …………………… 53
图 3-1　1950 年刘宝珺清华大学学籍登记卡 …………………………… 54
图 3-2　1951 年刘宝珺与清华地质系同学在清华门前合影 …………… 55
图 3-3　清华大学学生宿舍——平斋 …………………………………… 62
图 3-4　2000 年刘宝珺与平斋 455 室室友合影 ………………………… 62
图 3-5　1952 年刘宝珺与同学在山西中条山开展野外实习 …………… 72
图 3-6　2000 年刘宝珺与清华地质 50 届同班同学及老师合影 ………… 72
图 3-7　1952 年暑假刘宝珺赴山西中条山实习前于清华平斋门口与同学合影 … 84
图 3-8　2002 年中国地质大学校庆时刘宝珺与好友合影 ……………… 87

图3-9	1953年刘宝珺与好友卞昭庆在宿舍门口表演节目留影	90
图3-10	1953年刘宝珺与北京地质学院的南开校友在宿舍门口合影	90
图3-11	1953年毕业前刘宝珺与全班同学于沙滩地质馆合影	91
图3-12	1993年刘宝珺毕业四十年后于母校门口留影	91
图3-13	1953年刘宝珺毕业前与同学合影	94
图3-14	1953年9月刘宝珺与同学合影	94
图3-15	1954年刘宝珺与妻子婚礼现场	98
图3-16	1999年刘宝珺与妻子在成都人民公园留影	98
图4-1	1953年刘宝珺在甘肃白银	101
图4-2	1954年刘宝珺与白银厂同事合影	101
图4-3	1955年刘宝珺和妻子结婚一周年合影	115
图4-4	刘宝珺与池际尚老师及同学合影	120
图4-5	刘宝珺研究生毕业论文部分文稿及插图	127
图4-6	1956年刘宝珺携妻子李艳阳与研究生同学出游	128
图4-7	1956年刘宝珺研究生班同学在殷宗昌家毕业聚会	128
图4-8	祁连山区地势略图	130
图4-9	1957年刘宝珺与妻子、儿子于北京合影	140
图5-1	1957年刘宝珺在十三陵农村瓜园	153
图5-2	1958年刘宝珺离开北京前于天安门前留影	157
图5-3	成都理工大学校门	158
图5-4	成都理工大学西区第一教学楼	158
图5-5	刘宝珺1955年至1965年间工作笔记	163
图5-6	1977年刘宝珺与原成都地质学院岩石教研室同事合影	168
图5-7	2002年成都理工大学博士研究生毕业论文答辩会	169
图5-8	1959年刘宝珺与妻子李艳阳在西湖的合影	170
图5-9	1960年刘宝珺妻子李艳阳与儿子女儿的合影	170
图5-10	刘宝珺1955年至1965年间工作、学习散记	176
图5-11	"滇西保山区"研究成果定稿	181
图5-12	1995年刘宝珺与小女儿刘丛笑合影	186
图5-13	刘宝珺研读、翻译外文文献的笔记	191
图5-14	1974年刘宝珺与成都地质学院岩石鉴定班合影	193
图5-15	1975年刘宝珺给岩矿班讲课的讲稿	193

图 5-16	关于沉积期后分异学说的部分研究手稿	195
图 5-17	1977 年刘宝珺在河北区调队与同行合影	196
图 5-18	1978 年刘宝珺在云南岩相古地理讲习班讲课期间与同行合影	196
图 5-19	1971 年刘宝珺在云南滇中考察时与同事合影	198
图 5-20	刘宝珺关于层控矿床、沉积期后分异的研究手稿	205
图 5-21	1977 年刘宝珺提交国际第二十五届国际地质大会交流论文英文单行本（节选）	205
图 5-22	获成都地质学院先进教师、先进教育工作者时的留影	214
图 5-23	1980 年刘宝珺参加在陕西铜川召开的全国沉积学专业会议	214
图 5-24	1976 年刘宝珺带毕业班至会理实习时的合影	215
图 5-25	1981 年刘宝珺与成都地质学院 78 级研究生毕业留影	215
图 6-1	1986 年刘宝珺在成矿所办公室的工作照	223
图 6-2	1994 年刘宝珺与成矿所领导班子在办公室的工作照	223
图 6-3	1982 年年初刘宝珺参加成都地质矿产研究所先进工作总结表彰会	226
图 6-4	1983 年 9 月各地地矿所（院）书记所长会议	226
图 6-5	1982 年刘宝珺与成矿所沉积室同事在峨眉野外考察	227
图 6-6	1984 年 10 月刘宝珺在四川兴文做碳酸盐风暴岩考察	227
图 6-7	1984 年 9 月刘宝珺于四川兴文四龙 P1 风景岩天泉招待所和同事合影	227
图 6-8	1997 年西岭雪山进行野外考察	227
图 6-9	1985 年 4 月刘宝珺参加四川省地质学会表彰大会	230
图 6-10	1992 年成矿所成立三十周年纪念刘宝珺与同事合影	230
图 6-11	1991 年成矿所领导班子合影	231
图 6-12	1997 年刘宝珺与邱东洲合影	233
图 6-13	1983 年刘宝珺与成矿所青年辅课班合影	236
图 6-14	1984 年刘宝珺在宣易地矿所作报告	236
图 6-15	1989 年刘宝珺在成矿所讲课	237
图 6-16	刘宝珺给成矿所职工讲课	237
图 6-17	1992 年 1 月成矿所举行祝贺刘宝珺教授当选学部委员庆祝会	240
图 6-18	1996 年第三十届国际地质大会斯潘迪亚洛夫奖颁奖现场	241
图 6-19	第三十届国际地质大会期间刘宝珺与俄科学院副院长	241

图 6-20	刘宝珺手持斯潘迪亚洛夫奖奖状的照片	241
图 6-21	1983 年刘宝珺参加第二次青藏高原地质科学讨论会全体代表合影	243
图 6-22	2000 年中国地质调查局青藏高原地质研究中心沉积地质研究中心成立	243
图 6-23	1992 年刘宝珺在新疆准格尔野外考察	245
图 6-24	1993 年刘宝珺因国家"305"项目赴新疆考察	245
图 6-25	1993 年刘宝珺于德钦南澜沧江沿岸 P 系剖面考察	246
图 6-26	1987 年刘宝珺在全国古生物、沉积与成矿作用学术讨论会上发言	248
图 6-27	1988 年刘宝珺参加西南地矿分网金矿地质工作情报交流会代表合影	248
图 6-28	1998 年 11 月 29 日刘宝珺参加全国非传统矿产资源发现及开发学术研讨会	248
图 6-29	1990 年刘宝珺在石油部主办的油气专家咨询会作报告	248
图 6-30	1982 年刘宝珺参加第十一届国际沉积学大会期间的记事本	250
图 6-31	1982 年第十一届国际沉积学大会期间野外考察照片	251
图 6-32	1982 年第十一届国际沉积学大会期间在加拿大东海岸与 G. Ensele 合影	251
图 6-33	1983 年刘宝珺邀请 H. Reading 教授来华讲学期间在峨眉进行地质考察	254
图 6-34	1983 年刘宝珺与荷兰梁瑞仁（Dr. Nio）教授野外考察时的照片	254
图 6-35	1984 年 8 月刘宝珺在成都与国内外同行合影	254
图 6-36	1985 年刘宝珺访问日本期间与同行合影	254
图 6-37	1986 年 9 月刘宝珺在澳大利亚考察时与同事的合影	255
图 6-38	1987 年 9 月刘宝珺陪同德国菲希鲍尔教授与各省地质学家考察龙门洞三叠系剖面合影	255
图 6-39	1989 年刘宝珺陪 Fuchfbour 至峨眉山考察三叠纪剖面	255
图 6-40	1990 年于英国与参加第十三届国际沉积学大会中国代表团合影	255
图 6-41	1986 年刘宝珺出席在迈阿密召开的第一次 GSGP 专家会议合影	259
图 6-42	1988 年刘宝珺在法国 Digne 与 GSGP 全体领导成员合影	259

图 7-1	1980 年 4 月刘宝珺与广西南宁岩相古地理学习班同学合影留念	264
图 7-2	1981 年刘宝珺与项目验收会议代表合影	264
图 7-3	1983 年刘宝珺与岩相协作组同事合影	265
图 7-4	1983 年刘宝珺与安徽岩相讲习班同学合影	265
图 7-5	1983 年刘宝珺与在成都军区四所召开的全国岩相古地理会代表合影	265
图 7-6	1989 年岩相古地理基本知识讲座电教片、幻灯片截图	266
图 7-7	刘宝珺与南古项目组成员共同考察乐山范店寒武系剖面的合影	269
图 7-8	1991 年 4 月南古项目验收，刘宝珺作汇报的照片	269
图 7-9	2008 年刘宝珺参加南古项目讨论会合影	269
图 8-1	1996 年刘宝珺当选四川省科协主席时的照片	281
图 8-2	1996 年参加省科协代表大会后与学生王成善、周学东合影	281
图 8-3	1997 年与四川省各界科技人员畅谈香港回归座谈会	281
图 8-4	2006 年刘宝珺在四川省科协联谊会上致辞	281
图 8-5	刘宝珺与林凌在四川省科协联谊会讨论问题的照片	285
图 8-6	2006 年《南风窗》关于四川"保水运动"的报道	290
图 8-7	两版《南水北调西线工程备忘录》封页	292
图 8-8	刘宝珺不遗余力在多种场合作"南水北调西线工程"相关报告	292
图 9-1	1998 年 3 月，刘宝珺参加第九届全国人民代表大会第一次会议期间留影	298
图 9-2	刘宝珺关于"环境科学"的手稿及公开发表的文章	299
图 9-3	1999 年刘宝珺出席西南交通大学环境科学与工程学院成立	300
图 9-4	1995 年刘宝珺给青少年作报告的照片	305
图 9-5	1997 年刘宝珺接受《科学家您好》小记者访问	305
图 9-6	2000 年刘宝珺在达州红旗电影院给青少年作报告后回答青少年提问的照片	305
图 9-7	2004 年 4 月刘宝珺参加四川省泸县第二中学科技活动的照片	305
图 9-8	刘宝珺在不同场合作有关"资源、环境、可持续发展"相关报告的部分讲稿、PPT 首页	315
图 9-9	2013 年刘宝珺在家练习书法的照片	322
图 9-10	2004 年刘宝珺在青岛院士考察活动中表演京剧	322
图 9-11	刘宝珺与吴崇筠教授在峨眉山考察	324

图 9-12　1992 年刘宝珺与叶连俊院士在日本参会期间的合影……………324
图 9-13　2015 年 8 月刘宝珺与王成善一同参加古地理学发展战略研
　　　　 讨会……………………………………………………………326
图 9-14　2010 年刘宝珺从事地质工作六十年庆祝会上王成善致辞………326
图 9-15　2016 年刘宝珺与韩作振在山东科技大学的合影 ………………332
图 9-16　2006 年刘宝珺指导学生看岩芯…………………………………333
图 9-17　2016 年刘宝珺给山东科技大学新生作报告 ……………………333
图 9-18　2010 年翟裕生院士为贺刘宝珺八十寿辰贺词 …………………333
图 9-19　2010 年沈志云院士为贺刘宝珺八十寿辰暨献身地质科学六十
　　　　 周年贺词………………………………………………………334

导 言

"珺"者，美玉也。人如其名，且一生与石结为知交，刘宝珺院士似一方天然璞玉，温润，历久弥坚。作为我国沉积学的奠基人之一，他在沉积动力学、岩相古地理学、层控矿床学、成岩成矿、全球变化、盆地分析等方面做出十分重要的贡献。这份学术成长经历的价值与意义，于我们而言犹如精金美玉，亦是无价之宝。

刘宝珺院士的学术经历丰富而沛然——如果将其放在中华人民共和国成立至今的整个地质科技史背景之下，大约可以在草蛇灰线间厘出他的一条学术成长脉络。

当年他以第一名的身份进入国立清华大学理学院地质系，大二时撰写地学科普作品，成为当时班级唯一在公开出版物发表数篇地学专业文章的学生。他是北京地质学院培养的首批研究生，毕业论文系我国较早在岩石学方面深入探讨细碧角斑岩的著作，这成为他从学生转变为具有较强科研能力的研究人员的标志。北京地质学院助教时期，他从研究岩浆岩、变质岩改行进入冷僻、缺乏理论的沉积岩，则是他研究方向的重要转折点。纵观学术生涯，他在边陲荒漠当过地质队员，在北京地质学院、成都地质学院当过深受学生欢迎的教书先生，他同时以敏锐的科学眼光捕捉到国际沉积学发展脉象，通过翻译多部专业著作，成为国内当时创新性引入国际沉积学前沿理论的先驱者，提出的"沉积期后分异与成矿作用"理论使我国在这一领域的研究站到了国际领先行列。他是成都地质矿产研究所独树一帜的学术带头人和组织管理者，致力于大力推广当代沉积动力学研究和岩相古地理研究的最新成果，提出的"资源能源相控理论"被收录《中国百项地质调查理论》，是攀上世界地学高峰、摘取"斯潘迪亚罗夫奖"的首位中国地质学家。二十世纪九十年代后，他提出了"统一地质场"，首次把全球变化的概念引入历史地质学的研究领域，同时一个转身跨进资源环境保护领域，在历经十二年叫停南水北调西线工程，以及多个触及地方经济利益的资源开发问题上，不改丹心，无畏臧否，体现了为国为民的科学家风骨，真正担负起这个时代科学家应有的荣光与使命。

中国近代沉积地质学的穹顶之上，星斗满天，许多优秀杰出的专家学者为推动我国沉积地质科学发展和矿产资源勘探事业做出了重要贡献。诚实地说，刘宝珺并非是那颗天赋异禀的星辰，他的学术价值在于既富有扎实的旧经验，又具备迭代的新思想，因此能够继承前辈最核心的科学研究精髓，并沉潜钻研，进而触类旁通创造出更有价值的研究成果，历久弥新。他不是我国岩相古地理图集最初的涉入者，但继承前人衣钵，创造了我国南方迄今最为系统详尽的岩相古地理图集，被国外学者誉为岩相古地理研究领域的圣经——在科技发展日新月异的今天，于二十世纪九十年代制作的古地理图集至今未有人能取代，这大概是对于一位科学家最有力的褒奖。刘宝珺推崇建立"引进—吸收—创造"的研究体系，以学科交叉渗透的思维形成自身科研特色，他主编的全国统编教材《沉积岩石学》正是集众学科所长，成为我国近代沉积学教育进程中具有时代意义的学术著作，迄今仍被业内人士视为圭臬。此外，刘宝珺兼有学者和管理者特长，他并不囿于个体取得的多项重大科技成果，而是以迥然不同的胸襟和气度知人善任，提携后进，倡导团队的学术民主，在多个大规模科研项目协同作战中成为难能可贵的旗帜性人物。除了单纯的学术研究，刘宝珺还担任过全球沉积地质计划中国委员会主席、成都理工大学名誉校长、四川省科协名誉主席、全国政协委员等众多社会职务，他不担虚名，对每项工作皆恳切勤勉，壮心不已，并善于团结更多有能力的人共同深入推进工作，取得了常人难以企及的成就，例如他心存国脉民瘼，是南水北调西线工程中敢于秉直说"不"的少数人，在组织众多川内专家学者叫停西线工程中发挥了中流砥柱的作用。

精研一个人，大约要从家传、师承、教育、经历等入手；而做地质科技史的研究，必须要有对这个人物学术生涯全貌的洞见。明知这是一个无论如何穷尽探究，也无法知道永远有多远的过程，但从接受任务开始，我们视这份工作为己任，心怀对刘宝珺院士的景仰，按照"求全"和"存真"两个原则，通过尽可能广泛收集与院士相关的重要资料，从陌生无序的材料片段中抽出清晰理性的线索，建立具有因果关系的逻辑链条，形成撰写研究报告的核心支撑。

2015年5月，成都理工大学正式领命刘宝珺院士学术成长资料采集工作，11月，刘宝珺院士与中国科协签订"老科学家学术成长资料采集工程项目任务书"。学校成立了由校党委宣传部牵头，档案馆、沉积研究院相关单位人员参与的采集小组，并邀请与刘院士多年工作关系密切的张锦泉教授担任学术顾问。时年八十四岁的刘宝珺院士身体硬朗，谈吐妙趣横生，且记忆力惊人，对老科学家学术成长资料采集工程给予了莫大的支持和鼓励。

采集小组决定以刘宝珺院士的学术成长经历为主线，重点采集反映刘宝珺院士的家庭背景、求学历程、师承关系、工作经历、科研活动、学术成果和学术交流中的关键节点、重要人物和重大事件，以及各阶段的政治历史社会背景、学科发展脉络。内容包括口述资料、实物资料、音像资料三大类。

采集小组拟定了三四万字的详细访谈提纲，完成了对刘宝珺院士本人的十二次集中对话式访谈，获得访谈音视频一千二百多分钟，整理访谈稿二十多万字。此外的间接访谈同步推进，涵盖刘宝珺院士家人、同学、朋友、同事、弟子、同好等三十二人，撰写访谈提纲两万多字，获得访谈音视频一千七百多分钟，访谈整理文稿约三十万字，为研究报告的撰写提供了弥足珍贵的支撑。

刘宝珺自1958年入川以来就一直生活在成都，这为实物资料的采集带来了极大便利。采集小组先后在成都理工大学档案馆、成都理工大学图书馆、成都地质矿产研究所档案室、四川省科协档案室、四川省老科学家技术协会以及院士办公室获得一系列与刘宝珺生活、教学、科研、学术成果、社会服务、行政管理相关的重要原始资料——这场"地毯式搜索"获取了刘院士近四十年的珍贵实物，对进一步深入了解刘院士的学术成长脉络，以及其后转入资源环境保护领域情况意义重大。

此后采集小组两次北上，实地走访了天津南开中学、天津市第三中学、天津市档案馆、清华大学档案馆、中国地质大学（北京）档案馆、中国科学院学部档案室、中国地质大学（武汉）档案馆、山东科技大学等留下院士生活、求学、工作足迹的地方，获得了刘宝珺的初中成绩表、南开课程表、清华大学学籍卡、研究生毕业论文、院士推荐表等材料。

因为"求全"与"存真"，采集项目的工作体量越滚越大，庞大的数字背后是结结实实下的苦功夫。刘宝珺院士对采集工作的意义有深入的了解，他积极配合口述访谈，数次邀请采集小组成员到家中做客，翻箱倒柜找出了大量实物，并悉数捐赠。其中有大量的院士青年时代具有纪念意义的老照片、与国外同行专家的往来书信等资料。

通过两年多的上下求索，采集小组形成实物资料采集包括传记、证书证章、信件、手稿、学术著作、报道、照片等十二大类共七百余件，编写了四十多万字的资料长编，形成了两万多字的年表。一个风骨与真容更加生动的刘宝珺徐徐呈现在我们眼前。

仰之愈高，则探之愈精。随着研究工作向更深处掘进，采集小组感受到传记写作，尤其是以学术为主线，对一个历经山河岁月仍温润如玉的老科学家进行深刻洞察，现实困难不少。

其一，刘宝珺院士虽慷慨捐出多件与学术成长相关的实物资料，但由于数次搬家，此去经年的大量具有重要学术史料价值的讲稿、论文论著手稿及往来信件均未保存。此外，院士所从事的地质科学研究涉及的野外地质工作记录本已纳入相关部门档案，这给我们研究传主在上世纪七八十年代科研工作的心路历程，以及如何从一个时代跨向另一个时代带来诸多困难。

其二，刘宝珺院士记忆力超强，对许多人名以及背后的典故如数家珍，但也有些事情毕竟时隔苍茫数年，完全回溯到过去，然后再一路顺流而下，这对于一个八旬老人来说确是有点困难。面对历史事件的模糊处，尤其是要在细微之处寻得真章，是我们在传记中下苦功夫的地方。

其三，刘宝珺院士虽是一介书生，但心中盛满家国情怀。他在上世纪九十年代开始担任多个重要社会职务，将环境资源可持续利用视为自己的志业。因此期间涉及的人物、事件（尤其是南水北调西线工程）、成果以及社会评价头绪驳杂，情节繁复，而且还有各种不虞之誉和求全之毁，信息的采集分析、筛选提炼难度极大——这几乎意味着跳出沉积学，重新启动一个新的研究领域，我们深有一叶扁舟惶恐进入另一个烟波浩渺的湖海之感。

其四，研究团队几乎都是文科出身，许多专业领域的知识是写作过程中需要克服和突破的难点。要跨学科了解地质学、沉积岩石学以及世界地质科学发展近百年历史，纵有一腔热血一番孤勇，但也很难啃动那些如同天书一样的卷帙浩繁的文献资料；但如若不去死磕，不去逼迫自己奋力抵达认知的极限，研究报告也绝不能完成。

其五，采集工程对传记写作有特殊的要求。不同于一般的人物传记，研究报告要求"句句要有出处，字字需要考证"，仅知晓一个大概，几乎等同于"什么都说了，而什么也都没说"。这对我们而言，意味着"求全""存真"不仅是资料的多寡虚实，更是工作态度和方法上的严谨严格，实事求是，但求甚解，格物致知。

困难不一而足，但采集小组始终坚持围绕学术与成长两个关键词，绝不斧凿拼凑，坚持以内容翔实、信息准确为原则，尽力找到科学性与可读性之间的平衡。力图通过此研究报告，一方面系统而完整地呈现刘宝珺院士的学术成长道路，让世人了解一个沉积地质科学家是如何炼成的，另一方面通过集结刘院士在沉积学领域所做的研究贡献，以窥得世界以及中国沉积学近百年发展的历史脉络。

传记以时间为序，共九章，外加导言和结语。科学之路从无坦途，全书通过还原刘宝珺院士为国为民的沉积一生，去贴近并探寻他追求科学真理,"上下求索"的精神源泉。

第一章介绍刘宝珺的身世家学。他生于内忧外患、国运维艰之时,幼时旧式大家族的生活背景,使他在诗书礼乐中吸收了中华民族优秀文化的"初乳",同时也接受了西方科学技术的启蒙教育,使其具备了中西方文化兼容并蓄的视野胸襟。世家子弟,多浸淫各种爱好且旁逸斜出,他在父母言传身教之下,读四书,临字帖,画素描,习武术,赏曲艺,弹乐器,念英语,打篮球……在各种兴趣爱好中培养了自身的文化品鉴和精神审美,这与中国传统士人所倡导的"志于道,据于德,依于仁,游于艺"的君子人格一脉相承。

第二章以他天津时期求学为背景。彼时局势动荡,家道中落,刘宝珺幸得祖荫庇护,加之自己勤奋好学,考入天津私立南开高中。南开名师云集,学术思想活跃,尤其倡导抗日爱国,"允公允能,日新月异"的校训则体现出培养德才兼备者的煌煌气象。这个阶段刘宝珺打下了科学研究的扎实根基,进一步激发了他爱国报国的理想情怀,他的才华志趣也得到更加丰富生动的展示。

第三章叙述他大学本科学习。1950年夏,刘宝珺适国家建设之需,以国立清华大学理学院地质系第一名的成绩进入清华园,从此走上了地质科学事业的不平凡道路。在全国院校调整的洪流之下,大三的他转入北京地质学院学习。这三年求学时光,使他涵养了适应环境、辨识是非的大局观,形成了独立思考,认识、分析并解决问题的思维习惯,为他打下了坚实的数理化基础,同时熟练掌握英俄等多门外语,逐步形成了与国际学术前沿接轨的开放视野。

第四章介绍了他工作及学习深造经历。1953年,他作为北京地质学院首届毕业生被分配至西北边陲的地质队,一年后被推荐考取北京地质学院岩石学专业的研究生。研究生期间,他跟随名师,逐步构建了较为完整的矿床地质勘探及岩石学知识体系。1956年留校任教后,与中苏综合地质考察队深入祁连山腹地,为解放后我国首次规模空前的地质构造及矿产调查研究做出贡献。北京地质学院执教期间,刘宝珺服从组织安排,将研究方向从岩浆岩、变质岩转为冷僻、缺乏理论的沉积岩,完成了他学术研究方向的重大转折。

第五章主要叙述他辗转至成都地质学院的情况。二十余年，他在巴蜀历经时代风雨，但以惊人的毅力沉潜学问，抓住国际沉积学理论发展的重大机遇，成为国内较早地将国际沉积学理论用于解决生产实际问题的学者，提出的"沉积期后分异作用和成矿作用"的理论，促进了岩相控矿的新的矿床成因理论的研究和普及，主编的全国统编教材《沉积岩石学》代表了我国最新研究水平。从"白专"到学术执牛耳者，他开始在沉积学领域大展宏图。

第六章到第七章，是刘宝珺出任成都地质矿产研究所所长后所取得的个人和集体成就。从某种意义上讲，这个阶段是他学术思想最成熟的重要阶段，他牵头主持了如"七五""南古项目"等几项全国性的重大科研项目，将学科热点研究和国家找矿资源应用进行了有效结合，实现了个人为主的科学研究方式到集体科研方式的阶段性跨越，对成矿所的发展具有里程碑意义。他所倡导的学术思想对我国沉积学人才的培养以及梯队的建设价值深远。

第八章到第九章，重点叙述刘宝珺从九十年代转战资源、环境与可持续发展领域，通过各个事例切片以及弟子回忆，向世人展示一个老科学家心怀吾国吾民，功成而弗居，如何从小我的科研板块中跳脱出来，以更高的责任价值去坚持和捍卫科学的真理。

在此次工作中，我们采集到了刘宝珺院士在清华求学时以"璋瑢"为笔名发表在《科学大众》上的科普文章，研究生阶段在北京地质学院发表的三篇论文，1955年至1965年间工作学习手稿，七十年代撰写的一系列有关成岩作用、成矿作用、沉积物质来源、层控矿床、沉积期后分异学说、矿床作用、层控矿床等八份研究手稿，在全国推广岩相古地理的《岩相古地理基本知识》电教片，具有代表性的《沉积岩石学》教材，以及《刘宝珺论文集》《中国南方岩相古地理图集（震旦纪－三叠纪）》等著作；此外还有《探幽缩微绘沧桑——刘宝珺地质工作六十年》画册、《中国地质调查院士传记》《地苑赤子——中国地质大学院士传略》《中国科学院院士自述》等传记资料。这些踏破铁鞋所获得的重要资料，对于我们深入了解刘宝珺院士学术成长历程、创造性科研贡献提供了有力的佐证。

采集小组在此过程不断求教于刘院士本人以及张锦泉教授等沉积学专业人士，加强科研思维的训练和锻造。通过定期召开碰头会，深入挖掘对刘宝珺学术成长起推动和促进作用的关键因素，讨论传记总体框架、完善写作大纲，反复推敲章节内容、仔细查证相关背景信息，去尽力还原历史细节。在岩相古地理章节遭遇写作瓶颈时，幸得刘院士躬身为该章节拟写大纲、罗列重要事件时间点，并审校传记全文，提出宝贵的修改意见和建议。在读毕全书后，刘院士亲笔撰文，称该书："叙述了我个人的学习和工作经历，实际上也了解了百年来国家社会的发展，我国地质矿业发展，尤其是沉积地质学的发展，这一点该书写得特别精彩。"

学术成长传记的撰写是一项极其艰苦且煎熬的工作。但越与刘院士相处久长，越从他身上获得了一种岁月加持的力量，越对敬重诸事、求取甚解有笃定的信仰。写到后期几乎有种慨当以慷的感觉，"怕什么真理无穷，进一寸有一寸的欢喜"。

如果说科学是硬心肠的，技术是冷冰冰的，那么采集工作则是有温度的。它用人文思想将二者缝合起来，为世人留一份经得起光阴考验的科学精神财富。我们每个参与其中的人都是获益者。

第一章
家风家学

天津"海货刘"

1931年9月13日,刘宝珺出生于天津一个旧式大家庭。溯其家族渊源,是在距离天津三百公里开外的山东济南。

刘家祖上原在泉城近郊,因生活困窘难以维持生计,只得背井离乡闯了关东。弟兄中的两人朝着东北方向一路讨生活,最终落脚天津,找了份饭店伙计的营生,并娶妻生子。刘宝珺曾祖父即是家族出生在天津的第一代子嗣。

天津的城市聚落起于十三世纪初的金代。昔时城中一带便有直沽寨,由于此处是南北运河与海河的交汇之处,亦是四面舟车必经的水陆码头,故成为了兴盛之地。明朝永乐年间,成祖朱棣在起兵南下渡河之地设卫,名其"天津",意为"天子驾车所渡之处",天津卫由此得名。[①] 旧时天津城区包括了东、南、西、北四条马路以内,以及东门、北门之外沿河环城的街衢闹市之区,地理位置有交通枢纽之实,加之有港口,东南西北商贸

---

① 中国人民政治协商会议天津市委员会南开区委员会:《天津老城记忆》。天津人民出版社,1997年,第13页。

互动皆经过此处，因而实业兴旺，逐渐形成了南北相交、中西兼容的多元文化。

刘家先祖最初是在天津的大饭店中打杂、做学徒，后来发现饭堂酒肆对海货需求巨大，加之当伙计慢慢攒了些本钱，于是尝试做起了海货买卖。刘家的海货门脸从无到有，规模从小到大，到了刘宝珺曾祖父这一代，已经在天津城里打出了"义承裕"海货行的招牌，总店位于商贸最繁华的宫北大街86号。祖父刘筱舟一代则迎来了家族海货行生意的鼎盛时期，在天津除了总店"义承裕"以外，在北门外大街8号还开有"义承德"分店，并陆续在北京、唐山等地开了七家海货店。

刘氏海货生意的红火，除了仰仗祖辈的辛勤积累，更得益于曾祖父、祖父对海鲜发干技艺的钻研。昔时天津城里会发干海鲜者寥寥，祖父刘筱舟与其父瞅准这个机会，致力于干货发泡技艺的钻研。干制品如何分门别类地涨发，涨发的工艺、工序以及时辰如何把握……这对父子头脑灵活，在实践中将格物致知的精神发扬光大，多年来总结出发泡各类海鲜干货的"独门秘籍"，实现了家族财富的积累。义承裕、义承德出售的海鲜备受天津市餐饮界欢迎，刘氏海货除了日常可见的鱼、虾蟹、贝类海鲜以外，供应的海参、鱼翅等名贵品种在高端海货市场成为翘楚，"海货刘"在天津城内逐渐有了响亮的名头。

家族事业的发展带来了人丁的兴旺。祖父刘筱舟虽学问不大，但格外好学，素来重视家风家学，膝下六子名中也均含一"学"字，按长幼秩序分别取名刘学廉、刘学熙、刘学信（刘宝珺之父，字孚

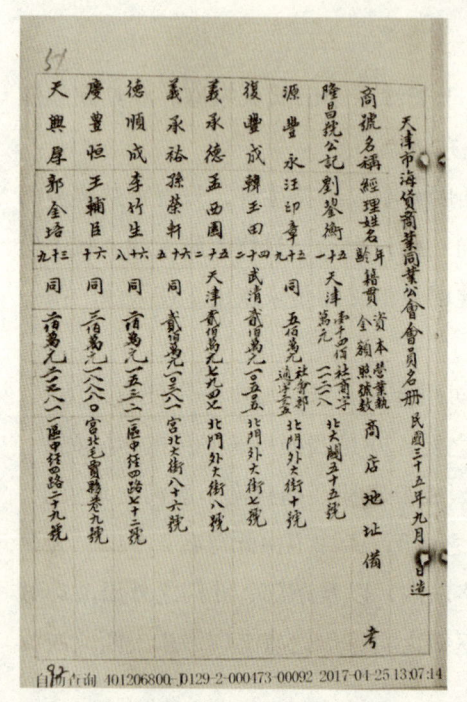

图1-1 1936年天津市海货商业同业会会员名册（资料来源：天津市档案馆）

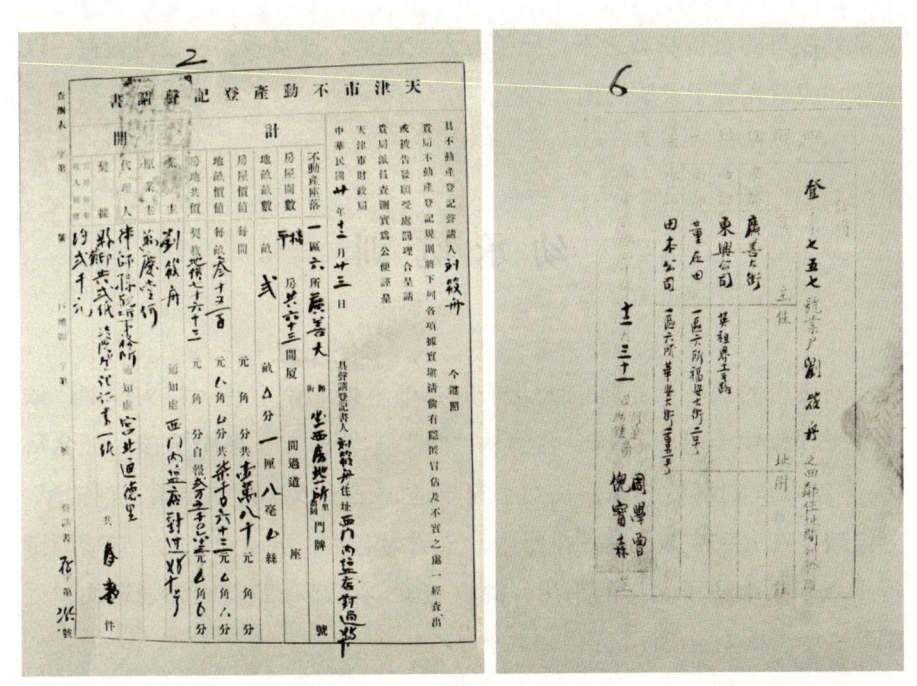

图1-2 1931年刘宝珺祖父刘筱舟购买房产时的不动产登记证书（资料来源：天津市档案馆）

如）、刘学聪、刘学锜，老六早逝，其名不详。彼时，刘筱舟在天津置下不菲家产，地址位于老城鼓楼以东仓门口的夏家粉厂2号，共六十三间房的四合院宽绰气派，刘筱舟一家同二弟（其子刘学让）、四弟（其子刘学简）两家共同居住，到了刘宝珺出生时，这个大家族已有三十多口人，并在大宅里共同经历了中国传统旧式家庭由盛及衰的命运。

除六弟早逝外，刘学信兄弟五人关系极为亲密，且接受了良好的教育。其中，老大刘学廉大学毕业后就职于银行；老二刘学熙同老三刘学信均毕业于南开大学，刘学熙毕业后负笈日本，归国后在天津仁立毛纺厂担任经理；刘学信曾在政府部门、南开中学等任职，是家族里唯一的教书先生；老四刘学聪志在经商，跟随父亲刘筱舟一直经营家族海货生意；老五刘学锜毕业于北平辅仁大学[①]，后在政府单位任职，曾是专业篮球队员。在

---

① 辅仁大学建于1925年，旧称为辅仁社、北京公教大学、私立北京辅仁大学、私立北平辅仁大学、国立辅仁大学。与当时的北大、清华、燕京并称为"北平四大名校"。

第一章 家风家学 11

父亲刘筱舟的言传身教之下，兄弟五人或经商，或从政，或投身教育，以聪慧和成就光耀了家族门楣。

幼承庭训

刘筱舟的第三代子孙以大儿子刘学廉承接的宗室香火打头排辈，依次往下。家中十几个女孩，名字从"华"字辈；二十多个男孩，姓名从"宝"字辈。刘学信一系，长女小俊早逝，三子依次为刘宝珺、刘宝璋、刘宝璐。在大家族孩子辈的排行中，宝珺为老六、宝璋为老九，宝璐则排行十六。家中孩子名字的来历，源自祖父刘筱舟一辈就格外强调的"爱国"二字。据刘宝璋回忆：

> 我们这一辈第一个孩子就是我大伯父生的，是个女孩，就是我们的大姐，给她起的名字就是"爱华"，就是要大家爱大中华。第一个男孩子是我的大哥，二伯父生的，叫宝忠，就是要忠于国家。我们这一辈里头我的第十个弟弟还到朝鲜去抗美援朝，舍生入死地打了几年仗。所以我们家里对我们第一个教育就是就要爱国。①

在这个倚重传统文化的大家庭中，透着一股子天津人对生活特有的诙谐审美。二十几个"宝"字辈的男童乳名极为有趣——因孙辈是天津的第四代血脉，故老大刘学廉的大儿子小名"四代"，家中弟妹皆唤其代哥。四代之后，家中男孩乳名风格大变，以水果名讨个"足食"的好口彩——老二叫干鲜果，老三叫栗子，老四叫橘子，老五叫橙子，老六刘宝珺叫柚子（老七夭折，乳名不详），老八叫槟子。从家中老九开始，男孩乳名换成了树木类——老九刘宝璋乳名小松，老十为柏，十一弟为森，十二弟为

---

① 刘宝璋访谈，2017年4月18日，济南。资料现存于采集工程数据库。

林（十三弟早逝无名），十四弟叫枝圆，十五弟叫桂圆，十六弟刘宝璩乳名三元，字里行间透着如意吉祥。

仓廪实而知礼节，衣食足而知荣辱。人丁繁盛的刘家，一方面保留着大家族对长幼尊卑、祭祀礼数等传统旧制的一套复杂体系，重视门庭排场，严恪家风古训；另一方面不拘泥于私塾与新式学堂之争，鼓励家中孩子接触中西文化，对子弟教育持有民主包容的态度。这样的家风家学可通过每年两次最重要的聚会窥得一斑。

图1-3　1935年全家福（左起：母亲鲍淑贤、父亲刘孚如、刘宝珺、刘宝璋，刘宝珺提供）

第一个重要的日子是曾祖母寿辰。曾祖母活到一百多岁才仙逝，在世时在家族中具有至高的地位和尊荣。曾祖父去世时，曾祖母还是一个年轻的妇人，为了把孩子们拉扯大，也为了刘氏家族的堂前端重，这个旧式女人选择了守寡终生，大宅正堂门上悬挂着第五任中华民国大总统曹锟称颂她恪守贞节的品行而亲笔题写的匾文。曾祖母上年纪后，最爱含饴弄孙，对第四代的孩子尤其宠爱，但凡见到小孩子哭鼻子，便会笑眯眯地耐心哄着、护着，因此最得曾孙辈拥戴。曾祖母每年寿辰，五世同堂的刘家会备下规模隆重的筵席，邀请与刘家沾亲带故的亲朋共聚一堂，为老寿星添喜贺寿。

另一个全家团聚的日子是农历新年。刘家最看重的是雷打不动三件事——拜祭先祖，家中老小互相拜年，给孩子们颁发奖学金。

落其实思其树，饮其流怀其源。刘家在堂屋楼上专门备着一个房间祭拜先祖，先人灵位按照生辰卒日，一级级按梯状供奉在精致的木制壁龛中。此外楼上正中间的大客厅四面墙上挂着祖辈们的画像，以供刘家子孙

第一章　家风家学

图1-4 1961年刘宝珺与二弟刘宝璋、五娣等家人在天津的合影（成都地质矿产研究所提供）

图1-5 1987年刘宝珺与七叔、八叔、五娣等家人在天津的合影（成都地质矿产研究所提供）

世代观瞻和祭拜。祭拜先祖的仪式，少不了各种褥节礼教，但对于刘家来说意味着让子孙后世铭记祖上教诲，感念箪食瓢饮不易。

拜年是刘家礼数最齐全，也最舍得下功夫的环节。从祖父刘筱舟打头，全家老幼先给曾祖母跪拜磕头，唤声"老祖宗过年好"；再由长辈到小辈依次给祖父祖母、父辈们磕头；兄弟之间也遵循长幼之序，依次由年幼的向年长的磕头。大家伙儿穿着过年的新袄新鞋，一边恭敬地给长辈鞠躬磕头，一边又周正地接受别人的拜年礼数，彼此用周正的礼数表达对宗亲的尊重敬畏，同时在亲近中感受着亲情。

发奖学金是刘家过年的新式做法。在孩子们最为期待的这个环节，通常是由家族里的大家长——大伯父刘学廉主持发放仪式。"教育第一、努力奋进"是家中的训学之道，家庭奖学金分一、二、三等奖，孩子中成绩拔尖的拿一等奖，次之二等奖，别看三等奖似乎不起眼，但也要求考分在八九十分。每年的这个时刻，刘宝珺和家中九妹刘健华都毫无悬念地拿一等奖，九弟刘宝璋有一年以七十九分的成绩，勉强挤进了三等奖。三人后来皆考入了清华大学。

幼承庭训，诗礼传家，过年的三个家族保留项目便是刘氏家学最生动的写照，尊老爱幼，奋发作为如箴言一般刻进了刘家后生的精神之中。

世 家 生 活

  在家中"宝"字辈的男孩中,刘宝珺是被公认读书最出色的一个,曾祖父与祖父刘筱舟钻研业务的恒心在他身上体现得尤为明显。刘宝珺自幼亲近读书,对成为栋梁之才极有主见。在大伯父、二伯父的孩子都选择经商且小有成就之时,少年时代的刘宝珺就曾对二弟刘宝璋说:"大哥、二哥、三哥、五哥他们都是学经济,学那有什么意思,我将来要做科学家。"[①] 父亲刘学信是五个兄弟中唯一的教书先生,不求闻达,对钱财向来疏离。刘宝珺深受父亲影响,不太拿钱当回事儿,对于研究却情有独钟,最肯下功夫。

  祖父刘筱舟在世时立下家规,子孙们的教育费用和全家人三餐日常花销由海货行承担,其余生活杂费则由各系小家庭自理。刘学信当时是南开大学数学系教员,收入尚可,虽和妻子鲍淑贤共同抚养两个小儿,但一家四口在生活上还算丰足。刘筱舟辞世后,虽留下偌大个家宅,但海货店仅存两个,四子刘学聪负责经营海货店,为各个小家庭提供经济上的补给。但在解放战争胜利的前一年,商贸大环境每况愈下,加之家中子弟的挥霍,最终两家海货店没等到解放便宣告破产倒闭。

  作为最重要经济来源的海货店经营惨淡,每户人家的开销就开始吃紧。刘宝珺母亲鲍淑贤是相夫教子的典型家庭妇女,一家五口的衣食、三个孩子(1939年三弟宝璐出生)的学费等经济重担便压在了父亲刘学信一人肩上。尤其是海货行关闭几乎一度断了经济来源,一众兄弟也少不得每月挤出几块钱来接济他,刘学信家的日常生活就更是捉襟见肘。

  家道中落的刘家虽不如往昔,但是大家庭的书卷风雅却从未间断过。待"宝"字辈的孩子们相继到了启蒙的年纪,上辈出了三位大学生的刘家

[①] 刘宝璋访谈,2017年4月18日,济南。资料现存于采集工程数据库。

对于教育愈加重视。

昔日光景尚可之时，幼年宝珺就着迷于家族兼容并蓄、中西合璧的文化氛围，并在其间沉浸浓郁，含英咀华。大约在刘宝珺念四年级时，恰逢四叔刘学聪为家中孩童请来老先生教识字念书，专门讲解《论语》《古文观止》等。在刘宝珺的记忆中，留着长胡子的老先生对于孩子们练字要求极严，有时写错了字就挨手板。"我记得最重要的就是写字，那时候都是繁体字，后来就训练得我们不会写别字，也不会写错字，哪儿错一点儿都不会，对我一辈子都有影响。"[1]

四叔刘学聪重视孩子们的文武双修。海货总店"义承裕"所在的宫北大街临近天津著名的天后宫，在庙宇大院中便有专门教人习武的老师，刘学聪偶然一次得知此事，便将自家两个儿子加上宝珺、宝璋兄弟四人送去习武练功，强身健体。二弟宝璋年幼贪玩，时常因吃不了苦头而偷懒，但刘宝珺却坚持了冬练三九夏练三伏，几年下来，长拳、短拳、刀、枪、剑、戟各方面皆习得一技之长。

音乐，是刘家日常生活中必不可少的精神陶冶。大伯父刘学廉偏爱民乐，在他的影响下，几个兄弟对丝竹产生了浓厚兴趣，不仅有较强的音乐鉴赏能力，而且还会吹笛、吹笙、拉胡琴、打扬琴……在刘学廉的组织下，一支小小的家庭国乐队在1945年左右活泼泼地诞生了。几兄弟还醉心中国传统戏曲艺术，尤其钟情京剧，刘学廉对于程派唱腔有深厚研究。受父母和叔伯影响，刘宝珺自幼喜欢中国传统京剧、说书等曲艺。而念过北平辅仁大学的五叔刘学锜则为他带来了一场西洋音乐的启蒙——在这所教会大学读书期间，五叔对于西方文化涉猎颇广，并时常带家中孩童听西洋音乐。五叔尤其珍爱自己收藏的西洋交响乐黑胶片，由于黑胶唱片在留声机上播放一次就会磨损一次，他往往是心情大好时才舍得拿出来放给孩子们听，钢针划过唱片，留在刘宝珺心中的是另一番音乐之美。

除了钟情音乐，刘家上下尤其热爱篮球，为此还兴致勃勃地成立了

---

[1] 刘宝珺访谈，2016年4月20日，成都。资料现存于采集工程数据库。

刘氏篮球队。球队发起者仍是多才多艺的五叔刘学锜，他与当年名噪一时的"南开五虎"[①]同属天津市篮球队，曾代表中国出征远东运动会（亚洲运动会前身）。刘学锜负责专业指导，球队成员普遍一米八以上的大高个儿，在赛场上身着统一的米黄色队衣，后背心上统一有个大大的"L"，神气十足。刘氏篮球队虽是业余队伍，但敢打敢拼，在和专业球队同场竞技中战绩不俗。早年的这段运动经历给了刘宝珺一副能吃苦、能坚持的好身板，甚至为他将来适应野外的艰苦条件，打下了重要基础。据刘宝珺回忆：

> 后来在野外背石头、标本起码三十多斤，每次都是自己背。我们没有工人，而且当时也没有汽车，就顺路搭别人的运货汽车。我们平常几个人工作都是雇马帮驮行李，六十年代是如此，到七十年代也还是这样，真正好起来就是八十年代起。[②]

在刘家守业而不守成，重视礼乐教化，培养君子人格的家庭环境中，刘氏子弟成年后多成大器。刘宝珺的大哥、三哥、五哥学了经济，或经商拥有丰厚身家，或入仕成为政界精英。刘宝珺作为家中最出色的孩子之一，则一心念着少年时代立下的科学家志向，成为我国沉积学领域的杰出代表人物。孩提时代的大家族生活，对刘宝珺的成长历程有十分重要的影响，那样一个聚而不疏、景明春和的环境塑造了他品行端直、做事专注的个性，也让他成为了一个爱好极为广泛，对东西方文化有着独到的观察视角的有趣之人。

[①] 1928 年，由唐宝堃、王锡良、李国琛、魏蓬云和刘建常为主力的"南开五虎"在远东运动会上战胜菲律宾圣托马斯大学队夺得冠军。一战成名后，"南开五虎"在 1930 年代表中国队参加第九届远东运动会。在如今的南开大学校园中，还有以这支团队而命名的"五虎路"。

[②] 刘宝珺访谈，2016 年 4 月 20 日，成都。资料现存于采集工程工程数据库。

母亲鲍氏

刘宝珺父亲刘学信排行家中老三，自幼天资聪颖，学业出众。1926年从南开中学高级三年乙组毕业后，考取了南洋公学（即上海交通大学前身），但因离家甚远遭祖母反对，为尽孝道勉强选择了南开大学数学系。南开大学数学系始建于1920年，由著名数学大师姜立夫[①]自哈佛归来后一手创建，该系人才济济，蜚声国际的著名数学家吴大任、被誉为"微分几何之父"的陈省身皆为刘学信同学。

母亲鲍淑贤出生官宦之家。刘宝珺外祖母原是北京官家之女，与刘宝珺外祖父相逢于微时。为娶到佳人，外祖父隐瞒自己曾经婚配，妻子病殁的事实，直到外祖母从北京嫁到天津才知道自己实为续弦，夫家已有几个孩子。虽心有不愿，但外祖父一再告饶坦白原委，加之身在天津也只能作罢。好在二人感情甚笃，家庭生活倒也其乐融融，一直住在天津老城鼓楼之西。鲍淑贤是外祖母诞下的唯一孩子，家中其他皆为同父异母的哥哥。

刘鲍二人的婚姻几乎算是"新派做法"。刘学信曾与鲍淑贤有一面之缘，见面后发现挺对彼此心意，便由双方家长商量吉日。两家相对开明，省去了父母之命媒妁之言的褥节，刘学信只是托人给鲍家带了句话，请鲍家给女儿"放脚"。因为"准姑爷"的一句话，鲍淑贤刚裹上不久的小脚被解放了，避免了三寸金莲之苦。刘学信与鲍淑贤成亲当日，排场风光，来往于刘家大院的皆是天津卫的达官显贵、鸿儒俊彦，祖父旧友、津门书

[①] 姜立夫（1890-1978）：原名蒋佐，浙江平阳人。毕生致力于中国数学教育和数学发展事业，为把现代数学移植于我国做了大量开拓性和奠基性工作。1911年中美庚款留美，1915年在加州大学获学士学位，1919年在哈佛大学获博士学位，同年回国。1920年，创立南开大学数学系。1949年创办岭南大学数学系。曾任中山大学教授，中国科学院学部委员，政协第二、第三届全国委员会委员。参见易汉文：《中山大学专家小传》，中山大学出版社，2004年。

法家刘嘉琛①更是亲笔书写了一副对联为佳偶贺喜，上联"凤凰应德鸣相和"，下联"熊羆在山阳之祥"，横批为"福禄鸳鸯"。

　　婚后的刘学信与鲍淑贤感情甚笃。虽没上过学堂，自幼饱读诗书的鲍淑贤时常与丈夫品书谈诗，并于1928年诞下家中长女，乳名小俊。作为第一个孩子，天资聪颖的小俊备受宠爱，一岁多仅凭屋外的脚步声，就能唤出此人的称谓。不幸的是小俊两岁时罹患软骨病，四处寻医问诊，后在天津一家叫小松奇的日本医院用太阳能治疗控制了病情。医生建议小俊赴日本接受进一步治疗，但是刘学信夫妇无力承受过于高昂的医疗费用，小俊最终没有去成日本，也没有活过两岁。

　　小俊的早逝让年轻夫妇痛彻心扉。1931年9月13日，大儿子刘宝珺的啼哭声划破了笼罩在这个小家庭上空的愁云——"珺"字指代美玉，父母将这个小生命的降临视为全家的奇巧美玉，小心翼翼，宠爱有加。未曾想到，宝珺出生后的第五天，震惊中外的"九一八事变"爆发，日本驻屯军所在的津门成为日本帝国主义侵略华北的前哨和首站。同年11月8日，日本帝国主义蓄意制造"天津事变"，成为侵略华北的标志性事件。

　　在鲍淑贤这位中国传统女性眼中，丈夫和儿子便是她的整个世界。刘学信挣钱养家，每日早出晚归，鲍氏则全力相夫教子，操持一家人的起居饮食。由于刘宝珺与三弟刘宝璿年龄差距十余岁，所以童年岁月最要好的伙伴就是比自己小两岁的二弟刘宝璋。宝璋自小就视哥哥为偶像，有事无事都爱在哥哥身后转悠，晚上缠着他讲故事，两人在被窝里闹成一团，有时宝珺会佯装生气对弟弟说："你老跟着我干什么？去！去！做你自己的事。"但二弟一旦遇到难事，比如完不成美术课的画作、劳作课的模型，自幼学习作画、动手能力强的宝珺往往禁不住弟弟的嚷求，替他做作业交差。做得太好也容易露馅，时间久了，宝璋的老师都知道他有一个全能的哥哥。

　　在刘宝珺印象中，兄弟俩的学前教育基本是由母亲主导——红色

---

①　刘嘉琛（1861-1936）：字幼樵，号尽南，直隶天津人。1885年光绪乙酉举人。1900年充湖南乡试副考官，因义和团运动停试，中途赴西安，旋简放山西提学。1910年授四川提学使。1912年返回天津。时京师成立清史馆，聘为编撰，辞谢。晚年优游林下，授徒鬻字，不问政事。善行楷，偶作分隶，亦极佳妙，顾不多作。参见章用秀：《天津书法三百年》，天津人民美术出版社，2013年。

小木桌前，母亲一笔一画教识字，给孩子们念《千家诗》《东周列国志》，当读到心仪文章时，就会逐字逐句讲给孩子们听，鼓励他们熟读记诵。母亲还做了汉字小方片教兄弟二人识字，一摞摞卡片上多是"手""走""口""眼"之类的简单汉字，宝珺勤勉且悟性高，一学就会。闲暇之时母亲会给孩子们讲各种名人典故，告诫他们要修身齐家，立身正言，成为一个有家国担当、有见识抱负的人。

宝珺最开心的时刻是母亲带着两兄弟学古诗词，那时他对五言、七言律诗极为喜爱，虽对字间真意似懂非懂，但母亲轻柔的吟诵为这个垂髫小儿打开了中国传统文化启蒙的窗口，古典诗词的大雅之美从此根植在心，使得宝珺拥有极为扎实的古文幼功，也使得他日后在自然科学研究的过程中，具备宽广和多元的文化视野。

宝珺爱好戏曲，一次他带着同龄的八叔私自跑到天津南市看戏，南市多是引车卖浆者聚集之地，虽说热闹非凡，但也鱼龙混杂。俩人在南市逛花了眼，到天黑都记不得归家。母亲不知孩子们去了哪里，急得到处寻人，把两人找回来后不禁一顿训斥，得知儿子还凑热闹胡乱买了男性补肾用的大力丸，更是气不打一处来，抡起笤帚狠狠地打了宝珺一顿。这是温和的母亲唯一一次打长子，也是宝珺儿时罕有的调皮经历。

在刘氏女眷中，鲍淑贤知书达理，有着极好的口碑。她在妯娌中最是心灵手巧，每年春节，家族祭祀、庆祝所用的装饰花灯、吉祥小件儿都由鲍氏巧手制作。因气质端庄典雅，春节拜年轮到母亲时，小一辈的兄弟姐妹总凑在一块儿叫嚷："快来看，该三婶磕头了。"鲍氏举手投足之间的大家闺秀风范，往往成为家中女眷学习的典范。

母亲慈悲悯人的性格给刘宝珺带来了一个柔软幸福的童年，在刘家三兄弟眼中她几乎是一位完美的人，向来谦虚温良，最能忍让也最助人为乐。她从来不论他人身份、工作的高下贵贱，始终珍重待人，甚至宁可自己吃亏，也绝不强人所难。在家境尚可之时，她时常资助生活拮据的邻里，有时小孩淘气与保姆起争执，每每此时，母亲一定会责备自家孩子。她身上所具备的明理持家、心怀善念等品质，正是其名字中"淑"与"贤"的生动体现。

在刘宝珺的记忆中，母亲时时刻刻都围着家庭、丈夫以及孩子们在忙碌，同丈夫一起，固守清贫，从无怨言。对于孩子们来说，母亲的重要性甚至超过了父亲。刘宝珺在回忆中提及母亲时，言中深情无限：

> 我觉得比起父亲我母亲影响更大一些，包括我两个弟弟，他们两人都是这样觉得的。就怎么做人这一方面，我觉得母亲她这个人太完美了。①

母亲的善良对幼年宝珺产生了极大的影响。在母亲的教导下，刘宝珺并不是一个硬朗固执的人，他性格温和，心地柔软，总是以最大的善意待人。时至今日，已身系院士之名的刘宝珺，亦秉持着从母亲身上习来的优秀品质，即便是对站在餐馆门口迎客的普通服务员，在为其开门的一刻，他也总是不忘微笑着道谢。

刘父教子

如果说母亲的亦慈亦让给了刘宝珺温和谦让的性格特质，那么父亲则是以"志于道，据于德，依于仁，游于艺"的君子人格，给予刘宝珺关于为人处世、人生价值的另一番言传身教。

父亲刘学信南开大学毕业后留校任助教，一月工资八十块银元，几年后受聘南开中学任数学老师，每月银元八十二块——当时两个银元能买五十斤白面，算是收入颇丰。但好景不长，刘学信在南开中学期间罹患肺病，遂辞职休养。肺病在当时被视为不治之症，鲍氏心急如焚，一面四处求医问药，衣不解带照顾丈夫；一面向庙里菩萨许愿，如若丈夫能痊愈，自己愿从此信佛，初一、十五皆行善食斋。

---

① 刘宝珺访谈，2016年4月20日，成都。资料存于采集工程数据库。

经鲍氏悉心照顾，加之及时治疗，刘学信的肺病最终痊愈。1935年，大病初愈的刘学信接受了时任山东省政府聘请，出任省地方人员训练所教援、省政府统计委员会编审组主任两年时间，此间家中大小事均由鲍氏一人操持。

1937年7月7日，卢沟桥事变爆发，日本发动全面侵华战争。7月30日，大批日军从大沽口登陆后开进天津市，天津沦陷。

战争爆发后，远在济南的刘学信牵挂妻儿安危，辞去公职，日夜兼程赶回天津家中。为了照顾乱世中的小家，更是为了中国人的骨气和尊严，刚直不阿的刘学信坚守"不给日本人做事"的原则，毅然拒绝一切工作邀请，在此后八年之间一直赋闲在家，和妻子鲍氏共同抚育三子。这个南开大学的高材生，曾经锦衣华服的世家子弟，在国难当头的八年里，以拒不合作的姿态抵抗日伪，其代价是全家五口失去收入来源，仅靠海货行接济以及典当物件清苦度日。由于抗战后期海货行生意没落，刘氏分家，刘学信一家虽仍住在老宅，但生活渐渐窘迫。期间，刘学信曾有机会离开天津到重庆谋得官职，但乱世烽烟，山川遥远，他最终为顾妻儿放弃了前途功名。

刘宝珺对父亲的决定虽然懵懂，但隐隐感知在国家临危之时，深受儒家传统思想影响的父亲决计不肯做苟且偷生之人。他钦佩父亲身上的文人气节，自小在心中就以父亲为榜样，笃定了报效国家的理想，并立志铸造修齐治平的君子人格。

刘学信有在床头放书的习惯，每晚睡前总要翻上几页，幼年宝珺学着父亲的模样在床头放书，即使困得迷了眼，睡前也一定要看上几页。这样的习惯自养成后，便保留了一辈子。

父亲爱好极广，醉心中国传统文化，尤其精通绘画。有时他会手把手教长子作水彩画、粉笔画。每当学校布置绘画作业时，刘宝珺总习惯让父亲指点一二，修改几笔。在父亲的指导下，小学五年级的刘宝珺参加天津市小学生绘画比赛，以一幅粉笔画《夜景》成为了学校唯一获奖学生。

由于父母都是京剧戏迷，闲暇时家中收音机里播放的几乎都是京剧唱段。当时京剧票价贵，加之长辈们担心家中幼子沾染上戏院恶习，通常一年也只有一两次去戏园子听戏的机会。受父母浸染，宝珺对传统戏曲也着了迷，常是一放学便往家跑，赶着收音机广播时间与长辈一起听曲艺节目。当时说鼓书在天津深受欢迎，西河大鼓、京东大鼓、京韵大鼓、梅花大鼓、河南坠子等都十分盛行。宝珺最喜欢听的是"鼓界大王"、刘派京韵大鼓创始人刘宝全的戏曲，后来也听白云鹏、骆玉笙等人的唱段，听到动情处，自己也会跟着哼唱几句。此外，著名天津时调演员高五姑以善唱悲曲被称为"悲调大王"，宝珺常在她刚劲苍凉、酸嘶悲咽的唱腔中动情动容。这个小戏迷甚至还在家中发起了戏曲欣赏会，全家一边听刘宝全的《丑末寅初》，或是石慧儒的《风雨归舟》，一边击节哼唱，饶有兴致地谈论对名角唱腔、戏曲艺术的见解。

出身南开数学系的刘学信身上有着文理交会、中西融通的学术禀赋和不凡格局。其一，他既爱好中国古典诗词，又具备扎实的英文功底。在宝珺父子的日常交流中，中国传统文化是刘学信最乐于谈及的话题，从古文到古代逸闻趣事常常信手拈来。宝珺幼年时常翻阅父亲的大学笔记本，发现多是用英文书写，父亲素日订阅的也是英文报刊居多。刘学信告诉宝珺，最难的英文就是哲学词句，有时候一个句子就长达一页。他要求儿子们背单词，背不出还要打手板。当然，偶尔他也会"秀技"给儿子们背字典，厚厚一本英汉双解字典几乎能背出百分之八十；其二，他既谙熟中医之道，又习得西医之技。家中谁有个发烧头痛的小病，往往无须请大夫，只要按他开的中药方子，抓一两剂草药服下即可好转。在刘学信的笔记本中，既有中药方子，也有西药治疗方案，有次刘宝璋摔破了额头，伤口感染溃烂，他就用西药治好了儿子伤口。

刘学信错过南洋公学，"误入"南开数学系的经历，使他心中失意不甘。大儿子好学上进，自小就显示出过人聪慧，因此刘学信认定宝珺是栋梁之材，对长子的教育最为上心。当他发现幼年宝珺对数学颇有天赋时，忍不住告诫儿子千万不要读数学系，"你看我数学系毕业出路很窄，只能当老师，如果当时进了南洋公学学工科，那就广阔得多"。数学虽是刘学信自觉遗憾的选择，他却有着干一行专一行的韧劲，肯在自己的学问领域下功夫，1957年，已是一级教师的刘学信被评为那一年天津市唯一一名特级

第一章 家风家学

教师。父亲穷究于理、严谨求是的治学精神对刘宝珺未来影响极其深远。

在理性选择前途的同时，刘学信也鼓励宝珺不拘一格，探索钻研。受父亲的影响，刘宝珺自幼遇事也喜欢刨根问底，但凡遇到自己不甚了解又感兴趣的新鲜事，事无大小简易皆必研究。小时常到舅舅家做客，他和比自己小三岁的侄女鲍佩声最爱玩一樽苏式钟表，钟表里住着一个打钟的小人，快到整点的时候，小人儿就咚咚地打着锣，跳出来报时。后来家里钟表坏了，俩人偏不死心，每次就坐在方桌前用手扒拉时针，琢磨怎么能把小人逗出来敲锣打鼓。小时候父母就常对旁人说，"小柚①这孩子就是不能好好保存玩具，买了多少玩具玩不了几天就都拆散了，甚至买回来就拆。"刘宝珺自幼爱好探索的天性，亦受到了父亲的重视和培养。冬有三九，一次入冬时节，父子俩一起商量着做一个"九九消寒图"——他们合写了一首九言诗，一阕诗句九个字，每个字有九个笔画，且要做到诗中有画，画中有诗。两人商量好内容后，便把数九古体诗细细描了一遍，从一九开始每天浓墨填上一笔，待九九八十一天之后，这首九言诗刚好填写完毕，冬天也就过去了。

1945年抗日战争胜利后，蛰伏八年的刘学信兴奋不已，迫切希望为国家出力。因其数学专业背景，经人介绍到敌伪产业处理局天津办事处任副处长。当时，国民政府及收复区各省市对敌伪产业进行了大规模的接收处理，并按照财政金融、建设、教育文化、粮食及屋子等类别分别进行。刘学信秉直奉公，极其爱惜自己的声誉，他认为自己无党无派，复出只是"为了给国家做事"，因此拒绝加入国民党。据刘宝珺回忆：

> 天津这一带的敌伪产业都通过他来处理。他除了自己正常的工资待遇之外，一分钱好处也不要，秉公办事。经常有人通过我四叔找我父亲给职务，我父亲就不听，谁来也不听，"谁要想来做事，我就要看他合不合格"，经济方面的处理特别让我们佩服。②

---

① 刘宝珺乳名。
② 刘宝璋访谈，2017年4月13日，济南。资料存于采集工程数据库。

敌伪产业接收工作因弊病丛生，贪污盗窃大面积发生，以至于老百姓将"接收大员"称为专刮民脂民膏的"劫搜大员"。供职半年后，刘学信毅然辞去副处长之职，接受天津木斋中学（解放后改为天津二十四中）的邀请，重新回到校园执教直至退休。虽是正身正己，两袖清风，但刘学信终究在历史洪流的巨大裹挟中遭遇厄运——解放后，他主动向政府汇报了曾有半年在敌伪产业处理局工作的经历，当时组织经过考察并未深究；然而1966年"文化大革命"席卷全国，刘学信的这段经历最终成为全家的灭顶之灾，他与妻子鲍淑贤因不堪忍受无休止的批斗凌辱，在1966年9月，彼此相隔一周，双双告别人世。

在这样一个典型的母慈父严的中国式家庭中，因父母的言传身教，以及文化教育背景的中西并行，塑造了家中子弟正统的品行修为，培养了孩子的文化品鉴和精神审美。在刘宝珺的孩童阶段，家庭教育给这个世家子弟开启了精神世界的第一把钥匙，他很好地吸收了中华民族优秀文化的"初乳"，饱蘸了西方科技的启蒙思想，培养了为人正直、为学严谨以及接纳欣赏不同文化的开阔胸襟。

第二章
津门成长

初入学堂

1931年9月13日，刘宝珺出生。五天后，震惊中外的九一八事变爆发。如果说此时的刘宝珺尚在襁褓之中，在大家族的庇护下不知国难当头，那么1937年的七七事变则是刘宝珺第一次直面国破山河在的景象。据他回忆：

> "七七事变"那天，我亲眼看见有四架日本飞机飞到天津，丢炸弹，把南开中学都炸了。为什么把南开中学都炸了呢，因为南开中学主张抗日，日本人讨厌这学校。我亲眼看见那四架飞机来轰炸天津，所以印象很深刻。那一年就因为"七七事变"推迟了一段时间入学，因为天津被轰炸了，这印象很深刻。①

此时的刘宝珺已下定决心将来要考入南开——因为"南开"二字代表

---

① 刘宝珺访谈，2016年4月20日，成都。资料存于采集工程数据库。

着抗日，意味着爱国。受家中父亲、五叔、堂兄等几个南开人的影响，刘宝珺于1947年考入南开高中男中部就读，此后二弟刘宝璋也就读于南开初中，三弟刘宝瑢就读于南开大学半导体专业，全家皆和南开结下不解之缘。

因时局动荡，母亲鲍淑贤带着七岁的宝珺和五岁的宝璋跑回娘家亲戚处躲了一段时间，直到丈夫刘学信从济南回到天津。刘宝珺也因而推迟一年上小学。

1938年，刘宝珺八岁。入读离家较近的天津第六小学。

天津第六小学规模不大，一个年级就一个班，一年级到四年级属于初小阶段，五年级到六年级为高小阶段，刘宝珺所在的班级三十多人，女生居多，年龄也参差不齐，他在班上属年龄偏小的孩子。这所学校素来重视学生的品行教育、文化的兼容并包，对师资选拔严格，要求授课老师须有师范专科学历背景。学校除了两名男教师外，其他教职员工包括校长在内都是女性，多数年岁稍长，教育经验丰富，对待学生斯文耐心，师生关系融洽。

图2-1　1987年刘宝珺寻访曾就读的原天津第六小学旧址（刘宝珺提供）

民国时期规定初小教育要从孝悌、信实、恭敬、勤俭等入手，培养小童对社会与国家的责任感，激发进取精神，养成爱国品格。故而宝珺入学的第一堂课就是"修身"，书中所言的"立身、求学、尚志、端品、信实、强毅"等虽令稚子似懂非懂，但传统道德所带来的人格修为对宝珺产生深远意义，成为他一生做人做事的行为准则。在刘宝珺印象中，有个王老师虽净讲做人的大道理，但是水平很高，要求很严，学生必须坐得笔直，听讲时不可东瞅西看，不能随便说话，否则手心可能会挨上一板子。还有一位曾经缠足的女教师，负责体育、音乐等文体课程，课堂上她时常给学生们讲故事，教大家唱歌和说相声。

刘宝珺最喜欢的是高小阶段的班主任高景荣。高老师主教语文、数学课程，为人热情，对学生关怀备至，时常邀请孩子们去自家吃饺子，对班上每个学生的身体状况、家庭情况了解得一清二楚。刘宝珺觉得高老师格外亲切，到她家吃过几次饭，心里有什么事儿都愿意和她说说，因此对语文、数学格外感兴趣。小学毕业后他还经常回去看望高老师，甚至将高老师丈夫赠给他的一支施德楼铅笔珍藏到清华时期。时至今日，刘宝珺忆及高景荣时，反复提及她当年给予一个孩子宽松自由的教育环境，并深深地怀念那个时代师生交往的融洽与温暖。

在整个小学教育中，日语是刘宝珺内心最为排斥的课程。七七事变天津沦陷后，日本侵略者企图通过学校教育建立殖民地文化，刘宝珺从小学三年级就开始学日语，当时教日语的是一个中国人，为人严肃，从不开玩笑也不与人亲近。刘宝珺虽然反感，但因为中国人学日语有很多读音相近的便利，入门级日语对他来说并不算难。因此成绩也勉强过得去。

由于家庭教育打下的扎实幼功，加之自身勤奋刻苦，刘宝珺很快在学业上脱颖而出，虽然单门课程不是特别拔尖，但胜在知识全面，综合成绩优异。整个小学期间，刘宝珺在十二次期末大考中包揽了八次年级第一。二弟刘宝璋记得哥哥在学业上十分好强：

> 他（宝珺）自己很有主见的，不像母亲生气着急地督促我似的，

他不需要，整个小学六年他经常考第一。①

　　天津第六小学的六年时光，给刘宝珺打下文化知识的扎实根基，还给予他做人的道理，如要乐于做善事、帮助他人、待人接物有礼貌等，但更重要的是教导他要"爱国"。

　　日伪时期，伪河北省公署作为日本侵略军意志的执行者，为贯彻日本帝国主义的文化侵略政策，摧毁中华民族的文化，在天津强制推行奴化教育。虽然第六小学布有监视师生言行的日伪分子，但老师在讲义里，在课堂上，都会巧妙地将爱国主义精神传递给孩子们——他们通过讲故事的方式，让学生了解时局，学会爱国，爱中国几千年的文化，主动追求、保护中华民族的珍贵传统。这样的教育，让刘宝珺开始认识到，一个积贫积弱的国家只能任人欺凌，少年人唯有发奋读书，励精图治，才能救民族于水火，让国家真正强盛起来。

　　日本侵略者的疯狂掠夺和经济统治，造成当时物价暴涨，粮食奇缺。

图 2-2　1944 年刘宝珺小学毕业合影（成都地质矿产研究所提供）

---

① 刘宝璋访谈，2017 年 4 月 18 日，济南。资料存于采集工程数据库。

天津市民的生活必需品实行"配给制",原则是日本人优于中国人,日本员工优于中国员工,在日伪机构供职的中国人优于平民百姓。"配给"的物品包括酱油、食用油、盐、砂糖、烟卷、火柴、棉布、肥皂、煤炭等许多物资,而且由于物资的匮乏,本来很低标准的"配给"也根本无法保障。在刘宝珺的印象中,那时普通人家几年都吃不上大米,近在咫尺的天津著名小站稻米也仅供日本人食用。在中国的土地上,日本侵略者不允许中国人吃大米,而且如若有不服从者,即被定罪为经济犯。

在动荡不安的年代,父亲的赋闲,加之海货行生意不景气,家中生活逐渐艰难起来,一日三餐吃得最多的是玉米面,里面要么发了霉,要么就掺杂了砂子,难以下咽。最好的景况是能吃到些面粉,但每人每月也仅仅两三斤的配额,吃肉更是困难之事,有时候一个礼拜家里就包一次素菜馅饺子解馋。

小学时代的刘宝珺已经懂得物力维艰的道理,作为家中老大会分担一些力所能及的家务。每天早晨不到六点,他头一个起床,拨弄好炉子生火烧水,为母亲做早点当好帮手。虽年纪尚小还不会做饭,但平常会带着宝璋一起搬煤、倒煤渣。刘宝珺至今一直保持的早起习惯,便是在孩提时代养成的。

这个书香之家,无论在多么困难的年代都保持了珍视并赏鉴中国传统文化的优雅风度。受父母影响,入小学后的宝珺对传统戏曲、乐器、文学、武术、中医等产生了更加浓厚的兴趣。虽然单科学习成绩不够拔尖,但宝珺更在意的是兴趣爱好上的出类拔萃——小学时,他已能对京剧艺术的流派说出专业的门道,唱得一口好京剧,天津本土曲艺如说鼓书、单双口相声等也成了他的拿手绝活,甚至后来还能用中英文讲绕口令,此外还会拉二胡、敲扬琴、吹笛子。当时第六小学有个很小的操场,一侧搭了个葡萄架,另一侧是三级台阶,教室与台阶之间的一道走廊成为临时舞台。刘宝珺三年级时,就登上这窄窄的舞台实现了京剧表演的首秀,一亮嗓便赢得台下师生的满堂彩。多年后回忆起这段毫不露怯的登台经历,刘宝珺认为学校虽然指导孩子们排练,但长期浸淫在父母及家中叔伯等一众资深票友之间,才给了自己拉开架势唱一嗓子的底气。

从小学三年级起,刘宝珺开始练习写毛笔字,楷书、行书、行草都很好。也是从三年级起，他开始接触武术，练气功，后来又学习了吴氏太极拳。中国文化于刘宝珺而言就像是一条与自己一同成长的基因，愈来愈深刻地扎根在血脉之中，并相互融会贯通。时隔七十余年，刘宝珺谈及对中国文化的痴迷，依然初心常在：

> 中国的任何东西，比如戏曲、曲艺，甚至医学、武术、武学都跟哲学有联系，讲阴阳、讲对仗。所以我认为中国很多的传统文化，跟欧洲不一样，它有一个指导思想，有很深的哲理在里面，它都很吸引人。所以我们的文化很深远，它就在这个地方，处处都可以联系起来。①

杂 家 小 子

1944年9月，刘宝珺以全校第二十五名的成绩考入天津市河北省立中学。

清光绪二十六年冬，天津进步邑绅高凌雯、王世芸先生认识到国家兴衰与人才教育息息相关，便商议将坐落在天津城西铃铛阁大街上的稽古书院（始建于1887年）改为学堂。清光绪二十七年正月十九日（1901年3月9日）正式创立，初名普通学堂，后称官立中学堂、天津市河北省立中学，先后十易校名，1949年定名为天津市第三中学。学校于1960年迁至丁字沽现址。

作为天津市近代第一所官立中学，该

图2-3　1944年初中时的刘宝珺（成都地质矿产研究所提供）

---

① 刘宝珺访谈，2016年4月20日，成都。资料存于采集工程数据库。

图 2-4　刘宝珺曾就读的河北省立天津中学（现天津市第三中学，2017 年采集小组成员摄）

校的教育硬件设施极其优越，校园里实验室、音乐厅、运动场等一应俱全。1956 级校友刘增田于"我在三中的初中生活"一文中曾记录下了自己眼中的学校面貌：

> 我入学的时候三中的门坐南朝北，门口有一个高台阶。进了门是一个类似门厅的空间，两侧是教室。教室上面是二楼。在西侧楼梯的下面利用这个空间隔成一个小房间，是学校的理发室。从主楼的台阶下去就是一个不大的院落，院落的西侧被一个阶梯教室分为两部分，北边是和主楼连接的两层房屋结构。楼上是生物教研室和教室及图书馆的书库，楼下是图书馆和阅览室和一个教室。南边是一个两层楼结构的建筑，是学校的物理化学教学场地（教研室和实验室）。院落的东侧是一排小平房（体育研究室），院落的南面是主要的教学区，许多教室分布在这里的楼房里。而且在这里，还有一个礼堂。这在当时的中学里是比较罕见的！①

---

① 刘增田：我在三中的初中生活. 见《天津市第三中学校刊》，2016 年第 1 期，第 21-22 页。

校园四季草木扶疏，沉静深厚，校舍建筑以古朴与现代结合为主要风格。最引人瞩目的是学校礼堂，礼堂原为天津卫三宗宝之一的铃铛阁旧址，南北走向，东西为中轴线对称。走进这座占地面积两千三百平方米的建筑，前边两层为教室，后边为礼堂。礼堂正面大理石上镶嵌着民国廿二年河北教育司司长陈宝泉先生所题"巍巍黉舍，教泽孔长，礼堂再筑，愿寿而康"的祝词。礼堂内又分上下两层，共有座位九百七十八个，整个建筑造型独特，结构巧妙，由空中俯视为飞机型。原礼堂始建年代不详，1933年重建，至今完好，堂内保存有光绪十三年（1887）天津府正堂改稽古寺为稽古书院及书院课程等石碑六块。

河北省立天津中学有着历经世事沧桑的大家之气，其校歌集萃了民族大义者对于近代中国要依靠教育救亡图存的赤诚情怀——"问析木之津，遵学海之滨，劫灰余地尚荆榛，是我校之生辰。当思来处不易，其命在维新。稽古废，藏经焚，历经缔造何苦辛。校铃一振，教育精神，望顾名兮思义，其为第一中坚之国民。"[1] 为顺应科学救国的时代呼唤，促进中西

图 2-5 天津市第三中学重新修建的"铃铛阁"（2017年采集小组成员摄）

---

[1] 天津市第三中学校史资料编辑委员会编：《官立中学堂——天津市第三中学校史（1901-2001）》，2002年，第57页。

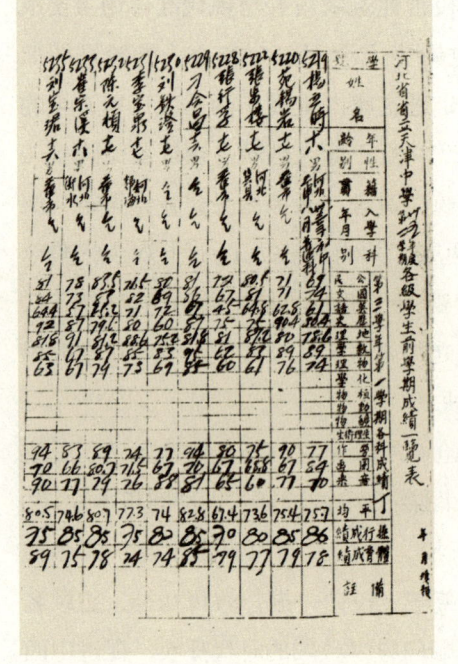

图2-6 1946年刘宝珺初三第一学期成绩一览表（资料来源：天津市档案馆）

思想文化的融会贯通，学校以"维新"使命推行新式课程教育，科目有公民（此前即为修身）、国文、数学、历史、博物、地理、音乐、体育、武术、物理、化学、英语、劳作、手工、图画等，基础课和实践课程设置得较为全面，真正以东方的翰墨书香、西方的科学思想滋养学生的浩然正气和文化品格。

学校根据入学分数的第一、二、三、四名将学生依次排入甲、乙、丙、丁班，以确保每班生源质量基本均衡。9月伊始，刘宝珺进入初一丁班，一个班四五十人，全年级约二百名学生，由于离家不远，他便每日走读。

这所天津城里最好的官学集结了当时最优秀的师资，燕京大学、清华大学、北洋大学的优秀毕业生慕名来此应聘任教，身怀绝学的名师不在少数。如教国文的裴学海先生为我国现代著名的汉语言学家，毕业于清华国学院，曾是梁启超门生，后师从汉语文学家赵元任及历史学家、语言学家陈寅恪。比刘宝珺早一年入学的翟裕生[①]院士，1943年以全校第二的成绩进入乙班，在校期间学习名列前茅，操行优秀，他曾深情地回忆与裴学海先生相处的细节：

中国古代的汉字当中好多非常偏僻的字，他都搜集来，怎么讲，

---

① 翟裕生（1930—），河北省大城县人。矿床学与区域成矿学家。1952年毕业于北京地质学院地质系，1955年至1957年于长春地质学院矿床学研究生班向苏联专家学习。曾任中国地质大学（北京）校长。1999年当选中国科学院院士。见中国科学技术协会编：《中国科学技术专家传略·理学编（地学卷四）》，中国科学技术出版社，2015年。

怎么用，编成了大字典。很知名的，郭沫若到天津去的时候还问这个老师。他很喜欢我，他说你的名字叫裕生，生活要富裕，我现在给你取个字叫"慰苍"。"慰"是安慰的慰，"苍"是苍天的苍，这四个字连起来就是"裕慰苍生"，就是说你不但要自己生活好、家庭好，你还要关心天下的苍生、老百姓，使他们富裕，使他们得到安慰，今天的话就是好好为人民服务。所以那时候你想，我这么一个年轻的学子，这么好的环境，老师还给我指出人生的方向。后来有时候我自己也发表一些小文章、报道啊，我就用这个当笔名的，就是"慰苍"，所以我记了一辈子。所以我觉得这样的学校的确是德育兼修。[①]

刘宝珺对国文的喜爱虽来自家学，有着十五年教龄的初中国文老师王荫茂却让他佩服不已。王老师对文言文、白话文皆有素养，诗词造诣很深，讲课尤其精彩。刘宝珺记得他给学生们讲解白居易的《琵琶行》、刘禹锡的《陋室铭》时，感情充沛，声调抑扬顿挫，娓娓描述诗中人物动静，并辅以诗词精髓要义的阐释，学生们听得入了迷，沉浸在中国古老丰美的诗词艺术中，心中止不住赞叹。因王老师的引导，刘宝珺对国文产生更加浓厚的兴趣，开始关注中国古典文化的文辞美、意境美和哲思美，很多经典名篇都可以倒背如流。以至于在后来填报大学志愿时，他还曾在第二志愿中填写了"中文"。

初中时代的多门课程给刘宝珺打开了一个学习知识的全新视野。有着三十年教龄的黄丕承先生在英文教学中注重学生拼音、书写、朗读、语法、图解五个环节，并从初一年级入门抓起，给学生打下了牢固的基础。讲授生物的孙彤阶先生德高望重，课上指导学生用显微镜观察切片，在黑板上画出栩栩如生的解剖图、示意图的功力也令刘宝珺心生佩服。

除了日常学习，省立一中还重视学生实践操行的培养。针对当时民众心智未开、社会教育资源匮乏的局面，学校根据学生的特长兴趣爱好，遴选优秀的高年级学生到附属的民众小学当至少一年的"教书先生"，并且

---

① 翟裕生访谈，2017年4月27日，北京。资料存于采集工程数据库。

给予一定补助。据翟裕生回忆：

> 老师选我当小学三年级的班主任，我教国文。初三的时候也就十五六岁，小弟弟们都是十一二岁，就等于大哥哥带着小弟弟。上课的时候为了教好他们，尽可能地自己备好课，讲得生动一些，给他们多讲故事，吸引他们求知欲，这个对我是一个很大的锻炼……我当了将近三年的民众小学老师，学校给补助，一个月给二十斤、三十斤面粉。因为当时国民党纸币贬值，给二三十斤面粉，我就换成了玉米面，一个月的伙食基本够了。①

刘宝珺也曾于初三时当了一年民众小学的"音乐老师"，民众小学中多是寒门子弟，上课地点就在刘宝珺所在班级的教室里。小小的"刘先生"每天下午四点下学后，就负责组织班上同学腾出教室，然后教民众小学的孩子们唱西洋歌曲。

进入初中的刘宝珺学习上不似小学刻苦，加之眼界开阔起来，他更多的是以兴趣爱好为出发点，把精力放到了升学考试不会加分、所谓的"不务正业"的科目上，成绩中等，但文体格外全面，成为了一个贪玩、能玩、会玩，学什么像什么，像什么成什么的"杂家"。

刘宝珺的武术从小学练到了初中，初二开始学护手钩、气功、刀枪，课余还根据老师讲述的太极拳要义自行学习了太极推手，练出一套拳路后在学校表演中大展身手。随着个头蹿高，他开始痴迷篮球并参加了校内篮球队，学校的四个篮球场成为下课后最常跑动的地方，他还参加天津市基督教会青年体育班，每周去打几次篮球，足球也踢，直到一次把眼睛踢伤才从此作罢。因自小就喜欢京剧曲艺，初中后他参加了学校的京剧社，多次在校登场表演。不仅如此，他开始接受西洋古典音乐启蒙，学习正规的练习发声、呼吸，还买来专业书籍研究，曾在天津市的中学生歌唱比赛中拿了第一。手工课上，老先生演示的篆刻技艺也令刘宝珺着迷，遂买了一

---

① 翟裕生访谈，2017年4月27日，北京。资料存于采集工程数据库。

套篆刻刀具，也像模像样地练习了起来，一副竹上的篆刻作品，临摹的是父亲刘学信"淡泊明志"的四字隶书，还被学校选中参加比赛。因国文甚好，加之会武术，初中他开始对武侠类的闲书爱不释手，瞒着父母读遍《三侠五义》《江湖奇侠传》，后来又迷上宫白羽的系列作品，心得颇深。小学学了水粉画后，他在中学开始学习国画，从山水入门学起，这为后来从事地质工作画素描图打下了扎实的根基。

初三毕业时，班级同学在毕业留言册上如是描述他们眼中的刘宝珺："好科学，油画妙，English 列前茅，真活泼，体魄棒，待人热心肠。雄壮的歌声，矫健的身手，在告诉我们他是一个文武全才。"[①]

正因把多数精力用在探索自己喜欢的事物上，刘宝珺在兴趣爱好上实现了"百花齐放"，也致使中考时因分数不够未能直升本校高中部。后因抗战胜利，南开中学从战时后方迁回天津，他才幸运地考入南开中学高中部，说来也是失之东隅，收之桑榆。

刘宝珺进入初中的 1944 年，天津已经历了七年水深火热的殖民统治生活。在此期间，日本侵略者将青少年作为奴化教育的重点，打着"沟通中日文化""中日同文同种"的旗号，在各中小学校增设日语课，强制推行日语学习。

在河北省立天津中学，日伪直接派驻日本人到校上课，监督爱国师生。给刘宝珺班级上课的两个日本人，一个是日本军官五石川，上课时穿军服，要求很严格，生气时眼睛一瞪，一双马靴在讲台上踱来踱去，台下的学生们吓得脊背直冒冷汗；另外一个叫松奇的日本人一句中文不会说，骂起学生哇啦哇啦更厉害。除了强迫中国人学习日语，将日语列为主要科目，日方还要求全校上课改用东京时间（提前一小时），每学期组织日文研究活动。刘宝珺的初一、初二均接受了这样的战时日式教育，直到 1945 年抗战胜利。

除了在思想上对青少年进行奴化教育，日本侵略者还以高压手段强逼全市中学生参加繁重的体力劳动。1944 年 11 月前后连续十天，日本侵略

---

① 省津中学三五年度毕业纪念册，1947 年，第 227–350 页。原件存于天津市档案馆。

者强迫师生徒步去天津郊区张贵庄机场给日本军方修飞机场，名曰"勤劳奉仕"。次年6月，部分学生又被强迫到陈塘庄为日军运送物资，到李纯祠堂附近整地种水稻，去西北角自来水公司挖防空战壕。恶劣的劳动条件令师生痛苦不堪，在日本教官的棍棒之下，学生们只能变相地默默抵抗，比如说前面的人挖完坑后，后面的人又偷偷用土把坑盖起来。初二时的刘宝珺在经历过几次这样的"勤劳奉仕"后，几个问题更深入地盘旋在脑中——国家如果受人宰割，个人怎能做到独善其身？受列强欺凌的中国，怎样才能强大起来？学好本领，科学救国的志向和决心在他心中开始深深扎根。

在抗日战争胜利的前夕，日本帝国主义已陷入强弩之末的绝境，但天津市民的生计更加艰难。以1944年4月的配给标准为例，当月天津居民粮食大人每餐配给粮食只有30.5克，别说充饥，就连维持生存的最低限度都难以达到。配给粮不够吃，市民只好到市场上高价购买粮食，而一些粮商囤积居奇，每天出售的粮食很少，豆饼、山芋干、豆渣、野菜等都成了口粮，市民常在饥饿中度日。

1945年8月15日，日本宣布无条件投降。消息在天津传开后，天津市民欢欣鼓舞，奔走相告，纷纷走上街头欢庆胜利。《益世报》刊发的关于日本无条件投降的《号外》被争抢一空，街头巷尾充满了喜庆的鞭炮声，很多建筑屋顶塔尖上飘扬起青天白日满地红的中华民国国旗，家家户户以天津人特有的吃捞面方式庆祝胜利。一首欢快明亮的歌曲《恭喜恭喜》很快就流行开来，人们争相传唱着："每条大街小巷，每个人嘴里，见面第一句话就是恭喜恭喜……冬天已到尽头，真是好的消息，温暖的春风，就要吹醒了大地……浩浩冰雪融解，眼看梅花吐蕊，漫漫长夜过去，听到一声鸡啼……经过多少困难，历经多少磨炼，多少心儿盼望，春天的消息，恭喜恭喜恭喜你。"

八年烽火连城的岁月结束了，八年的屈辱和期盼终于等到了日本的战败，歌声里是人们重建家园的美好愿景，是对于春和景明的无限期待。

在日军投降的同时，日军占领下的天津已处在冀中、冀东、渤海三个共产党领导的敌后抗日根据地的包围之中。当时国民党政府已经自顾不暇，接受驻津日军的投降一事，只能完全由美军主持。

正值初二的刘宝珺记得那时学校都在说"欢迎盟军"，日本投降之后，首先来到天津的不是中国军队，而是美国大兵。9月28日，第一支美军在塘沽登陆；10月6日上午9时，天津日军受降仪式在美国海军陆战队第三军团司令部（旧法租界会议局）大楼门前举行。许多天津市民聚集在附近的街道上，观看了这一具有重要历史意义的一幕。

刘宝珺对"八一五"的情景印象深刻，当时家中老小个个喜气洋洋，八年蛰居的父亲为这一天的到来拿出好酒，破例喝了个痛快，一解心中多年的愁苦和压抑。刘宝珺从广播中听到抗战胜利的消息高兴得不得了，觉得中国总算扬眉吐气，同英法美苏平起平坐，成了联合国安理会常任理事国。他深深感受到自己盼望的时代到来了。

在整个初中时代，"兴趣"成为刘宝珺真正意义上最重要的老师。教书先生若是上课枯燥，他便觉得那门课无甚味道，提不起学习劲头。对于自己痴迷的学问，他宁愿埋头深耕，哪怕几宿不睡也要搞懂个子丑寅卯不可。这样的"兴趣论"一直贯穿于刘宝珺的求学时代和研究岁月，他后来成为师者，反观教授学生的心得时，仍然认为传道授业、科学创新的源泉皆是来自兴趣：

> 你没有兴趣，为了应付考试来自学，还是学不进去，你对任何东西都是。后来我一直有这个观点，我教学生都是，首先要引起他的兴趣。学生来跟你学，你不能引起他的兴趣，他绝对成绩没法好得了。作为科学家也是一样的，你必须有兴趣才能有创新。兴趣都没有，你怎么创新？[1]

初中时代的刘宝珺不怎么追求时髦的进步思想，也做不到规规矩矩听话念书，算不得他人眼中标准的"好学生"，但是这个世家子弟对自己的未来并不糊涂，他清醒地知道文学艺术等杂家爱好只能怡情，解决不了中

---

[1] 刘宝珺访谈，2016年4月21日，成都。资料存于采集工程数据库。

国当下的问题。他绝不愿像班上多数同学那样毕业后就工作，从商、参军不是自己的前途。刘宝珺打定主意，将来一定会念到大学毕业，毕业后继续做研究，自己就应该成为科研工作者，做出一番科学事业。

因此，在初中毕业册上"我未来的路"一栏，少年刘宝珺笃定地写下了三个字——"工程师"。

最忆南开

直隶作为清末"新政"的权舆之地，开展得轰轰烈烈的北洋实业及实业教育成为全国关注的焦点。史载"四方之观新政者，冠盖咸集于津"，转相效法，使河北率先制定的一系列有关实业及实业教育的制度和章程得以在全国推广，进而带来了公立学校和私立学校并存的多样化教育景观。宽松的文化环境足以让私立学校得以发展，社会对于私立学校也无偏见，这从很大程度上仰仗于古雅素朴的民初之风，"五四"所倡导的"德赛先生"，同时也得益于民国教育家的胸襟。私立南开学校正是民国教育的一个典范。

南开学校源自我国近代著名教育家严修开办的严氏家馆。1904年8月，严修、张伯苓在赴日考察教育回国途中，商定要"于津城办民力中学一处，以作中学之模范"。当年10月，严氏家馆和王氏家馆合并，创办了"私立中学堂"，校舍仍在严宅。是年冬，校名改为"私立敬业中学堂"。1905年，又改为"私立第一中学堂"。1906年，津绅郑菊如将天津西南水闸旁十余亩空地捐助学校，由于此地位于德国人汉纳根开设的大广地皮公司界内，德国人不肯相让，后经交涉，遂将郑氏所捐之地换成电车公司旁的开洼地带，有"南开洼"之称。1907年秋，学校由严宅迁入新校舍，校名因所在地名之故，改称"私立南开中学堂"。这也是南开系列学校均以"南开"为校名的由来。后南开大学、南开女中、南开小学相继而立，形成了旧中国私人办学的完整体系。

渤海之滨，白河之津，南开中学巍巍而起。胡适在"Chang Poling: Educutor"①一文中细数了南开办学的历史进程：

> 南开开办之初，基地不过两亩，不到几年，即在附近添购一百亩以上，以供扩充。南开大学系于1919年正式开学，设文、理、商三科，翌年增设矿科，经济研究所则于1931年设立。下一年又增设化学研究所，南开中学女子部则于1923年设立，并于1928年设立实验小学。到了1932年，南开已完成了五个部门，即大学部、研究院、男子中学、女子中学及小学。在毁于日军前几年，学生总数已达三千人。

学校自建校之初就十分注重校风，梁启超曾经盛赞南开中学"校风之佳，不仅国内周知。即外人来参观者，亦莫不称许"。甚至在一次南开演讲中，称"假使全国学校悉如南开，则诚中国之大幸"。

首任校长张伯苓在任四十六年，被誉为中国现代教育的一位创造者，他以"允公允能，日新月异"作为南开校训，其办学思想反映了时代的特性，但又超越了时代：

> 允公是大公，而不是小公，小公只不过是本位主义而已，算不得什么公了。唯其允公，才能高瞻远瞩，正己教人，发扬集体的爱国思想，消灭自私的本位主义。允能者，是要做到最能，要建设现代化国家，要有现代化的科学才能，而南开学校的教育目的，就在于培养有现代化才能的学生，不仅要求具备现代化的理论才能，而且要具有实际工作的能力……所谓日新月异，不但每个人要能接受新事物，而且要成为新事物的创始者；不但要能赶上新时代，而且要能走在时代的前列。②

---

① 胡适：Chang Poling: Educutor. 见 *There is Another China*，哥伦比亚大学出版，1948年。中文版收录于梁吉生编著，1995年山西教育出版社出版的《张伯苓与南开》一书。

② 宋成剑：论允公。《南开大学学报》，2012年3月16日，第3版。

图 2-7 天津市南开中学校训（2017 年采集小组成员摄）

"允公允能"涵盖了张伯苓所倡导的"三育"（德育、智育、体育）的内容，即"在于造成完全人格""足以治民族之大病，造建国之人才"。在他的主导设计之下，南开校色为青莲紫，寓意南开学子应该像莲藕一样，出淤泥而不染。校徽呈八角形，寓意南开学子来自四面八方。

1937 年，抗日战争全面爆发。是年 7 月 30 日，日本侵略者两次轰炸南开，大部分校舍被毁，此后学校停课，南开成为抗日战争全面爆发以后第一个遭到日本侵略者摧毁的学校。此后，南开中学部分师生内迁重庆，与重庆南渝中学组建重庆南开中学，同而后张伯苓接办的四川自贡曙光中学，都成为南开系列学校的组成部分。1945 年，天津南开中学复校，翌年迁回原校址南开四马路，同时恢复女中部。

1947 年 9 月，刘宝珺考入人才云集的南开中学高中部。南开中学有男校女校，刘宝珺进入男校高一乙班，该年级共两个班，每班约五十人，开设有国文、几何、代数、英语、地理、历史、生物、化学等课程。

彼时南开校舍皆为古典建筑。建于1907年的东楼，正门楼的上方镌刻着"天津南开学校"几个大字。北楼、中楼、范孙楼、瑞廷礼堂，风格各异，或古朴典雅，或蔚为壮观。建于1906年的北楼是学校保存最古老的建筑，上下二层的灰色砖楼，与其前面拱形立柱的长廊形成中西合璧之特色。学生宿舍有个四排平房，周恩来早年就读南开中学时，曾住在"四排三"宿舍，刘宝珺当年换过几次宿舍，曾住过三排和四排。

南开中学采用"不言之教"的方式，让学生在自我反思、自我修复的过程中，实现自觉自治精神的塑造。高一新生刘宝珺印象最深刻的是进校门的东楼楼道北侧，立着一面一人高的整容镜，上面木框镌有几行镜箴："面必净，发必理，衣必整，钮必结；头容正，肩容平，胸容宽，背容直。气象勿傲勿暴勿怠，颜色宜和宜静宜庄。"由严修亲笔书写的这四十字"容止格言"，用意良深。刘宝珺和同学们经过此地，不禁伫立镜前肃然衣冠，久而久之，便形成了生活方式的指导规范。

张伯苓当时身兼南开系列学校校长，却甘居淡泊，只拿南开中学校长一份工资。他深知南开"要作中学之模范"，必先得学问之聚集，大师之聚集，因此不惜重金延揽名师大家，陶孟和、马千里、王昆仑、张中行、熊十力、范文澜、舒舍予、何其芳、杨石先、董守义、罗常培、左景福等我国著名的教育大师都曾执教南开中学，可谓群贤毕至，少长咸集。他们热爱南开，思想深邃，业务精湛，在提升教育水准，塑造学生健全人格方面，在南开中学教育史，乃至中国近现代教育史上留下了深刻的印记。当时的教务长喻传鉴曾是南开中学的第一届学生，追随校长张伯苓多年，在

图2-8 天津南开学校校门及北楼（2017年采集小组摄）

第二章 津门成长

美国哥伦比亚大学师范学院获得教育学硕士后，立志发展中学教育事业，回到南开中学任教务主任，后又接手重庆南开中学和自贡曙光中学。刘宝珺认为南开之所以能培养大批杰出的桃李栋梁，与教师以教育为毕生志向，而不仅仅为了求饭碗拿薪水有关：

> 他（喻传鉴）就是立志就把中学教育搞好，他不想到大学当教授，所以当中学老师本身就有一种志向，要发展中国的中学教育。所以这学校成绩很大，给中国培养这么多人才，使我们终身受益。南开中学的校训"允公允能"，意思就是德才兼备。[①]

作为私立学校，南开使用的教材、教案既不由教育官府主管，也不由学校指定，而是全凭任课老师做主，授以老师极为开放的教育自主权。刘宝珺记得历史老师苏子白上课，极像了说书先生，风格尤为传神——中国历史在他的脑子里像打蜡似地滑过，从朝代赓续到江山易主，从帝王将相到草根民俗，从词章墨宝到花鸟虫鱼……苏子白用他丰富的知识呈现每一个历史时期的煌煌气象，将学生的课堂注意力完全吸引到中国的整个历史上来。学生们津津有味地听了一个学期，课本居然才讲了一页多。发现快考试了，他才被催促着说了一下提纲和考前重点，"你们准备准备考试，自己去看吧"。不少学生对这门课产生了浓厚的学习兴趣，考试成绩还都不错。刘宝珺认为在那个时代，以南开为代表的私立教育显示了跳脱官僚体制，自主办学的特质：

> 它很自由，不受中央指示，想怎么办就怎么办，它办学的方向方式完全自由。像教历史的苏老师，一学期才讲了一页半、不到两页，国立的学校不允许。私立学校的校长可以不干涉这个，你既然聘了这个老师你就相信他，他愿意怎么教，你不能说他违反规定，那时候也没有教学大纲，备课什么也没有，老师上来完全是凭兴趣讲。[②]

[①] 刘宝珺口述，2016年4月22日，成都。资料存于采集工程数据库。
[②] 刘宝珺口述，2016年4月22日，成都。资料存于采集工程数据库。

初中国文出众的刘宝珺，在高二时遇到了对他影响极大的国文老师高玉爽。高老师大高个儿，山东口音浓重，虽近视得厉害，但随时走路都在看书。他饱读古今中外诗书，常常引经据典舌灿莲花，上课风度尤其潇洒自如。刘宝珺高二时爱上欧洲文学就得益于他的讲解，当时欧洲黄金时代最有代表性的作家，如英国狄更斯、法国巴尔扎克、俄罗斯屠格涅夫，他们笔下的代表作品在高玉爽的娓娓道来中，为刘宝珺打开了一扇惊喜的世界文学之窗，为此他还专门买来《大卫·科波菲尔》《孤星血泪》《父与子》《欧也妮·葛朗台》等经典名著慢慢品咂。对中国文学作品，从诸子百家到汉唐诗赋，从宋词元曲到清代小说，再到民国时代白话文作品，高老师亦是信手拈来，将中国文学的大雅之美融化在课堂之内，让语言节奏的珠玉之声滴落在学生的心尖之上。自忖国文优秀的刘宝珺既兴奋又陶醉，但更打心底佩服这位老师独立的思考和见解，不唯书，不信古，不把课本知识当作教条来讲解，不强迫学生必须接受自己的主张。除了使用通用教材，高老师还会专门拿出时间给学生们讲自己最喜欢、最得意的知识，直抒胸臆，开极多的中外文学书单，有一次上课甚至讲起了中国最早一部同性恋风月小说《品花宝鉴》。在那个民智尚未打开，谈论男女之事都被视为狭邪的时代，教书先生在课堂上公开给一群青春少年讲述同性之爱，神情自若坦荡，语言妙趣横生，没有学生和家长提出有辱斯文的抗议，学校也不干涉教师的自由表达，后来刘宝珺出于好奇，还专门买来《品花宝鉴》。这种以兴趣启蒙为导向的授课方式，对刘宝珺后来走上科研道路，乃至教书育人都有极深的影响——

一个人在学术上要有成就，首先必须对所研究的东西有兴趣，没有兴趣就钻不进去。过去一阶段，我们在学校里边比较强调爱国，国家需要的，就是奋斗的目标，这句话说得也不错，但是如果他对所学的东西没有兴趣，钻不进去，想创新根本不可能，最多是努力完成一个任务而已。考试也可能成绩比较好，但最后不会有很大的成就，因为钻不进去嘛。

我觉得中学老师尤其重要。因为他要讲得好，可以把这门学科的真谛讲得很深,而且他真是把自己研究的东西跟学生交流,也可以触发学生的兴趣。

我觉得现在的教育有一个大的缺点,就是太应试了,为了考试,为了上大学而来学习,引不起学生的兴趣。所以即使考上很好的学校,也难有很大的成就,因为兴趣在考高分,而不是本身学的东西。[①]

较之初中时期,刘宝珺认为南开最厉害的地方在于真正弘扬了科学文化精神,教师用启发式教学激活了学生学习的天性,使学生自然而然地热爱钻研。因此,高中时代的刘宝珺几乎是一发不可收拾地爱上了数学、物理、地理、历史、国文等众多科目。

数学、物理都是自然科学的基础,南开自然科学课程普遍使用英语原版教材,学生念的物理是英文版《达夫物理学》,数学是英文原版《3S几何》《龙氏三角》《范氏代数》,物理、化学实验室都在南楼(即范孙楼),那是学生做实验、动脑动手的地方。学生们需要扎实的英文根基才能学得了物理、几何、代数等自然学科,这既对学生的综合学习能力提出极高要求,亦考验英文教师的知识内功。刘宝珺高二的英文老师田秀峰擅长英文语法,给学生们打下了深厚的语法基础;高三英文老师顾子范毕业于圣约翰大学,发音漂亮,英文写作尤佳,经常直接坐在打字机前给美国领事馆敲文件。南开复校第一事便是提高学生英语水平,英语一科定为高中每周八小时,初中七小时[②],在这样的英语教育环境下,学生养成了办英文壁报的传统,往往每周就有新的英文壁报出炉。刘宝珺英语的底子正是源自南开时代地道、纯正的英文系统教育,后来高考英文超过八十分,得以在清华大学免修英语。

初中时,刘宝珺觉得地理纯属靠死记硬背地名、湖泊之类的名词,因此兴趣不大。到了南开,地理老师田鹏在第一堂地理课上,就以"中国分为南北两部分,以秦岭—淮河为界"为开场白,改变了刘宝珺对地理仅是描述性学科的认知。德国人最早提出中国南北分界的概念,毕业于北京师

---

① 刘宝珺口述,2016年4月22日,成都。资料存于采集工程数据库。
② 南开大学校长办公室编:《日军毁掠南开暴行录》。南开大学出版社,1995年,第141页。

范大学的田鹏以中西并蓄的视野，将分类学引入中学教育，这在二十世纪四十年代的中国中学教育中非常罕见，待到刘宝珺进入清华大学接触地质学，再一次加深对地理分类学的认知时，不由感喟于当年南开给了自己第一把进入地质世界的钥匙。

人格培养是南开教育的精髓，"允公允能，日新月异"是南开精神的灵魂，学校在德智体美劳五育并进的全面综合教育中，无不强调着"公""能"二字的重要价值。如南开专门设立了"公""能"两类奖章，以表彰具有爱国爱群之公德、服务社会之能力、现代化之才能的学生。由于每年在全校仅颁发"公""能"奖章各一枚，能获得奖章者往往成为全校尊敬和瞩目的对象，刘宝珺曾因成绩出众两度获得"能"的徽章，至今仍倍感光荣。

再如南开重视学生的自治意识，注重社会服务培养，每班有班会，年级有班会联合组织，全校有学生自治会组织。通过发扬民主实行自治，学生们选举自己爱戴的同学担任学习干事、体育干事、公共服务干事等，管理各级学生组织中自己的事务，从而在实际工作中培养"公"与"能"的才干，以造就"通力合作、互相扶持，成为活泼勤奋、自治治人之一般人才"。刘宝珺在高一时被选为了公共服务干事，主要负责在合作社帮忙卖铅笔，以锻炼自身的实践才干。

新剧是南开美育教育和人格教育的重要组成部分。南开新剧第一次公演的剧目就是张伯苓自编、自导、自演的《用非所学》，此后校庆周年纪念日公演新剧，便成了南开的传统，南开新剧团被胡适称为"中国顶好的"话剧团体。1934年南开中学建成了"瑞廷礼堂"，被《大公报》和《益世报》称为"中国第一舞台"，这在当时的戏剧专业院校，乃至全中国也是绝无仅有的。在南开新剧的影响下，津京一带一些大中学校和专业剧团纷纷改编和演出南开新剧。一时间，以天津为中心的话剧活动，传及到华北、东北，从而推动了北方的话剧运动。在刘宝珺的印象中，当时南开话剧团每年都会公演校友曹禺的话剧《雷雨》《日出》，在天津公开售票，上座率颇高。

在五育并进的教育体系中，张伯苓曾言"不懂体育者，不宜当校长"。

他认为近代中华民族之大病有"愚、弱、贫、散、私"五端，其中"弱、散、私"三病均可通过体育来根治，因此高度重视学生的体育教育，几乎是"强迫式"地鼓励学生参加各种形式和层次的体育竞赛，以致南开历史上曾涌现出许多优秀的运动选手和实力雄厚的运动队。发展体育事业的先驱、我国著名体育教育家董守义曾执教南开，他带领的"南开五虎"篮球队在1930年一举夺得第四届全国运动会冠军，四届蝉联全国冠军。南开学生们流传着一句口头禅"三点半，操场见"——下午三点半，一定要放下手里的书本，到操场上活动活动筋骨。南开校友、有着我国"物理学之父"称谓的吴大猷曾这样描写南开中学的运动氛围：

> 当时学校没有体育馆，只有室外大操场。寒风吹得耳朵生了冻疮，脚也生了冻疮，但仍然要忍着疼痛将脚挤进鞋子去上体操。苦，人人都觉得苦，但大家还是咬紧了牙关接受了这样一种"训练"，从未听到哪个同学要求改变这一训练方式。后来这种"体操"，改为"体育"，内容也有了变化……南开中学每日在第一节课与第二节课之间，即10时至10时20分之间，全体学生在操场上按班级位置排列，作15分钟柔软体操。①

刘宝珺在南开期间体育尤其突出，因此被体育部主任韩勉之老师慧眼识得，除了担任班级体育委员，还加入了校篮球队打后卫，在垒球校队做Pitcher投手，此外还练了很长一段时间一百一十米高栏，为他此后从事地质工作打下了一个好身板。

南开中学注重对学生艺术人格的陶冶，各种培养并展示学生才华的社团林立。自小爱好音律的刘宝珺，到南开后更是如鱼得水，除了参加京剧社，还在国乐社学会了二胡、京胡和扬琴。让他尤为难忘的是加入了著名的南开合唱团，在天津公演《黄河大合唱》时，作为男中音独唱了《黄河颂》选段。

---

① 中国人民政治协商会议天津市委员会南开区委员会：《天津老城记忆》。天津人民出版社，1997年，第263页。

刘宝珺在初中见惯了循规蹈矩的学生，到了高中后发现南开学生活跃得厉害，个性突出，尤其追求精神之独立自由。班上一位教授国文的老学究上课乏味，学生们不买他的账，要么逃课，要么直接翻窗溜出去看电影。有一次上课甚至只来了五个人，老学究气急跺脚，让刘宝珺带头寻人，结果一个也没找回来，也只能作罢。学校当时有两个食堂，一个是学生自治会办的，每月伙食八块钱，多是供应玉米面窝头；另一个是校外商人承包的，每月伙食六七块钱，一桌四菜，还能吃上白面大米。学生们一边支持自己的自治会食堂，一边馋着商办食堂的饭菜，后来几个调皮学生晚上带头溜到商办食堂把电线绞了，拿了一书包的大白馒头和辣椒酱跑回宿舍，一群小鬼头生起煤炉，把烤熟的馒头片就着辣椒酱当夜宵吃，边吃边乐，好不自在。虽然商办食堂经常断电，但学生们彼此护得厉害，老板惮于一群学生人高马大的架势，往往也不敢查。

图 2-9　1950 年南开中学新操场落成篮球表演赛全体队员（前排居中者为刘宝珺。成都地质矿产研究所提供）

性情温和的刘宝珺不属于调皮捣蛋、活跃异常的学生，虽然有时也对出格者的勇气心生羡慕，但是懂事的他把心思更多地放在了自己的兴趣和学业上。南开对学业的要求是出了名的严格，高一学年末的会考会刷掉四分之一成绩不合格者，到了后来，刘宝珺索性把此前好玩的心思全部收了起来，专心致志念书，南开三年开阔了他的眼界，开启了他的脑力之门，为他打下了人文社会科学和自然科学的扎实根基。

刘宝珺进入南开高中时，日本已正式投降。抗战胜利后，蒋介石与国民党的政治威望一度高企，1945 年 12 月 16 日，蒋介石在故宫太和殿前向北平学生训话，在青年学生中赢得了极大威信，但随即而来的是国共内战全面爆发，整个中国再一次跌入烽火连天的战争岁月。南开一些进步学生从事了地下党工作，经常抨击国民党执政乱象，且言辞激越，十四岁的刘宝珺对时局的了解更多来自家中长辈的议论，以及听收音机广播消息，他此前曾对蒋介石抱有天真的幻想，认为国民党能挽大厦于将倾，救中国于水火，但未曾想到国家遭受多年日本侵略，好不容易盼到新生活的一线曙光，连年战灾使生活变得更加艰难。他内心倍感失望。

从 1948 年 9 月 12 日至 1949 年 1 月 31 日，人民解放军在辽沈、淮海、平津三大战役中，与国民党展开了规模空前的"为中外战争史上所罕见"的生死较量。其中，平津战役中的天津战役是促使北平和平解放的关键，也是解放战争中最重要的攻坚战。此役，人民解放军以派兵三十四万人，伤亡两万三千人的代价，取得歼灭国民党军十三万余人与占领天津的胜利，为和平解决北平创造了有利条件。刘宝珺对当时局势的动荡仍记忆犹新：

> 1948 年，就是天津解放战争，打得很厉害，就是攻坚战、巷战，我还被国民党抓了壮丁。我十七岁长得很高了，就给发杆枪，推上前线了。后来跑掉了，跑到我外婆家，解放以后才回来。就是这样子，那以后学校就正常上课了，之前停课了，停课这才正式接触到共产党跟解放军。①

刘氏家族在整个国家大的命运洪流裹挟之下，自然无法独善其身。内战时期，国民党依靠大量发行法币应付财政开支缺口，导致社会通货膨胀，刘家生意一落千丈，负责海货店生意的四叔刘学聪因经营不善，致使"义承裕"海货店没撑到解放，就于 1948 年宣告倒闭。三代人苦心孤诣经营产业的终结，意味着刘家开始走向没落——大家庭彻底分家，大宅变卖，刘宝珺一家五口不得不到外租房生活。

在内外交困的日子里，父亲刘学信每月从微薄的教书收入中挤出五六块钱作为刘宝珺住校的生活费，正在长身体的大男孩经常一个月都吃不起

---

① 刘宝珺访谈，2016 年 4 月 21 日，成都。原件存于采集工程数据库。

一顿肉。母亲有一次实在心疼大儿子念书辛苦，又知道他嘴馋，于是狠下心花钱买了一块猪头肉带着四个猪蹄，做了满满一盆犒劳刘宝珺。多年后刘宝珺依然记得那顿母亲做的菜，里面凝结着艰辛岁月里全家节衣缩食，盼他出息的期望。

当时宝珺和宝璋分别就读于南开高中和初中，由于私立南开中学的费用不菲，父亲无奈之下选择让宝珺住校读书，宝璋只能走读，每天从天津东门的出租屋到城西南角的学校，来回要四十分钟的路程。待到宝璋读高中时，家境愈发困窘，他只能放弃直升南开高中的机会去公立天津一中念书，刘宝璋记得自己离开南开前，因为太舍不得学校，独自一人跑到南开礼堂里坐了很久，然后在礼堂旁的小土坡上种下一棵树，以纪念三年难舍的南开时光。

天津解放后，学校复课，刘宝珺进入了高二下学期。国民党的彻底溃败和天津解放，使这个十七岁的青年感受到自身和这个国家的命运即将面临翻天覆地的变化，他第一次真正认真思考未来。

年轻的刘宝珺不谙政治，从未接触过红色革命思想，亦不知晓共产党的执政理念，在那样一个特殊的历史背景下，他觉得自己唯一能做的是好好读书，立志学一门对国家、对自己有用的技术——在他看来，充实自己、学到本事总是有用的，如果还惦记着吃喝玩乐，不仅经济上更加窘迫，而且未来得不到好的结果，实际上一种更看不到前景的苦恼。因此，从高二下学期到高三，刘宝珺不再参加任何兴趣社团活动，埋头读书异常刻苦，一天几乎只睡三四个小时的觉，经常钻在自己喜欢的数学、物理等功课里，乐此不疲。临近全国解放，班上十几个地下党的同学都去了解放区，剩下的学生自忖不是闹革命的料，便把念书当作唯一的出路，备战大学考试。

高三毕业前，刘宝珺的成绩已是全年级的佼佼者，当时他学什么都不费劲，脑子又转得快，学习效率很高。南开中学按照学生高中三年加权分数的排名，排名靠前的可以直接保送南开大学、燕京大学等知名学府。刘宝珺排名全年级前十五，被保送到燕京大学化学系。保送通知书寄到家中，刘宝珺却改了主意——当时比他高一级的南开好友李锡仲、朱家榕已就读清华大学地质系,在和刘宝珺的多次通信中,动员他报考清华大学地质系。二人在书信里充满激情地告诉他,新中国百废待兴,作为国民经济重要支柱的地质事业急需栋梁人才,希望他投身地质,在地质科学领域建功立业。

"国家需要",这句话深深地打动了青年刘宝珺。他渴望用知识改变自身命运,用科学救国的理想为新诞生的国家政权贡献力量,因此最终放弃了保送机会,根据自己的志向和兴趣,在高考志愿上郑重填报了清华大学地质、文学、数学三个专业。好强如他,笃信自己可以凭借实力考上中国大学顶尖学府,成就自己的一番事业。

考大学的科目为英文、国文、数学、物理、化学。1950 年 9 月,刘宝珺以 390 分的成绩考入国立清华大学理学院地质系。刘宝珺所在的南开中学四个毕业班一百余人全部进入大学,其中清华大学十六人,北京大学二十九人,还有些保送至南开大学、燕京大学。当年清华在津门第一批次录取九人,其中南开占据五人席位,刘宝珺就位列其中。刘学信是在当地报纸发状元榜,登出儿子名字时才知道他报考了清华地质系,对于刘宝珺瞒着家人报考清华地质专业,刘学信并未多言,他尊重这个最为器重的长

图 2-10　1949 年刘宝珺与高中同学于清华大学地质系门口合影(现清华大学图书馆,最后一排居中者为刘宝珺。刘宝珺提供)

图 2-11　1950 年毕业前夕与南开中学同学校内合影(前排左起第三为刘宝珺。刘宝珺提供)

图 2-12　1991 年刘宝珺与朱家榕在灌口考察时合影（刘宝珺提供）

子为自己人生作出的选择。他用心血栽培的三个儿子，宝珺考入清华地质系，宝璋1952年考入清华机械系，宝瑢1957年考入南开半导体专业。对于事业郁郁不得志的刘学信来说，这是他生命中最值得骄傲的华章。

半个多世纪后再度回忆南开三年求学生涯，耄耋之年的刘宝珺依然对往事如数家珍，对南开充满感激与自豪之情。在他心中，南开中学自成体系的包容之心，弥足珍贵的育人气象影响了自己一生。南开给予了自己修齐治平的家国情怀，奠定了自己科学研究的扎实根基，培养了自己丰富生动的爱好志趣，让一个少年在成才的路上目标明确，理想坚定，行动有力，有所作为。

第三章
赴京求学

两年清华园

1950年夏，十九岁的刘宝珺以国立清华大学理学院地质系第一名的成绩进入清华园，由此开启了自己的清华岁月。

清华大学是我国著名的高等学府，清华大学地质系是理学院的小系，位于清华图书馆的三楼和四楼。全系四个年级总共也就七十余人，1950级大一新生刘宝珺班上三十八人，大四仅十一人。

二十世纪初，西学东渐，中国的知识界开始构建近代科学体系，当时的德国地质学大师李希霍芬曾评论中国士人"资性聪明，在科学上可有成就；但其性不乐涉跋，不好劳动，故于地质学当无能为力"。然而，一群有为之士凭借聪明才智和艰苦努力，坚持近代科

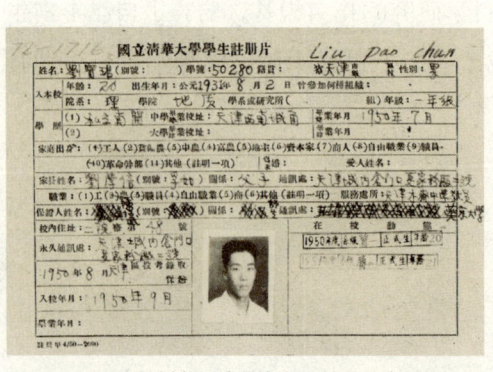

图3-1　1950年刘宝珺清华大学学籍登记卡（资料来源：清华大学档案馆）

学救国救民之路，呼"欲发达国家实业，必先从事于地质调查""要富国强兵，只有为国家开发矿藏，从地下找到财富"，不遗余力推动中国早期地质教育事业的发展。

早在1894年，南京的矿务铁路学堂就曾开设地质学和矿务课程，毕业学生也曾编写过《中国地质略论》（1903）和《中国矿产志》（1905）；晚清的京师大学堂（1912年改名为北京大学）于1909年创办地质学门，五人入学，成为培养地质专业人才的肇始，中途停招五年后于1919年改称地质学系；同年，燕京大学设地理与地质学系。

图3-2 1951年刘宝珺与清华地质系同学在清华门前合影（后排左起第三为刘宝珺。成都地质矿产研究所提供）

1929年秋，翁文灏[①]力荐在清华大学设立地理学系，以便为国家培养基础扎实、知识面宽的地学调查人才。清华大学地理学系设立之初，除地理学课程以外，还设地质学与气象学课程；1933年初，地理学系易名为地学系，下设地理、地质、气象三个组。清华大学地理学系首任系主任翁文灏，任期从1928年9月至1930年11月，此后黄国璋、谢家荣先后主持系务。1932年夏，袁复礼[②]参加西北科学考察回京任系主任，1934年10月

[①] 翁文灏（1889-1971）：字咏霓，浙江鄞县（今属宁波）人。1808年留学比利时，在罗文大学学习地质学，1912年获博士学位，同年归国，任教于农商部地质研究所。1916年转入地质调查所并兼任北京大学地质系教授。1922年任地质调查所代所长，1926年任所长。1932年创办清华大学地质系，曾一度任清华大学代理校长。其在地质科学基础理论上颇多建树。首次提出燕山运动学说，提出推复体的构造意义，对地震研究做了开创性的工作。为中国近代地质学和地理学奠基人之一。见王恒礼等编：《中国地质人名录》，中国地质大学出版社，1989年。

[②] 袁复礼（1893-1987）：字希渊，河北徐水县人。中国地质学会创立会员。1915年清华高等专科学校毕业。1916年赴美留学，在美国哥伦比亚大学矿物系学习矿物、矿产及岩石。1918年获学士学位，1920年获硕士学位，1921年归国，任北平地质调查所技师。曾先后任教北京大学、清华大学、武汉地质学院、北京地质学院。终身从事地质教育，辛勤培育地质人才。对地文、地层、古生物、动力地质、第四纪地质均有研究。1924年首次划出我国早石炭纪基层（命名为臭牛沟统）。1928年首先发现三叠纪兽形爬行类动物化石。见王恒礼等编：《中国地质人名录》，中国地质大学出版社，1989年。

至1937年7月冯景兰①接任系主任。

1938年至1946年西南联合大学时期，清华的地学系与北大的地质系联合组成地质地理气象学系，系主任由北大孙云铸教授担任，清华的部分仍由冯景兰教授负责。1946年西南联大结束，清华大学在北平复校后，地学系恢复。1950年为加速培养国家建设所需地质勘探人员，地学系地质组单独分出，成立地质系。

高考三百九十多分的刘宝珺正是在这样的历史大背景下，作为少有的第一志愿者进入地质系，并被第一批录取。这个人生历程中的关键选择，奠定了他一生的发展志向和科学研究轨迹。

清华地学系虽是小系，其实力在清华园不容小觑，冯景兰、袁复礼、孟宪民、杨遵仪、张锡禔等著名地质大家云集于此，所构成的璀璨学术星空，令后来者景之仰之，思慕不已。对于十九岁的刘宝珺来说，确有"进观大海之鹏则渺然小矣"的感觉，进而坚定了他成就一番抱负的志向。

当时，北大清华两校在地质科学领域各领风骚。北大地质系以留学英国的剑桥、牛津大学的学人居多，清华地质系则将留美归国的硕博士揽在麾下。在这学界传统特色的背后，折射出一群胸怀家国的抱负的学者放弃国外优渥科研和生活条件，投身祖国建设的爱国主义精神，同时代表着新中国对地质事业的重视，以及对教育科研人才的渴求。刘宝珺尤记得地质系系主任冯景兰的爱才胸怀。1950年，著名地质学家涂光炽②、

---

① 冯景兰（1898-1976）：字淮西（怀西），河南省唐河县人。1916年考入北京大学预科，1918年考取公费留学，于美国科罗拉多矿业学院学习矿山地质，1921年毕业。同年考入哥伦比亚大学研究（生）院，攻读矿床学、岩石学和地文学等。1923年获硕士学院，是年回国。1929年北洋大学教授、1933年起任教于清华大学。1952年调北京地质学院任教。我国著名地质教育家、矿床学家、经济地质学家、地貌学家，是中国矿床学重要奠基人之一。1927年在地质调查时称仁化县丹霞山奇特的地貌景观命名的"丹霞地形"，该名称已被地学界沿用。中国地质大学校史编撰委员会：《地苑赤子——中国地质大学院士传略》，中国地质大学出版社，2001年。

② 涂光炽（1920-2007）：湖北黄陂人。地质学家、矿床学家、地球化学家。中国科学院院士、俄罗斯科学院院士、第三世界科学院院士。是我国地球化学研究奠基人。1937年毕业于天津南开中学，1944年毕业于昆明西南联合大学地质地理气象学系。1949年赴美国明尼苏达大学获博士学位。1949-1950年任美国宾夕法尼亚州立大学助理研究员，1950年归国，任清华大学副教授，1951-1954年在苏联莫斯科大学进修，1955年任北京地质学院副教授。1956年调中国科学院地质研究所工作，1960年任副所长。1966年起任中国科学院地球化学院所副所长中国地质学家、矿床学家、地球化学家，中国民主同盟盟员，中国科学院地球化学研究所副所长、所长、名誉所长。见中国科学技术协会编：《中国科学技术专家传略·理学编（地学卷2）》，中国科学技术出版社，2001年。

池际尚[①]作为进步留美学者冲破阻力，乘"威尔逊总统号"轮船回到祖国执教清华园，冯先生和全系师生为二人举行了欢迎仪式，午后阳光明媚，清华园草坪盛放着鲜花，青年们夹道欢迎，用热烈的掌声表达对两位地质大家的景仰和热忱。

涂光炽从美国明尼苏达大学获博士学位后，曾任职于宾夕法尼亚州立大学，受邀回国在清华担任副教授，清华园的学生们为涂先生讲的每一堂课而倾倒，激发出对他深情的崇拜："听涂先生的课是知识和思维的升华，是一种高尚的学术熏陶。"课余时间，涂先生雅兴不减，会拿出自己从国外带回的古典唱片，和着小步舞曲，教大家简单的舞步以陶冶性情。

池际尚副教授从美国宾夕法尼亚布伦茂大学博士毕业后，在伯克利加州大学地质系给著名岩石学家特涅尔当科研助理，因"祖国需要人"的召唤，她与邓稼先、涂光炽、华罗庚等成为新中国首批留美归国人员。这位当时仅三十三岁的女先生为地质系增加了生气和活力。她讲授费德洛夫法和岩石学，在岩石学课中介绍了许多成因岩石学的新资料，如岩浆物化体系与结构解释、花岗岩化作用等。她把在国外研究获得的最新成果引入教学内容，编写了内容丰富、新颖的费德洛夫法讲义，引进了岩组学分析方法。在岩石学教学中以相律、相图等新的岩石物理化学理论体系革新了教学内容，使青年教师和学生们既掌握了岩石学的基本知识，又了解了当时学科的动向。在课堂之外，她毫无拘束，常常和学生们一同竞技篮球、排球，运动才华一览无余。

谈及当年清华大学严谨求实、自由开放的治学思想，刘宝珺深情满怀：

清华的学生思想方面走在前面的，学生都很爱国，很容易接受新生事物，而且眼界很开阔。西方的文化接受也很多，因为很多教授都

[①] 池际尚（1917-1994）：湖北安陆人。我国著名岩石学家。1936年考取清华大学物理系，到西南联合大学后改学地质。1946年，获美国宾夕法尼亚布伦茂大学研究生奖学金，赴美深造。1949年获博士学位。1950年归国，任清华大学地学系副教授。1952年任北京地质学院教授。1975年武汉地质学院成立，先后任地质系副主任、主任和学院常务副院长。1980年当选中国科学院学部委员（院士）。见中国地质大学校史编撰委员会：《地苑赤子——中国地质大学院士传略》，中国地质大学出版社，2001年。

是留学回来的,他们同时也给学生介绍这些方面。所以学生在学校里有机会听到传统的东西,在清华文学院、法学院有很多大师;也有机会听到欧美一些比较先进的东西。①

1949年,叶企孙受命担任清华大学校务委员会主席,后为改组后的清华大学校委会主任委员。1949年至1952年期间,深受梅贻琦治学影响的叶企孙坚持学术独立、民主办学、教授治校的工作方法及办学方针。刘宝珺对叶企孙印象很深,清华开大会时叶先生会发言,虽然口才并不出众,甚至有点结巴,但是他提倡追求科学精神,朴实无华的作风让清华学人心怀敬佩。

在地质系,大学一年级普通地质、矿物学等基础课程的讲授以教授、副教授为主,旨在引导学生专业入门,扎好启蒙基本功的篱笆。如普通地质学主讲教师为冯景兰教授,矿物学主讲教师为孟宪民教授,地史学主讲教师为张席禔教授,岩石学主讲教师为池际尚副教授,矿物学主讲教师为涂光炽副教授,古生物学主讲教师为杨遵仪教授。此外,由于清华缺少构造学教授,故专门请北大的几位教授每周到清华上课,如国内的著名构造地质学家马杏垣②教授主讲构造地质学,著名地质学家张炳熹副教授主讲矿床学。清华选修课多,地质系学生在地史学、火成岩、耕造地质、测量学等必修课之外,还可以跨理学院、工学院,甚至是文学院,按照自己的兴趣选修其他课程。教授们经验丰富,授课决计不肯照本宣科、重复教材内容,往往是结合自身实践经历授学生以渔,对于提高地质专业学生的认知水平大有助益。他们的治学精神,在刘宝珺心中起着高山仰止的楷模作用,为他终身从事地质工作打下了坚实基础。

清华地质系十分重视实际鉴定矿岩能力的培养。例如由孟宪民老师主讲的《矿物学》的实习课,每堂课后都要考十块标本的鉴定,这种鉴定的

---

① 刘宝珺访谈,2016年5月25日,成都。资料存于采集工程数据库。
② 马杏垣(1919-2001):生于吉林长春。地质学家。1942年毕业于西南联合大学地质地理气象系。1948年获英国爱丁堡大学博士学位。1980年当选为中国科学院学部委员(院士)。曾任北京大学教授、北京地质学院副院长,国家地震局副局长兼地质研究所所长。见中国科学院官方网站: http://www.casad.cas.cn/aca/316/ygysmd-200906-t20090624_1809905.html。

标本可涉及以前已学的所有矿物，考试成绩计入学期总成绩，使得学生要经常到标本室复习各种矿物的鉴定，到了期考每人更要鉴定二百块标本，这样一来大大提高了学生们鉴定矿物的能力。

清华园里聚集了国内顶尖的天之骄子。刘宝珺自忖从响当当的南开中学走出的学生已很了不起，不曾想到了清华后，上海中学、杭州中学、北京师大附中、湖南雅礼中学的学生也都相当厉害，基础好、脑子快，聪明程度非常人可及，自己和这些名校学生相比，顿觉天外有天。如清华篮球队的队长唐振声，曾代表中国参加国际篮球赛打中锋，微积分能考满分。当时生物系、地质系开的微积分课程比较简单，容易通过，刘宝珺仗着初生牛犊不怕虎的劲头，偏偏"好高骛远"地去选了专给电机系、物理系开设的难度奇崛的微积分和微分方程。虽然后来考了六十一分勉强及格，但电机系和物理系学生的发展全面还是让他折服不已，从此他便告诫自己切莫孤芳自赏、自觉高大，只有谦逊好学，知不足而奋进，才有资格与优秀的人比肩。

此中藏龙卧虎之人让青年刘宝珺既有压力，又充满着"天行健，君子以自强不息"的铮铮志气。初进清华园时，刘宝珺因考大学时英文成绩而大学英语免修，且凭借南开时代打下的功夫，基本能阅读英文专业书籍，因此选修了德语。后来，他又选修了为化学系学生开设的普通化学课程。虽说是普通化学，但课程要求极为严格，特别是每周一次的定性分析实验，实验结果不正确根本出不了实验室。刘宝珺经常为了一组正确的实验参数，从下午上课反复测试到下午五六点才完成，但如此高标准也为他打下了较为深厚的化学专业基础。

沉积岩与火山岩等岩石学相关课程由池际尚副教授担任。池际尚长于岩浆岩、变质岩的研究，因其博士论文阐明了地质界争论如火如荼的"花岗岩化"问题，更正了构造岩石学权威所提出的已有观点，提出了一个变形——组织的统一模型而在业内声名鹊起。美国著名岩石学家特涅尔就曾在其著作中赞誉池际尚的研究成果，并感谢池际尚给予自己的帮助。而池际尚为清华学生所选择的教材也恰恰是著名岩石专家肯特尔、特涅尔撰写的《火成岩与变质岩》等经典学术著作。后来刘宝珺成为池际尚回国后带的第一位研究生，继承了池先生开创的学术方向，并将先生治学严谨、勇于探索、重视实践的科学精神融入了自己一生的研究事业。

二十世纪五十年代初正值中苏关系蜜月期，我国高等学校均被要求学习苏联体制。但是当时清华教师多是欧美留学背景，鲜有熟用俄文之人，因此所用教材仍以欧美学派为主，普通地质、矿床学、矿物学、岩石学、晶体光学等欧美原版教材仍是学生的主要教科书。当时国内地质系可供选用的教材乏善可陈，冯景兰教授将英国地质学家霍姆斯、美国地质学家朗威尔《普通地质》作为地质系学生的指定教材。刘宝珺的大学同窗陈希廉[①]回忆：

> 我们刚进清华时，多数课程的教材都用龙门书局影印的外文教材，包括微积分、物理、普通地质学、矿物学等。记得冯景兰老师讲课时，每逢提到这一专业术语，就在黑板上列出其中文与英文的对照词汇。例如，在介绍河曲的过程中，同时在黑板上列出"河曲"与"meander"，以后在口头重复两三遍，当再提到河曲时，就只用英文术语"meander"取代了，这样一来，学生听完一节课后，也就熟悉了有关的所有英文专业词汇；其好处是课后阅读外文教材时，就很容易了。因此，清华毕业的学生看专业书刊一般不成问题。

冯景兰教授学识渊博、思路开阔，是将刘宝珺带入地质世界的引路人。在批阅大一学生实习报告时，他发现刘宝珺在绘图、观察、记录方面优于一般学生，且国学底子不俗，于是鼓励初出茅庐的刘宝珺尝试撰写科普文章。冯先生的鼓励和赏识对于刘宝珺来说是莫大的鞭策，刘宝珺一边学习吸收地质学知识，一边琢磨如何用引人入胜的方式表现地质的科普意义。大一暑假时，他写了"风化作用及其影响"，大二时又写了"河流的工作"，两篇科普小文深得冯先生好评，并被推荐至自己任主编的《大众科学》"大众地质"栏目发表，刘宝珺成为班上在公开出版物发表专业

[①] 陈希廉撰写回忆性文章"清华往事"，未公开发表。资料存于采集工程数据库。

文章的第一人。值得一提的是，由于多种原因，刘宝珺发表的这两篇小文章，均未用自己的真名，而是从两个弟弟的名字中各取一字，以"璋瑢"的笔名发表。

同为南开校友的清华同窗卞昭庆多年后忆及刘宝珺的才气，仍津津乐道：

> 我们普通地质还没念完，他就给《大众科学》投了一篇稿子，科普的文章，《大众科学》给他发表了。大家都很惊奇。哎哟！怎么刚上学就敢写文章？后来刘宝珺说，"我写完给冯景兰教授看过，冯景兰教授说行"，他就投稿去了。所以从大一开始，就看出来他有这个水平了。①

"风化作用及其影响"的撰文灵感源自野外实习的观察所得。在实习中，刘宝珺观察到露在覆土外面的岩石多改变了原来的样子，有的岩石变得很疏松，有的则已成为了半土壤状态。通过专业学习，他发现这类岩石的改变源于风化作用，并在文中通过介绍风化作用的方式、影响风化作用和速度的关系、风化的残余物质、风化与人生的关系几个方面阐述了自己在专业学习中的思考，文中最后提到"山上的土壤渐渐减少，山下的土壤渐渐增多，防止的办法是多植树或者开辟梯田"。

"河流的工作"一文，阐述了河流的侵蚀、搬运、沉积作用过程中，水动力对于地质地貌形成的影响。这篇"河流的工作"的发表也在一定意义上为后来刘宝珺沿用欧美学派前沿理论，将水动力运动引入地质过程中重要尝试奠定了基础。

"刻钢板"是彼时清华人共同的记忆。解放后由于进口原版书籍难度大，当时国内地质学方面教材有限，池际尚先生便自编自刻蜡板油印教材，其新颖的教学内容和精心育人的精神鼓舞着学生们勤奋学习。地质系学生中，刘宝珺"刻钢板"的经验算是最丰富的，一本张席禔的《地史学》

---

① 卞昭庆访谈，2017年1月7日，北京。资料存于采集工程数据库。

从头到尾都由他执刀完成。大二时教授上课时拿来一本由李四光撰写的尚未发表的《中国地质学》初稿，难掩兴奋："这份初稿只有先刻钢板，再印出来，人手一册，谁来干？"自幼学过篆刻的刘宝珺请缨接下这个"为人民服务"的活儿，然后拉卞昭庆负责印刷。每天下课回到寝室，刘宝珺就在蜡纸上一笔一画用针形钢笔誊刻初稿，卞昭庆油印几页后第二天发给大家学习……这本《中国地质学》最终成为全班人手一册的专业书。而刘宝珺在刻钢板的过程中，作为早起的鸟儿最先学习了李四光《中国地质学》精髓，在一字一顿的刻画中，从头到尾把书中知识熟记于胸。

偌大的清华园里，有西方学院式的系馆、大礼堂和体育馆，有古色古香的工字厅皇家建筑和荷花池，还有毓秀亭立的"清华八斋"。前五斋为明斋、新斋、善斋、静斋、平斋，均建于解放前；后三斋是强斋、诚斋和立斋，建于解放后。刘宝珺、卞昭庆，卢耀如、林尔为四人大一时住在善斋，大二时搬进了平斋455宿舍。平斋为两排三层红楼相连成的工字形建筑，建于1934年，因"家齐而后国治，国治而后天下平"得名，就是平斋455这个小小的宿舍，最终走出了两位院士——刘宝珺与卢耀如。两人同年生人，是上下铺的兄弟，前者因沉积学领域的卓越成就当选为中国科学院院士，后者作为工程地质界翘楚成为中国工程院院士，卞昭庆则成为全国勘察设计大师。几个室友虽来自天南地北，在平斋的方寸之间却建立了跨越半个世纪的友谊。

好学深耕是平斋455宿舍的特点之一，因寝室离图书馆较近，宿舍几

图3-3 清华大学学生宿舍——平斋（2017年，采集小组成员摄）

图3-4 2000年刘宝珺与平斋455室室友合影（左起：林尔为、卞昭庆、刘宝珺、卢耀如。刘宝珺提供）

人每天吃了晚饭，六点半就去图书馆门口排队，抢座位，如饥似渴地学习。爱好丝竹是这个宿舍的另一大特色，1951年9月开学时，有人从家里带来胡琴、横笛一类乐器，便在平斋吹拉开来，刘宝珺偏巧能拉二胡，还能打一手好扬琴。有人提议："何不就此成立一个国乐社？"大家一拍即合，由此清华大学国乐社从地质系二年级发起，诞生于平斋455室。此后，物理系等其他专业的民乐爱好者也闻讯赶来，音乐室老师也乐得给他们作专业指导，"音乐室的好多乐器暂时没人用，你们拿去吧"。于是，十几个人吹拉弹唱，开始排练演奏并渐成气候。在这支国乐队中，刘宝珺担任扬琴手，卞昭庆打木鱼，卢耀如任指挥。在1952年的清华元旦晚会上，国乐社的首次演出便引起了不小轰动。回顾当年台上亮相的场景，卞昭庆如今仍难掩兴奋：

> 一整台大概有三四十人了，演奏了两个曲子，那真是轰动。当时都在说，突然冒出个国乐社，水平还这么高，真是不简单。[1]

由于清华地质系四个年级总共七十余人，因此大家通常不分年级，合则为友。比刘宝珺高一级的常印佛、弃燕京大学机械系重新考入清华地质系的谭筱波都是极好的朋友。

清华大学社团活动丰富多彩，且由学生自行组织管理，令刘宝珺感觉有趣且充满兴致。高手如云的清华篮球校队中，指导老师牟作云[2]曾在美国春田大学进修体育，刘宝珺虽有"刘氏篮球队"的亮眼背景，但在清华这支高水平的队伍中，他却一直是"板凳队员"，巴巴地等着替补上场。对篮球的热爱几乎贯穿在刘宝珺一生之中，他后来在北京地质学院、成都地质学院任教时还曾加入过教工队，因此铸就了自己健康的体魄，为从事翻山越岭的艰苦地质工作打下了一个好身板。

---

[1] 卞昭庆访谈，2017年1月7日，北京。资料存于采集工程数据库。

[2] 牟作云（1913-2007）：河北武清人，毕业于北平师范大学体育系，1946年赴美国斯普林菲尔德学院体育系攻读篮球研究生。曾任清华大学教授。中国老一辈著名运动员，中国篮球协会杰出领导人，新中国篮球运动的奠基者，第一代国家男子篮球队教练员，是我国体育界具有重要影响的体育活动家。见孙民治、钟添发编：《中国篮坛群英录》，2009年。

第三章 赴京求学

二十世纪五十年代的学子，无论是对于求学的选择还是在生活细节中，都渗透着极具时代特色的爱国情结。1950年10月19日，中国抗美援朝志愿军跨过鸭绿江，直抵朝鲜前线。10月25日，清华大学工会和学生在大礼堂举行反对美帝侵略晚会；11月12日至15日，学校有两千多人投入到支持、宣传抗美援朝运动中，刘宝珺作为其中一员去北京市清洁队做宣传动员；12月5日，校委会动员同学响应中央"关于青年学生踊跃参加军事干部学校"的号召，有一千五百余人报名，五十余人被批准，弃笔从戎。清华学子响应国家号召的热情至今令刘宝珺记忆犹新：

> 我记得那天是星期六，学校礼堂放映电影，突然有个人到台上去，说毛泽东主席已经批准我们出志愿军到朝鲜去打美帝国主义，大伙一时就都哄起来，就热烈地拥护。大家也不看电影了，就都跑出去游行了，围绕着清华园边游行边喊口号，很热烈。我觉得这是很大的一个事……这一年级的时候抗美援朝，就很多学生就报名参军了。在清华就招了一批参军的学生，考到清华也不容易，才念半年就去参军了，学生的思想觉悟很高，很爱国。[1]

前方战事牵动人心。最开始刘宝珺担心贫弱的中国与美国对抗，是否是以卵击石？没曾想到，不可一世的美国竟被打得落花流水，被迫坐到板门店谈判桌旁。中国人民志愿军打出了军威，新生的共和国打出了国威，全国人民扬眉吐气，刘宝珺第一次感受到做一个中国人的自豪和荣光。

在爱国情怀遍洒江河的年代，每一个青年都将国家放在首位，个人利益悉数可以抛却牺牲。当时几乎所有清华学子都积极响应国家的号召，通过各种方式为抗美援朝奔走。受豫剧名角常香玉[2]捐赠十五亿元（人民币旧币）"香玉剧社号"飞机的鼓舞和感染，不少师生倾尽囊中所有为志愿

---

[1] 刘宝珺访谈，2016年5月25日，成都。资料存于采集工程数据库。

[2] 常香玉（1923-2004），原名张妙玲，出生于河南省巩县（今巩义市），杰出的豫剧表演艺术家。1959年加入中国共产党，曾被选为第一、二、三、五、六、七届全国人民代表大会代表。代表作有《花木兰》《拷红》《断桥》《大祭桩》《人欢马叫》《红灯记》等。见中共中央宣传部文艺局等编：《人民艺术家常香玉》，河南人民出版社，2004年。

军募捐飞机大炮。刘宝珺生活并不宽裕,每月八块钱生活费,除掉伙食费也就剩一块零钱买点邮票信纸类,兜里没钱索性跑去勤工俭学。1951年暑假他没回天津,而是到在建的一所军队测绘学院工地上干活(现北京华二路一段),然后将两个月在水泥砖瓦上挣到的几十块钱,扣除生活费后全部捐出。

抗美援朝期间,在全国人民以极大热情支援前线的同时,"三反五反"运动、土地改革等一系列运动随之轰鸣而来。当时包括清华大学在内的北京、天津二十所高校教师三千人开展以改造思想、改革高等教育为目的的学习运动,人人都要挖思想,做检讨,划清界限,多数人是在系或院的小会上做检讨,对于小会上"洗澡"没过关的重点人物,则要在全校大会上再做检讨。此后,清华"洗澡"运动范围开始扩大至学生,全校兴起了忠诚老实运动,要求师生员工人人交代历史和社会关系,向组织表示忠诚。由于地质系人数较少,师生们关系融洽,相对波及较小。

因出生于旧式大家庭,刘宝珺积极通过思想改造跟上新时代的要求,立志完成组织交给的各项任务,他对那个时代青年学生朴素的爱国主义有着深刻印象:

> 个人享乐这样的思想都没有,从来没想到这些东西。大家很愿意把自己的旧思想,有害的都除掉,通过思想改造。但是改造重点不是我们学生,是老师。但学生也要改造跟上新时代。要一心为公,为人民服务,毛泽东很早就提出来了,大家都跟着走,没有考虑任何个人的事情,那是学生们的共识,几乎是百分之百从来不考虑个人。①

尽管在改造旧思想中表现努力,但刘宝珺在这场的思想改造中未能过关——他中学时代曾加入又退出"三青团"的"黑历史"被翻出,以至于在清华阶段多次提交入团申请书未果,思想上一度压抑自卑。此后,他的"三青团"经历成为每次运动来临时必交代的材料。

---

① 刘宝珺访谈,2016年5月25日,成都。资料存于采集工作数据库。

尽管国家将地质提到"国家的工业尖兵"的高度，班上仍有四名同学从地质系转走，有一个甚至转到航空系。刘宝珺虽然觉得学地质很光荣，但他对这门学科仍存有很深的困惑。在他看来，地质学主要是描述分类的学科，缺乏真正的科学逻辑和严谨的理论支撑，又无法通过实验和仪器来进一步佐证其内部发生规律，因此一度动摇专业信心："自己当初是不是选错了专业，如果大学四年一事无成，将来毕业后又该怎么办？"

大一时在篮球、田径、乐器等各种社团活动上花费了大量时间，待到刘宝珺警惕起来觉得该收心时，大二停课参加各种政治运动又分散了本该用于学习的精力。清华两年快结束时，他的成绩也仅是勉强中等偏上，他决定心无旁骛学好专业，学些真本事，光仗着脑子好用不在专业学习上下功夫，将来必定无所成就。

刘宝珺未曾想到，此时一场效仿苏联的全国高校大规模院系调整正在逼近，他的求学之路即将迎来重大转折。

野外实习

"世之奇伟、瑰怪、非常之观，常在于险远，而人之所罕至焉，故非有志者不能至也。"王安石在《游褒禅山记》中将山水之乐拔至"大道多歧"的高度——世间非同寻常的景象，常存于艰险僻远、人所难至的地方，只有具备跋山涉水志向的人才能到达。这句话对于地质科学工作者而言，正是备尝野外地质考察的艰辛，但终不改初心的生动写照。

地质科学是一门理论与实践并重的科学，其中野外实习是地质类专业学生必经的重要实践课程。学生通过读大自然这本无字的百科全书，对天然地质露头进行实地观察和研究，获取第一手资料和数据，在增强综合业务能力的同时培养自身吃苦耐劳、乐于奉献、迎难而上、勇攀高峰的精神。在本科期间，刘宝珺接受系统性的地质实践训练，获得了从事野外地质调查、科学研究所必须具备的基本知识、基本方法和基本技能，打下了一套地质科研的基本功,也练就了一副能跋山涉水的好身板。

北京西山是北京西部、西南部和南口十三陵一带山的统称,位于北东向的太行山脉与东西向燕山山脉交会处,东南与华北平原毗连,该地区蕴藏着丰富的煤、石灰岩、花岗岩等矿产资源,还有闻名于世的周口店古北京人遗址以及云水洞、石花洞等著名溶洞,各种丰富的地质现象。[①]我国最早进行地质调查的地区(1863年)、最早开办培养高等地质人才并开展野外实习的地区(1913年),均始于西山。北京大学和清华大学的地质系在西山进行教学实习的同时,开展了许多地质调查和研究工作,为西山实习教学建设奠定了良好基础,新中国成立后在西山开展了大规模的系统性的地质研究,并筹建了北京地质学院西山实习基地。应该说,西山首开了教育、科研和生产"三结合"的先河,作为培养中国地质工作者的摇篮,在中国地质教育历史上具有举足轻重的作用。

清华大学十分重视野外现场的地质实践。大一新生第一学期上普通地质学课,主讲教师冯景兰教授就亲自三次带队,分别到北京西山一带的南口到居庸关、三家店至灰峪、昌平龙虎山进行教学实习。短期野外实习都是朝发夕至,学生每人一毛五分钱的补助,买上两个烧饼带着一壶水便是一天。

9月入学才一个月,刘宝珺就参加了系上组织的第一次野外教学实习。当时是跟着冯景兰教授到北京西山的南口,在詹天佑修建京张铁路的位置观察震旦纪岩石。西山地质现象齐全,明显又深奥,山区与平原交接地貌景观对比清晰,可谓是天然的地质实习室,尤其那些上亿年的老岩石,都是老的变质岩、古生代和中生代沉积岩。冯先生非常注重野外教学方法,往往是边走边讲,遇到地质现象就停下来给学生详细讲解,让大家通过了解地层岩石概念,建立起了对地质学的直观感受,使学生们很快对地质学有了初步认识而且产生了兴趣。

从南口回来后要写实习报告,绝大多数学生都有点懵,把报告当作游记来写,刘宝珺结合对观察点以及附近的地形地貌、地层、岩石、构造等方面

---

① 北京西山的地质研究及其地质实习基地的历史回顾。见《中国地质大学学报》,1990年,第6期,第698页。

第三章 赴京求学

的理解，根据冯景兰教授的现场讲解，写的实习报告便拿到了五分，在动手实践能力上崭露头角。卞昭庆在"陈年往事"一文中回忆了当时的情形：

> 第一次地质野外教学实习我们去南口，事后要写报告，刚入学才一个多月，我根本不知道什么叫报告，就写了一篇游记，被判三分。宝珺则对每个地质点的地层、岩性、构造都有详细描述，并附图用多种符号标出，得到五分，被冯景兰教授示范表扬。①

第二次跟随冯景兰教授去三家店至灰峪做地层剖面实习时，心有不甘的卞昭庆就跟着刘宝珺学，认认真真对观察点进行路线地质踏勘，了解观察点的地层、构造概况及其地形，然后查阅测区内已有的实测剖面资料，这一次实习他跟刘宝珺一样都得了五分。

"不愤不启、不悱不发"的启发式教育是清华的一大特点，诸多知名教授在地质野外教学中重视学生独立工作能力的培养，要求学生在自行充分思考的基础上，再对他们进行启发和开导。到了大一下学期3月份，主讲地质学及古生物学的杨遵义教授带着学生，到下花园煤矿、烟筒山铁矿和山西大同煤矿进行一个月的实习。和刘宝珺一起参加了那次实习的同窗陈希廉回忆：

> 杨遵义老师最初几天由他和助手带领我们熟悉矿区的地层、岩石、古生物以及构造，而后将同学分成两三人一组，指定每组的考察路线，进行踏勘并要求作出剖面图、简单野外记录、并采集典型标本；晚上杨老师及其助手检查每组工作成果，并指出不足之处。记得当时各组带回的标本有许多化石我们不认识，杨老师当晚就进行鉴定，提高了我们的独立工作能力。②

---

① 四川省科学技术协会：《情满大地——刘宝珺院士从事地质工作六十周年》。四川科学技术出版社，2010年，第2页。

② 陈希廉、余鸿彰：清华往事三——忆中条山生产实习。见"陈希廉口述访谈"，2017年4月20日，资料存于采集工程数据库。

刘宝珺、李廷栋曾跟随马杏垣教授到西山一带观察野外地质现场，两人对其在野外实习中的业务能力和教学方法印象极深。马先生教授普通地质，视野外实习为培养地质专业人才的第一课堂，尤其重视实习对于地质科学的重要意义。他在西山带着一众学生观察断层、褶皱、侵入岩等，同时给大家讲解不同时代的地质现象，并告诫学生要通过艰苦的野外地质探索，才能具备独立思考能力，形成独到的见解。马先生野外地质观察能力之强、想象力之丰富、素描之精美，分析问题之深刻，举止言谈之风趣幽默，待人接物之大将风度，让刘宝珺敬佩不已，并视其为自己学习的榜样：

> 他的思路跟我们不一样，我们只是（知道）书本上的东西，到了野外跟现实的东西来对比。而他心里都是灵活运用。他看到东西就联想很多可能性，找出很多证据来。我们就只是认识，他已经发展到找出结论这个地步……他能启蒙，给学生一个总的概念，引导学生进入学科里面去。[1]

"室内教学满堂灌，不如现场几分钟"，野外就是地质教学的天然课堂，地质学极强的实践魅力也正在于此。一群人顶着日头深入莽莽大山，一边听老师细致讲解，一边在地形图上定点圈定调查靶区，在野外簿上做记录、画素描图，采集岩石标本，回来后再分析整理大量数据，编绘各种图幅。教授往往以身作则，手把手教大家如何辨识千姿百态的岩石，并耐心讲解岩石的各种特征，而且对大家的数据采集严格要求，"采集数据千万不能马虎粗心，或者故意漏掉了观测点，你们采集的任何一个数据，都是在为地质填图做铺垫，只有用科学求实的方法从事野外地质工作，才能打下牢固的业务根基。"[2] 在名师的言传身教下，课堂上晦涩难懂的一堆地质概念变得直观而生动，学生们通过实战获得真才实学，培养了自身严谨而富有创造力的工作作风。

二十世纪五十年代的中国，野外地质实践条件简陋，加之跑野外的区

---

[1] 刘宝珺访谈，2016年5月25日，成都。资料存于采集工程数据库。
[2] 刘宝珺访谈，2016年5月25日，成都。资料存于采集工程数据库。

域面积大，工作任务繁重艰辛，野外实习往往成为锻造学生坚韧的意志品格，练就强健的运动体魄的天然场所。冯景兰教授曾告诫学生"走不了山路就别干地质，要在思想上和工作上能适应野外的各种环境"。最开始参加野外实习时，学生们带上地质"三件宝"——罗盘、放大镜和地质锤走进群山深处，带队老师爬山时如履平地，边走边讲解，城里来的学生仔背着包袱干粮，拿着野外记录簿边听边记，没头苍蝇似的观察地质现象，往往是一通手忙脚乱，累得气喘吁吁。在山上钻草丛和树丛，被蚊蝇叮咬也是常有的事，为了走既定的野外路线必须钻进人迹罕至的密林深处，粗布衣裳被荆棘、尖石剐破，还得防着突然从茂密灌木窜出来的虫蛇，可谓苦头吃尽。由于工作强度大，出汗多，随身带的一壶水往往挨不到中午就见底了，中午馒头干得几乎噎在喉咙里下不去，又累又渴又咽不下干粮，汗水流到嘴里苦咸苦咸的，滋味实在难熬。

刘宝珺生于渤海之滨，天津本是平原地区，鲜有嵯峨群山，他在西山实习时才第一次领教到爬这么高的山是何等艰难，由于不会走山路，爬山缺乏技巧，加之个头高，穿灌木荆丛比班上南方身形灵活的同学要费劲得多。当时好强的他就下决心要苦走山路，开始脚还打疱，时间久了长出了茧，也就练出来了。

在如此艰苦的环境中，却很少有人叫苦。出野外的一众名师大多跑遍了祖国的崇山峻岭、盐碱戈壁、塞北荒漠，历经无数惊心动魄的野外险情，在极端环境下有着丰富的生存和科考经验，他们在多年地质生涯中练就了常人难以承受的吃苦耐劳精神和坚忍不拔品格，出于对事业的热爱，以一身硬骨头和一副铁脚板在大自然的万千景象里觅求地质科学的真知。

先生们在野外的过人胆识和学术风范感染着一群十八九岁的小年轻，"排除万难"的革命乐观主义精神则成为鼓舞大家"争取胜利"的野外之趣。有时候渴得嗓子里冒烟，大家就按照老师教的一招，把一片嫩叶含在嘴唇上，靠树叶微弱的水分润湿干得发焦的嘴唇。某些地方山路陡峭、地势险峻，大家开始心里发怵，老师示范了"三点着地爬山法"，学生们互相壮着胆逐一通过，由于看上去模样狼狈不堪，故而彼此笑话，互取外号成为了多年后老友相聚时总会提起的往事。在李廷栋的印象中，教授们和年轻的学生打成一片，苦乐同担，毫无亲疏之分：

> 马杏垣先生也好，孙云铸先生也好，凡是带我们出去的老师，到野外去都是不分彼此。既教我们地质观察野外现象，又对诗对句对对联，又说笑话又唱歌……所以说在野外生活，老师们都是尽心尽力，不仅仅教书教得很好，而且在生活上也非常风趣，所以那时候跑野外，心里是非常舒服非常痛快的。①

两年的清华野外实习经历，使一群书生们褪去初入校时的青涩，脸上有了日晒风吹的痕迹。虽然艰苦，学生们却感受到万古山岭的奇峻雄浑，惊叹于上亿年地质现象的鬼斧造化，好奇于岩石中蕴含的成矿之谜，对地质学专业有了更加亲近的认知与热爱，"会当凌绝顶，一览众山小"成为当时地质系师生在野外实习中激荡的胸中丘壑，也成为立志为祖国地质事业贡献力量的风云志气。

1952年7月，刘宝珺大二结束时迎来了整个清华阶段最重要的一次野外实习，即赴山西中条山开展为期近三个月的生产实习，做万分之一的矿产详查。这次实习对刘宝珺来说，是大学两年学习最重要一次的野外实战检验，并成为确定此后学术研究志向的标志性事件。

考虑到提前毕业，学校在大二暑假生产实习之前将学生的专业选择基本确定下来，并按照石油、有色金属、工程三个方向组织学生兵分三路，前往甘肃玉门、山西中条山以及西峰山水库参加生产实习。当年7月至9月间，按照地质工作指导委员会（即地质部前身）的项目要求，清华助教王濮带着林尔为、刘宝珺、余鸿彰、吴郁彦、沈辑君、陈希廉、周信国、尉保蘅、谭筱波九人入晋，到山西中条山篦子沟寻找铜矿。当年九人小分队成员陈希廉、余鸿彰在半个多世纪后回忆起这段燃情岁月，将其称为"我们在清华学习期间，最值得回忆的一段经历"：

---

① 李廷栋访谈，2017年4月14日，北京。资料存于采集工程数据库。

图 3-5　1952 年刘宝珺与同学在山西中条山开展野外实习（成都地质矿产研究所提供）

图 3-6　2000 年刘宝珺与清华地质 50 届同班同学及老师合影（左二：刘宝珺；左三：涂光炽；左四：王璞；左五：林尔为；左六：吴郁彦。刘宝珺提供）

这段经历显示了我们师生们团结向上和乐观主义的精神、勇于探索和不怕艰难险阻的勇气，以及与人民群众亲如一家人的骨肉情。这段经历鼓励了我们从事地质工作的一生，或也可供年轻一代地质工作者的借鉴。①

据章鸿钊先生所著的《古矿录》所记："古之产铜最著者，乃在晋南豫北，西连陕西终南山一代，其范围尤为广大。"② 在与中条山相关的考古发掘中，曾有大量东周文明时期的古铜矿遗址大白于天下，古书上该地也有过开采铜矿的记载。但在出发前，九个学生查遍当时北京城内能找到的所有地质地理资料，仅仅找到了一份日本人绘制的五万分之一地形图，其余地质资料皆为空白；而且当地交通闭塞，多是人迹罕至之地，村舍破败百姓贫苦。大家已经意识到，在这样的地区开展矿产普查任务艰巨，困难重重，远非此前野外教学实习可比，故而临行前还专门去请教上矿物学课程的孟宪民教授，了解专业问题和野外工作注意事项。经过一番准备，十人带着三台经纬仪、三台大平板仪，备齐了生活上全套装备就出发了。

中条山绵延一百六十公里，宽约十至十五公里，位于我国山西省南

---

① 陈希廉、余鸿彰：清华往事三——忆中条山生产实习。见"陈希廉口述访谈"，2017 年 4 月 20 日，资料存于采集工程数据库。

② 李延祥：中条山古铜矿冶遗址初步考察研究。见《文物季刊》，1993 年第 2 期，第 64 页。

部，横亘于黄河、涑水河之间，呈东北—西南走向。这条山脉北望三晋大地，南邻滔滔黄河，一端接着华北平原，一端连着关中盆地，其地跨临汾、运城、晋城三市，居太行山和华山之间，山势狭长，故而得名中条山。

当时从北京去中条山，需先坐火车由京入晋，到太原再转窄轨火车到闻喜县东镇站，再由东镇步行横穿中条山到蓖子沟。大伙儿出野外惯了，对这样的路途辗转毫不在意，反而是因为九人中不少都是清华民乐队成员，带上的乐器在火车上派上了用场，引得整个车厢笑声不绝，甚至后来还被列车员请到播音室广播，吴郁彦独唱《二郎山》，其他人用各种乐器伴奏，唱后又进行了乐器合奏，获得乘客们的满堂彩。

从闻喜县东镇站下车后，各种艰难考验开始降临到众人头上。

头一个就是解决填饱肚子的问题。坐了一晚上夜车早已饥肠辘辘，偏偏东镇站没有一个饭馆，饿着肚子背着行李步行到六十多里地外的横水镇，这怎么扛得住？一群机灵鬼打听到当地熟了的西瓜每斤一分钱，索性买上近百斤西瓜当早饭吃，再雇上三匹毛驴驮运测量仪器和行李。把西瓜当主食毕竟不顶用，路上往往不到十里地就要上厕所，上完厕所肚子又饿了，只好停下来再吃西瓜，这样走走停停，边走边吃，到了下午总算到了横水镇，在一家饭馆吃上了热腾腾的山西刀削面，犒劳了一番已经冰凉发紧的肠胃。

第二天从横水镇出发，进入中条山。按照计划，队伍要在天黑前赶到中条山分水岭横岭关，才能找到旅店。这是一段更加艰难的旅程，当时中条山基本是莽莽原始森林，而且山中刚下过大雨，崎岖小道泥泞湿滑不说，还得硬着头皮从河道上涉水而过。由于河底鹅卵石硌脚，只好穿着鞋过河，河上涨水又打湿了裤子，大家穿着水泡过的鞋和裤子再走羊肠山路，真是苦不堪言。有的同学脚上开始磨泡，更不妙的是经过一条水流湍急的河流时，毛驴一屁股坐到河床上，把大部分铺盖和仪器都打湿了，一群人顾不上铺盖，忙着跳到河里抢救仪器，折腾得狼狈不堪。

到了横岭关，所谓的歇脚客店简陋得只有个大炕床，再加上一个饭桌，大伙儿先把湿铺盖摊开在大炕床上烘烤，晚上就合着没干透的被子挤

第三章 赴京求学

在炕上睡。刘宝珺是队伍里的生活干事，负责小分队的日常饮食，被大家戏称为"伙夫头"。从北京出发的整个路途中，除了张罗伙食，还得一直拎着两大竹筒食用油负重前行。到了客店，他嘴馋的劲儿一犯，嚷着让老板把好菜好饭给端上来，结果端上来的饭菜让大家傻了眼——只有一大缸白水煮面条，由于面里泥沙很多，几乎就是一锅泥和成的面条，再加一碗盐和一碗醋。学生们多是在城市长大的，头一回吃到不加作料只加盐和醋的面条，可是还是乐观地喊到："快吃中条山大餐啦！可就是醋太酸了。"

第三天是更加艰苦的行程。从横岭关到蓖子沟中途没有旅店，倘若当天走不到，就只能在幽深的山谷里露宿。路途迢迢，多是悬崖峭壁、危路险桥，放眼望去山连着山，没有尽头。大家走得精疲力竭，当地老乡也不知道两地究竟相隔多远，最后小组决定兵分两路：一路走平道，经皋落镇到蓖子沟；另一路走近道，跨过高山到蓖子沟，两个队伍直到天黑才先后赶到蓖子沟，累得几乎全部瘫在了地上。

根据学校安排，师生们住在老抗日游击队员老贺家。七个学生挤在一张黍秸秆地铺上，窄得翻身都困难；王濮老师和另外两个学生住放杂物的阁楼，低得不到一人高。大家不仅没有怨言，反而乐观得很，"今天我们才享受到金铺银铺不如草铺的草铺了""晚上大家翻身时，要找个喊口号的一起翻身"。

由于蓖子沟一带只有此前日本人编制的五万分之一地形图，但实地比对后发现这份图纸极不准确，甚至不少山沟、山头在图纸上根本找不着，参考价值极小，因此生产实习不得不从测绘蓖子沟一带的地形图做起。要想绘制地形图就必须要确定三角点，但当地却没有任何三角点，只能重新在和尚帽山顶上找一个相对标高，以此为准点用经纬仪拉出一个三角网，再用大平板仪测量细部，做出万分之一的地形地质图。由于中条山树木茂盛，为了不挡住测绘视线，小组在雇人建三脚架的同时，还得砍出许多无树的视线通道。在建立三角网时，还要进行闭合误差的计算和平差。王濮不是教测量的老师，学生们也只是学过一点测量皮毛，眼下只好硬着头皮边自学边摸索，全靠手工用三角和绩点计算，难度系数和复杂程度可想而知。刘宝珺回忆：

  当时我们自己拿经纬仪器测，还要计算，计算这个点位的大三角，然后再测地形图。这个都是非常重要的一个训练，需要在山上亲自来做。我们没有老师，教测量的老师没有去，就是我们自己完成了……而且那个图就是中条山那个矿区，到现在来说都是最好的比较老的资料之一。就是我们九个学生做的，很有成就感。①

  测绘地形图是难题，可填绘成地形地质图更是难题。首先就要解决地层划分的问题，蓖子沟全是古老地层，既无标准化石，又没有前人地层划分的资料，而且构造复杂，岩石难以辨认，例如有几层大理岩，究竟是不同的层位，还是构造形成的地层重复，就得把地层划分与弄清构造结合起来解决。面对这一难题，只好由王濮老师轮流带着一两个学生划分地层，其他人负责填绘地形图。王濮是刚毕业的助教，经验不多，但在看构造和岩石方面还是颇有心得，经过反复的对比和钻研，分出了蓖子沟片岩、余元下大理岩等一套地层系统。据陈希廉、余鸿彰回忆：

  这个地层划分系统，后来经过勘探队和矿山地质工作的实践验证，证实基本正确，一直被后来者沿用了几十年。最后在地形测绘和地质填图两项工作相结合下，终于完成了开天辟地以来蓖子沟的第一张万分之一比例尺的地质地形图，而且其面积达二十四平方公里，这个图对后来地质队的初期勘探起过很大的作用。②

  在绘制地形图时，小组用的是极为笨重的老式经纬仪和大平板仪，每天上山要扛仪器、仪器架、大平板、塔尺和花杆等东西，每天都要爬二、三百米的山头至少两三座，而且由于图的比例尺不大，每转移一个测点都要跑很多路。在测区的边缘地段，由于远离三角网，而且已有测点少，无法用前方交会法测点，只好磁盘定向用视距尺测距离及标高，结果由于该

---

① 刘宝珺访谈，2016 年 4 月 29 日，成都。资料存于采集工程数据库。
② 陈希廉、余鸿彰：清华往事三——忆中条山生产实习。见"陈希廉口述访谈"，2017 年 4 月 20 日，资料存于采集工程数据库。

地段存在含大量磁铁矿的片岩，导致无法联图。

为了赶进度，每天大家都想多完成些任务，往往早出晚归，有一次有几个学生在蓖子沟村的后山搞测量，认为靠驻地近可以干的晚些再回去，结果干到天黑，找不到下山的路，到处又多陡崖，只好用花竿一步一步地摸黑探路到很晚才赶到驻地。由于中条山森林密布，常有野猪、黄鼠狼和蛇类出没，当时已回驻地的学生和老贺急坏了，生怕他们在路上出什么事故。

地形图的测绘虽然艰苦，但是苦中有乐。站在高山顶上，放眼翠绿山峦，让人顿时"会当凌绝顶，一览众山小"的豪迈气概。王濮总爱哼《歌唱井冈山》："罗霄山脉的中段，有一座雄伟的高山，苍松翠柏万年青，常年流水永不断……"大伙儿每每踏进深山，听得多了也就渐渐学会，跟着亮开嗓门一起唱。

蓖子沟地质工作的一个重要内容是进入古矿硐寻找铜矿石。蓖子沟虽然存在大铜矿，但地表却很难得发现露头。房东老贺年轻时当过抗日游击队员，与日本兵在不同的古矿硐间周旋，对方圆几十里地形十分熟悉，他带领大伙儿至少探过三个大矿硐：一个叫屁股硐，其开口很小，人钻进去屁股还露在外面，但里面很大；另一个叫獾硐，据说里面曾有过獾；再有一个叫做金谷硐，里面有上百的蝙蝠，是最大的老矿硐。实习小组多次深入这个最大的老矿硐，找矿化现象并测图。这个硐目测五十多米，硐底有水深不可测，最宽处直径大约有三十多米，顶上不时会落下大石块砸到硐底，蝙蝠飞来飞去，阴森可怖，再加上中条山蛇多，进入这样的硐使人胆战心惊，若不是靠老贺壮胆，一群城里来的学生崽轻易还真不敢进去。尽管历经折磨，大家仍完成了预定的硐内地质测绘和硐体形状测量的任务，并发现了大片黄铜矿的矿化，得出了"蓖子沟的确存在着大铜矿"的科学结论。

在野外实习的过程中，师生通过对当地地形及构造的观察，大胆思考和推测，还提出了两个值得进一步研究的重要地质现象。

一是石门沟是否有冰川地形。石门沟的横截面是个凹字形，延伸方向很直，而且沟的两侧有一些像冰川地形中的悬谷。冰川是大陆上重要的地质营力之一，是一类罕见的地质遗迹景观，如果中条山存在过冰川地形，中条山环境地貌的研究将进入一个新的维度。

二是蓖子沟矿床构造问题。在蓖子沟铜矿的地表存在一个很奇怪的现象，有一个哑铃状的大理岩，长度仅约四百米，而厚度最大处约二百米，周围大部分被黑色片岩所包围，大理岩与片岩间都是破碎带。该大理岩下面就是许多矿体，大矿体在大理岩与片岩的接触带上。据矿山地质人员说，无论是勘探队或研究单位，对于矿床的构造都存在着争议，有一派认为是密集的褶曲构造，另一派认为是单斜构造，而为什么长度小而厚度大，后者的解释是这个大理岩原来是海湾里沉积的石灰岩，矿山地质工作人员同样有此极端相反的观点，甚至争议到拍桌子的程度。

中条山的工作虽然紧张，但师生们也忙里偷闲，劳逸结合地丰富生活，比如林尔为自制倒刺鱼钩，钓了一脸盆的鱼给大家改善生活；周信国经常午饭后在山顶上引吭高歌《黄河颂》，"我站在高山之巅，望黄河滚滚……"结果被集体取笑。刘宝珺作为民乐队骨干，常把大家召集起来吹拉弹唱。调皮捣蛋的学生还会胡闹去偷松鼠的存粮，集体捉蛇炖一锅美味。谭筱波因为捅了一个大马蜂窝，害得王璞老师惨遭被蜇，这至今仍是清华地质系 50 级学生聚会时又笑又骂的故事。

刘宝珺在实习中当生活干事，除了日常勘探、填图工作外还要负责十个人的伙食，所以格外辛苦。由于住地是在边远的下玉坡村，他每两周都要雇着毛驴跑到二十里开外的皋落镇赶集，采购油盐酱醋、粮食、灯油等日常用品。大家感动于他吃苦耐劳、为集体服务的精神，亲切地称他为"伙夫头"。

近三个月时间，师生十人生活工作在人迹罕至的大山深处，每天披星而出，戴月而归，有着"以天为被地为庐"的大无畏豪迈气概。由于工作强度太大，过于劳累，不少学生晚上都说梦话，说的都是野外勘探的事。师生能克服那么多的困难完成艰巨的任务，勇气和信心源自何处？大家在清华读书时看过一个苏联电影《萨根的春天》，讲的是苏联地质工作者在一个贫瘠的山区找到一个大磷矿，使得该地变得繁荣起来的故事，因此这十名师生时刻以创造"蓖子沟的春天"自勉，觉得从事地质工作是一件极为光荣的事业，在大自然中战天斗地，在蓖子沟寻找到大型铜矿是国家赋予自己的使命。

此外，实习小组还和当地老百姓结下了深厚感情。房东老贺带师生们走山路时，会讲述日军及伪军在中条山的残暴罪行，讲述当年游击队员怎样破袭日本兵修的通向垣曲的公路，以及皋落镇游击队怎样配合八路军红二团围歼贾镇义伪军的故事，对大家是极好的爱国主义教育。陈希廉至今都能哼唱当年老贺教的那首打游击时的歌：

> 贾镇义没（当地土话念mù）钱花，就来找麻烦（当地土话念máda），到家里捆绑吊打处罚你，说你有武器。央人来说说，票子大批拿，老百姓花了银钱请了客，事情还不了结。来了八路军，鬼子吓破胆，贾镇义躲到皋落哭鼻子，没有好下场。打垮了贾镇义，百姓翻了身。①

当时的蓖子沟是个方圆百里之内连草药医生都没有的穷山沟，陈希廉因为用土洋结合的方子治好了一家五口的烧伤，一时名声大噪，以至于山民们都跑过来寻医问药。大伙儿骑虎难下，干脆把从北京带来的骨碳粉、肠胃消炎片、眼药水等常见药品拿给前来寻医的老百姓。正是由于师生们不厌其烦，热情为群众服务，所以每当跑野外到山沟村庄里，当地村民都愿协助勘探测量工作，主动给学生热干粮或热水喝，甚至还塞给他们平时舍不得吃的鸡蛋。离开蓖子沟前，师生们把全部剩余药品都留给村民，并标注了使用方法，许多老乡不仅来送行，而且还给小组送来柿子、花生、栗子、鸡蛋等许多山货，淳朴的感情让师生们动容不已。

9月底师生胜利完成任务，告别让自己的青春历经洗礼的中条山，带着二十多柳条筐的标本启程返京。近三个月野外锻炼，磨砺了大家的意志，一群白面书生晒得脸膛黝黑，练成了铁脚板，成了随时可以席地吃睡的糙汉。步行逾百里路到达东镇火车站时，由于几个月没理发，破衣烂衫，一身黄泥像叫花子，几乎已是"出去打扮像公子，归来虱子爬满床"

---

① 陈希廉、余鸿彰：清华往事三——忆中条山生产实习。见"陈希廉口述访谈"，2017年4月20日，资料存于采集工程数据库。

的所谓地质队员标准形象。乘警瞧着这群人不像正常人,特别严加盘查,当得知是清华师生到中条山找矿后,大为感动,连连称"你们太艰苦了"。

大二暑假实习时分的三组,在实习结束返校进入新建立的北京地质学院后成为三个系,系名分别为可燃性有机岩系、矿产与地质勘探系、水文地质与工程系①,刘宝珺所在的小组九人分到了矿产地质勘探系,侧重于地质学基础学习。中条山之行是他在专业学习和专业认知上的一道重要分水岭——此前到泰山的徐庄、毛庄做标准剖面,去大同、张家口观察现代火山等野外实习仅涉及地层的古生物实习;但中条山生产实习侧重于传统的地质学部分,是更纯粹的野外地质调查活动,并由此激发了刘宝珺对岩浆岩、变质岩的研究兴趣。愿意专注地质基础研究工作,这在他对中条山实习的回忆中可窥得一二:

> 这九个人回去就专门学地质勘探了。(其他同学)他们后边有转为工程地质、水文地质的,他们的实习地点就跟我们不一样,他们就比如说矿区也去了。选地质勘探,应该说算是比较传统的,传统的地质学就是地质矿产勘探,后来又分出来石油天然气,实际也是原来搞地质这帮人搞的。我们这边主要注重地质基础,我喜欢搞这个基础,工程方面我后来都不想去了……学工程的话你还得学机械,还得学工程画图,还得学很多这些东西,我们没有学这个,我们就学地质学。②

大三转入工程地质方向的卞昭庆对刘宝珺从中条山实习归来后的变化,感受明显:

> 他越来越出色。到了地院的时候他已经学习自如,比较好,原来并不是很突出,但是他清华那个基础打得好,经过实习以后知道怎么

---

① 刘宝珺访谈,2017年3月31日,成都。资料存于采集工程数据库。此处或有口误。查《励精图治五十秋:中国地质大学简史》,1952年北京地质学院建立,设立了矿产地质及勘探、水文地质及工程地质、地球物理三个系。

② 刘宝珺访谈,2016年4月29日,成都。资料存于采集工程数据库。

学,怎么改进方法注意。实习很重要,从大二实习以后知道自己要在哪方面加强,哪方面要注意,回来在学习方面特别认真,比如构造地质、矿床非常认真。

1952年清华大学地质系师生深入山西中条山腹地、寻找铜矿的那段历史,距今已半个多世纪。在毫无前人工作的古老地层构造复杂地区,在野外地质条件极其艰苦的地方,一个青年助教和九个大二学生,克服了难以想象的困难,发现了局部矿化点,独立完成了我国近代首张万分之一地质图二十四平方公里的填图工作,该地形图迄今仍是中条山最好的历史资料之一,它为中条山在五十年代发现大型铜矿,后成为国家四大铜矿之一提供了重要的地质数据和地形参考。学生们在没有学过地形测量的情况下,凭借清华时代打下的扎实地学根基,在深山之中摸爬滚打,向大自然学习,在团结合作中将独立思考、独立工作的能力发挥到最大限度,填补了当时中条山专业地形图的空白。这从另一个侧面也反映了当时清华大学地质系在人才培养方面的优势和特色。

刘宝珺迄今仍自信、自豪于当年清华一群大二学生虽初出茅庐,但勇挑重担,为中条山找矿所作的不俗贡献:

(找铜矿时)依然用我们学生的图,相信我们的资料,我们训练的都是很认真的。老师教得也很好,我们都二年级,都学到手了,连地形测量、地质填图,都做得很好。生产都可以用我们的图,根据那个布置工程,哪儿打钻哪打坑道这些。二年级也很不容易了。我们学的是土木系,这样地形测量,要求比较高,所以我们测出来的图也比较准,可用。

地质部为此还特别嘉奖实习小组一笔津贴,每人分了几十块钱的"巨款",这是刘宝珺从事地质工作赚的第一笔钱,为此特地给自己买了一双鞋以示纪念。

九个清华学生与中条山的缘分,并未因实习结束而中止。班长余鸿彰从北京地质学院毕业后，继续到中条山从事勘探工作，进一步落实了该地的篦子沟、胡家峪和铜矿峪三个矿床的地质储量，证明了中条山作为大型铜矿区的可能。1953年，国家在地质勘探中，查明该地区铜储量居全国第三位，当时的冶金部将老垣曲县冶金地质单位搬到冶金地质单位皋落镇，在该处建立了中条山有色金属公司，统一领导三个矿区的开发和冶炼，中条山从此成为我国最大的铜矿区之一。1965年，陈希廉到篦子沟搞科研，发现中条山已大变样，火车可直达新垣曲县，从垣曲可乘公司的班车直达篦子沟铜矿，新垣曲县到处高楼林立，篦子沟村不再是仅有十户的小村子，而且通了电灯、电话和自来水。他曾到篦子沟找房东老贺，受到热情接待，当地老百姓对陈希廉说："篦子沟的大变迁就是从你们的工作开始的。"

有着深厚中条山情结的陈希廉，在"文化大革命"前曾到篦子沟搞科研，上世纪七十年代又曾几次去篦子沟带学生实习，他对生产实习时的未解之谜仍念念不忘。期间，他根据坑下和地表的六七个证据，认为有可能是前苏联矿床学学家克列依托尔所著《矿田矿床构造》一书中，矿床构造分类中的"刺穿褶曲"，这种观点已得到部分胡家峪和篦子沟矿老矿山地质工作者的认同。

五十余年时光更迭，篦子沟矿如今已经闭坑，实习小组当年之人或已谢世，或已进入耄耋之年。陈希廉虽年事已高，但是对这项研究持有不减当年的热情。在他"忆中条山生产实习"一文中，依然期待九十余岁的王濮老师和实习小组同学们有机会共同探讨中条山的未解之谜，共同缅怀那段难忘的地质青春。

辗 转 地 院

中华人民共和国成立伊始，百废待兴，国家迫切需要工程与科学技术方面人才，高等教育领域也要通过重新建设，以担当起振兴国家经济的责任和使命。由于缺乏社会主义建设的经验，又面临复杂的国际形势，学习苏联样板成为当时的不二选择。

1950年，在援华苏联专家的帮助下，中国人民大学等一些高校作为学习苏联的样板得以建立，其他大学陆续聘请一大批苏联的学者和专家，有组织地翻译苏联的教学计划、教学大纲、教材和各种文献资料。[①]1950年6月1日至9日，教育部在北京召开第一次全国高等教育会议，会议指出新中国的高等教育应该以理论与实际一致的方法，培养具有高度文化水平的、掌握现代科学和技术成就、全心全意为人民服务的高级建设人才。会后，教育部提出了调整公私立高校或某些院系的设想，并提出"不宜急进""各系科之分设，主要应视其设备及师资等各项条件是否足够而定"[②]。1951年11月3日至9日，教育部在北京召开全国工学院院长会议，以华北、华东、中南三地区为重点，拟定了工学院调整方案[③]。由此，1952年院系大调整的序幕正式开启。

1952年，全国院系调整总方针为"以培养工业建设人才和师资为重点，发展专门学院和专科学校，整顿和加强综合性大学，逐步地创办函授学校和夜大学校，将工农速成中学有计划地改属各高等学校，作为预备班，以便大量吸收工农成分的学生入高等学校"[④]。此次院系调整最终奠定了20世纪后半叶我国高等教架构的基本格局，客观上适应了新中国成立后工业化建设的需要，短时间内迅速建立起了一个相对完整的高等教育新体系，在一定程度扩大高校规模的同时促进了工科教育的长足发展。

刘宝珺所就读的清华大学，也在此次院系调整之列。1952年9月12日，清华大学筹委会[⑤]讨论确定清华大学各专业、专修科的调整方案：除工学

---

① 刘海峰、史静寰主编：《高等教研史》。高等教育出版社，2010年，第191页。
② 刘海峰、史静寰主编：《高等教研史》。高等教育出版社，2010年，第192页。
③ 教育科学研究所：《中华人民共和国教育大事记（1949-1982）》。教育科学出版社，1983年，第51页。
④ 中国教育年鉴编辑部：《中国教育年鉴（1949-1981）》。中国大百科全书出版社，1984年版，第223页。
⑤ 1952年6月25日，教育部发出成立京津高等学校院系调整办公室及京津高等学校院系调整清华大学筹备委员会（简称清华筹委会）的通知，刘仙洲任主任委员，钱伟长、陈士华任副主任委员，委员共十二人（后又增加四人）。

院之外，原有的理、文、法三学院各系除留下二十多人外，全部调整到北京大学等单位；北京、燕京两校工学院调整到清华；原属清华大学理学院地学系的地质组、地理组正式分家，前者并入新设的北京地质学院，后者并入北京大学，清华大学仅在石油工程系下设地质教研组，冯景兰教授任教研组主任。院系调整后，清华大学成为一所多科性工业大学。

　　院系调整前的清华大学，按照欧美通才教育模式重视外语、基础课程、人文知识；院系调整后，学校按照国家的建设需要，依据苏联工科大学专才教育模式，按系分专业进行技术性人才的培养。在学制方面，此前清华大学实行学分制，必修与选修科目相结合，照搬苏联模式后，清华实行学年制，学生不再自由选课，其在修业期间必须以专业教学大纲为蓝本，完成并通过每学年所规定的课程。在教学计划上，学校不再自由自主拟定教学计划，并规定必须使用苏联教材。

　　1952年的院系调整对于清华来说近乎削肉剔骨，其震荡之巨大以至于对整个办学体系带来了深远影响。时任清华大学校长蒋南翔在1956年曾有一段深刻反思："一九五二年全国高等学校的院系调整有很大成绩，但是有某些措施是不够妥当的……我们认为学习苏联经验进行院系调整在总的方面是对的，这使我国高等教育更加适应社会主义建设的需要，但当时没有更多地考虑到不要破坏我国原有的基础和传统，对于我国过去学习英美资产阶级的方法办了几十年教育，其中某些有用的经验也没有采取批判的态度来吸收，而有一概否定的倾向。工科和理科是有密切联系的，当代最新的技术科学都需要坚实的理论基础，美国著名的麻省理工学院就是把工科和理科办在一起的，如果个别学校如清华大学参考他们的经验，兼办理科与工科，未尝没有好处。"[1]

　　时年二十一岁的清华大二学生刘宝珺在1952年暑假赴山西中条山参加生产实习，回京后发现自己已不再是清华学生，转而成为北京地质学院的学生——当时但凡于1950年至1952年期间入学的学生，多数是从一所大学入学，在另一大学毕业。在激进风潮之下，整个调整落实进度极快，清

---

[1] 金富军：面向工业化建设的院系调整。见《清华人》，2008年第3期，第96页。

图 3-7 1952 年暑假刘宝珺赴山西中条山实习前于清华平斋门口与同学合影（刘宝珺提供）

华大学地学系大约二十余位名师与近百名学生几乎是扛起行李就告别了清华园，搬到北京地质学院的临时校区，即北京大学原地质馆沙滩校区（后将北京大学工学院旧址，即西城的端王府夹道作为过渡校区）。彼时个人发展更多的是服从于国家意志，自我理想更多的是遵从时代要求，清华地质师生的前途命运在历史的激流中由此陡转。

北京地质学院是为适应大规模社会主义建设需要，于1952年我国社会主义建设第一个五年计划开始前夕，经过院系调整，在北京大学、清华大学、天津大学和唐山铁道学院等理科性地质系合并基础上建立起来的一所新型的社会主义工科大学。建院初期，学院只有学生三百一十名，教师一百三十名，设有三个系四个专业，二个专修科，十六个教研室，二十七个实验室，图书仅有两万册。新校舍来不及修建，学生在城内原北大工学院旧址上课，总共面积只有两万平方米。[①]

学校于 1952 年 11 月 1 日举行了首届开学典礼，已是中共党员的翟裕生担任北京地院临时团委负责人，对当时急剧扩大的招生规模印象深刻：

新生入学那年就招了一千二百人。我们（从北京大学）毕业时十二个人，52 年以北京地院名义招生就一千二百人，增加了一百倍。我们是民国时期培养的，三年在民国时期，就是十二个，现在入学一千二百个。刚解放的时候，大学毕业的地质人才才三百多人，全国才三百多个人。有的还在搞地质，有的已经流失搞别的了。所以为了

---

① 北京地质学院基本情况介绍。见《北京：中国地质大学史料征集辑录（一）》，1963 年 6 月，内部资料。

大批培养人才，我们就招了一千二百人。①

在大干快上的1952年，与北京地质学院同时诞生的还有北京矿业学院、北京钢铁工业学院、北京航空学院、北京石油学院、北京农业机械化学院、北京林学院和北京医学院——这"八大学院"即是从北大、清华、燕京、辅仁大学院系以及许多专业学校的合并新组的八个专业理工科高校。为了兴建校舍，1952年，北起清华东路，南到蓟门桥，在北京西北部的海淀区荒芜的庄稼地上，"八大学院"校舍相继破土动工，并于1954年竣工。八个学校校园两两相对，由北向南排开，中间形成一条宽阔的大道，这便是北京最早的大学城"学院路"。

翟裕生在初中时代曾比刘宝珺高一年级，当时已是北大地质系大四毕业生。曾一心想去西藏、青海艰苦地区投身国家地质建设的翟裕生作为骨干青年教师，被组织安排到北京地质学院矿床教研室任助教，据他回忆：

> 北大地质系并入北京地质学院的时候，老师去了十几个，我们这一班52年刚毕业嘛，学生就作为年轻教师分配过去了，有五六个，都到那儿当助教了。另外有一批高年级学生应该是全都过去了，五零年入学的加在一起将近一百人。老师一个也没有留，全过来了，另外还有教数学的、教物理的。我们地质系没有单独的数学、物理老师，然后就从北大、清华、燕京聘过来的，就是基础课的老师。还有外语的，另外还有像工科画图，绘图的这些都是配套的过来的。以整个地质系的老师为核心，然后有关的课程，包括体育的。北大体育的有四五个老师也跟过来了，所以整个的配套的来的。当时一声号令，大家就选了比较好的老师配给这个单科的学校。②

不同风格、不同学派的名师因时代风云际会于此，大家怀揣着发展新中国地质科学事业的抱负，黾勉同心，使北京地质学院呈现出"阳春布德泽，万物生光辉"的创业景象。当时，袁见齐教授担任新建立的水文地质

---

① 翟裕生访谈，2017年4月27日，北京。资料存于采集工作数据库。
② 翟裕生访谈，2017年4月27日，北京。资料存于采集工作数据库。

工程系主任，来自北大地质系的张炳熹担任地质矿产系副主任，后与冯景兰教授等一起建立了矿床学学科。翟裕生回忆：

> 当时大家一切跟着党走，一切行动听指挥，而且觉得更高兴了，我们独立出来成一个学院专门培养了，也算是一个大学了，各方面也都觉得挺好的，而且也感到很光荣。北大、清华的老师为核心，而且好多是西南联大的一些年轻老师。45年西南联大解体了，所以北京地院也好，成都地院也好，最早的根可以追到西南联大的优秀传统，比如爱国、敬业、刻苦、勤奋、思考……大家没有亲疏的感觉，因为大家当时一心一意，团结一致，齐心协力要办好这个地质学院，我记得当时很团结……所以一个是大家五湖四海聚拢的人才，大家目标一致、团结，互相学习。①

筚路蓝缕，以启山林。众多地学俊彦的到来，以其精神品格和榜样力量，激励了一大批拥有热血抱负的青年教师成才成长。在翟裕生印象中，地学大家对青年教师的成长成才影响极大：

> 我所在的矿床教研室有冯景兰老师，再一个就是张炳熹老师，是我们的系主任，哈佛大学的优秀毕业生，我就当他的助手，办公桌他在那儿一个桌子，我在旁边一个桌子。组织上也培养我，后来他当了系主任，我就当了副系主任，就协助他管一些具体的系里的事情。就是说一个是个别的带，知名的大家带两三个有培养前途的学生；再一个就是组织科研队伍，我们教研室还有一个老学部委员袁见齐，他是搞这个盐业矿床，就是盆地的盐类矿床，他组织一个科研组，有搞化学的、搞物理、搞地质、搞矿的。一个是通过科研项目带，一个是个别的当助手带，这样就有重点地培养了一些优秀生。②

---

① 翟裕生访谈，2017年4月27日，北京。资料存于采集工作数据库。
② 翟裕生访谈，2017年4月27日，北京。资料存于采集工程数据库。

张炳熹教授带领刚参加工作的几位年轻人，一步步把矿床教研室建立起来。为了保证矿相课的设备到位，张先生因陋就简，和青年教师一起将十数台旧式显微镜，加上自制的简易照明器改装为反光显微镜。上矿床学课没有挂图和标本，他就和大伙儿一同画教学挂图，并亲手绘制了岩浆矿床矿石组构图，帮助大家扩展矿床学知识，掌握教学基本功。当时学生多，资历深的教师少，他一边放手让年轻人讲授专业课，热情指导他们备课、试讲，同时随班听年轻教师讲课，帮助他们改进教学方法。在张炳熹等一群地质教育前辈的支持和影响下，许多刚毕业两三年的青年教师就能上三尺讲台开矿床学、矿床工业类型等主要专业课，并且获得良好的教学效果。

袁见齐教授通过上示范课，用启发式教学引导青年教师成长，为年轻一辈地质教育工作者的成长毫无保留地提出自己的意见。很多青年教师在听他讲课后，一致的感受是既学到知识，又学到辩证法，还学到科学作风。袁先生还组织了一支青年科研队伍，汇集了化学、物理、地质、矿产等多个学科人群，真正通过科研项目带领青年教师队伍，培养了一众优秀的研究人才。

1952年，井冈山时期参加革命的红军老干部刘型[①]出任北京地质学院首任院长兼党委书记。在办学规模、筹建规划等问题上，他提出了许多前瞻性的意见，如学院的规模要"大而重（点）"，专业要"少而精"，在保证教学质量的前提下缩短学制，为新中国的建

图3-8 2002年中国地质大学校庆时刘宝珺与好友合影（左起：李廷栋、翟裕生、刘宝珺。刘宝珺提供）

---

① 刘型（1906—1981）：曾在中央军事政治学校（黄埔军校武汉分校）学习。1928年率部上井冈山，是著名的黄洋界保卫战的指战员之一，并参加长征。建国后，曾担任湖南省委常委兼秘书长、湖南省人民检察院检察长，1952年至1958年期间担任北京地质学院院长兼党委书记。见《北京：中国地质大学史料征集辑录（一）》，1963年6月，内部资料。

设多培养人才，在其卸任前的1957年，地质、矿业、冶金专业的在校生分别增加了七千六百七十三人、六千五百六十八人、四千四百六十九人。

为培养社会主义工业建设人才，从1952年下半年至1956年，二十二位苏联专家先后来校任教。他们以莫斯科地质勘探学院为样板，对学校的教学、科研管理、教学计划、教学大纲和教材的编写、教学组织全面提出了意见建议，并指导实施。①

在刘型的主导之下，北京地质学院高度重视苏式教育，掌握俄语"四会"（会读、会写、会听、会说），更好地向苏联学习成为首要的政治任务和业务要求。学校采取了四类方法帮助青年教师快速提高俄文水平：

（一）当时北京地质学院已极少引进英文教材，大量的地质类俄语教材需要专门人才进行翻译和讲授，因此学院分批次派送青年教师脱产半年到哈尔滨工业大学学习俄文，回校后多数担任苏联专家的助手和专业翻译，刘光鼎、赵鹏大、沈照理、翟裕生、杨式溥、张本仁、朱志澄和夏卫华②八名第一批骨干位列其中。

（二）在校内组织俄语老师给青年教师每周上课，进行集中式学习。

（三）选送部分优秀教师赴苏联留学进行系统学习，通过攻读副博士学位，学成归国后更好地发挥专业优势。

（四）安排教师赴兄弟院校学习。东北地质学院（1957年更名为长春地质勘探学院）与北京地质学院同年建校，前者以变质矿床为优势，后者则在岩浆矿床方面实力最强。当时研究水文、矿床的援华苏联专家分到了东北地质学院，搞地球科学、矿物岩石研究的苏联专家则到了北京地质学院。刘型任院长期间，重视补齐学科短板，不遗余力地分批次派送教师到东北地质学院，学习苏联学派的矿床、水文相关知识，以实现地质学科的交叉融合。

刘宝珺等一众学生从清华平斋搬到北大理学院景山东街一处旧式瓦

---

① 赵鹏大：《励精图治五十秋：中国地质大学简史》。中国地质大学出版社，2002年，第165页。

② 赵鹏大：《励精图治五十秋：中国地质大学简史》。中国地质大学出版社，2002年，第165页。

房、三人间、四人间不等，冬天采暖只能靠烧煤球炉子，条件虽不及清华，大家亦安之若素。国家一声号令，发扬"革命一块砖"的精神坚决服从组织安排，是那个时代的普遍共识，天南海北的学生们很快就熟络起来。原在北京大学地质专业的李廷栋[①]，北大时期就是系里的活跃分子，进入北京地质学院大三乙班后与刘宝珺相识并结为挚友。在他眼里，成绩拔尖的刘宝珺未在学校或者系里的学生会担任职务，对当学生干部等社会职务丝毫不热衷，心思都放在念书上，素日异常刻苦，在矿床、物理等专业学习上尤为见长。回忆初见刘宝珺的情形，后来成为中国科学院院士的李廷栋谈道：

> 他们当时清华并过来的……并到沙滩时就感觉（他）高高的个子，微笑的面孔，就是这么个感觉，觉得这人一看挺顺心的……那个时候倒觉得他似乎偏内向一点。[②]

二百多名学生当时上课集中在五四大街原北京大学的地质馆、红楼及新楼。授课的教师骨干绝大部分毕业于北京大学、清华大学、中央大学和西南联大，袁复礼、冯景兰、张席禔、杨遵仪、王鸿祯、马杏垣、池际尚、涂光炽、张炳熹等学术泰斗将欧美先进的地质理论和研究方法，结合北大、清华、北洋等院校地质系的教学经验和方法，通过与学校苏联专家的学术融合、兼容并蓄，为课堂带来了地质科学的新气象，使北京地质学院的教学和科研具有坚实的基础和较高的起点。

袁见齐教授主讲普通地质学、矿床学、非金属矿床地质学等课程，被学生们誉为"把矿物学课教活了"；王鸿祯教授的"地史"带领学生们回

[①] 李廷栋（1930-）：河北省栾城县人。研究员，中国科学院院士。我国著名区域地质学家、地质编图专家。1950年考入北京大学地质系，1952年转入北京地质学院，1953年毕业，分配至地质部机关，担任刘景范副部长秘书。1961年调地质部地质研究所任副主任工程师、研究室副主任。1968年任地质部地质研究所室主任、铁矿队队长、副研究员、所领导小组成员。1980年调任中国地质科学院院长、研究员。1986年任地质矿产部副总工程师，曾兼任地矿部科技司司长。见王泽九等编：《1999第六次李四光地质科学奖获得者主要科学技术成就与贡献》，地质出版社，2001年。

[②] 李廷栋访谈，2017年5月4日，北京。资料存于采集工程数据库。

图 3-9　1953 年刘宝珺与好友卞昭庆在宿舍门口表演节目留影（成都地质矿产研究所提供）

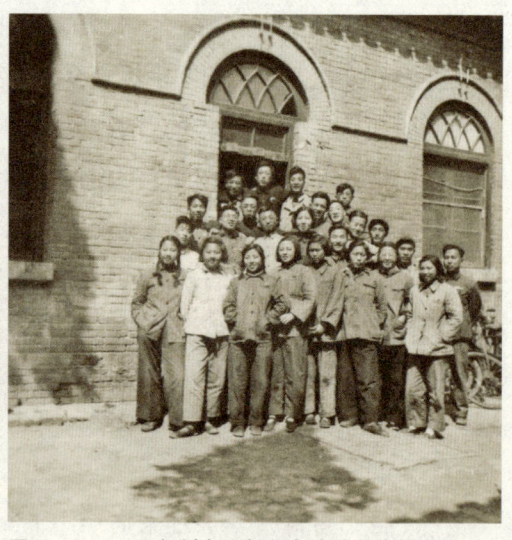

图 3-10　1953 年刘宝珺与北京地质学院的南开校友在宿舍门口合影（刘宝珺提供）

溯远古，漫游世界，丰富而精彩的教学内容引人入胜；马杏垣教授的"构造地质学"教学内容新颖，板书秀丽，图文并茂，给人以极大享受；冯景兰教授的岩石学讲得全面而系统，配合标本和薄片鉴定，以实物印证理论，矿床学则要求学生们做读书报告，刘宝珺的岩石、矿床这两门课程，就受益于冯先生给打下了良好的基础。

在同年成立的八大学院中，北京地质学院重视思想政治理论学习，强化科学思维方式的培养是其一大特色。地质科学的复杂性使其学科流派纷杂，地质问题争论不休，尤其是如何厘清地质科学体系中局部和全局往往成为矛盾的焦点。因此全校师生以教研室为单位，经常集体学习马克思列宁主义、毛泽东思想，用意识形态武装化的哲学观指导教学科研工作，校领导会带着教授、学生一起学实践论、矛盾论，学唯物辩证法、历史唯物主义，有时候校长会到教研室和大家共同讨论一个矿床学的主要矛盾是什么、矛盾的主要方面是什么、矛盾怎样转化等。

由于高校毕业生数量远不能适应国家第一个五年计划的需要，1952 年1 月 3 日，教育部发出指示：理学院，工学院水利、采矿、冶金、地质、数学、物理、化学、气象等系本应在 1953 年、1954 年暑假毕业的学生，提前一年毕业，以适应国家工业建设的急需。同时还规定，三年毕业的学生即作为正式毕业生，由中央人事部统一分配，其政治待遇、物质待遇与四年制毕业生相同①。为实现人才的"加速"出炉，全国取消了这两届本科毕业生的论文写作、答辩环节，同时取消了研究生招生录取，通过一系列宏观调控措施尽快让青年人才投入国家的地质建设事业。

原本四年的大学本科学习压缩至三年，每天的课程几乎都排得密密麻麻，有些课程非瘦身不可，比如五十个课时被压缩至三十个课时。老师赶着把主要内容讲完，学生们大致体系都懂一些，但来不及深度思考。按刘宝珺自己的话说，就是"比较紧张，像吃得撑了一样，装得太多了"。

提前一年毕业非但没有少学，反而增加了更多的学习内容——清华时期主要采用欧美教学方式及教材，北京地质学院则完全摒弃欧美教材，将苏联地质教育的特色优势以及苏式教材全盘吸收，学校专门组织来华援建的七个苏联专家和大量教师开展苏联教材的翻译工作。因此，类似苏联特有的地质教育内容，如矿藏勘探等科目成为刘宝珺等大三学生的必修科目。苏联教材和欧美教材的难度系数差不多，但欧美在沉积学方面的理论性方面要更强一些，对于师生来说消化吸收并不费劲。在当时的北京地质学院，图书馆里还能借到欧美教材，但课堂上一律要求教师按照苏联学派的教学大纲，使用苏联教材。教材中大篇幅驳斥欧美学派的观点，并将学

图 3-11　1953 年毕业前刘宝珺与全班同学于沙滩地质馆合影（刘宝珺提供）

图 3-12　1993 年刘宝珺毕业四十年后于母校门口留影（成都地质矿产研究所提供）

①　中央教育科学研究所编：《中华人民共和国教育大事记（1949-1982）》。教育科学出版社，1983 年，第 54 页。

术思想之争上升为哲学理论中的唯物与唯心二元对立层面，绝大多数教师担心讲欧美教材被扣上唯心主义的帽子，因此宁可全盘照搬苏联模式授课。从清华转至北京地院，接受的是学术价值观殊异的两种教育体系，对于彼时的青年刘宝珺来说，心中无法不起波澜，对某些学术观点之争有着朴素的困惑：科学领域中的学科门类如此浩繁，苏联即使站在人类科学事业的巅峰，但怎么可能覆盖全世界所有最先进的知识技术？他认为当时对于百分之百学习苏联，全面否定欧美先进研究水平过于偏"左"。正是基于这样一种科学无国界的普世价值，此后多年虽历经各种极"左"思潮运动，但刘宝珺始终秉持尊重科学本身，以开放创新的心态兼容并蓄，辩证看待学科发展的进程，遵从学科交叉渗透、相互融合的研究方法，为其在沉积学研究领域厚积薄发，终成科学大家奠定了深厚的根基。

在本科乃至研究生毕业后从事地质实践、科学研究和教育教学工作多年，再回头观照那段历史上的学派之争，刘宝珺有着客观而理性的评价：

（本科）毕业以后就分到西北白银，就兰州那边。那儿所有的勘探设计各方面都是用的苏联学派的，还有直接有苏联专家来指导。那我们就得接受它的东西，比如说勘探、探矿，或者是调查，它给你做出一个规范，你按着规范做不容易犯错误，因为比如说你打钻，密度够了，你算出来的东西即使跟开出来的矿量不一样，那你也没什么问题，因为你按规范做了。而欧美那时候还没有多少这种很严格的规范，对你工作的要求，它比较提倡个人兴趣，我刚才说过你没有兴趣的话，学任何东西想突破创新是不可能的，欧美它比较强调个人对这领域的兴趣……各有各的好处，有规范的你就不要乱来，可以检查质量、工作量够不够，到底做得好坏，它有一个尺度，尺子来量你。但是规范有时候多了它容易浪费，按着它的规范来做，有时候你可以省掉一部分但你（有时候）不能省，规范就是一定要按这个做，工作量一定要做到，这种做着就浪费。

我们应该了解全世界范围，这个学科不同的学派都进展到什么程度了，然后你可以在这个基础之上去创新。我们当时就是欧美都不学，它再怎么进步我们都不管，就只学苏联，这还是不行。当时在学术上有一种偏向，就是苏联好，就是唯物的不是唯心的；欧美的科学是唯心的。这种提法都不见得很合适，可能对我们有一种耽误。①

由于知晓提前毕业，刘宝珺到了大三才真正有了时不我待的紧迫感，整个一年是彻底把贪玩的心思收了起来，各种社团活动悉数退出，将精力都放在专业学习上，完成了岩石学、岩石学实验、矿床学、矿床学实验、构造地质及地质制图、理论力学、俄文、采矿、取样及储量计算、电工学、机械学、地球物理探矿法十三门专业课程的学习。卞昭庆记得很清楚：

> 那一年没有运动，老老实实念书，那真是念书，我知道反正清华来的同学基本上都是全五分，刘宝珺肯定也是全五分，虽然我们不在一个系，但他很用功的。②

在名师的悉心指导下，因在学业上的极其专注与刻苦，大三时期的刘宝珺真正对地质科学产生了浓厚的兴趣，并逐渐掌握从事地质工作的基础本领：

> 到了三年级，那时候就不一样了，运动几乎也少了，就是专心要搞业务了，毕业了你业务不学好的话，将来怎么工作呢？三年级我花了很大的精力，估计百分之八九十精力都放在业务上了。那时候地质学我算钻进去了。③

临近毕业，分配在即，对于地质专业的青年来说则意味着"去越艰苦的地方越光荣"。北京地质学院的第一批本科毕业生，近一百人基本按照地质部、地质类院校（含矿业、石油学院）、工业部门各去三分之一的比

---

① 刘宝珺访谈，2016 年 4 月 29 日，北京。资料存于采集工作数据库。
② 卞昭庆访谈，2017 年 1 月 7 日，北京。资料存于采集工作数据库。
③ 刘宝珺访谈，2016 年 4 月 29 日，北京。资料存于采集工作数据库。

例进行分配。后被分配至北京煤炭设计院的卞昭庆回忆起当时的情形，仍然感慨那个年代学生勇当时代先锋，对前途理想有着大无畏的豪迈情怀：

> 就是分配你去哪儿就是哪儿，二话不说。（对于地质工作可能会被分到比较艰苦的地方）大家愿意去，愿意到基层去，不愿意在城里待着。因为地质学不到野外去锻炼是出不来成绩的，这个大家都很明确，干地质一定都知道要吃苦，这没问题，你说大家实习这么长时间，都（是）背着行李来回走的人，无所谓，所以对这个大家都已经习惯了。[1]

在中国地质大学（武汉）档案馆尘封的历史烟云中，关于北京地质学院学生刘宝珺的去向，1952 年毕业分配计划表上一栏填为"在本院任助教"[2]。次年 7 月，刘宝珺即将毕业留校前夕，他却因"懂英文，俄文一年程度，能笔译英文；在矿床方面、物理方面有特长"[3]，作为国家培养的地质工作俄语翻译人才，和三四十个毕业生被选入了地质部翻译室组织的俄文速成班。

中苏友好时期，大量苏联专家来华援建，促进了两国在地质学术领域方面的交流合作。由于语言障碍，缺乏地质基础的俄语翻译很难准确翻译出地质学科的相关名词、专业文献。1952 年，在时任地质部副部长何长

图 3-13　1953 年刘宝珺毕业前与同学合影（刘宝珺提供）

图 3-14　1953 年 9 月刘宝珺与同学合影（成都地质矿产研究所提供）

---

[1] 卞昭庆访谈，2017 年 1 月 7 日，北京。资料存于采集工作数据库。
[2] 原件藏于中国地质大学（武汉）档案馆。
[3] 北京地质学院暑期毕业生登记表学系意见，1953 年 7 月。存于成都地质矿产研究所。

工[①]的力促下，地质部聘请了三十多位苏联专家来华教授地质俄语，并从地质学院相关专业背景的应届毕业生中选拔出一批英语底子较好的苗子，通过三个月的速成培养，成为懂业务的俄语翻译，以便参加此后即将开展的中苏联合地质调查队。

这是一段极其艰辛的学习时光。俄语班当时分为口语与笔译两个班级，前者偏向为苏联专家提供翻译，后者主要负责俄文专业文献的翻译工作。在完全没有任何俄语基础的情况下，学员们几乎经历了一场高强度"魔鬼式"训练过程——为了达到听说读写的标准线，大家每天起早贪黑，在俄语单词和发音练习中摸爬滚打。培训班给学员的目标是每天记住一百个俄文单词，同时还要背诵大量的专业地质词汇，绝大多数人都完不成既定目标。和李廷栋一起被分到口译班的刘宝珺，因此前有一年俄文底子，语言学习能力强，加之记忆超群，不仅很快入了门，而且基本达到了每天一百个单词的任务，在学员中表现抢眼。据刘宝珺回忆：

> 因为它（俄语）有些跟拉丁语、英文拉丁文相似的。但是俄文它是三十三个字母，它另外还有几个其他的字母，有大部分的读法跟其他也差不太多，但是它的最麻烦的就是变格，六个格变来变去的，就这种从属关系，那时候记忆力好也不觉得困难。[②]

北京地质学院时期学生鲜有能看到俄文参考书，到地质部后刘宝珺有了机会大量阅读地质类原版俄文书籍，如奥布洛切夫的《南山地质志》

[①] 何长工（1900-1987）：湖南省华容县人。早年曾赴法国勤工俭学，先后就读于法国圣雪尔旺工业学校和比利时劳动大学，并在法国的比昂古尔汽车工厂和比利时的扎布玉勒工厂做工。1922年初在法国加入旅欧中国共产主义青年团，同年8月转为中国共产党党员。1924年归国。曾参加秋收起义、中央革命根据地五次反"围剿"斗争、长征。1931年在瑞金创办中央军事政治学校，1932年任副校长、代校长。1933年成立红军大学，任校长兼政委，1937年改名中国人民抗日军政大学。1946年，创办东北军政大学，先后担任副校长、代校长。1947年调任东北局军工部部长。1949年调北京组建重工业部，任副部长。1952年负责筹建地质部，任副部长、党组书记。1975年调任中国人民解放军军政大学副校长，1978年任解放军军事学院副院长。1980年当选第五届全国政协副主席。见宋群、刘道新编：《中国现代教育家传（第九卷）》，湖南教育出版社，1988年。

[②] 刘宝珺访谈，2016年4月29日，成都。资源存于采集工作数据库。

等，加之清华期间看的英文原版教材的科学名词与俄语有诸多相近之处，刘宝珺的俄语地质业务能力很快就提高，迄今他仍珍藏着当年购买的《俄华词典》[①]。

凭借良好的语言天赋和勤奋刻苦的钻研劲头，三个月速成班结业时，刘宝珺已经可以进行简单的俄语对话，熟练掌握俄语阅读，并胜任笔译工作。掌握这门语言技能对刘宝珺的意义尤为深远——此后在甘肃白银厂迅速崭露头角，研究生期间跟随苏联导师深造，六十年代进入成都地质学院翻译系列教材均受益于此。多年后回忆起这段经历，他强调了掌握英、俄两国语言对个人此后深造和研究的重要影响，以及学好外语对于一个国家创新能力培养的深远意义：

> 那太重要了，对我来讲接受苏联学派的东西当时还是下了些功夫。可能在1958年，我就开始翻译了。1957年、1958年，我读研究生时导师就是苏联人，他是莫斯科地质勘探学院的院长，搞勘探的。（因为这个经历）我在语言文字方面困难很少。

> 我调到成都地质学院，就翻译了很多俄文文献，都正规出版的。特别是到了六几年，我搞沉积学需要看一些文献，那时候也能看到一些欧美的进展，对我帮助很大。我能够在沉积学有所心得，在国内来讲是因为我能够比较早接受前沿的理念，也得力于我的外语，英文跟俄文的文献难度差不多。

> 现在我们提倡创新，你创新从哪儿来，你要有灵感。光灵感还不行，你必须要知道美国创新到什么程度了，你要在它那基础上再高一步，再进步才行，你抄别人的不行，那不叫创新。所以外语很重要，它帮助你了解国际上你这门学科进展到什么样高的水平。如果你要等到别人翻出来了才去看，最快也两三年以后了。这时你再创新，超过别人是不可能的。别人水平你都不知道，你怎么去创新呢。[②]

[①] 原件藏于采集工程馆藏基地。
[②] 刘宝珺访谈，2016年5月25日，成都。资料存于采集工程数据库。

就在地质部这个俄语速成班，刘宝珺还收获了人生中最珍贵的爱情——他与俄语教员李艳阳邂逅，两个年龄相仿的青年从最初的师生关系发展成为情侣，并于1954年喜结良缘，终成伉俪。

当时班上的苏联教师仅一二人，多为上海外国语学院、中国人民大学等几所院校刚毕业的俄语专业青年学生，李艳阳教的是口语课。留着长长粗粗辫子的李艳阳授课时极富感染力，投入而生动，令学生们印象深刻。当年的"学生"李廷栋回忆：

> 李艳阳教我们俄语，她那个表情我还记得。给我们讲比如说，矿产的俄语是"米斯塔简聂"（音译），谓语是"拿厚吉擦"（音译）……我记得她那个表情，当时记得。①

东北姑娘李艳阳出生于黑龙江一个贫穷工人家庭，一路靠着政府救济念书，最终考上中国人民大学外语系，1953年毕业分配到地质部当翻译。她眼睛大大，鼻梁高挺，有着俄罗斯姑娘的俏丽身形，每次上课总是吸引着课堂上一群小伙儿炽热的目光，而她唯独对天津小伙刘宝珺青睐有加。李艳阳能歌善舞，常教学员们唱苏联歌曲，有时会找班上的文艺干事刘宝珺抄歌单，两人的交流从俄语到生活琐事，从借各种书籍到畅谈音乐艺术，情愫互生的青年在速成班结业后确立了恋爱关系。此后虽被命运之手数次无情分隔，彼此的情感却愈加弥坚，几年时间的两地书装满一箱子，提笔写下"卿卿如晤"成为一对恋人在孤单岁月中最深的慰藉。1954年10月2日，在刘宝珺研究生毕业前夕，两人在地质部的一个小会议室举行了简单的婚礼结为秦晋之好，风雨同舟相伴至今。

按照最初的计划，俄语速成班结业后的三十余人作为苏联专家翻译，编入全国四个中苏联合科考队，但此举导致地质部下设基层单位的不满，"国家急需用人，基层地质单位是一将难求，地质部还留这么多科班出身的年轻人干什么？"地质部迫于情形，只得将四个中苏科考队减编为两

---

① 李廷栋访谈，2017年5月4日，北京。资料存于采集工程数据库。

图 3-15　1954 年刘宝珺与妻子婚礼现场（成都地质矿产研究所提供）

图 3-16　1999 年刘宝珺与妻子在成都人民公园留影（刘宝珺提供）

个，刘宝珺成为被刷下的一拨人，"我觉得有点遗憾，因为念了半天俄语了，就为了去当翻译。但是那时绝对不提意见，国家叫你到哪就到哪去。"

考虑到僧多粥少，这群大学生齐刷刷分配到基层也不妥当，于是地质部将绝大多数人留在北京的下设各单位，"原地待命，哪儿需要往哪儿送"。如李廷栋分配到地质矿产司，还有些人进了地质出版社，极个别的被安排到地质部所辖的地质队。刘宝珺则作为当年的极个别者，被分配至甘肃白银乡的地质部641地质队地质科任实习员[①]。在卞昭庆的记忆中，班上同学当年绝大多数留京，被分配到最偏僻、最艰苦的西北甘肃，只有刘宝珺和万子益二人。

1953年夏，北京地质学院第一届毕业生走出校园，作为"先行一步的地质工作者"投入到国家"一五计划"的革命事业洪流中。翟裕生对刘宝珺那级学生此后的成就印象深刻：

> 刘宝珺应该是北京地质学院的第一届本科毕业生。那一届毕业生是很优秀的，出了有好几个院士，常印佛、刘宝珺、李廷栋也是一届的。沈照理也是宝珺同学，他是搞水文的，也是一个著名的水文专家，也当过地大（北京）的副校长。就是说那一批出来的骨干，有的是科学家，有的是著名教授。（那一批出的人才特别多的原因）一个

[①] 刘宝珺干部档案：中央人民政府地质部职工人员登记表，1954年6月3日。存于成都地质矿产研究所。

是他们 50 年入学，在清华北大都读了两年，打下了很好的基础。到了第三年就到北京地院来学习了，上课都是最好的老师，普通地质这些课都是知名教授来上。①

时隔半个多世纪，刘宝珺再次回忆起从清华到北京地质学院的三年求学时光，感喟于这个阶段对自己一生的重要影响。他认为，从中学时代的普通教育转到大学的专业教育，学生是从基础知识的常态化学习，转变为掌握与职业发展紧密相连的专业理论及技术；是从被动接受课堂灌输和启发，转变为主动学习，独立思考并解决问题，真正获得傍身的技能和本领。除此之外，学生不能不闻窗外事，心中只装圣贤书，而是要和社会建立密切的关联，具备适应环境、辨识是非的能力。他后来以这段求学经历给青年后生三点建议：一是数学、物理、化学基础很重要，只有扎好这三个马步才能获得长足进步，进而形成一个人解决问题的思维能力；二是学科要发展创新，打牢基础是前提，基础不好，马里马虎只知道一点表皮，就无法把一个问题钻透，以地质学为例，必须要掌握原理的基本认识水平、操作的方法、实验的方法，否则到野外观察石头都是一头雾水，压根谈不上创新；三是学好外语，只有熟练掌握一门国际通用语言工具，才能及时了解自身研究领域在国际上的发展水平、进展程度，从而分析哪些问题需要解决并研究如何解决，建立起与前沿学术接轨的国际化思维。

在刘宝珺看来，清华办学的成功之处在于"让最优秀的教授给学生进行启蒙教育"，在于"把很多人转变为独立解决问题能力的人、掌握专业知识的人"，自己在这所中国最顶尖的学府虽弹指两年，却因这笔精神财富受益终身；北京地质学院一年以及此后回校读研的经历，构建了他较为完整的矿床地质勘探及岩石学知识体系，接受了严格而多元的语言训练，成为他立志从事地质科学事业的起点，更是他获得新的学习机遇，实现更高理想和抱负的人生转折点。

---

① 翟裕生访谈，2017 年 4 月 27 日，北京。资料存于采集工程数据库。

第四章
师从大家

白银遇伯乐

1952年12月召开的全国地质工作计划会议上,时任政务院副总理兼财政经济委员会主任陈云提出,地质工作要进行一个大转变,今后绝大部分地质人员"都要参加探矿、普查及其他野外地质工作"。[①] 根据这一要求,有些从事古生物学、岩石学等基础理论研究的地质学家也暂时离开了科研岗位,投入到矿产资源的勘探工作中。[②] 为了迅速壮大地质勘查力量,地质队还吸纳了大批大学及专科院校的毕业生,并从社会上招收初高中毕业、具备基础理化知识的社会青年入队作为练习生,并对他们进行短期培训,因此当时的地质队成为地质学家和青年地质人员的汇聚之所。

无数青年在嘹亮的《勘探队员之歌》中投入到激情燃烧的地质岁月,奔向祖国和人民最需要他们,同时也是最艰苦的广袤大地。

1953年9月下旬,刘宝珺与清华同班同学万子益揣着地质部人事司的介绍信,作为"迅速壮大地质勘查力量"的一分子,离京奔赴祖国西部边

[①] 在全国地质工作计划会议上陈云副总理的讲话。《人民日报》,1952年12月19日。
[②] 李四光:《李四光全集》第八卷。湖北人民出版社,1996年,第402页。

图 4-1　1953 年刘宝珺在甘肃白银（成都地质矿产研究所提供）

图 4-2　1954 年刘宝珺与白银厂同事合影（刘宝珺提供）

陲，成为地质部 641 地质队（位于甘肃兰州皋兰县北山区白银乡）地质科实习员，真正站在了国家地质勘探事业的第一线。

白银乡地处兰州市东北，东距当年王维"逢侯骑"的萧关不过三百千米，北去一百多千米是浩瀚的腾格里沙漠。据史料记载和矿山遗迹考证，自汉代起该地就有矿产开采，因明朝洪武初年官方在此设立开矿机构"白银厂"而得名，有"日出斗金""集销金城（今兰州）"之说，最盛时矿工人数达三四千人，但当时还仅限于以地表铁帽氧化带为对象的金银开采活动，主要来源于折腰山和火焰山的地表开采。

地质人员霍士诚、陈奋、梁文郁、刘乃隆、刘增乾、宋叔和[1]等人分别于 1939 年、1941 年、1946 年、1947 年到白银厂调查，同时撰写并发表有关矿藏论文、报告等，尤其是宋叔和等人的调查研究，正式确定了白银厂矿床为含铜黄铁矿型铜矿。[2]1951 年，白银厂迎来了新中国成立后的第

---

[1]　宋叔和（1915-2008）：出生于河北省迁安县。我国著名区域岩石及有色金属矿床学家。1938 年毕业于清华大学地质地理气象学系。1980 年当选为中国科学院学部委员（院士）。见中国科学院官方网站：http://www.casad.cas.cn/aca/316/ygysmd-200906-t20090624_1809780.html。

[2]　滕焕君：档案记载白银的艰苦创业史。见《档案》，2003 年第 5 期，第 54 页。

一次矿产普查，初步证实了白银折腰山大型铜矿床及铜矿的远景价值。国家地质部门于 1951 年 5 月至 1953 年年初先后三次派地质队来此勘测，其间历经中苏专家反复考察论证。

1953 年 2 月 21 日，新华社正式向全世界宣布白银厂铜矿床的开采价值："甘肃省皋兰县白银厂发现了大型铜矿……打了十九钻，钻钻不落空，地下藏有含铜含硫的矿体，这里将会成为我国未来的铜都"。[1] 甘肃白银厂特大型铜矿的开发建设由此进入世人视野，并在当年被列为我国"一五"时期苏联援建的一百五十六个重点建设项目之一。[2] 同年 3 月，地质部 641 地质队正式成立，作为直属于中央地质部门的六个地质队之一，负责重点开展白银厂铜矿的勘探开采。

刘宝珺作为新中国培养的首批优秀地质人才，正是在年轻的共和国"开发白银厂，建设我国最大铜金属基地"的时代背景下，响应国家号召，从繁华都市奔赴了千里之外的 641 地质队。对于当年组织的分配决定，刘宝珺很兴奋，现在正是国家急需用人的时候，学地质的人不就是应该去矿山吗，学地质的人不就是去广阔天地才能大有作为吗？

> 组织上叫我干什么就一定把它做好。比如说大学那两年，就应该把书念好，充实自己为国家服务。而且毕业分配，越艰苦的地方越好越光荣。所以我跟同班同学万子益两个，分配到兰州白银，兰州离那儿（白银）还有一百多公里。[3]

当时白银厂勘探工作如火如荼，急需人才。刘宝珺为了尽快到地质队报到，来不及跟天津家中父母告别，即刻就从京出发。最开始父亲以为儿子大学毕业后是进地质部当苏联专家翻译，专门送给他一条菱格纹领带作为纪念；宝珺要到大西北艰苦地区当地质队员，父亲放心不下，专门从天

---

[1] 新华社：《皋兰县白银厂发现大型铜矿》，1953 年 2 月 21 日。

[2] 苏联援建的一百五十六个项目是中华人民共和国一五计划（1953 年至 1957 年）期间苏联对新中国工业领域的一百五十六个援助项目。这一系列的项目曾帮助了中国的工业经济发展，奠定了新中国的工业基础。

[3] 刘宝珺访谈，2016 年 4 月 29 日，成都。资料存于采集工程数据库。

津赶到北京去看他，带上的礼物是一床新棉被，"西北很冷，你记得要加一床被子"。开明的老父说得很平静，但令刘宝珺每每回想心里格外难受。

  我现在觉得就很遗憾，本来在一年级暑假的时候该回家都没回去，抗美援朝去勤工俭学赚了钱去捐献飞机大炮了。那么毕业的时候天津、北京这么近，一百二十多公里，都没有回去看看老人，结果我父亲还专门跑来北京看我，还带了一床棉被给我……但是每一个同学都如此，就是国家放在第一位，自己的什么东西都可以牺牲放在一边。①

  1953年9月，刘宝珺在火车站台辞别下昭庆等一众同窗，怀揣着报效祖国的激情、建功立业的渴望，踏上了大西北未知的茫茫征途。

  和刘宝珺同去白银的还有班上同学万子益。万子益曾就读于北京大学地质系，大三分到北京地质学院后与刘宝珺相识，因年龄略长早早成了家，大三时已是两个孩子的父亲。列车沿陇海铁路一路西行，快到西安时万子益思家心切，想下车回家看看两年没见的妻儿老小，结果被刘宝珺阻止了："宋叔和先生已经在'大铁帽'下面发现了铜矿，我们得赶快去报到，那边有好多工作急需我们去做。"那时候的刘宝珺满脑子都是爱国激情，觉得个人利益不值一哂，自己家近在咫尺都没回去，万子益怎能在这个时候提出回家的想法？直到多年后刘宝珺读到鲁迅的回忆性散文《风筝》，才觉得当初去白银的心情太迫切，自己太不近人情，"在北大念书，万子益两年没回家，现在毕业了，从家门过，人家想下车看一看，然后再到兰州报到，我都没让他下去。后来我就觉得这个事情很不对——他不是专门去，他是路过"。虽然当初万子益爽快地接受自己的建议，很多年后早已忘却这桩往事，但刘宝珺在不同场合忆及白银岁月时，都会反复提起这个故事，"鲁迅先生一辈子的遗憾也正是我当年的遗憾"。

  白银厂位于皋兰之北偏东相距约一百一十千米，山之全体为岭谷相间，海拔平均约二千五百米的壮年期地形，矿区附近则地势缓和，与地层

---

① 刘宝珺访谈，2016年4月29日，成都。资料存于采集工程数据库。

走向一致之山脊，如折腰山、岭羊山、火焰山等，平均海拔仅二千二百米上下。刘宝珺、万子益经三四天的长途跋涉，风尘仆仆地来到"万重山，狼群呼啸山谷间"的白银厂。尽管有足够的思想准备，野外也吃了不少苦，但此地的荒凉艰苦程度仍远超他们的想象，极目所见都是荒山枯岭，褐黄色的天地冰冷板结在一起，任凭黄沙四起。光秃秃的折腰山和火焰山孤零坐落，因矿山含硫酸铜、铜的硫化物，铅、锌的硫化物，还有金属镉等有毒矿物质，以致地表寸草不生，人迹罕至。

肖序常[①]是1952年到白银厂地质部641地质队的第一批大学生，毕业于北京大学地质系。他对初到白银厂的印象极深：

> 当时白银厂荒山遍野的。铜矿属苏联援助的一百四十一项，国家很重视，又开始在那进行地质勘探了，这就需要人了。当时国家百废待兴，（矿区）什么都没有，条件很差——只有个老君庙，差不多一二十个人挤在一个庙里面，所以庙只是一个大屋子，大家挤在里面，你想想看，当时我们荒凉到这个地步。因为当时已经开始勘探了，地质的、挖炭的人都挤在一个庙里面，吃的饭放在窑洞里面，晚上狼来还把东西偷吃，那最初是很荒凉的……宝珺和我就是在这种环境下认识了。[②]

641地质队是由1952年1月进入白银勘探的200人基础上扩大组建起来的。为建设新中国的铜城，五湖四海的队伍集结到641地质队，不仅包括北京大学、中山大学、南京地校、南京大学、长春地院、北京地院、四川大学、中南矿冶学院、武汉地校、郑州地校、上海财经学院的大中专毕业生，还有来自东北的勘探队伍、西北资源勘查处学院，甚至包括印尼华侨和抗美援朝的中国人民志愿军二分部独立团官兵。全队有职工九百多人，民工七百多人，钻机二十七台，由后来担任地质部甘肃省地质局局

---

① 肖序常（1930-）：出生于贵州安顺。构造地质学家。1952年毕业于北京大学地质学。国土资源部地质研究所研究员。1991年当选中国科学院学部委员（院士）。见中国科学院官方网站：http://www.casad.cas.cn/aca/375/dxb-200906-t20090624_1804241.html。

② 肖序常访谈，2017年1月6日，北京。资料存于采集工程数据库。

长、党组书记的从健为第一任队长,宋叔和、芦仁怀任副队长。

刘宝珺对于宋叔和这个名字并不陌生,他在清华和北京地质学院求学期间就知道宋先生名气很大,这位早年毕业于清华地质系的前辈立志献身国家的找矿事业,在地质、矿产,尤其是金属矿床调查研究领域有着十分杰出的成就。结缘宋叔和是刘宝珺学术成长中至关重要的一段经历——一方面他利用难能可贵的贴身学习机会,跟随宋先生在野外勘探找矿中增长了丰富的专业才干,极大地获得了地质科学综合研究能力;另一方面因宋先生的慧眼识英,他得以很快成为白银厂铜矿开采业务骨干,一年后被推荐到北京地质学院读研,为其后来的地质生涯铺就了新的事业起点。

宋叔和是我国海相火山岩型块状硫化物矿床领域的开拓者和创始人之一,青年时代发愿实业救国,1934年考入清华大学地质地理气象学系,1938年从西南联大毕业后留校任教,后于1942年为大西北的找矿事业毅然赴重庆中央地质调查所工作。

在白银厂开发建设中,宋叔和"三进白银",为发现铜矿和建设铜都所作出的重要历史贡献迄今仍为后世景仰。

1947年,宋叔和初进白银厂。他和团队完成了该地区古老采矿点及其相关黄铁矿床的评价,首次提出白银厂地区的含矿变质岩是古生代海相变质火山岩系,可与世界著名的西班牙里奥廷托黄铁矿型铜－铅－锌矿床类比。通过系统的野外地质调查和研究,他大胆提出了一个颠覆性的科学结论,即白银厂并非是人们俗称的大铁矿,在这个铁帽之下可能存在一个大型黄铁矿矿床,初步估算的黄铁矿储量在一百万吨以上。他的研究成果成为该地区地质找矿认识的重大突破,并引起了国家的高度关注。

1951年5月,宋叔和作为新中国白银地区的第一批开拓者,受命组建了六十多人的地质队二进白银厂。其间完成了对矿区的普查工作,在老硐中首次发现了粉末状烟灰色辉铜矿,肯定了铜矿次生富集带的存在,完成了矿区二十九平方千米范围二千分之一的地质、地形图,矿区外围三百平方千米的五万分之一的普查填图,初步确定了矿床工业类型和价值,[①] 所有

[①] 滕焕君:档案记载白银的艰苦创业史。见《档案》,2003年第5期,第54页。

地质资料均有力地支持了宋叔和早先的论断，白银厂不是铁矿，金、银和硫也属其次，铜矿床才是主要的，从而为深部原生铜矿找矿勘探提供了更为重要的证据。这一次白银之行，同时开启了宋叔和在大西北长达二十五年的地质找矿和研究生涯。

1952年1月，宋叔和顶着风雪组织二百人的地质队三进白银厂，确定了以钻探为主、坑道为辅的勘探方法，于当年9月首钻打到了矿体，使沉睡在地层深处的铜矿终于呈现在世人面前。这一年地质部正式成立，在同年11月召开的国家地质计划会议上，重工业部提出"要在1953年探出三十二万吨纯铜，1954年探出二十四万吨纯铜，并完成白银厂折腰山矿区的设计资料工作"[①]。翌年，勘探队共开动十一台钻机对白银厂矿区进行初步勘探，首钻的几个钻孔，钻钻见矿，由此肯定了白银厂铜矿床的开采价值。

刘宝珺、万子益进入白银厂的1953年9月底，正是641地质队启动大规模勘探工作的关键攻坚时刻。

整个工业区就建在荒滩盐碱地上，昼夜温差极大，白天烈日暴晒，夜间冻如冰窖，其艰辛困苦程度非常人可以想象。最开始山上的一个老君庙就是住处兼办公室，几张破芦席围成一圈就是厨房。由于此处水源的硫酸根离子、矾离子含量高，洗头洗脸后都是黏黏的，水又苦又涩，导致每个人腹胀腹泻，经常放屁，以至于队里还有一条不成文的规矩：为了避免令空气状况变糟糕，但凡需要放屁必须走到室外。当年最初的一批拓荒者，每天从老君庙出发，翻越方圆数十里地的荒丘野岭，详细勘测这里的地质地形、地层、土质、山洪流量、风向、气温……返回老君庙吃完饭，大家还要围着煤油灯，研究分析整理白天勘察到的资料直到深夜。

刘宝珺到地质队的时候，生活条件略有好转。队员们不用再挤在老君庙、帐篷里睡，工地上盖起了原始的土坯房，八个人或是十个人住一间房，有了医务室，后来还建了篮球场。虽然洗脸洗头用的还是当地的水，但队上两部解放牌大卡车专门到矿区四十多千米外的金沟口拉水，喝水做

[①] 滕焕君：档案记载白银的艰苦创业史. 见《档案》, 2003年第5期, 第54页.

饭的用水得以改善，但由于水太珍贵，大家索性一个盆洗脸喝水混在一起用。即使如此，白银的风出名的大，随时卷起狂沙漫天，吃掺和砂子的馒头和米饭都是常事。

尽管环境极其艰苦，工地上却是一片大干快上的繁忙景象——几十台钻机摆在山头边日夜轰鸣，各路创业大军从长城内外、塞北江南汇聚此地，意气风发地投入到新中国铜矿事业的宏伟蓝图建设中。人在白银，没有上下班的铃声，没有开工收工的时间概念，每天早上起床抹一把脸，早饭吃完嘴一擦，立马投入到异常忙碌的地质勘探战斗中。大家不分专业和工种，调运钻机、发电机及材料物资，盖起了钻机厂房，把沉重的钻机靠人抬肩扛安装在折腰山上。当时没有电，就用柴油机带动钻机，钻机用水靠毛驴驮，开展钻探和坑道剖面测制工作。①

在刘宝珺到白银之前，宋叔和遭遇了一场尤为严峻的信任危机。1953年6月，就在白银厂上下一片繁忙，全国矿业界一致看好之时，打钻取出十几米厚的原生岩芯居然被化验确定为黄铁矿矿石，含铜量为零。一时间哗然声四起，军心动摇——花费了这么大的人力物力居然连铜的影子都没有，是不是牛皮吹得太响了？建设铜都难道只是黄粱一梦？如果打不出铜矿，怎么对得起国家和人民的重托和信任？开弓没有回头箭，白银厂下一步的地质勘探工作该何去何从……

三进白银、为此吃尽苦头的宋叔和丝毫没有动摇对白银厂大型铜矿开采的信心。他力排众议，笃信这片神秘的土地必定还埋藏着规模巨大的富铜矿带，641地质队必须以战天斗地的精神，加速攻关地质勘探开采的疑难杂症，真正唤醒千百年来沉睡在白银深处的铜矿宝藏。

刘宝珺、万子益等一批新中国培养的高学历地质人才的到来，加强了641地质队的技术力量，对于宋叔和立志打赢攻坚战具有重要意义。

由于当时可供参考的地质矿产资料不足，宋叔和派刘宝珺和南京大学毕业的赵生贵②带着两个年轻的技术员，共同完成万分之一地质测量图。

---

① 滕焕君：档案记载白银的艰苦创业史。见《档案》，2003年第5期，第54页。
② 赵生贵（1932— ）长期在甘肃从事区域地质调查和矿产普查勘探工作。五十年代前期参加了白银厂铜矿的勘探。1955年发现了花牛山中型铅锌矿；在甘肃西部最早开创了放射性铀矿找矿工作。

为了顺利拿到这份找矿的"藏宝图",几个人起早贪黑,发扬地质工作者的"三光荣"精神(以献身地质事业为荣、以找矿立功为荣、以艰苦奋斗为荣),在折腰山和火焰山两个矿区爬山头测制地质剖面、探老硐、找露头、找矿体,详细勘查这里的地形地层,不畏严寒酷暑,风餐露宿,每天晚上披着一身黄沙回到土坯房,点着煤油灯继续分析勘查数据直到深夜。野外的风凌厉如刀,附近的狼嗥声哀回,一群年轻人不舍昼夜地忘我工作,把青春的激情奉献给了贫瘠的白银。那年春节刘宝珺、肖序常都没顾得上回家,留守在矿区继续工作。

刘宝珺庆幸自己能在地质队遇到了宋叔和这样的地质大家。他读大学时勘探部分学的很少,也就是临近毕业突击学了一个学期,大体知道勘探的一些规范常识,但到了白银厂真刀实枪地开展矿床勘探,发现实践的学问太大了——以前看到一个矿体都是在书本上画的,现在亲自把它做出来就是另外一回事;以前看到的岩石名称都出现在书本里,顶多配张图片,现在到野外实地观察玄武岩、斑岩这些岩石现象,哪怕同一种岩石也有不完全一样的形态特征,必须经过多年经验的积累才能练就辨识岩石的火眼金睛。因为身边有宋叔和这位学识渊博的先生,刘宝珺如获至宝,成天跟着他边工作边学习,逢有问题就去请教,"宋先生知识很全面,地层岩石学都很好,原来在学校没学到的他都教我们,他是大专家,跟他在一起就能学得更多。"刘宝珺还经常挤出时间去查阅文献,学习钻研宋叔和先生对于白银厂的一系列学术文献,如"甘肃皋兰杂岩之初步研究""甘肃皋兰白银厂南山系中之变质火山岩"等,不断了解熟悉含铜黄铁矿类型特征,建立起勘探、计算储量、化验等系列问题的知识体系。回忆起这段"拜师学艺"经历,刘宝珺感喟自己的幸运:

> 我们一毕业就能到现场去做这个事情,自己觉得收获还是很大的,个人业务上有人指教,有问题可以找人去问,有的地质队没这条件。①

---

① 刘宝珺访谈,2016 年 5 月 28 日,成都。资料存于采集工程数据库。

宋叔和在找矿实践中注重培养青年技术骨干，刘宝珺这棵清华好苗子很快被他相中。他极为赏识刘宝珺勤学善思、悟性高、动手能力强的优点，在做十万分之一地质图的测量绘制过程中，尤其喜欢带着他出去跑野外"开小灶"。他告诫刘宝珺，"干地质得腿勤眼勤，练就看岩石的火眼金睛"，并手把手地教他分析具体的地质现象，教他看显微镜、鉴定薄片、辨识含铜黄铁矿的类型特点，要求他及时了解国外有关矿产地质论著和数据资料。与此同时，他扎根大西北从事采矿事业的报国志向、无畏胆略以及吃苦耐劳精神也深深影响了青年刘宝珺，让刘宝珺树立了为国找矿的雄心壮志和百折不挠的坚韧意志。两人亦师亦友，颇有惺惺相惜之情。

经过艰苦的调查分析，刘宝珺及团队用半年时间完成了万分之一地质测量，他个人的专业能力和研究水平逐渐崭露头角。为了在具体打钻中精确计算矿量，他们又在此基础上进一步完成了二千分之一地质填图。这个过程中传来了令人振奋的好消息，刘宝珺在火焰山矿区找到了一个重要矿化点，从地表上能看出明显矿化反应的四个圈多金属矿——事实证明这个矿化点的发现极为重要，为后来白银厂在此地开发较大规模的冶矿区奠定了地质勘查基础，白银厂档案中至今仍存有刘宝珺当年的那份地质填图，"我都离开后，恐怕是六十年代，快七十年代了，那边队上还专门写封信给我，问我当时做这个图是怎么发现的这个矿区的，现在那就是很大的了。"因为刘宝珺团队扩大了矿区地质填图面积，苏联冶金部专家来指导工作的时候，就是以此为依据制订了铜矿的露天开采方案。

被派驻白银厂的苏联冶金部专家主要负责铜矿开发的技术指导，然而配备的翻译只会俄语不懂地质，地质队的人懂业务却没人会俄语，双方哇啦哇啦半天，连蒙带猜解决不了具体问题。科班出身，上过三个月俄语集训班的刘宝珺立马有了新的用武之地——他被宋叔和派到苏联专家身边做翻译，负责地质俄语的口译和笔译。

在白银厂工作，年轻的刘宝珺浑身都有使不完的劲。他跟随苏联专家从事大量的俄文翻译工作，由于曾经参与填过万分之一地质图，因此在专家的指导下担纲设计了露天采矿场的初步结构图。在全面学习苏联的历史背景下，他不断接触苏联专家的学术思想，业务进步很快，对国际矿产地质研究水平有了更深入的体会。整个641地质队当时也是遵照苏联专家的指导意见，按照规范化开展勘探和开采工作。回头再来看这段历史，刘宝珺的评价视角更加客观："当时有唯心论和唯物论之争，唯物论的话就是苏联的，唯心论就是欧美的，这种倾向性也影响了我们学术的研究。实际上，两个学派各有优点。"

地质实验测试是"地质找矿的眼睛"。到白银厂没多久，刘宝珺就负责牵头分析化验工作，学习用科学的眼睛进行地质实验测试。要找到铜矿，地形测量、地质填图、钻孔、岩芯采样化验、分析测试……每个步骤环环相扣，不经九九八十一难取不到真经。尽管地质队在矿区发现露头，但肉眼观测的结果不能成为岩石下方埋藏铜矿的有力证据，必须通过打钻，获取岩芯采样并进行矿物化验才能进一步验证富余铜矿的存在科学性。

矿物化验是当时641地质队的难题之一，由于缺少相关设备，打钻获取的岩芯样本只能送往一百多千米外的地质部兰州化验室，甚至更远的南京化验室，根据化验结果测算出矿藏储量。牵头分析化验的刘宝珺心急如焚，觉得实验室建设事不宜迟，得赶紧上马，于是通过大量的研究调查，写了一份论证严谨、理论性和实践性兼具的报告，并组织肖序常等一群青年骨干联名上书，呼吁在白银厂尽快建设一个专业化验室，"现在矿区生产任务这么紧，把岩芯样本送出去，这来回得耽误多长时间啊，咱们没有化验室，储量怎么能及时算出来啊？"宋叔和十分认同刘宝珺等提出的建议，亲自在给地质部的申请上签名以示支持。地质部迅速给出了批示，不仅同意成立化验组，还拨款就地盖起了房子建设化验室。白银厂自此有了第一个具备化验岩芯水平的专业实验室，并组建了一支从事化验分析的人才队伍。白银厂实验室建立后，承担了矿区大量样品的分析测试工作，检测能力得到迅速发展，为白银厂地质找铜矿以及其他类型富余矿床的发现和综合利用提供了重要的技术保障。

1954年，白银厂因勘探成果显著，正式转入详细勘探阶段，借助大量钻探工程和少量重型山地工程对矿床进行了全面系统的控制。[1] 在此背景

---

[1] 滕焕君：档案记载白银的艰苦创业史. 见《档案》，2003年第5期，第55页。

下，工作大半年的刘宝珺和万子益被宋叔和委以重任，分别当上了折腰山矿区和火焰山矿区的区长。折腰山原名为凤凰山，乾隆三年，甘肃靖远、庆阳和宁夏银川、平罗、中卫等地发生了强烈地震，造成中间断层塌陷，山体好似被拦腰折断一般，更名为折腰山。火焰山名起于其外观，因矿山富含大量矾、铜、铅、锌等氧化物，多数着红、黄二色，似大火燃烧状，故唤作火焰山。

当上折腰山矿区区长的刘宝珺，工作热情更加高涨。他这个区长并不负责区上的全面工作，而是作为核心技术人员具体指导地质勘探工作，在岩芯钻探过程中进行原始地质编录。这是整个折腰山地质工作中很关键的技术环节，由他带领的一支业务能力强、严谨务实的团队，为折腰山探明全部主要矿体进行了富有成效的工作，为1954年我国第一部四十卷、数百万字的大型有色金属矿床的储量报告出炉作出了重要贡献。

肖序常当时主要负责在外围进行小铁山矿区的地质普查，经过后来的详细勘探和补充勘探，最终确定该矿区铅金属储量三十六万吨，锌金属储量五十七万吨，铜金属储量十二万吨，而且其黄金和白银的储量可观，都具有单独开采的价值，相当于一个大型的金银矿床。[①]

1954年6月，刘宝珺被光荣地评为641地质队优秀工作者。同时获得该荣誉的肖序常至今仍清晰地记得那个场景，两个青年喜气洋洋地带上了大红花：

> 他（刘宝珺）的功劳是火焰山[②]勘探，储量、计算、得出矿产来，这是他第一个成绩，第二个对化验室的积极建议是他的功劳，第三，他俄文很好。当时我记得我有大红花，他也有大红花，这个给我印象很深。[③]

"优秀工作者"，这个从艰辛的汗水、泥水里浸泡出来的荣誉是对当

---

① 李琴琴："铜城"一曲对天歌：郭士奇讲述宋叔和三进白银厂率队找矿。见白银新闻网，2013年8月20日。

② 经核实，此处应为折腰山。

③ 肖序常访谈，2017年1月6日，北京。资料存于采集工程数据库。

时的地质队员们献身国家经济建设、服务找矿事业最大的褒奖。他们以广袤荒芜的地壳为工作室，以天为被地为庐，跋山涉水，忍饥挨饿，是战天斗地者，是风雪夜归人，但他们用乐观豁达的革命情怀看待这份"吃天下难吃之苦"的事业，用自己的聪明才智为国家的矿产资源开发建设奉献了力量。

虽然条件艰苦，但当时的地质队工作补贴较高，技术人员每天补助四元钱。肖序常记得1954年的春节留守矿区，好不容易去兰州理一次发，买点百货，结果因为好几个月没理发，穿着破烂，被店员不受待见误认为是劳改释放的，"这件事我记得最清楚，合作社的说你干什么，你手别摸，气得我把东西统统买下来了，你想当时就是这样苦，但是待遇还是不错的。"

当年的641地质队，汇聚了以宋叔和为代表的著名地质学家和一群优秀的青年地质工作者。虽然是服务于国家的矿产勘查开发，但宋叔和尤为看重地质人才科研能力和实践能力的培养，营造了地质队严谨治学、求真务实的良好科研氛围。在他手把手的直接指导下，潜移默化的人格魅力影响下，以刘宝珺、肖序常、万子益为代表的一群后起之秀很快在实际工作中崭露头角，成为独当一面的业务能手。641地质队虽不是专业研究机构，但在宋叔和的力促之下成为了培养队员研究能力的一方沃土。

1954年7月，刘宝珺的人生再一次迎来重大机遇——受宋叔和举荐，经白银厂党委推荐，他作为地质队唯一一人，获得报考北京地质学院研究生的机会。

北京地质学院于1953年开始招收研究生，第一批从大学生及青年教师中选拔了六十三名。1954年则有些特殊，由于53届毕业生提前一年毕业，而下一届学生则按照既定四年学制大四在读，1954年成为了北京地质学院没有本科毕业生的特殊年份。为完成1954年八十名研究生的招生计划，学校采取了从大三、大四年级、野外地质队选拔苗子来培养的方案。在641地质队的推荐下，地质队员刘宝珺凭借良好的业务功底，顺利通过六门考试，叩开了研究生阶段学习的大门。

宋叔和看好这个在各方面表现非常优秀的小伙子，对他肯钻研、能吃苦、好学善思的研究精神极为器重。这个识人善用、心胸豁达的长者虽舍不得自己的得力干将，但是更愿意让这块璞玉历经野外风雨后，进一步在地质科学领域深造升华，实现其"欲穷千里目，更上一层楼"的人生抱负。

刘宝珺终生难忘宋叔和先生当年对他的知遇之恩，因为名师宋叔和的悉心栽培和无私教诲，他得以在641地质队迅速成长。地质科学倚重实践和经验，而地质队的工作无不在野外实践中进行，多年后他回忆起白银厂地质生涯，总结了自己三个方面的收获：

（最大的收获）那可能一个是做地质图，还有一个是打钻的岩芯的编录，再有一个就是室内鉴定，这些我都觉得进步很大。就在那待了一年，在实际工作里来学习我觉得收获还是很大的。[1]

1954年年底，641地质队提交的中间勘探报告，成为矿山露天开采设计的重要地质依据——在宋叔和挂帅之下，地质队发扬苦干实干的精神，采取钻探、重型山地物探、浅井探和槽探同时进行的方法，比计划提前一年超额完成国家交给的勘探任务，并提交了建厂设计所需要的各种地质资料，编制了储量六十三万吨的《储量计算报告》。[2]当年末，经过中苏两国专家最终的科学计算，地质部641地质队白银厂第一期勘探成果是铜金属八十万吨，后经过补充勘探，最终确定白银厂特大型铜多金属矿床铜金属储量八十九万九千五百吨，硫铁矿八百六十四万吨，伴生硫含量一千零四十八万吨，黄金十万七千吨，白银九百八十九吨。[3]641地质队取得了矿产勘探开发的重大成果，开创了在中国海相火山岩地层中寻找铜多金属硫化物矿床的成功和进行此类矿床成矿理论研究的先河，为大西北的地质找矿事业提供了成功经验。白银厂铜矿的发现对于国家"一五"计划以及

---

[1] 刘宝珺访谈，2016年5月28日，成都。资料存于采集工程数据库。
[2] 滕焕君：档案记载白银的艰苦创业史。见《档案》，2003年第5期，第55页。
[3] 李琴琴："铜城"一曲对天歌：郭士奇讲述宋叔和三进白银厂率队找矿。见白银新闻网，2013年8月20日。

甘肃省乃至大西北建设，对1954年白银有色金属公司[①]成立具有重大的历史意义，并因此诞生了铜城白银。

为表彰641地质队的杰出贡献，1980年地质部授予该队"功勋单位"的荣誉称号。同年宋叔和当选为中国科学院学部委员，成为中国找矿勘探地质学、矿山地质学、矿床地质学的领军人物。在1984年白银市"铜城的开拓者"纪念碑揭牌仪式上，镌刻在这座丰碑上的文字高度评价了宋叔和与641地质队献身地质事业，为国家找矿立功的卓越成就："白银铜矿的勘探，体现了地质工作者艰苦创业的开拓精神，凝聚着641地质队全体职工的聪明才智和辛勤劳动。"

曾经与宋叔和先生并肩战斗在二十八平方千米白银土地上的刘宝珺，作为641地质队光荣的一员，与有荣焉。

北地读研

1954年下半年，刘宝珺胸前再一次别上北京地质学院的校徽，成为援华专家、莫斯科地质勘探学院[②]院长拉尔钦科的研究生。

大西北一年历练归来，他褪去了身上的书生气，多了几分野外地质工作者的粗粝爽朗，成熟了许多。大学同窗卞昭庆感觉这位昔日好友的明显变化：

他很高兴，有钱请我们吃饭。他在野外待了一年，有些津贴，

---

① 白银有色金属公司：新中国成立后最早建设的大型铜硫联合企业，先后被国家列入"一五"和"七五""八五"重点建设项目。于1954年建厂，1960年铜硫生产系统建成投产，成为当时中国规模最大的有色金属生产企业。经过近半个世纪的开发建设，白银公司已发展成为采矿、选矿、冶炼、加工、化工生产和科研一体化，铜、铝、铅、锌、金、银、硫综合发展的特大型联合企业，成为我国目前规模最大的多品种有色金属综合发展的生产基地。

② 莫斯科地质勘探学院：俄罗斯国立地质勘探大学前身，苏联唯一的一所培养地质勘探类工程师的专业性高等学校，1930年成立，为地质与矿采工业各个领域培养工程人员、地质师、钻井工程师、地球物理学家、大地测绘工程师及经济学专家。

七八十块，比我们多一点，所以他还是可以，回来后很高兴、很自豪。那个时候的他，在专业和工作开展的各个方面而言，比起以前老练了，有经验了。①

刘宝珺和李艳阳在鸿雁传书时，就定下了婚约。1954年国庆节后的第二天，两人在地质部的一个小会议室举行了简朴温馨的婚礼，在一众同学好友的见证下结为伉俪。李艳阳至今都记得，因为研究生学业紧张，结婚后的第二天丈夫就匆匆赶回了学校。尽管是新婚燕尔，但李艳阳住在城里，刘宝珺住在城郊八大学院路的北地宿舍，两人依然聚少离多。

图4-3　1955年刘宝珺和妻子结婚一周年合影（成都地质矿产研究所提供）

那年春节，刘宝珺带李艳阳回天津探亲，当时大家庭共有的房屋和几家店铺已变卖抵债，经营了半个多世纪的天津"海货刘"就此湮灭在历史滚滚洪流中。二弟刘宝璋已是清华大学机械系大三学生，三弟刘宝瑢还在天津第十中学念书，在天津市立中学当教员的父亲刘学信每月八十多元的工资捉襟见肘，刘宝珺把自己工作后挣的钱交给父亲补贴家用。大家庭败落，这让曾经长于深宅大院，少年不识愁滋味的刘宝珺内心复杂。这个富裕殷实的家庭曾让他无比幸福，充满优越感；这个"剥削阶级"家庭亦让他在改造思想，追求进步，向组织靠拢的过程中成为甩不掉的历史包袱。如今似乎横亘在心里的那个障碍不在了，他不知道自己应该是感到难过，还是因为成为无产者而觉得轻松解脱。

囿于历史条件的限制，1949年前我国偏重于地质基础学科的研究，缺少工程地质专业和人才；新中国成立后，为加强原材料、燃料和机械制造等基础工业建设，北京地质学院重视开拓应用研究领域，在苏联专家的帮

---

① 卞昭庆访谈，2017年1月7日，北京。资料存于采集工程数据库。

助下设立了矿产地质及勘探专业，涉及矿产地质及勘探、煤田地质及勘探、石油及天然气地质及勘探三个方向，开始培养我国自己的矿产勘查专业人才，成为了新中国最早成立的相关专业。[①] 拉尔钦科即是当年支援北京地质学院勘探专业建设的高级专家之一，1954年8月，他从全国各地质队、高等院校等单位共招收了三十一名研究生，其中岩石方向十一人，矿床和勘探方向二十人，刘宝珺进入了矿产地质勘探系岩矿组。

1954年，北京地质学院招收研究生共计八十人，主要培养高等学校师资和科研人员，学制两至三年，视跟随苏联导师在华工作时间而定。苏联专家主要负责给研究生开课，指导教学实习、生产实习、课程设计和研究生论文。学生们按照培养方向学习相关专业课，并进行教学环节的训练，参加课堂辅导、带教学实习和生产实习，要求毕业后掌握所学专业的基本理论和工作方法，并能进行一两门专业课的讲授及独立进行科研工作。[②]

由于是苏联专家和学校相关教研室联合培养，三十一个研究生除了苏联导师拉尔钦科外，还有各自的中国导师。刘宝珺清华时代曾受教于池际尚先生的岩石学课程，到北京地质学院后与池先生重续缘分，幸运地成为了她回国后带的第一个研究生。

拉尔钦科是苏联著名的矿床勘探学家，给研究生上"找矿勘探的方法""矿床工业类型"两门必修课，擅长指导学生如何根据含矿围岩的地质特点布置勘探工作，他在业内名气颇大，还被经常请到冶金部、地质部给专业人员开讲座。刘宝珺大学期间接触最多的还是欧美教材，上研究生后开始系统了解苏联学派的情况，因此听起来也很新鲜。但他对这位苏联导师所讲授的内容并不完全认同，"几乎欧美的学说也是通过他的嘴说出来跟我们讲，但是他有偏见，他从不看原文"。

毕业于北京大学地质系的游振东在大四时就与刘宝珺相识，两人有幸在北京地质学院成为同门，一来二往就熟了。他记得研究生期间大规模野

[①] 朱红涛、李纯泉等：资源勘查工程油气方向本科毕业设计现状与思考——以中国地质大学（武汉）为例。见《中国地质教育》，2017年第1期，第26页。

[②] 赵鹏大：《励精图治五十秋——中国地质大学简史》。中国地质大学出版社，2001年，第163页。

外教学实习,是到河北的杨家杖子钼矿,当时拉尔钦科教授带领矿床和岩石两个教研室的二十六名研究生、八名教员开展地质勘探找矿,教大家划分勘探线、地质点,分布勘探网和作矿床分析,学校此后还专门就此次实习进行了总结。拉尔钦科在华期间,还带领研究生到国内许多知名矿山指导学习,搜集资料,和张炳熹、王嘉荫[①]等教授共同培养了一批矿床学、找矿探勘和岩石学方面的研究生。游振东至今仍记得,苏联导师的课程结束后,采取的是抽签口试来检验学生学习成果:

讲完了要考试,都是要口试的。我们以前都是笔试,老师出个题目就走了,然后我们做完交卷完了。他们不是,他们口试要出很多题,然后你去抽签,抽了签是几号,你就回答(几号的)问题。我抓了第一个题是"岩浆岩的化学成分",我就完全记得了,二氧化硅是多少,三氧化铝是多少,因为它不同类型嘛,有个范围嘛,我就都讲出来了。一般就是三道题,有大有小,这题就是最大的了。我讲完以后专家说了:"你怎么没讲铝?"他知道有铝,我也讲了铝,为什么没有呢,是翻译给落了。还好我们王嘉荫老师在旁边,他都记下来了,他就拿出来说:"他讲过了。"这是翻译的出错,我们也都不敢说,后来既然中国老师说他讲过了,那专家也就算了。答题时间有限,一般都是十五分钟,全部三个题。当时学苏联口试是很普遍的。[②]

拉尔钦科教授在勘探专业上的建树、认真严格的治学态度给北地师生留下深刻印象,但学术上一些争议依然存在。就金属矿床工业类型的分类而言,拉尔钦科认为在沿用苏联分类方式的同时,应再分出放射性金

---

① 王嘉荫(1911–1976),别名王荫之,字痴公。河北省永嘉县人。地质学家,岩石学家,矿物学家,地质史专家,地质教育家。1935年毕业于北京地质大学地质系,1937年任教于西南联合大学,继任中央研究院地质研究所副研究员。1949年任北京大学教授。1952年任北京地质学院岩石教研室主任、图书馆馆长。1955年任北京大学地质系地球化学教研室主任。早年从事岩石学研究,晚年创设"应力矿物"课程,并开拓中国地学史研究领域,终身致力于地质教育。见中国科学技术协会编:《中国科学技术专家传略·理学编(地学卷2)》,中国科学技术出版社,2001年。

② 游振东访谈,2017年5月4日,北京。资料存于采集工程数据库。

属（主要是铀，还有钍）和稀土金属（主要包括稀土元素和与它们性质和产状类似的铌、钽、铱、镧等）。以著名矿床学家、北京地质学院涂光炽教授为代表的一些学者则批评这样的观点脱离了矿床工业类型的概念来谈金属分类，至少对矿床地质工作者来说不合宜，因为储量和品位应是金属分类的主要基础。① 这也反映出在学习苏联经验的过程中，学界存在不同声音，是全盘苏化还是遵循中国矿产资源开发国情，成为当时北京地质学院，乃至全国高等院校、科研院所都面临的问题。

拉尔钦科教授并不熟悉岩石学等基础学科，认为岩石薄片、地质材料都属于普通地质理论，不在自身研究范畴之列。因此学生往往只能自学具体的岩石学课程，遇到业务问题也多是向中国导师请教。多年后回忆研究生时期的学习、生活，刘宝珺坦言，"拉尔钦科教授对我确有帮助。不过，实事求是地讲，业务上对我帮助最大的是三位中国老师：冯景兰、池际尚和王嘉荫。"②

刘宝珺就读清华时曾上过冯景兰教授的普通地质学课程，大二时得其指导撰写文章并发表，大三时又曾随他去北京西山参加教学实习，研究生期间再次在冯先生门下聆听教诲，对刘宝珺来说才是真正打开了做学问的殿堂级大门。冯景兰做学问十分讲究，甚至在稿纸上写错了字，也绝不会随意划去，而是剪下一格稿纸，写好了重新贴上去。作为当时北京地质学院唯一的一级教授，他思路非常开阔，看到地形图上分水岭两侧河系长短不一，立即会联想到造山运动的不对称性，及其对成矿作用的影响。冯先生研究或者评价的矿床很多，具体讲解起各种矿床时总能如数家珍。当时苏联学派和欧美学派对矿床工业类型有较大争议，国内学者也有不同于苏联专家的意见，冯先生坚持学术的独立自由，理论联系实际，实事求是地综合欧美有关资料和苏联在该课程上的体系，并结合我国矿产情况和自身经验，讲授外国和我国矿床的成矿理论、矿业情况、矿床分布等，从而阐述该矿种资源现状、趋势和找矿前景。跟随冯先生出野外，刘宝珺更是感

---

① 涂光炽：关于若干矿床地质名词的商榷．《地质知识》，1955 年第 12 期，第 5 页。
② 刘莉、闻立峰：放怀於天地外 得气在山水间——沉积学家刘宝珺院士传略．见《地院赤子——中国地质大学院士传略》，中国地质大学出版社，2001 年，第 209 页。

受到他业务很宽,不只是矿床,关于地貌、第四纪地质、岩石、构造、地层、水文地质、工程地质都很精通,"所以他在野外指导我,收获很大。"

王嘉荫教授是岩石教研室主任,曾是地质学家李四光的得力助手,也是游振东的研究生中国导师。他在刘宝珺研究生论文细碧角斑岩的划分内容方面起到了重要的指导作用,刘宝珺极为佩服他在矿物岩石鉴定方面的学术水平,称其为矿物岩石的一本活字典:

> 在矿物鉴定方面,他的水平在全国起码属于前两名,恐怕在全国都是首屈一指的。没出过国,但他的基本功特别好,你说一个矿物他就可以把这个矿物的光学常数都给你讲出来,任何一个矿物,他光学数据都背得下来,而且对于这个矿物,哪个外国人讨论过这个问题,他都知道,而且哪一年有一篇文章讲这个矿物他都可以告诉你。那真是太博学了。[1]

在刘宝珺看来,研究生期间接触最多、对他影响最大的人是恩师池际尚教授。池先生身上荟萃着一个地质学家的诸多优秀品格,她不计得失的爱国情怀、严谨求实的治学思想、培育桃李的宽广胸襟、吃苦耐劳的高尚情操成为了刘宝珺一生学习的榜样。

1950年,池际尚放弃美国优渥的科研条件,选择回到祖国从事地质教育事业。回国之前,著名岩石学家特涅尔以"科学是没有国界的"真诚挽留这位助手,并开出更高的薪酬,要同她签订七年合同。但池际尚告诉特涅尔:"我出来留学,就是因为我们国家太弱太穷了,就是想把它建设富强。现在既然新中国已经成立了,我应该回去工作,国家需要我。"[2]

回到清华园任教期间,她无私奉献的品质和精心育人的精神深深感染着清华学人。菲德洛夫旋转台是当时十分先进的测试仪器,对于提高矿物鉴定的精确度,了解固溶体矿物系列化学成分、矿物成分和光学性质之间

---

[1] 刘宝珺访谈,2016年5月28日,成都。资料存于采集工程数据库。

[2] 刘江:情系青藏,求实创新——记中国科学院新增院士莫宣学教授.《中国地质教育》,2010年第1期,第3页。

图 4-4 刘宝珺与池际尚老师及同学合影（成都地质矿产研究所提供）

的关系，有极大的实用意义和岩石学理论意义。为了帮助清华教员学习新技术，池先生亲自写讲义，亲自讲课和带实习课，这一新技术在后来的科学研究中，直至今日岩组分析工作中仍起着重要作用。[1] 在岩石学课上，她引进了岩组学分析方法，结合了相率、相图等新的岩石物理化学理论体系，介绍了许多如岩浆物化体系与结构解释、花岗岩化作用等成因岩石学资料，让学生在掌握岩石学基础的同时，又了解了当时学科的国际动向。刘宝珺本科时期的沉积岩、岩浆岩课程都是池先生所教，对恩师的悉心栽培十分怀念：

> 她给我们带来许多新的东西，开阔了我们的视野。池老师学识精深，是代表国际岩石学界前沿的科学家。她教我们岩石课，内容非常丰富、新颖。没有合适的教材，池老师就自己编写，限于条件，我们

---

[1] 中国地质大学岩石教研室：《池际尚论文选集》。地质出版社，1997 年，第 11 页。

的教材都是油印的。当时系里只有一位誊写油印员，忙不过来，她就自己编自己刻蜡纸。作为学生，当我们拿到她自编自刻的油印教材时，每个人都非常激动。在池老师的精心培育和她的高尚的精神鼓舞下，我们班每一位同学的岩石课都学得很好，打下了很好的基础，对于我们每一个人以后的地质工作都有重要影响。①

1952年，全国高等学校院系调整，池际尚调任北京地质学院岩石教研室教授。此后学校陆续开办了矿产地质勘查、矿产贸易和地球物理三个专修科，她于1954年担任矿产地质专修科主任，从教育计划、课程设置一直到课程组织均亲自过问，领导和培养了一大批国家急需人才。因本科学制缩短为三年，刘宝珺的岩石学基础课仅上了玄武岩，到白银厂后，他主要是和古老的岩浆岩打交道，因此研究生时选了岩石学方向，这正好契合了池际尚教授岩浆岩、变质岩的研究方向。

在岩石教研室，作为池际尚教授带的唯一一个研究生，刘宝珺有了更多向她深入学习请教的机会，亲身感受她做人、做学问方面的高尚道德情操和学识魅力。

池际尚十分重视野外地质调查，即使工作非常繁忙，也会抽出时间带着刘宝珺跑野外，教给他侵入岩区的野外工作方法、岩浆分异与同化作用的野外识别、接触变质分带研究，培养他的观察和鉴定能力。她告诉刘宝珺，要重视每一次测试检验中的关键地质现象观察和关键样品采集，"我们的测试数据要经得起任何人的检查，我们的研究成果，至少要经得起二十年的考验"，哪怕有些地方山高路险，她也从不畏惧，从不放弃，直到严谨地确认证据确凿为止。她看出这个年轻人思维活跃、钻研精神强的潜力，在野外工作中手把手帮助他提高业务能力。勤奋好学的刘宝珺随时向她请教，很多问题因为池先生的启发豁然开朗，动手能力很快得到提高，"一个女老师，我到现在都没见过谁赶得上她，那种事业心对我来说很重要。"

---

① 刘宝珺：言传身教、教做真人——怀念敬爱的导师池际尚教授。《中国地质教育》，2005年第4期，第4页。

池先生有时候会给弟子讲自己念清华物理系，后来转到西南联大学地质系的故事，还会聊起地质前辈们当年艰辛备尝的野外经历，这些言传身教让刘宝珺深受感染。他从池先生等老一辈地质科学家那里不仅获得了开拓业务、增强才干的本领，更树立了不畏艰苦、不图虚名、重视实践、献身地质教育事业的崇高理想，师生二人在艰苦的环境中结下了深厚的感情：

> 我觉得你有困难的时候去找她，她给你点一下你就明白了，你可以从她身上学到很多书本上没有的东西，她可以启发你，这些问题怎么解决，书本上是没有答案的。跟她一起跑野外的就我们两人，那时候生活很艰苦。现在没有这种可能性，一对一的那样指导，到野外的话随时有问题她随时可以给你解答。比如说有一个矿物，她可以随时告诉你，哪篇杂志、文章提到这个，就很近距离地跟她来学，就不一样。

池际尚先后培养了刘宝珺、叶大年[①]、莫宣学[②]三位中科院院士，他们都在不同的场合里追忆恩师池际尚对自己一生潜移默化的重要影响。刘宝珺1991年当选中国科学院学部委员时，曾在给母校的信中写道："池际尚老师对我的教育是全面的，她是我的楷模，对我的成长具有深刻的影响。我从她那里学到了如何做一个合格的地质学家、如何对待工作、如何为祖国作出更大贡献。"

在北京地质学院读研究生期间，刘宝珺得以跟随名师左右。除了受益上述三位教授外，还有几位老师让他印象深刻：

---

① 叶大年（1939- ）：祖籍广东鹤山，生于香港。著名矿物学家。1962年毕业于北京地质学院岩矿专业。1966年中国科学院地质研究所研究生毕业。中国科学院地质研究所研究员。1991年当选中国科学院学部委员（院士）。见中国地质大学校史编撰委员会：《地苑赤子——中国地质大学院士传略》，中国地质大学出版社，2001年。

② 莫宣学（1938- ）：祖籍广西融水。我国著名岩石学家。1960年毕业于北京地质学院地质系。中国地质大学（北京）教授，2009年当选中国科学院院士。见中国科学院官方网站：http://www.casad.cas.cn/aca/375/dxb-200912-t20091203_2681384.html。

李璞先生是搞矿物的，地质素描图画得极好，同样注意地层古生物和地质构造。涂光炽先生搞矿床地球化学，还会花费大力气钻研大地构造，这使我体会到，从事地质科学研究，自己要有专业特长，也要广泛涉猎其他的领域。根深才能叶茂，触类方可旁通。搞岩石，看到的应不只是一块块石头，要想到地壳的演化。①

1955年夏，刘宝珺的研究生毕业论文撰写工作正式提上议事日程。

当时由生产单位推荐考入北地的研究生，论文选题方向主要是围绕生产单位的实践应用展开，其他学生则从地质部规定的选题中结合自己的研究方向进行准备。

刘宝珺此前在白银厂工作时曾发现，白银厂矿区位于强烈的古火山活动地带，主要断续分布在沿变质岩老山向西北方向延续，该区域岩性变化很大，结构微细，加之区域变质作用及矿化作用的影响，各种岩石的界限极难辨认。白银矿区的古生代火山岩发育十分完整，在岩石化学成分、生成环境以及岩石性质方面的代表性和独特性，但却未找到有关该区域岩石分类相关研究的资料，这使他产生了重要的科学假设，为何不对该区域古代火山岩的分类进行重点研究，从而填补这个领域的研究空白？

刘宝珺结合白银厂下古生代火山岩的成因、形成特点、类型以及白银厂黄铁矿型铜矿提出了研究选题：

> 这个题目是我自己提出来，导师认为可以，不是导师给的。因为研究的目的、研究的地点、研究的对象来源于我原来在勘探队的工作，也正好和我的专业岩石学比较符合。国内研究的很少，除了宋先生（宋叔和）研究过，再没有第二个人研究那个东西。我就算第二个。②

---

① 张以诚：山路辉煌——记1953届毕业生、首届李四光地质科学研究获得者、中国科学院地学部委员刘宝珺。见吕录生主编：《山花烂漫》，中国地质大学出版社，1992年。

② 刘宝珺访谈，2016年5月28日，成都。资料存于采集工程数据库。

为了搜集毕业论文资料，他在1954年冬和1955年夏，曾先后两次到白银厂矿区以及附近地区考察，为期两个多月。

宋叔和先生是最早做白银厂下古生代的细碧岩－角斑岩系研究的学者，当时主要是结合黄铁矿型铜和多金属矿床的勘探来开展，并没有从古代火山岩的角度进行分类研究。他对刘宝珺首开先河，进行该地区岩石学分类研究十分赞成，认同刘宝珺提出的关于细碧角斑岩系具有连续喷发的火山杂岩特质的观点。他把白银厂矿区的第一手地质资料给得意门生作研究，并指导他对岩石层序的复杂性进行系统分析，对刘宝珺结合白银厂下古生代岩石特性开展研究提供了无私帮助。

在赴白银考察收集资料期间，刘宝珺根据大量的野外和室内研究观察，将酸性火山岩、中基性火山岩等八种岩石类型，从化学成分特征等方面进行了详尽分类描述，并对矿区古火山活动及岩浆性质特点作了论述。他提出，白银矿区古火山活动属于连续喷发性质，且属于裂隙喷发式，岩浆喷发次序为先是酸性后为基性，火山多动带来了含矿溶液，产生了巨大的黄铁矿体。刘宝珺在研究中发现，白银厂侵入岩有斜长斑岩及石英钠长斑岩，按其成分，前者相当于细碧玢岩，后者相当于角斑岩，均作层状侵入体产生，形成的时期和火山喷发岩大约是同时。根据这一研究结论，刘宝珺主张按照岩相来划分岩石内部层位，从而真实清晰地反映火山活动特点，成为当时国内第一个从岩石学角度着手探讨细碧角斑岩建造的青年学者。

由于国内几乎没有关于细碧角斑岩建造的文献，刘宝珺利用自身扎实的英语和俄语功底，翻译查阅了欧美、苏联有关细碧角斑岩建造领域的主要文献，通过将世界其他细碧角斑岩和祁连山一带古火山岩建造特点作对比，提出"细碧角斑岩"是一个对祁连山一带下古生代火山岩的综合性的岩石学概念，该区域的古生代火山杂岩应归为细碧角斑岩一类，黄铁矿床只生于细碧角斑岩类岩石之中，该矿床的生成和细碧角斑岩有密切关系。[①]

1955年，冯景兰教授到白银矿区视察大四学生生产实习和毕业设计实

---

① 刘宝珺：祁连山一带下古生代火山岩特点及黄铁矿型铜矿床成因问题.《北京地质勘探学院学报》，1957年第2期，第106页。

习，对当地的地质现象进行了详细观察。其间，刘宝珺与冯景兰结合宋叔和、李铭德等人的研究观点，就区域地层及构造问题、围岩蚀变及找矿意义、岩石分类命名、黄铜矿与黄铁矿在空间上和成因上的关系、地形及水系发展及矿厂的给水等六个地质问题提出了看法。他们同意皋兰系与南山系为两个不同时代的观点，认为皋兰系可能为元古代，南山系可能系奥陶纪到志留纪，指出含矿层外围不是单斜构造，而为大复背斜，其轴位于矿区中部，还认为黄铜矿生产的两个时期，即与黄铁矿密切共生的黄铜矿受轻微变质、含铜石英脉型黄铜矿未变质，后者比前者的生成时间要晚得多。①

作为刘宝珺研究论文的指导老师，拉尔钦科教授很关心他的研究进展，对于他几次去白银厂实地考察矿区整理的一手数据资料、地质信息、矿产勘探情况逐一过问，并指导他划出不同区域的勘探线剖面，做出某些重要地质现象的素描图。他对刘宝珺论文大纲及编写格式作了严谨的规范要求，建议他加入对白银厂矿区外围地区构造的观点、意见以及对于地质断裂的看法。池际尚教授虽未去过白银厂，但看过刘宝珺采集回来的大部分标本和薄片，对火山岩系的定名、火山岩的野外和室内工作方法都做了重要指导，对他的论文进行全面批阅修改，提高了刘宝珺的论文水平；王嘉荫教授则帮助刘宝珺完成了细碧角斑岩旋回的划分。

在论文完成阶段，最困难的是如何将自己收集的地质资料形成一套和自身专业挂钩的逻辑体系，构建具有学术创新价值的理论思想，从而用来推动论文研究工作的开展。游振东记得两国导师都非常看重论文的学术价值和实践意义，要求学生必须将理论与实际结合起来：

你说你这里有矿，你知道这个地方的矿有多大，深部有（矿产），那么你设计什么，要用什么方法，你得合理啊，你得布置什么工程，这都是要动脑筋的。很多东西都是非常实际的了，比如说要布置一条坑道，你要设计这个坑道的方向、长度，你一定要论证清楚。②

---

① 中国科学院地质研究所、兰州科学院地质研究室、北京地质学院：《祁连山地质志》第一卷，科学出版社出版，1960年，第19-20页。

② 游振东访谈，2017年5月4日，北京。资料存于采集工程数据库。

学院和导师对研究生毕业论文有极其严格的要求，几乎所有的学生在论文准备阶段都顶着巨大的压力，废寝忘食挑灯夜战，忙着出野外、做测量、画地质插图，做矿物数据分析描述。虽得益于宋叔和先生的支持，拿到了白银厂的第一手矿石图鉴资料，但刘宝珺丝毫不敢放松对自己的要求，及时根据论文参数数据对图鉴进行反复修订。从搜集野外材料到进行室内整理研究，他花费了约一年半的时间，其间开展了三个半月野外调查，实地勘探矿区两次，对白银厂矿田内的火山岩建造进行详细研究，并在室内用费氏法进行无数次薄片观察，调整了641地质队原有的区域十万分之一、矿田万分之一及矿区二千分之一的地质图等，完成了近一万字的《白银厂黄铁矿型铜矿床区域地质结构矿区岩石和矿化特点以及该类型矿床之找矿方法》研究生毕业论文。

拉尔钦科教授带的三个专业三十一个研究生，分批次于1956年5月27日至6月8日期间进行答辩。学校高度重视苏联导师的研究生答辩，系学术委员会专门组织了答辩委员会，聘请中国科学院地质部、重工业部等矿业部门的专家及其所属各局队的工程师，以及兄弟院校的教授作为研究生论文设计的评议员。当时北京地质勘探学院院报对此事有专门的记载：

  这批研究生论文设计是根据最近二到三年间，在中国各个矿床收集的实际资料，应用新的研究方法而写成的。其中包括黑色、有色、稀有等金属矿床、也有黏土、明（矾）石、等非金属矿床，其中还有关于煤矿床的论文设计。①

当时的研究生答辩非常严格，完全是按照学术规范，对学生的科研能力和学术成果进行综合考核。每个学生论文至少汇报半个小时，评议员提问和学生回答环节要花费一两个小时，基本上一个人答辩就要半天。刘宝珺的毕业论文《白银厂黄铁矿型铜矿床区域地质结构矿区岩石和矿化特点以及该类型矿床之找矿方法》在答辩过程中，被包括中国学者和苏联专家

---

① 北京地质勘探学院学报，教师版，1956年5月26日，第3版。

在内的答辩委员会一致认为已经达到相当水平，拿到满分五分。游振东记得，刘宝珺"因矿上带来丰富勘探线资料，在队上又是骨干，因此他的论文有条不紊，图片丰富完美，颇得专家欣赏。"①

在论文结语处，刘宝珺感谢了名师们对他在研究过程中给予的悉心关怀和专业帮助：

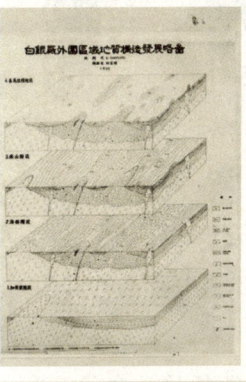

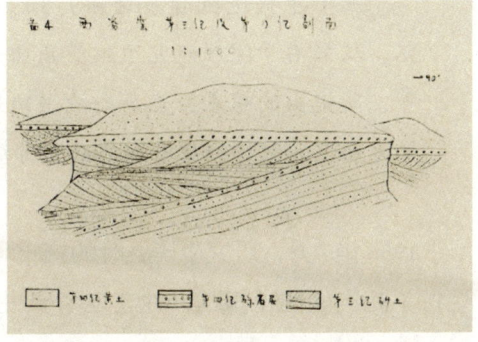

> 本文在上述工作的基础上，参考了宋叔和等人的著作，在导师拉尔钦科教授直接指导下写成的。在野外工作期间承宋叔和、李铭德先生热心指导……室内工作时王嘉荫教授的指导，论文完成后由冯景兰教授、池际尚教授、何镜宇讲师讲评并提出意见，作者谨致感谢之忱。②

图 4-5 刘宝珺研究生毕业论文部分文稿及插图（资料来源：中国地质大学档案馆）

刘宝珺的研究生论文，后被《北京地质学院学报》1957 年第二期以"祁连山一带下古生代火山岩特点及黄铁矿型铜矿床成因问题"为题重点摘录。1991 年，刘宝珺参选中

---

① 游振东访谈，2017 年 5 月 4 日，资料存有采集工程数据库。
② 刘宝珺研究生毕业论文：《白银厂黄铁矿型铜矿床区域地质结构矿区演示和矿化特点以及该类型矿床之找矿方法》。北京：1956 年。原件存于中国地质大学档案馆。

第四章 师从大家 127

图 4-6　1956 年刘宝珺携妻子李艳阳与研究生同学出游（刘宝珺提供）

图 4-7　1956 年刘宝珺研究生班同学在殷宗昌家毕业聚会（成都地质矿产研究所提供）

国科学院学部委员评议时，研究生时期的这项成果依然有着重要的学术分量，成为地质矿产部推荐评选的理由之一：

> 五十年代进行甘肃白银厂细碧角斑岩建造及黄铁矿型铜矿床研究。从岩石学深入研究了细碧角斑岩的特征、层序、成因、喷发性质等，所提出的观点，至今尚被当地地质人员引用，是我国较早在岩石学方面深入探讨细碧角斑岩的著作。①

1956 年 7 月，研究生毕业时的刘宝珺，已是一个经历过野外风霜考验，具备了扎实的理论根基，并在地学研究领域崭露头角的年轻人。"先生之风，山高水长"，他幸逢池际尚、冯景兰、王嘉荫为代表的地学名师两年的悉心培养，使自身在学术思想、工作作风以及意志力锻炼等方面得到全面提高，同时激发了自己躬行深耕，在地质科学领域干出一番事业的志气和理想。如今已是中国科学院资深院士的刘宝珺，忆及均已作古的恩师时仍情难自禁：

---

① 地质矿产部：中国科学院学部委员候选人推荐书，1991 年 1 月 25 日，411-1，第 79 页。原件存于中国科学院学部联合办公室。

这几个人对我影响很大，真的是这样。我不是自己突然间土里冒出来，也需要一定土壤来培养，我说的这几个老师，我跟他们待的时间很长，近距离的接触，对我影响很大。

从这些师长身上，以及自己做科研一路走来的经历，我觉得作为一位学者，做科研的时候最重要的是认真，很重要这一点。认真，哪怕一个非常小的问题，他都要非常认真地把它解决，绝不能大概是怎么的，或者是怎么样。写东西也好，讲话也好，都是有根有据的，科学的逻辑性要很强。这点我觉得现在很少，我们缺乏这种精神。①

祁连山科考

1956年夏，刘宝珺、游振东作为出类拔萃的业务尖子毕业留校，两人同在岩石教研室任助教。游振东很快被安排去给学生上石油专业课，刘宝珺作为池际尚教授的得力助手，则在当年暑假跟随她进入中苏专家联合组成的祁连山综合地质考察队，在1956年、1957年两次深入祁连山腹地，参与了解放后我国第一次规模空前的地质构造及矿产调查研究。

区域地质研究一直是我国地质科学的薄弱环节之一。1955年，苏联科学院访华代表团团员、矿床学家别捷赫琴院士和大地构造学家别洛乌索夫通讯院士来我国访问时，就指出了应该加强这方面的工作，并建议选择一两个有希望的、地质构造复杂的大地区以各种方法进行研究，同时应该注意加强大地构造学和成矿理论的研究。② 按照苏联专家的建议，我国结合社会主义经济建设和科学发展的需要，很快于翌年启动了这项工作，确定地质地形复杂、矿产资源开发前景较好的祁连山作为大型地质研究考察的重点地区。

---

① 刘宝珺访谈，2016年7月22日，资料存于采集工程数据库。
② 黄振辉：地质研究所1956年在祁连山和青藏高原的地质研究工作初步报导。《科学通报》，1956年，第54页。

1956年5月，为期三年的中苏大型祁连山综合地质考察正式启动，由中国科学院地质研究所牵头，先后与中国科学院兰州地质研究室、中国科学院地质古生物研究所、北京地质学院共同组队，密切合作。此外，中国科学院地质古生物研究所、西北大学地质系和地质部、石油工业部的部分生产队员参与此项工作，其中北京地质学院参与到此项目中的科研人员，先后有池际尚、王鸿祯、刘宝珺、乔秀夫、周定成、李世伟、梅应宽、郑广文、杨遵义、李晋、范宗保、聂泽同、殷鸿福、金宝荣、温永和、郭福生、段亦平等十八人次。

从1956年至1958年，祁连山科考队用三年时间分计划、分层次、分重点地横穿莽莽祁连山，深入无人禁区，吃遍地质人能吃之苦，对祁连山十五条路线的地层、古生物、岩石、构造和矿产、自然地理、地貌及第四纪冰川等进行了全面的调查。按照计划，1956年以地质为主，结合找矿和少数专题研究；1957年以专题研究为主，结合找矿和少数路线地质；1958年以找矿、检查点与专题研究、少数路线地质相结合。十五条具体线路分

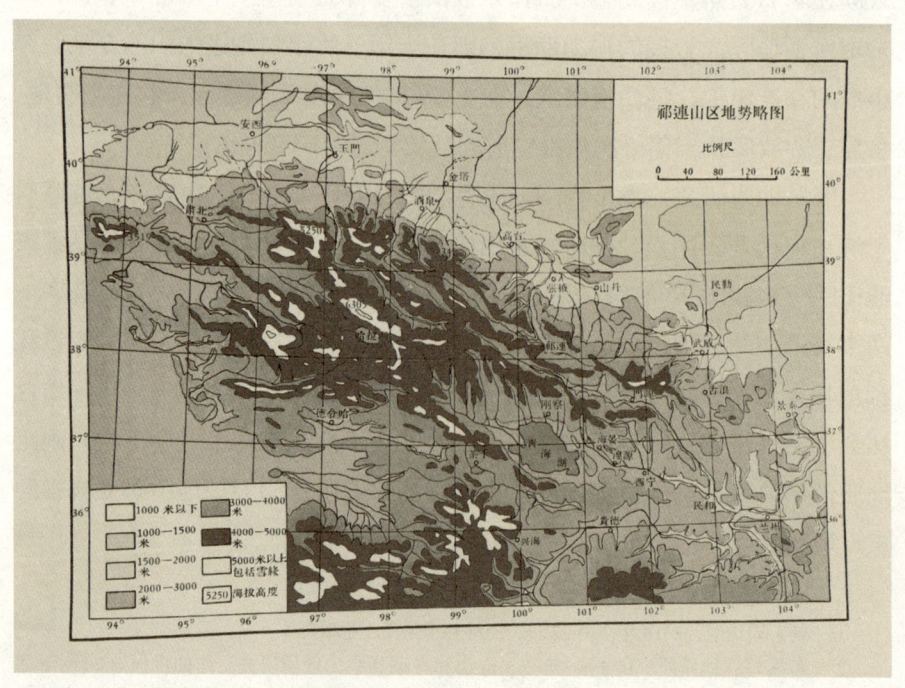

图4-8　祁连山区地势略图（资料来源：《祁连山地质志第一卷》）

别为①：①肃北后口子—当金山口—昆仑山（1958）；②肃北—渔卡（1957）；③怀头他拉—安西（1956）；④小察汗乌苏—旱峡（1956）；⑤窟窿山口—巴隆果勒（1956）；⑥酒泉西南白杨河—希里沟（1956）；⑦金佛寺—茶卡（1956）；⑧天峻—高台元山子（1956）；⑨大喇嘛河—张掖苗张营（1956）；⑩民乐扁都口—贵德罗汉堂（其中扁都口—上大坂于1956年完场，上大坂—罗汉堂于1957年完成）；⑪西宁—永昌（1956）；⑫互助—武威（1956）；⑬互助—古浪（1957）；⑭中宁、中卫一带（1958）；⑮倒淌河—茶卡（1957）。

根据"以地质为主，结合找矿和少数专题研究"的目标和思路，1956年中苏联合地质科考的重点计划是深入祁连山、昆仑山和青藏高原三个地区开展研究。中国科学院地质研究所牵头组织此次野外科考，集结了国内当时在矿物、岩石、矿床、大地构造方面的顶尖研究人员，由苏联B. M. 西尼村教授担纲顾问，参与者包括地质研究所研究人员张文佑、杨杰、陈庆宜、李璞、涂光炽、赵宗溥、郫诚和，北京地质学院当时参加人员有池际尚、刘宝珺、乔秀夫、周定成、李世伟、梅应宽、郑广文、杨遵仪（参加室内古生物鉴定工作）。祁连山地区的地质科考从当年5月开始，11月结束，由涂光炽教授带队，高级研究人员和一般研究人员共三十人，主要任务包括：在路线地质的基础上开始编制小比例尺的祁连山地质草图，以期在较短时间消灭这一广大地区的空白点；初步了解祁连山的地质构造，划出这一地区的构造－岩相带；初步阐明祁连山的区域成矿特征，指出在这个地区进行普查和地质测量的先后顺序和地点。②

刘宝珺7月份跟随池际尚教授进入科考小组时，正是当年科学研究工作在祁连山全面铺开的关键时期。当时妻子李艳阳已有身孕，想到自己两个月后就要临盆，丈夫却要远赴大西北，身边无人照顾，心里又气又急。刘宝珺深知爱人的委屈和担心，哪个女人不希望生孩子的时候丈夫陪在自

---

① 中国科学院地质研究所，中国科学院兰州地质研究所，北京地质学院：《祁连山地质志》（第一卷）. 北京：科学出版社，1960年，第6页。

② 涂光炽：中国科学院地质研究所1956年祁连山工作简报，《地质评论》，1957年第17卷第1期，第130页。

己身边？一边是小家，但一边是国家，他此刻只能忍痛舍下小家，选择为国家的事业而奔赴茫茫西北边陲。多年后李艳阳回想起当时生产情景，对丈夫的埋怨里仍然透着心酸：

> 我怀刘石的时候，他基本是在甘肃。我生刘石的时候他也不在，当时是夜里九点多钟发作的，我有点肚子痛。住我楼下的一个老师用学校的车把我送到医院，这个老师不是我们教研室的人，他是我们教研室一位老师的爱人，所以跟我关系也没有太密切。我一个人留了医院，当时如果我是难产的话都没人签字，他不在我身边，孩子出生后第四天他才回来的。

祁连山又称南山，横跨我国西北部的甘肃、青海两省，位于柴达木盆地及北秦岭的北部，新疆星星峡附近北山及甘肃阿拉善旗的南部，南部主峰在河西走廊的南边，是横亘在我国西北部最重要的宏伟造山带之一，属于大地槽褶皱山系。山脉绵延约一千二百多千米，南北宽约三百千米，平均海拔在四五千米之间，由北向南分布着诸多平行的山脉，山脉间以较大的谷盆地或河谷居多。

在漫长的地质调查史上，祁连造山带地质调查工作最早可追溯到十九世纪七十年代。一百三十余年前，极少数外国科考人员首次涉入祁连山这片原始处女地，地理地质路线调查成果多见于旅行记，其中施俊仪、洛奇的《东亚旅行报告》对祁连山古生代、新生代地层的研究，苏联地质学家奥勃鲁契夫的《中亚、中国北部与南山》巨著对祁连山地质描述极详，这些著述至今仍有一定的参考价值。

从1921年到新中国成立前夕，中国老一辈的地质学家在祁连山地区开始了地层、岩石和矿产调查工作，主要是路线地质调查，如谢家荣、袁复礼、杨钟健、孙健初、卞美年、黄汲清、叶连俊[①]、关士

[①] 叶连俊（1913—2007）：山东省日照县人。地质学家、沉积矿床学家。1937年北京大学毕业。1980年当选为中国科学院学部委员（院士）。曾任中国科学院地质与地球物理研究所研究员。曾任中国科学院地学部常务副主任。见中国科学院官方网站：http://www.casad.cas.cn/aca/316/ygysmd-200906-t20090624_1809562.html。

聪[①]、李树勋、曾鼎乾、郭宗山、宋叔和、王曰伦、尹赞勋、侯德封、陈梦熊等。1945年黄汲清在《中国主要地质构造单元》一书中，扼要地论述了祁连山的范围和地质构造特征。中国的地学先行者们对祁连山早期地层系统的建立、地质构造特征的确认和构造单元的划分、矿产的早期开发等均作出了不可磨灭的贡献，特别是1938年玉门油田的发现。新中国成立后，先后在祁连地区开展了矿产普查勘探、百万分之一和二十万分之一区域地质调查，并相继开展了水文地质勘察及物化探工作。国内外著名的白银厂黄铁矿型铜多金属矿床及镜铁山铁矿就是在五十年代发现并进行勘探的，我国的地质前辈为此做出了卓越的贡献，特别是宋叔和先生和陈鑫先生。[②]

尽管地质前辈已在祁连山开拓了一条科学探索道路，但是摆在1956年中苏联合科考队面前的依然是极其严峻的挑战——此前的科考成果主要是集中在祁连山某些地区，但是唯余莽莽的祁连山连绵纵横一千二百余千米，大量地方仍处于科学研究盲区，工作量巨大；地质学界始终没有对祁连山地质发育和成矿关系进行深入研究，褶皱时代此前一直被认为是华力西期，但因为存在大量矛盾观点，对该领域的地质现象进行解释非常困难；关于"南山系"地层及其时代问题，涵盖了海量的内容，要以解剖麻雀的精神进行精准划分，难度太大；其他时代的地层也多少存在着难解之谜。

考虑到祁连山的研究现状和国家工业建设要求，科考队首先确定了以划分构造-岩相带和成矿关系的区域地质构造研究作为1956年的主要任务。

祁连山矗立在中国西部苍茫寂寥的高天之下，无数文人墨客用史诗般的辞藻赞叹它的壮阔之美。但是如果要真正走进它的深处，探索它沉睡数亿年的地质秘密，就会发现在它"看上去很美"的背后是极为严酷的生存环境，闯入者必须依靠非凡的勇气和智慧，冒着巨大的危险，吃尽常人难

[①] 关士聪（1918-2004）：广东南海人。石油地质学家。1940年毕业于西南联合大学地质系，获北京大学理学学士学位。1980年当选为中国科学院学部委员（院士）。2004年4月5日逝世。曾任国土资源部科学技术高级咨询中心高级顾问、科学技术顾问委员会委员、高级工程师。见中国科学院官方网站：http://www.casad.cas.cn/aca/316/ygysmd-200906-t20090624_1810113.html。

[②] 冯益民：祁连造山带研究概况——历史、现状及展望.《地球科学进展》，1997年第4期，第307页。

吃之苦，遭遇生死劫难的考验，以无比坚定的信心和决心才能征服这片桀骜不驯的土地。

刘宝珺 7 月进祁连山时，科考队已经在长约一千二百千米，宽约三四百千米，包括六条山脉的祁连山地区作路线地质图，每条线路大约有二三百千米，同时对祁连山的若干岩体、矿床和地层进行了较为详细的专题研究。各路线小组采用路线地质观察与填图并行的方法，中部、西部由于缺乏较为可以参考的旧地形图，路线小组就必须专门测试绘制五万分之一、十万分之一的地质图，到 8 月底整个科研团队已完成了四个横穿祁连山的地质剖面研究。

池际尚带着刘宝珺进入祁连山后主要任务是开展金佛寺—茶卡路线的地质构造工作，研究祁连山南坡的岩浆岩和变质岩。大地构造专家、苏联顾问 B. M. 西尼村教授尤为看重这条线路，不仅全程参加，而且负责整个研究报告的执笔。从 6 月 27 日至 7 月 25 日，他在二十八篇的日记体科考报告中，逐一记录了该路线山河冲积锥的岩相、岩石组成部分等地质现象。我们从《祁连山地质志》第一卷中，通过窥得西尼村教授第一篇科研日记，可了解当时池际尚、刘宝珺小组的野外路线和地质观察成果[1]：

六月二十七日。

由金佛寺出发。

最初几公里我们沿观山河冲积锥前行。越近山边冲积锥的锥面逐渐变陡，上面的砾石也逐渐变粗。砾石由各种成分的淡灰色黑云母花岗岩，即从似片麻状暗色的到块状淡色的岩石组成。走进山前地区，在山边上看到了构造阶地，非常陡直。主要阶地是由花岗岩组成的，而下层阶地是由白杨河统红色岩系组成的，其上覆盖着一层古冲积锥的巨砾。

在靠近阶地的底部（某些地方）尚保存着较年轻的残留冲积锥，沿阶梯旁侧分布。

---

[1] B. M. 西尼村：祁连山路线地质（Ⅶ）金佛寺—茶卡。见《祁连山地质志·第一卷》，科学出版社，1960 年，第 132-133 页。

根据这些情况，在山前地区，就很清楚地可分出三组冲击锥：第一组——最新的；第二组位于6—8米以上；而第三组位于80—100米以上。所有冲积锥的砾石成分几乎都是相同的，主要为花岗岩，部分为古生代红色岩系的岩石。

无论是沿着主要阶地或是沿着次一级阶地的底部都看到断裂存在。

在山谷出口处，可以很清楚地看到不同年代的冲积锥逐渐过渡成相应的河谷阶地：最古的冲积锥形成上层阶地，其次的形成二级阶地而最新的冲积锥则为河床沉积。

再前进，开始看到基岩露头。初看到的几个露头是具有明显似片麻状构造的暗色花岗岩，含有很多黑云母（也有部分的角闪石）及一些石英，按其成分来看，大概属于花岗闪长岩。在某些地方还有许多条状和扁豆状的闪长岩，方向与似片麻状构造一致，而有些伟晶岩和长英岩的细脉（厚1—8厘米）则切穿花岗岩闪长岩。伟晶岩和长英岩细脉的方向相对似片麻状构造面来说有点倾斜（倾角为30°—60°）。

似片麻状花岗岩常被块状斑状花岗岩所代替。在这种花岗岩的中粒灰色（一般为淡色的）的石基中含有粉红色的长石斑晶，长轴达1.5厘米。同时还有另一种斑状花岗岩，其特点是石基很细，有白色斑状长石。

斑状花岗岩显然是包裹在似片麻状变种里，属于较新的侵入体。花岗岩破碎得很厉害，其中由好几组节理，主要的方向为北西和北东20°—30°。节理面一般还是很陡的，常沿着某组节理出现伟晶岩和长英岩细脉。脉中除了含有石英、长石和云母外，还含有黑色电气石。在一些矿化作用显然较晚的细脉中还见有绿帘石。

沿河流往前见有几乎已不具似片麻构造的浅灰色黑云母角闪花岗岩露头。在这些花岗岩中见有浅黄——玫瑰色的花岗岩与白色的、部分已云英岩化的岩石细脉。

往前见有块状的略具斑状的花岗岩（花岗闪长石），其中长石斑晶呈定向排列——北西70°，与祁连山区域构造的方向一致。在这里未看到似片麻状花岗岩的变种。

在花岗岩体组成的地区内，河谷不宽，一般不超过100米。沿两岸在某些地方保留了一些有卵石——漂砾堆积成的陡峻阶地。上层阶地高为80—90米，几乎没有砾石堆积，但很清楚地呈现出河谷阶地的地形。次一级阶地高25—30米，而堆积的砾石层厚达10米；第三级阶地高出河床8—10米，也同样有很厚的河流冲积物；第四级阶地高出河床约有3米。

研究生期间，刘宝珺接触过奥勃鲁契夫院士关于南山地质调查的相关论述，对他三年两次穿过祁连山南部、西部，行进一万四千多千米的传奇经历十分有兴趣。由于奥勃鲁契夫院士写的是古典俄文，有的词句要专门请教北京地质学院一名懂古代俄文的老师，边学边问，了解苏联学者关于祁连山黄土、冰川、构造及新构造问题等研究成果，加之此前在白银厂跟随宋叔和先生做了大量的祁连山野外地质观察，因此刘宝珺进入科考队后很快熟悉了地质地形路线业务。每天早出晚归，爬山，观察地质面貌，填表采样……这个认识自然地质现象的天然试验场深深地吸引着刘宝珺，"纸上得来终觉浅"，以前在书本上看到的东西和真实现场完全不一样，而且看到了很多未曾看过的岩石和地质现象，他的眼界豁然开朗。苦与累都悉数被抛到脑后，他把全部的心思都投入到学习和研究当中。

虽说是初生牛犊不怕虎，他依然遇到了业务上的挫折。

科考期间工作的难点之一在于经验不足，导致在野外无法直接辨识鉴定岩石，"有些东西认不出来"，例如有些火山岩和变质岩因为外观过于相似，有时候难以辨认，只能地把标本采集回去后，通过室内仪器进行分析鉴定。

此外，苏联顾问西尼村教授要求地质图上不仅要绘出岩石、地层，而且还要表示出构造关系，称之为构造岩相图，这对中国的地质工作者来说是一个完全陌生的领域。刘宝珺在西尼村教授的指导下，学会了编制这种新的地质图件，此后运用在做十三陵水库地质图上，取得了很好的效果。

刘宝珺有一种少见的反躬自省精神，知道自己做学问的优点和不足在哪里，并一钻到底，靠自身努力学会扬长补短。但更重要的是他有一种敏而好学的治学态度，清楚在成长成才的道路上要学会入山问樵，入水问渔。因此祁连山科考期间，能够身体力行，掌握一套研究复杂地质地形的真功夫；另一方面因为和西尼村、池际尚、涂光炽、李璞等一众中外地学大家朝夕相处，他再次抓住"拜师学艺"的宝贵机遇，解决自己在岩石学、大地构造等方面的知识盲区和薄弱环节。很多年后他以这段经历，告诫科研工作者要处理好学问的精深和广博的关系：

要真正成为一个有水平的地质学家，必须全面掌握地质学知识。学火山岩就火山岩，那不行，大地构造、地层和古生物，矿物岩石、矿床和地球化学这些都要知道，也就是多面手，一专多能。这都是需要经验的积累，这也是作为我们年轻人就是所必需的。①

祁连山具备了艰苦地区所有的特点：这里人迹罕至，奇峰峻险，四处分布着荒漠、盐碱地及沼泽，测量地区的海拔几乎都达到二三千米以上，温差变化很大，烈风沙暴席卷之处几乎不留片甲，终年积雪的高山全是冰峰冰谷，野兽昼伏夜出……在祁连山科考过程中，除了在理论上、指导思想上给予刘宝珺重要启发外，池际尚教授在困难面前所表现出的精神和意志也在深深地感染、影响着她的学生。

作为祁连山科考队唯一的女科学家，池际尚总是穿着褪了色的工作服，没有一点留美归国教授的架子。野外山高路险，高山之间是茫茫大草原，所谓"望山跑死马"，她每天早晨9点带队出发，要到晚上10点才顶着星月回到营地。野外环境艰苦，住就住在只容得下两三人的小帐篷里，吃的就是冰凉发硬的干菜，甚至有时候还得忍饥挨饿，但刘宝珺从来没有听她叫过一声苦。池际尚的丈夫李璞作为中国科学院地质研究所的研究员，参加了当年五条路线的地质考察，并对祁连山超基性岩与铬矿化进行了专题研究。祁连山有六座大山，从南到北，要穿过五个盆地，越往西走越高，刘宝珺至今仍记得李璞先生给他留下的深刻一幕：

---

① 刘宝珺访谈，2016年5月28日，成都，资料存于采集工程数据库。

李璞先生走的就是西方最高那条线，他不走河沟，而是沿地质露头好的半山腰走。所以像这样的一个老地质学家我们到现在都怀念他，那要求太高了，他必须要亲眼看、亲手敲到石头。地质学家要偷懒的话，看看上边像什么石头，在下面捡一块就取样了那也有。像我们（当时）不可能，上千公里，六条大山，走了一个多月才翻过去。

　　池老师爱人李璞是英国留学回来的，两个人都是国内比较顶尖的高级专家。他们生活非常朴素、简单，这点也是我们学习的榜样。[①]

　　池际尚老师执着的科研精神深深打动着刘宝珺，池先生"宁可用一百个数据说明一个问题，也决不用一个数据说明许多问题"的叮嘱犹在耳畔，他下定决心要在祁连山搜集丰富的第一手资料。

　　除自然条件的艰苦外，科考队在荒山野岭还遇到过猛兽，刘宝珺就曾四次与黑熊狭路相逢，所幸有惊无险，最终安全回到营地。除了野兽，1956年的祁连山常有土匪出没，在科考队进山之前几个月，就有年轻的地质队员在山中遭遇土匪遇害。刘宝珺同池际尚进山工作后的一天黄昏时分，经过深山里的小路返回住地时，眼见前面山口搭了两个白布帐篷，没羊没马，胡乱放着几条枪，帐篷里传出几个汉子喝酒狂笑的声音。"糟糕，今天遇到土匪了"，两人叫苦不迭，然后转身撒腿就跑，折返山顶从另一道山脊绕道下沟，回到驻地已经是夜里11点多。

　　这些至今看来仍惊心动魄的经历，在年过八旬的刘宝珺口中讲述出来时，语气平平，极为云淡风轻。或许是因为一生经历太多，年轻时代的那些故事都可尽付笑谈中；或许更重要的原因，是他认为搞地质的人遇到这样的风险很自然，乐观很重要：

　　既然学地质这门专业了，肯定要碰上这些荒山中的险阻，其实任何专业的人都会遇到一些危险。搞建筑的上去有可能掉下来，去南极

[①] 刘宝珺访谈，2016年5月28日，成都，资料存于采集工程数据库。

考察都可能把人冻坏。现在条件好了，原先哪有这种条件。学地质的就会风险，学别的也会有风险。搞体育的要受伤，没有风险除非在家里待着，那不可能。①

1956年11月科考结束时，中苏联合科考队在包括六条山脉的祁连山地区作了十一条路线地质图，不仅顺利完成了当年的工作任务，个别计划还超额完成，在已收集的材料基础上编制出了一百万分之一的祁连山地质草图和大地构造图。科考组根据沉积形成、岩浆活动、构造与成矿的特征在时间和空间上发育的情况，明确了祁连山从北到南的五个具有矿产开采价值的构造—岩相带，即：河西走廊上古生代、中生代、新生代沉积带，加里东地槽带，中央古老结晶轴地带，上古生代和三叠纪拗隔带，青海南山腹背斜带。

祁连山1956年科考十分重要的突破是经过对各时代岩系进行分层和对比，正式破除了"南山系"地层研究的历史争议。以前的"南山系"误把一部分泥盆系和变质的海相三叠系也包括进去，事实上"南山系"包括了震旦系、寒武系和具有丰富化石的奥陶系和志留系，"过去广泛的南山系一词应该就此而结束"②。在祁连山地区找到了有化石根据的、除了寒武系之外的所有其他古生代地层，证明了震旦系在祁连山有相当广泛的分布，从而肯定了海相三叠系地层在祁连山南坡的广泛发育。

此外，研究证明祁连山南北方向的断裂是主要的，北坡地槽发育主要在奥陶志留纪，南坡地槽则可能会下古生代或更老的时期，上古生代的沉积在祁连山已不是地槽式的。

祁连山科考的总牵头人涂光炽教授在1956年发表的工作简报中，结合矿产开发的远景价值，详细阐明了当年科考组所取得的重要成果，并提出进一步的研究建议：

---

① 刘宝珺访谈，2016年5月28日，成都。资料存于采集工程数据库。
② 黄振辉：地质研究所1956年在祁连山和青藏高原的地质研究工作初步报告。《科学通报》，1956年，第55页。

我们今年的工作证明了祁连山南坡有两种不同的多金属矿带，一个是铅锌矿，一个以铅、锑、铜为主，以目下所具备的资料看，前者是具有更大的远景的，在这一带应加强对铅锌的普查工作，这一带的铬铁矿也有远景。除了对祁连山南坡的超基性岩体进行研究外，我们还对祁连山地区的三、四个超基性岩体进行了观察和研究，其中有的含石棉、有的含铁矿，但经济价值尚待确定。我们还找到将近一百米厚的上古生代的石膏矿床一处。我们在祁连山中部找到现代冰川约十个，这些过去均未见于文献。在哈拉湖附近找到了一个近六千米的高峰，我们命名为团结峰……①

池际尚、刘宝珺等人主要是研究祁连山南北坡的岩浆岩和变质岩，这在涂光炽先生提交的简报末处专门提到：

在岩石方面，我们较详细地研究了祁连山南北坡地槽中古老山岩系，作了岩性和岩相变化的观察。对茶卡附近的各种酸性火成岩体和变质岩系，则作了详细的岩石学研究和地质测量。②

图4-9　1957年刘宝珺与妻子、儿子于北京合影（成都地质矿产研究所提供）

1956年9月，儿子出生的电报从北京传到了千里之外的祁连山。初为人父的刘宝珺在欣喜之余犯了难，妻子此刻最需要他陪伴在身边，而科考工作正是如火如荼开展的时候……他心中很不是滋味。池际尚听说后，着急地跑去找到

---

① 涂光炽：中国科学院地质研究所1956年祁连山工作简报。《地质评论》，1957年1月第17卷第1期，第130-131页。

② 涂光炽：中国科学院地质研究所1956年祁连山工作简报。《地质评论》，1957年1月第17卷第1期，第131页。

弟子，狠狠地训了他一顿："怎么不早说，女人生孩子是一个关口，你赶紧回家！"刘宝珺回到北京已是儿子出生的第四天，他把咿咿呀呀的小婴儿揽在怀里使劲儿亲，看着虚弱委屈的妻子，心里充满了负疚和怜爱。夫妻俩给孩子取名刘石，简简单单的"石"字，既是初为人父者希望儿子性格坚毅的一种心愿，也是刘宝珺对自身专业热爱的一个缩影：

> 第一个（孩子）叫刘石，他是1956年生的。因为我学的专业就是岩石学专业，所以我跟我爱人商量了就给他起的名字叫刘石。后来他长大了问他喜欢不喜欢这个名字，不喜欢就换一个，他说不换了。这个一方面就是表示一个传承，我学的这个专业，另外也希望他本人性格方面可以像岩石一样的坚强坚硬。后来我觉得还很相似，他果然干什么事都持之以恒，这个性格非常坚定，他一直到现在都没考虑其他的名字。①

11月科考工作结束后，池际尚专门到弟子家中看望李艳阳和孩子，在物资匮乏的年代带来了拿钱都买不着的营养品。池际尚先生去世近十周年时，刘宝珺写过一篇怀念恩师的纪念文章，回忆了二十世纪五十年代池先生对他小家庭的照顾：

> 池老师待人非常热情，对任何人都是一样。1956年，我有了第一个小孩，我和妻子都没有经验，手忙脚乱，池老师很好地安排了我的工作，让我有充分时间照顾家里，她不但自己经常来照看我爱人，还常让她的老保姆来我家送些东西给我们……到我离开母校以后，她都一直很关心我的进步，使我终生难忘。②

1957年7月，刘宝珺跟随池际尚二上祁连山，参加科考的北京地质学院人员包括池际尚、刘宝珺、李晋、范宗保、聂泽同、杨遵仪（参加室内

---

① 刘宝珺访谈，2016年7月20日，成都。资料现存于采集工程数据库。
② 刘宝珺：言传身教 教做真人——怀念敬爱的导师池际尚教授．《中国地质教育》，2005年第4期，第4页。

古生物鉴定）[1]。此次科考是在1956年11条路线地质调查所获资料的基础上进行的，着重于专题的研究，同时补充了少数路线的地质观察。

  池际尚和刘宝珺此前研究过祁连山南坡的岩浆岩和变质岩，由于该地区缺少质量较好的地形图，而联合科考小组对地质图又有特殊要求，当时曾经从青海地质局借调了一位老测绘员，用小平板测量五万分之一的地形图，同时由刘宝珺负责做地质测量。此次进祁连山后，测绘员已回原单位，刘宝珺一人挑起了地形和地质测量的担子。以前在中条山实习时，他就独立完成过地质图、地形图，加上1956年一双铁脚板踏遍了祁连山的南坡，已经完全具备了担纲这一任务的能力。在池际尚的亲自参与和悉心指导下，刘宝珺首次独立完成了一幅青海茶卡地区地形－构造岩相图。与此同时，师徒二人还对一个闪长岩侵入体的构造做了详细的测量和研究，刘宝珺在此基础上编绘了一个闪长岩流动构造的立体图，精细标注出流线流面，反映出岩浆流动时的立体三维效果，受到池际尚的夸奖，这幅图和刘宝珺另外一幅带状辉长岩素描图于1959年被同时编入《岩浆岩岩石学》[2]全国统编教材，作为向国庆十周年献礼的学术成果之一。1960年板块学说获得学术界认可，池际尚、刘宝珺在祁连山发现和描述的带状辉长岩属"蛇绿岩"，也应是一个较为有意义的发现。

  1957年，科考人员在路线地质的基础上进行了大量富有成效的专项研究，进一步评估了科考成果对于经济建设和地质理论发展所产生的研究价值，进一步深化了对祁连山地层、地质特征及地质发展历史、岩浆活动和变质作用、矿床工作等的研究认知。中国科学院地质研究所、中国科学院兰州地质研究室、北京地质学院联合在《科学通报》1958年第4期上发表《祁连山区地质研究的新收获》，对专项研究成果进行了综合性科学阐释。

  其中，以池际尚为首的科研小组根据西尼村教授的意见，结合自身观察，对祁连山区自北向南的构造－岩相带进行了进一步划分，即：走廊南

---

  [1] 中国科学院地质研究所、兰州科学院地质研究室、北京地质学院：《祁连山地质志·第一卷》。科学出版社出版，1960年，第4页。

  [2] 1959年主编了我国第一本《岩浆岩岩石学》高等学校统编教材，该教材于1962年由中国工业出版社出版（池际尚、苏良赫主编）。

缘凹陷带，北祁连山加里东地槽带，祁连地轴（中央结晶片岩带），南祁连山上古生代－三叠纪凹陷带，南祁连山古生代（海西宁为主）冒地槽带，青海南山、柴达木北缘复背斜带。研究还表明该地区岩浆活动强烈，空间分布广泛，并在各构造岩相带中自有其特点；橄榄岩浆、玄武岩浆和花岗岩浆应为三个独立岩浆体系；大规模花岗岩岩浆活动地带为上升单位或大断裂带，地槽中部缺乏大规模花岗岩的侵入活动；前震旦纪以后的花岗岩侵入体所造成的接触变质较为微弱，花岗岩化现象，贯入现象仅是局部的和小规模的；岩浆活动带与金属成矿带有密切联系；青海南山复背斜带区域变质分带现象明显。①

当年11月，在北京地质学院"庆祝十月社会主义革命四十周年及我院五周年校庆"纪念活动中，岩石教研室教授池际尚与助教刘宝珺根据祁连山两年科考研究成果，联合发表了《祁连山青海茶卡北山岩浆地质（野外观察部分）》。文中提出了这一带区域的岩石野外观察结论，通过对该地区的小浸入体和岩墙的分类，判断出该区域独立岩浆为橄榄岩浆、玄武岩浆及花岗岩浆，海西花岗岩闪长岩—石英闪长岩同化浑然作用强烈，具有分异作用微弱的特点等。②

1956—1958年的中苏祁连山大型联合科考，是新中国地质构造及矿产调查研究领域值得浓墨重彩的重要历史篇章。科考人员历经三年艰苦卓绝的奋战，初步阐明祁连山区域地质特点、地质发展史和矿产分布，编制矿产预测图及说明，结合路线地质和专题研究写出浩荡长卷《祁连山地质志》（包括古生物志）。③整个野外及后期室内工作，总体上到1959年6月底才全部结束。十五条主要线路的野外地质工作，积累了大量丰富的实地资料，科考队编写的路线地质报告及附图、简报、成矿预测图等分别被送

---

① 尹赞勋、陈庆宣、李璞、池际尚、涂光炽：祁连山区地质研究的新收获.《科学通报》，1958年第4期，第113-114页。

② 中国科学院地质研究所、兰州科学院地质研究室、北京地质学院：《祁连山地质志·第一卷》。科学出版社，1960年。共分为四卷。第一卷为绪论、地质和自然地理研究简史和路线地质；第二卷为自然地理、地层、构造—岩相带、岩石、构造和地质发育史；第三卷为区域地质研究；第四卷为祁连山古生物志。有关矿床研究的相关成果独立成文，未列入其中。

③ 中国科学院地质研究所、兰州科学院地质研究室、北京地质学院：《祁连山地质志·第一卷》。北京：科学出版社出版，1960年，第316页。

至了全国各大相关单位作为重要参考。宋叔和先生曾高度评价祁连山科考的历史研究贡献：

> 必须说明的是中国科学院（包括北京地质学院）祁连山地质队作的工作最多，而且解决了祁连山一些根本性的地质问题，例如杨遵仪、穆恩之等对祁连山古生物的鉴定和李璞、涂光炽等对祁连山造山运动和成矿带的研究，以及陈庆宣等对编制地层的划分，都有很大贡献……我们对祁连山地质的新认识，是通过很多人劳动的结果。[①]

祁连山科考是刘宝珺青年时代非常重要的一次学习和研究经历，甚至可以说是这个青年助教在国内最顶尖级地质学术思想引领下，获得的极为宝贵的研究机遇。此后，历史的风雨将他送往一条孤单寂寞的道路，他开始独自蹒跚，自行闯荡。

结缘沉积岩

1956年9月，刘宝珺从祁连山回到北京地质学院后，在岩石教研室正式任助教。由于祁连山科考的专项研究任务繁重，加之大儿子刘石刚刚出生，家里忙成一团，恩师池际尚视刘宝珺如幼弟，让他把主要精力放在祁连山专项研究上，同时抽出时间照顾家庭。当年下半年，同一个教研室的游振东忙着写讲稿、熟悉薄片，给学生上晶体矿学课时，刘宝珺基本上只是负责零星的、以室内观察为主的实习课，哪个班有实习了就顶上去辅导一下。

他结缘沉积学的学术转折，是在1957年。

1957年，我国经过为期三年的大规模石油普查，在西北、西南、东

[①] 宋叔和：关于祁连山东部的"南山系"和"皋兰系"．《地质学报》，1959年，第39卷第2期，第135页。

北、华北及华东等地区查明了一些与石油密切相关的沉积岩系和区域构造问题，找到了分布于各大区内的二百五十六个可能储油的构造，发现了以青海冷湖、四川龙女寺为代表的一批新油田，肯定了西北及西南等地区的含油远景。更重要的是通过地质调查和地球物理工作，指出我国东部的松辽平原、华北平原具有良好的含油条件，进一步证实了李四光1954年在石油管理局所作的《从大地构造看我国石油勘探的远景》的科学论断，从此改变了我国石油勘探和开发工作局限于西北一隅的被动局面。值得注意的是，全国开展的普查工作中正式规范了有关沉积岩研究工作的要求。

1957年，北京地质学院为进一步向苏联学习，突出学校工科性质，改名为"北京地质勘探学院"[1]。在石油普查工作出现历史性转机的大背景下，学校重新调整了石油天然气地质专业的设置，以满足国家重大经济建设的战略需要。1954年增设的可燃性矿产地质及勘探系，曾下设石油天然气地质及勘探专业、煤田地质及勘探专门化两个专业；1957年，石油天然气地质及勘探专业，进一步被分为了石油天然气地质调查专门化、石油天然气地质采勘专门化两个方向[2]。

当时学校急需开出与找寻石油相关的课程，这就对与找油密切联系的沉积岩岩石学提出了新型研究和人才培养的时代要求。

作为我国岩石学课程开创者和奠基人的池际尚教授，此前主要从事岩浆岩、变质岩研究。难能可贵的是，这位胸怀宽广的女科学家始终将自身科研活动与国家事业紧密结合，与矿产资源开发紧密结合，在国家最需要的时候毅然改变专业方向，担任了石油教研室主任，牵头新型沉积岩岩石学课程的开设工作[3]。

沉积岩岩石学是研究沉积岩的物质成分、结构构造、分类和形成作用，以及沉积环境分布规律的一门科学，更是地质专业学生必修的基础课。二十世纪五十年代之前，我国的沉积岩岩石学研究很薄弱，只是对少

---

[1] 1958年10月20日，地质部批复，同意北京地质勘探学院复名为北京地质学院。

[2] 赵鹏大：《励精图治五十秋——中国地质大学简史》。中国地质出版社，2001年，第165页。

[3] 中国地质大学校史编撰委员会：《地苑赤子——中国地质大学院士传略》。中国地质大学出版社，2001年，第65页。

数的沉积岩（物）和沉积矿床做过少量的研究工作，如有关砂金、膏盐、煤及耐火材料等的调查和描述，对于铁、铝、磷矿床的古地理分布规律做过一些研究工作。那时的沉积学基本上是对野外露头进行描述，规律性的探索主要依据地层学的原理，尤其是关于古地理的解释，基本上是地层古地理或古生物古地理学。至于研究方法，虽然国外已有人提出了引自水工方面的例如粒度分析的方法以及基于对矿物等因素的定量统计等值线方法，但在中国很少使用[①]。整体看来，中华人民共和国成立前我国的沉积岩石学还处于萌芽时期，与国际该领域的发展基本处于同一水平。

新中国成立后，国内尚未编写过沉积岩岩石学的教材，地质类高等院校培养学生采用的一直是苏联教科书。池际尚认为，新型的沉积岩岩石学课程应该是理论沉积学和应用沉积学的密切结合，在关注国际最新科研成果动向的同时，必须符合新中国地质能源开发的具体实践要求。她需要一个得力助手配合自己开设这门课程，"刘宝珺"这个名字立刻从脑海里蹦了出来。

她把刘宝珺喊到办公室，开门见山就给弟子布置了规定动作："你看，现在四年级毕业班有一门课叫'沉积岩的研究方法'，没人教怎么办？要不你去教好了，包括上课和实验课。"

这句话当场就让刘宝珺愣住了。大学本科最后一年他念了一学期沉积岩，当时就觉得这门课没什么理论，也没有科学逻辑，重点就只是描述而已，比起岩浆岩、花岗岩、玄武岩这些有理论支撑的课程，沉积岩显得肤浅直白。更想不通的是，白银厂和研究生期间，他一直都是做下古生代或古生代的火山喷发、火山作用领域研究，哪怕是跟随池先生去祁连山科考，搞的也是火山岩和变质岩，当时业内普遍认为古火山研究主要是和金属矿床有关，和石油没什么关联。

他从来没考虑过和沉积岩专门打交道。

恩师点兵点将，点中自己去上"沉积岩的研究方法"，这对于打算在火山岩领域铆足干劲，一展抱负的刘宝珺来说，心情无疑是纠结的：

[①] 刘宝珺：中国沉积学的回顾和展望。见《刘宝珺论文集》，四川科学技术出版社，2010年，第186页。

我当时那是大转行了，沉积岩我对它并不很喜欢，觉得它没有什么科学逻辑，完全是描述，没什么原理在里面。但是老师说了的话要服从，她是我的导师也是系主任。我说"好，既然别人都不去，我来吧！"我就去给毕业班讲沉积岩研究方法。[1]

沉积岩石学虽属于岩石学的研究领域，但是与岩浆岩石学、变质岩石学相比，前者本身的理论和方法乏善可陈，不大受地质学家重视，在当时的北京地质学院，无论是鼎鼎大名的老先生还是刚毕业的青年教师，普遍都不愿意上这门课。刘宝珺虽然允诺下来，心里难免委屈：自己在岩浆岩领域的研究刚刚崭露头角，难道真的就要去坐沉积岩的冷板凳吗？但是池先生代表组织找自己谈话，那就不能讲条件，不能流露小布尔乔亚情绪，否则就是政治素质不过关。更重要的是，池先生以宽广的胸怀，鼓励支持自己超越擅长的学科范畴，开拓新的领域，自己不能辜负恩师的一片良苦用心。

从 1957 年起，刘宝珺的研究方向就这样转到了沉积岩石学领域，开启了此后六十年的沉积学研究岁月。

上"沉积岩的研究方法"这门课，最大的困难不在于研究的难度，而是"想学东西却没什么学的"。由于全面学苏，沉积岩石学领域采用的教材，以及实际工作中的教科书都是苏联学者的著作，欧美著作几乎找不到踪影。更关键的是，当时沉积岩石学的基本理论只有两个：一是沉积分异作用，实际上就是对于复杂的沉积事物进行过于简单的理想描述，并不考虑大自然中诸如气候、构造、物质成分、沉积过程、介质性质等诸多因素；二是将今比古原则，也称为现实主义原则，这是十九世纪欧洲学者提倡的一种较为原始的直觉认知，并没有真正的科学原理[2]。整个沉积岩石学在五十年代一直处于对沉积岩（体）性质的直观描述，以及对个别沉积作用的规律进行总结探索阶段，这对于看重钻研乐趣的刘宝珺来说，无疑是拿着一个揉面揉得不筋道的馍，怎么嚼也不香。

---

[1] 刘宝珺访谈，2016 年 5 月 25 日，成都。资料存于采集工程数据库。
[2] 刘宝珺：中国沉积学的回顾和展望。《矿物岩石》，2001 年第 3 期，第 1 页。

最开始刘宝珺是教水文地质及工程地质大四学生，"原来怎么学的，现在就怎么教，学科一般的有些规律是总结出来的，还是可以用的"。由于沉积学岩石学没什么深奥的理论和复杂的计算，研究方法比较简单，他主要就是讲室内研究方法，教学生在实验室用简单的仪器进行测试观察。

刘宝珺当学生的时候，名气大的地质系老先生根本不需要备课，站上讲台就开讲，信马由缰讲到哪儿都行，学生听得津津有味；到了1957年他当老师的时候，北京地质学院"全盘苏化"的倾向愈演愈烈，不按照教学大纲讲课，会被扣上"凭兴趣教学"的政治帽子。刘宝珺对一些左的言行不认同也不理解，兴趣不就是最好的老师么？但是他也不愿意当出头鸟撞到枪口上，"剥削阶级家庭出身"和"三青团经历"都是刻在他档案中的红字，这让他对意识形态持有本能的回避，觉得自己本分教好书，服从组织安排，跟着国家走总不至于出错。

在游振东的印象中，刘宝珺是一个很聪明的人。他遵守了学校教学大纲的章法，但并不墨守教材的成规，在备课中通过大量阅读英美、苏联参考书籍，使"沉积岩的研究方法"这门课尽量变得生动有趣：

> 当时没有人上（沉积岩岩石学），叫他备课去，叫他去准备这个，所以他很紧张……刘老师他跟我们不一样，交代他的任务就是准备备课，他要花很多的时间看很多参考书。没有教材，你必须写，写的话当时中文的没有，那怎么办，查外文的，俄文的。所以他俄文挺好的，他会看，他把俄文的书拿来，先把提纲弄好了。因为教学它有要求的，有教学大纲，你按教学大纲来把这些材料都得找好，写出来，所以他很忙。他好像英文也可以，所以他是既看俄文的又看英文的，英文也有啊，英文也有材料。反正你要花时间把这些材料消化了，书上有的你不一定能够（表达清楚），你懂了以后不一定能讲得清楚，所以这里边这个过程是需要的。①

---

① 游振东访谈，2017年5月4日，成都。资料存于采集工程数据库。

教完一学期，刘宝珺还是觉得索然无味。但是，紧接着教石油系学生沉积岩岩石学课程时，他有了柳暗花明，豁然开朗的感觉。

从地质学角度上说，地壳上的沉积岩就是石油诞生的母体，是在地表不太深的地方，将其他岩石的风化产物和一些火山喷发物，经过水流或冰川的搬运、沉积、成岩作用而形成的岩石，其间蕴含了超过九成的油气资源以及丰富的层控型金属和非金属固体矿产。石油系的学生要想发现石油，就必须了解石油的"沧海桑田"，就必须掌握沉积岩这门课程，研究沉积岩具体是怎样从古代湖泊、河流、海洋中产生的。刘宝珺事后回忆："根据这个来判断，研究石油，我也是有有利条件，所以既然教这个课，当然也就钻进去了。"

五十年代，国内学术界在沉积作用的规律性分析和总结上产生了较好的研究成果，对找矿实践起到明显指导作用，此前一直坐冷板凳的沉积岩石学和沉积学研究开始逐步受到重视，粒度分析和重矿物方面的分析广泛开展。当时搞油气的人必须要做古地理研究，主要是通过三个维度的分析获得关键结论：①研究地表过去的河流、湖泊、海洋、风雨、冰雪产生的泥沙、石块，或者微细的生物化学沉淀，以及火山喷发出来灰渣和融岩流，层层固结形成的各种沉积岩石，在这种成层的岩石中，有的还保存着有机生物的印迹和遗骸形成的化石。[①]一言以蔽之，就是根据地球外部的岩石和保存在里面的岩石表现出的不同特征进行科学分析。②研究地壳构造运动过程中的上升、下降、褶曲、断裂，从古代山脉地质变形特点来推断古地理的演变过程。③用沉积学的方法，通过现代沉积物形成的环境、条件及气候特征，对古代沉积岩形成环境进行常识性的直观推断，用所谓的"将今比古"来恢复古地理。时任中国科学院地质研究所副研究员的刘鸿允所编制的第一部中国古地理图集，将沉积岩石学作为古地理的重要基础以及两者的密不可分，已成为该图集的重要特点[②]。根据古地理研究所编制的古地理图，成为当时研究人员"按图索骥"，分布预测和勘探石油的指导线索。

---

① 刘鸿允：中国古地理图。见《科学大众》，北京：科学大众杂志社，1957年5月，第230页。
② 刘宝珺：中国沉积学的回顾和展望。见《矿物岩石》，2001年第3期，第2页。

在古地理研究逐步成为认识石油、天然气、煤等沉积矿产形成和分布规律的重要途径的学术背景下，刘宝珺对沉积岩石学的认知实现了一定程度的深化，他开始有意识地接触岩相古地理研究。尽管 1957 年沉积岩和沉积岩石学还只是一门描述性的学科，但没到三年，在欧美学派泥沙运动力学原理方法的推动下，沉积岩和沉积岩石学的发展就获得里程碑式的重大变革。刘宝珺未曾料到，他误打误撞进入的冷门会隆起成为学术研究的高原，一度的"生不逢时"成为了后来的"生而逢时"：

> 我恰好赶到这时候，刚刚改行，由火山岩改到搞沉积，就碰上了时代的进展。说句自高自大的话，我也就是跟上了这样一个科学进步的脚步，跟着就走下去了。[①]

[①] 刘宝珺访谈，2016 年 5 月 25 日，成都。资料存于采集工程数据库。

第五章
沉积而发

打入另册

正当刘宝珺全身心投入工作，以忘我的精神埋头苦干之时，一系列政治运动已呈"山雨欲来风满楼"之势，即将降临。

中共八大之后，党内对社会主义改造基本完成后的人民内部矛盾有了新的认识，为团结一切可以团结的力量，中央于1957年4月27日发出《关于整风运动的指示》，要求在全党以正确处理人民内部矛盾为主题，深入开展反对官僚主义、宗派主义和主观主义的整风运动。

北京地质学院认真落实要求，于5月10日组成五人领导小组，并于四天后召开由学院各民主党派负责人及教授、副教授三十多人参加的整风座谈会。学校党委同时动员全校"大鸣大放"，师生员工以极大的革命热情，通过各种座谈会和数以千计的大字报，对学校提出了大量的批评和建议，多数问题集中在福利费问题、工资问题、知识分子政策、领导作风、党团工作、领导体制、行政工作以及学习苏联的问题、肃反等方面。[1]事

---

[1] 赵鹏大：《励精图治五十秋——中国地质大学简史》。中国地质出版社，2001年，第170页。

实上，绝大多数人是本着善意对学校提意见，有些批评尽管措辞尖锐，但切中流弊，十分中肯。

1957年6月8日，人民日报发表社论《这是为什么》，掀起反右派运动，此后北京地质学院迅速行动，在全校师生员工中针对党内外人士所谓"右派言论"进行揭发批判和斗争。

在人人争先恐后"鸣放"的那一个星期，正巧儿子刘石生病住院，刘宝珺和妻子李艳阳一直陪在医院里照顾孩子，既没写大字报，也没参加座谈会，回来之后发现风向掉头，已经转到了万炮齐轰右派，虽然他幸运地躲过一劫，但自己因不揭发、不举报而被划分到了"同情右派""批判不积极"的一列，恩师池际尚在此次运动中也受到一定的波及。因反右扩大化，北京地质学院当时被错划成右派的不在少数，一些知识分子身陷思想囹圄，过早地含冤去世，直到1979年在武汉地质学院临时党委领导下，才对冤假错案予以平反和纠正。

同样肇始于1957年的还有干部下放劳动。这场涉及全国百万人的政治运动（1957—1960），最先出现在1957年2月27日的最高国务会议上，毛泽东在《关于正确处理人民内部矛盾的问题》中强调，要精简机构，下放干部，从而"使相当大的一批干部回到生产中去"。8月底，北京各高校教师三百余人响应中央号召，到京郊的农业社参加为期一至两个月的社会主义教育和体力劳动，由此启动了高校和科研单位大规模下乡劳动运动的序幕[①]。事实上，下放劳动的干部主要侧重于知识分子干部，尤其是改造青年知识分子干部，要通过体力劳动，让他们改造思想，树立无产阶级价值观，向工农学习，使之成为"又红又专"的知识分子。

北京地质学院党委建立了专门管理下放干部工作领导小组，制定了分批次、有计划的下放规定。刘宝珺虽然不清楚领导小组确定名单的原则是什么，但是心里隐隐有些不安，此前经过这么多次运动，个人的思想觉悟应该算是比较进步了吧，最起码不是落后分子，自己会不会被列入下放序列，再改造一次？

---

① 王扬宗：不当专家当农民——"文革"前科研人员参加体力劳动的政策与实践。《科学文化评论》，2009年第1期，第7页。

1957年11月14日，刘宝珺的名字出现在学院院报第213期的"下乡光荣榜"上。在北京寒透了的深冬，他什么也没说，默默地收拾了铺盖卷，和妻子李艳阳把只有一岁多的儿子刘石托付给保姆，两天后去了京郊十三陵。

刘宝珺简单地以为，下放劳动就是帮助知识分子补上一堂劳动课，培养同劳动

图5-1 1957年刘宝珺在十三陵农村瓜园（成都地质矿产研究所提供）

人民的阶级感情，把思想改造"纯洁"后就可以回到学校继续搞教学科研。他没有想到，下放劳动实际上是将他打入另册的前奏。

刘宝珺夫妇分在长陵乡的同一个村上，李艳阳住在村队长家，刘宝珺则住在另一户老乡家里，每天和农民同吃同住同劳动。当时国家粮食物资供应已经很紧张，农民吃什么他就跟着吃什么，更何况农民的粮食也不够，他每天就只吃两顿粗粮饭。想吃饺子了，没白面怎么办，干脆就用把玉米和榆树皮磨成粉，十六斤玉米粉掺上一斤榆树皮，用酸菜当馅儿也能解解馋。

为了不耽误白天工地上的活，刘宝珺每天早上四点多起床，赶着毛驴走几千米山路，到长城之外去砍柴。一介文弱书生捆柴的手劲不够大，又不得技术要领，只好拿镰刀砍下藤条用来绑柴火。冬天的十三陵冰冷刺骨，刘宝珺冻得手脚发抖，露在外面的皮肤很快就皲裂了，手上打起的血疱结了一层层的痂。但是他依然很乐观，觉得"人家农民的劲儿好大，自己不改造哪儿行呢，就得向农民学习"。

丈夫不在身边，李艳阳那时每天赶着毛驴去捡粪，对当时下放劳动的艰苦有着很深的记忆：

第五章 沉积而发

小时候我得了关节炎，下放到十三陵后早晨要走很远的路，我的右腿就完全肿了，肿得很大。而且睡的地方是砖头搭的炕，不是木板床，吃饭呢就在队长家里吃饭。我一个人住，一到晚上腿就要抽筋。后来我就跟医生说我腿真的很疼，医生一看腿肿那么大，他就建议我回去治疗好了再回来。刘宝珺在十三陵水库那边修水库，他很少到我这边来。①

按照"干部下放锻炼时要考虑他们的技术专长"的指示精神，当地要求下放干部在劳动之余结合实际情况，做一些力所能及的科研工作。劳动半年后，组织上看中刘宝珺的地质专业优势，抽调他和同事邓尔新、牛玉芳到十三陵水库建设工地，通过调查测绘，完成了五千分之一大比例尺的十三陵水库地表断裂构造图。此后他又带着三个下放劳动的清华土木系学生做了西峰山小型水库的地质填图。做完水库填图后，又继续回到工地上干活。

在十三陵工地劳动期间，刘宝珺话不多，每天起早贪黑埋头干活，晚上躺在冰凉的炕上倒头就睡。他什么也不愿意去想，想也没用，现在不就是要全心全意地向工农学习么，把知识分子的身份全部褪去么？老不忘专业不行，得把专业忘了。他闭口不提自己的业务，"谁也不谈了，也不能谈，人家会说你还没有全心全意地向工农学习，所以我就全心全意地投入到思想改造里面去了"。但是偶尔在寂静的深夜，他会心里难受得睡不着，他想不明白自己的思想也不落后，拥护毛主席拥护共产党，一直以来对自己要求都很高，都是全心全意为人民服务，这样的思想实际上经过多次运动已经树立起来了，怎么就还被认为是"不彻底"呢？

非要说不彻底，我自己也不知道哪儿不彻底，还是全心全意想把工作做好吧。我们愿意把资产阶级思想把它去掉，一直还很努力。那你说我不努力，他也指不出来哪儿不努力。我觉得有些人有些偏见，

---

① 李艳阳访谈，2017年9月20日，成都。资料现存于采集工程数据库。

对知识分子的看法就有偏见，他认为你知识分子就不行，所以你再怎么也不行……①

刘宝珺好强，一心想用劳动成果证明自己这个知识分子可以在泥巴地里摸爬滚打，可以同工农群众打成一片，因此憋着一股劲跟别人比劳动，比体力，比思想改造。在水库工地上挑土，苦活累活抢着干，一人咬牙一次挑六个柳条筐，筐里的土压得扁担都快弯了，放在两肩上瞬间犹如千钧压顶，来回就是几百米，肩膀被扁担磨得没一块好肉……就这样干了几个月，中间还得三班倒，凌晨 12 点从炕上爬起来接班到第二天天亮。

小时候一起玩过的侄女鲍佩声当时也是北京地质学院岩石教研室的下放人员，比刘宝珺矮一级，在她看来宝珺是个很有才华的人，天性乐观，不易在困难面前轻易叫苦，跟身边的人都能合得来，十三陵劳动那么艰苦都还可以有兴趣讲点笑话，还老讲白胡子鬼故事吓唬她。

在长陵乡的下放干部鉴定表上，对刘宝珺从 1957 年 11 月 16 日到次年 5 月 15 日劳动表现的评价是："在本村劳动中表现肯干，对待社会公众积极负责，群众关系还好（能帮老乡挑水）。"②这样的劳动锻炼了青年刘宝珺，磨炼了他的意志，让这个大城市的知识青年对农民和广袤的中国农村土地有了更切身的体会和了解，但同时也因为不得不挣的劳动表现，他的一节脊背被压变了形，经常腰疼，上年纪后长期被腰椎间盘突出的疼痛折磨，就是当年落下的病根。李艳阳对丈夫当年"粉身碎骨浑不怕"的思想改造经历，很心疼也很无奈：

他也得挣表现，不挣表现不行。换一句话说他也是为了这个家，要把这个家搞好嘛，就是这个样子。③

1958 年，党中央提出了"鼓足干劲，力争上游，多好快省地建设社会

---

① 刘宝珺访谈，2016 年 5 月 28 日，成都。资料现存于采集工程数据库。
② 刘宝珺干部人事档案：鉴定表。资料存于成都地质矿产研究所。
③ 李艳阳口述，2017 年 9 月 20 日，成都。资料现存于采集工程数据库。

第五章　沉积而发　　**155**

主义"的总路线，用十五年或更短时间在主要的工业产品、工业产量上赶英超美。北京地质学院为响应国家1958年生产一千零七十万吨钢的宏伟目标，高举思想红旗，于当年6月积极组织动员四千余名师生员工，开赴北京西山、山东、山西、河北、河南、湖北、湖南、广东、广西、浙江、江西、福建、宁夏、甘肃等25个省区，进行普查找矿和二十万分之一及五万分之一区域地质测量。①

此时的刘宝珺夫妇，结束了大半年的下放劳动返回学校。刚一回学校，妻子李艳阳就被分到北京郊区的清河制呢厂，而刘宝珺则被安排与马瑾、何靖宇两位老师带领三十多名石油系二年级的学生至湖北地质局清江普查队开展生产实习。师生们在"教育为无产阶级政治服务，教育与生产劳动相结合"的冲天热情中，直奔湖北神农架，开展二十万分之一地质填图工作。

生产实习的主要任务是在武当山—大洪山区、清江—保康区开展地质测量及找矿。神农架地处湖北省西北部，地形为南高东北低，沟壑纵横，河谷深切，原始森林中以神农顶最高，高程约为三千一百多米，分为构造溶蚀地貌、溶蚀侵蚀地貌、剥蚀侵蚀地貌、堆积地貌等四种类型的地形单元，使得该区域地貌复杂多样。在生产实习中，师生从鄂西大山而上，沿长江一线经香溪河，攀陡峭山崖，一路险象环生，历尽磨难。6月的湖北已是酷暑难当，温度最高时甚至达到了四十度，刘宝珺带着十人小分队，跑路线，看地形，找断层，采标本，翻山越岭，风餐露宿，暴晒至手臂肩背脱皮，无数次从齐腰深的香溪河来回往返，穿着湿透的衣服在烈日下边走边晒干，有时候在神农架迷了路，只有靠指南针才走出原始森林，一次还被当地老乡误认为是蒋介石派来的特务而差点抓起来。队上的学生田启芳对刘宝珺的吃苦耐劳精神十分钦佩：

> 我是队上唯一一位女同学，个子不高，过河时刘老师牵着我，遇到更深的河段，还帮我把行李顶在头上。有一次，直到中午也没有找

---

① 赵鹏大：《励精图治五十秋——中国地质大学简史》。中国地质出版社，2001年，第165-170页。

到老乡，一个个饿得头昏眼花，幸好有两个同学带了一点包谷饭，却没有碗筷。刘老师说，来来来，我教你们吃抓饭。说着伸手抓了一把饭，稍微捏巴捏巴，塞进了嘴里。大家便学他的样子，你一把我一把，有说有笑地吃起"抓饭"来。虽说谁都没有吃饱，却是一生难忘的最香甜的一餐饭。①

图 5-2　1958 年刘宝珺离开北京前于天安门前留影（刘宝珺提供）

湖北大队为期三个月的区域地质测量及找矿取得了较好的成果，1958年湖北大队在"技术革新与科学研究"上专门就该区域的生产实习经验，发表了"关于检查验收工作质量的一些标准"文章，其中提出清江—荆山区的地层分布意见，并建议"在野外工作结束后由各中队领导和发动群众进行全面工作质量检查，以便为验收工作打下基础，创造性地达到国际水平或超过国际水平"。

早在刘宝珺出发到湖北之前，关于他的去留问题已经有了组织结论。当时北京地质学院内部斗争复杂，包括池际尚在内的一些业务骨干遭遇政治打压，刘宝珺作为池先生的入室弟子自然难逃被清理的命运。1958 年他动身湖北之前，已被告知要调离北京，去成都地质勘探学院工作。

1958 年 9 月，刘宝珺被"十二道金牌"速遣回京，当时李艳阳已接到派往南京地质学院工作的通知。"世上好物不坚牢，彩云易散琉璃脆"，一个月后，夫妻二人再次作别，各自分赴巴蜀与金陵。

---

①　四川省科学技术协会：《情满大地——刘宝珺院士从事地质工作六十周年》。四川科学技术出版社，2010 年，第 153 页。

第五章　沉积而发

遣至锦官城

1958年10月，正是巴山夜雨涨秋池的时节。二十七岁的刘宝珺告别了生于斯长于斯的华北平原，经蜀道入川，第一次踏上了陆放翁当年的宦游之地，由此开启了他扎根巴蜀大地，深耕沉积学研究的风雨人生。

在造化弄人的历史大环境下，去往成都地质勘探学院既是无奈之举，也是刘宝珺为自己的命运有限做主的人生机遇——去湖北大队之前，恩师池际尚迫于自身在北京地质学院的政治境遇，无法保全弟子留京，只能让他在西安交通大学、山西师范学院和成都地质勘探学院三所学校中，硬生生作出选择。

在刘宝珺看来，山西师范学院地质地理系主要是搞煤炭研究，自己志不在此；西安交通大学虽然名气很大，但是1956年从上海内迁至陕西后，着手组建的地质系毕竟是小系，力量单薄，一时间也很难吸引高水平的人才。成都地质勘探学院虽偏安西南一隅，但是作为继北京地质学院、长春地质勘探学院后兴办的全国第三所地质院校，1956年甫一成立，

图5-3 成都理工大学校门（原成都地质勘探学院。成都理工大学档案馆提供）

图5-4 成都理工大学西区第一教学楼（原成都地质学院教学甲楼。成都理工大学档案馆提供）

就以重庆大学地质系为基础,从北京地质学院、长春地质勘探学院、西北大学、南京大学等十多所院校和地方机构调集了一大批高水平专业师资,自身实力和发展后劲不可谓不强,"我既然搞地质,当然希望找一个环境比较好的,起点要高一些,所以我就到这儿来了"。

四川盆地是我国古老的油气产区,鉴于新中国在川开展的一系列油气勘探工作取得可喜进展,石油部在1958年2月确定第二个五年计划和1958年工作规划时,提出"要把四川作为全国十个石油勘探战略区域之一"[①]。当年3月,川中南充、遂宁、合川三个钻井区同时发现油气,震动全国。尽快在成都地质勘探学院组建石油系,为四川地区的石油地质勘探建设培养人才被迅速提上议事日程。

成都地质勘探学院早在建校之初就成立了石油与天然气及勘探系(以下简称石油系),设有石油与天然气地质及勘探专业,当年招生七个班共二百一十二人,但因招生规模过大,超出新建学校的承载能力,遂于1957年暂停招生,并将石油系一百三十九人调至北京地质学院学习,其余学生留校学习俄语。在地质部的整体部署下,1958年9月学校石油系重新恢复招生,北京地质学院石油系学生,按照"一三五班到成都,二四六班留北京"的原则,整编制地南下入川,加上一半的教员,总计三百六十三名学生和十几位教师被统一调至成都地质勘探学院石油系。北京地质学院当年石油系大三学生何起祥,对彼时去往四川的情景依然记忆深刻:

> 到了1958年的时候,川中有点(油田)方向,四川南充那边发现油田以后,中央就决定把我们这个系分一半到四川成都去。有三个班到了成都,我们班的就整个编制地迁到成都去了。我是1958年跟学校老师出野外实习,我们到了湖北的巴东,出完野外以后,我们师生就坐船就到四川成都了,到重庆,换车到的成都。[②]

[①] 李玉琪等:从石油天然气勘探的历史经验重新认识四川盆地。《西安石油大学学报》(社会科学版),2014年第23卷第5期,第56页。

[②] 何起祥访谈,2017年4月14日,北京。资料存于采集工程数据库。

第五章　沉积而发

1958年，经过调整后的石油系汇集了以罗蛰潭、陈庸勋、罗志立、童崇光、王允诚等为代表的高水平教师，师资力量得以充实，北京地质学院学生的调入，使生源质量等也有很大提高，彼时的石油系很快就在教学、科研、学科建设等各方面站稳脚跟，打出了名气。而此后从成都地质勘探学院石油系走出的学生，以地质勘探见长，大多被分配到大型石油单位并成长为业务骨干、领军人物，他们参加全国各盆地油气勘探会战，足迹踏遍祖国的三山五岳，为我国尤其是西南地区石油地质开采事业发挥了重要作用。

初到成都地质勘探学院，刘宝珺几乎是"放下被子"旋即奉命前往南充，和北京地质学院石油系的十几个教师一起投入当时名噪一时的"川中会战"。

在1957年毛泽东主席"四川大有希望"题词精神的感召和鼓舞之下，四川盆地的油气勘探工作一路高歌猛进，次年3月，南充构造充三井、龙女寺构造龙女二井、蓬莱镇构造蓬一井，相继在凉上段、凉高山组、大安寨组喷出工业油流，日产油分别为六十多吨、三百多吨、一百多吨。4月底，广安构造也喷出工业油流，9月17日，长垣坝构造钻出一口高产气井。四川盆地的一系列重大发现，促使石油部下定决心在四川盆地进行夺油大会战。①

从1958年4月开始，全国各油田骨干奉命入川，几个月内参与会战的职工多达三万六千余人，川中的蓬莱镇、龙女寺、南充、合川、营山、广安、罗渡溪等七个构造带分布了六十八台钻机，南充、蓬莱和龙女三个主攻目标确定了二十口关键井，整个夺油会战在"黄沙百战穿金甲，不破楼兰终不还"的豪迈声势中拉开了大幕。

刘宝珺等人抵达南充石油勘探大队的时候，油井矿区正处于紧张忙碌的地层研究、地质勘探阶段，迫切需要专业技术人员帮助开展岩石、地层、古生物、大地构造等一系列基础性地质工作。成都地质勘探学院石油系的优势正好集中在石油开采的前端，因此这群骨干教师的到来无疑是一

---

① 李玉琪等：从石油天然气勘探的历史经验重新认识四川盆地。《西安石油大学学报》（社会科学版），2014年第23卷第5期，第56页。

场"及时雨",解决了一系列地质基础理论研究的技术难题,在专业基础、微观实验分析等领域展示了过硬的业务素养。刘宝珺在多年后回忆起这段经历,强调了理论与实践的结合对地质工作者的重要性:

> 学校老师的重点研究就是这一方面。有些地质员他看得多,但是他比较局限,文献可能也看得比较少,从基本功来讲的话我们互相交流,双方都得益。我们也学到了很多东西,实际的东西开阔了眼界,这些经历也很重要,因为你没有到现场去看,你就没有亲身体会,很多学问光看书是学不到手的。他们向我们当然也学习了一些东西,有些基础理论当然我们要学得好一些,搞教学这方面比较重视一些。到现在学生生产实习这个非常重要,不然在学校念四年毕业了,出去了不知道怎么做,什么东西都不认识那也不行。①

在南充的两个多月,干劲十足的刘宝珺主要负责岩矿的分析鉴定,在地层对比及泥样方面积极主动提出意见,常常不辞辛苦跑到很远的井场取岩样,与此同时他还耐心细致地教鉴定组的同志学习颜色分析技术方法,在同吃同住同劳动的艰苦集体生活中,很快就和成都地质勘探学院的教师们、工地上的技术员们相熟了,并在南充石油钻探大队综合研究队的评优中被评为"上游":

> 该同志在参加川中会战中,工作积极肯干,能吃苦。较圆满地完成了所担负的分析鉴定任务。
>
> 团结互助精神好,与同志的关系融洽,在工作中能带动大家一起干,且能抓紧时间将自己的技术耐心教给大家,使鉴定组的同志学会了颜色分析、对工作帮助很大。②

---

① 刘宝珺访谈,2016年7月7日,成都。资料存于采集工程数据库。
② 刘宝珺干部档案:南充石油钻探大队综合研究队对刘宝珺同志的鉴定。1958年12月23日,原件存于成都地质矿产研究所。

成都地质勘探学院的教师在 1958 年年底便返校上课了，而声势浩大的"川中会战"因未取得预期效果，也于第二年 4 月鸣金收兵，探明的南充、蓬莱、龙女、合川、罗渡、营山六个油田均不能稳产，相当数量的油井在短时间出油后即处于关停待报废状态。从某种意义上讲，川中石油会战一直存有"砂岩孔隙出油"和"裂缝性油藏"两种学术观点的争议交锋，由于当时根据地质学的研究和惯常勘探经验，对侏罗系地层的砂岩孔隙出油理论存有盲目坚持，导致在特殊的历史背景下置科学规律的客观性而不顾，对以川中矿务局总地质师李德生、南充大队地质师李克勤等为代表的"裂缝性油藏"观点持有者采取了政治批判的态度，应该说经验主义主导、政治挂帅是当年川中石油会战黯然失败的主要原因之一因素。

从南充回到成都，刘宝珺正式开始了成都地质学院石油系岩石教研室的助教生涯。当时学校鲜有教师讲授沉积岩课程，年纪轻轻的刘宝珺因在北京地质学院任教期间曾上过沉积学研究方法一课，因此担纲了石油系高年级三个班的沉积岩石学课程，负责一个班的野外教学实习，同时从事部分科学研究工作。

古生物地层、构造和沉积岩是石油系分量最重的三大主干课程，但在绝大多数学生眼里，沉积岩是岩石学系统课程中最乏善可陈的一门。譬如搞岩浆岩，可以通过观察岩浆活动了解岩石特性，或者通过显微镜对大个儿颗粒进行光性鉴定，很容易产生兴趣；但是沉积岩暮气沉沉，成分复杂不说，还要做很多烦琐的分析，尤其是从其他岩石的碎屑中沉积形成的碎屑岩，多是靠经验来讲述岩体结构，谈不上科学的标准和原则分野，因此很多学生们都不乐意上这门课。

当时岩石教研室资历较深的曾允孚、戴东林两位教师正在北京大学进修（1957 年 10 月至 1959 年 8 月）。放眼望去，初来乍到的刘宝珺就已是教研室里科班出身、学历最高的教员。因为要主讲高年级三个班的沉积岩大课，他陡然感到身上的担子重了——在北京地质学院时遇到问题可以随时找老先生们请教，可是在这里"有问题都没地儿去问，一般都找不到请教的人"。任务吃重也没办法，只能靠自力更生，他硬着头皮挑起大梁，和同事夏文杰承担起了沉积岩的教学课任务。

那段时间他逼着自己埋头苦读，看了大量苏联和欧美文献资料，同时结合读书时的教材和笔记撰写教案，在课堂上给予学生大量丰富新鲜的知识。为了讲好这门课，他时常在随身揣着工作记录本上记下自己的心得体会，就石油专业对沉积岩的要求，他曾写下十一条意见，如"石灰岩、白云岩的鉴定一定要好好做，野外很需要""在地质学基础中，一定要把岩石各论部分讲一些，因此可以给以后的岩石学减轻很大一部分力量"等。学校当时提倡开展日常的校内外教学、生产劳动、科学研究"三结合"活动，刘宝珺在自己的学习手稿中专门就"三结合"十分诚恳地写到"教师要发挥良好的主导作用，就是要有高度责任心，备课充分，讲课认真，讲学生所需要的知识，及时答疑，写好教材或者选好教材，真正切实提高教学质量"。[①]

大三的何起祥在北京地质学院时就已经学完了岩浆岩、变质岩、光性

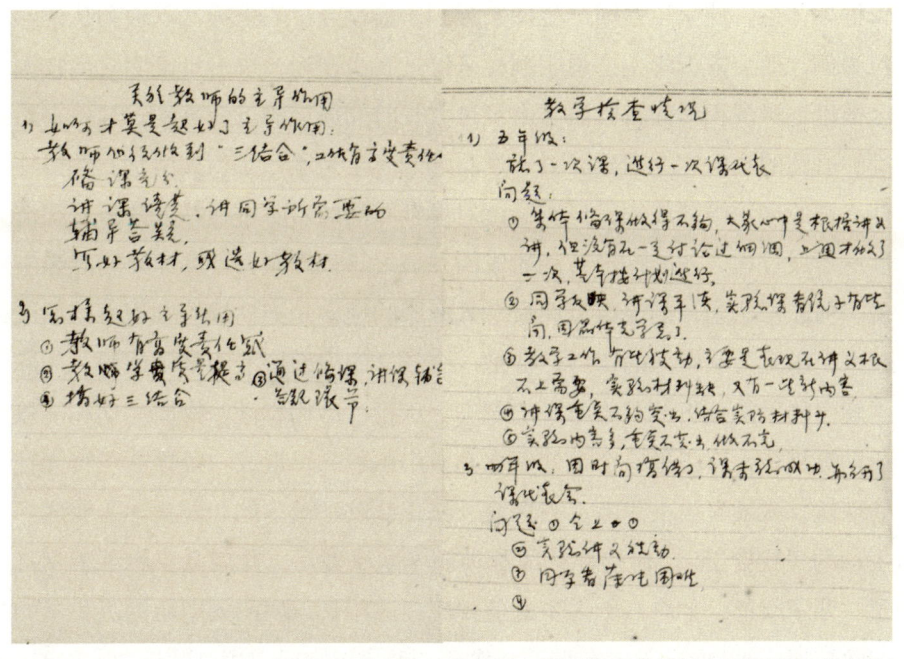

图 5-5 刘宝珺 1955 年至 1965 年间工作笔记（资料来源：刘宝珺）

---

① 刘宝珺 1955 年至 1965 年间工作、学习散记。资料存于采集工程数据库。

矿物等岩石方面的基础课,在成都地质勘探学院的第一堂沉积岩石学课上,年轻助教刘宝珺给他留下了深刻印象:

> 刘老师个子很高、长得很帅,那么来给我们上课真是风度翩翩。看起来非常有教养,就是说是一个有知识的、比较文静、讲话慢条斯理的,不是锋芒毕露的那么一种情况。而且比较谦虚,对学生态度都比较好。所以我们对刘老师有一个好的印象。①

对沉积岩石学这门佶屈聱牙、复杂沉闷的课程,刘宝珺反对照本宣科,而是像他清华、北京地质学院时曾经教授自己的那些先生一样,采用深入浅出的启发式教学调动学生们的兴趣,使学生真切感受到这门课的重要性。他的口才极好,在课堂上从沉积岩是从怎样的环境中形成的娓娓讲起,水到渠成地引出沉积岩的特征,从而建立起沉积岩的成因和特征的逻辑框架体系,使学生逐渐产生探索沉积岩前世今生的兴趣。以棱角状的颗粒为例,他会告诉学生这说明颗粒未经过多少搬运,进一步证明它离物源区很近,对沉积学而言就属于未经过太长时间搬运的近源沉积,其发育历程和磨圆的颗粒完全迥异。对于学石油的学生来说,必须搞清楚石油是在什么样的环境中形成的,只有通过对保存石油的岩石进行特征分析,厘清油气形成过程,才能推导石油的成因并最终寻找埋藏在地壳深处的黑色宝藏。何起祥认为,刘宝珺授课最令人佩服的地方是把枯燥的知识讲得活泼起来,吊足大家学习的胃口,他把一个放之四海而皆准的基础课程,用庖丁解牛的手法分析沉积岩石学的原理、历程、产物特征、物质运动和能量运动等规律,真正把一个个知识点有机串联起来,形成一条极富逻辑光芒的珠链,激发学生去思考、去探究,真正从以往被动的"要我学"变成了主动的"我要学"。何起祥从成都地质学院毕业后,此后几乎和沉积学打了一辈子交道,如今八十一岁的他视比自己年长五岁的刘宝珺为沉积学的启蒙教师,他的回忆生动细腻,感喟于引路人对自己一生至关重要的影响:

---

① 何起祥访谈,2017 年 4 月 14 日,青岛。资料存于采集工程数据库。

他上课上得非常好，对一些科学问题理解都比较深，比较有吸引力，一下子就把我们同学的兴趣都提起来了，大家都觉得沉积岩很有意思，很愿意搞沉积岩，当然跟我们石油专业也有关系。为什么选沉积岩呢？刘老师对我影响非常大，他讲课讲得那么好，讲了那么多科学问题，我觉得刘老师讲课是花了很大的心血的。

沉积学是那么了不起的一门科学，所以我愿意搞它。这也可以说是决定了我的一生吧，我后来搞沉积岩石和这个有关系。

我一生中有三个了不起的老师，一个是刘老师，是我的启蒙老师，所以我非常幸运。①

一学期的沉积岩石学课结束后，学生们普遍反映刘先生讲课内容翔实丰富，观点新颖具有前瞻性，很有吸引力。他不仅理论结合实际传授知识，介绍新进展，而且通过追溯源头，打通了沉积岩知识体系的任督二脉，让沉积岩石学这门"爹不亲娘不爱"的课程变得生动有趣，受到了学生们的极大欢迎。

当时的成都地质勘探学院岩石教研室，以曾允孚、戴东林、刘宝珺和夏文杰为代表的四名业务教师，在政治挂帅的大气候下成为岩石教研室倡导并致力于学术研究的一股支柱力量。

讲师曾允孚1927年生人，毕业于重庆大学地质系并留校任教，1952年在北京地质学院短暂学习工作一年后，于1956年从重庆大学调往新成立的成都地质勘探学院，主要担任岩石学、沉积岩石学、岩相古地理实验及授课，在成都地质学院历任岩石教研室副主任、主任，是当时教研室资历最深的教师。

戴东林曾是刘宝珺高中时南开女中的同学，毕业于北京大学地质系，1952年至1959年在北京地质学院岩石教研室任教，其间在北京大学进修研究生课程，后调往成都地质学院，教授沉积岩、岩石学、岩相古地理等课程，主要从事陆源碎屑沉积相遇古地理研究。

---

① 何起详访谈，2017年4月14日，北京。资料存于采集工程数据库。

比刘宝珺晚两届的夏文杰，1955年毕业于北京地质学院矿产地质普查及勘探系，后留校任教，于1959年10月调成都地质学院，主要为石油、找矿专业学生讲授包括晶体光学、普通岩石学和岩相古地理等课程。

待曾允孚和戴东林从北京大学苏联专家进修班结业返蓉后，沉积教研室的专业师资水平得以进一步巩固提高，四人经常一起探讨沉积地质的教育理念，合作开展科学研究，成为了沉积教研室业务最拔尖的"四大金刚"。在课堂上，四人授课各具特色，更多的是"授之以渔"，教授学生做学问的思考方法，让学生们甘之如饴，加深对沉积岩石学的认知认同，师生们相处十分融洽。

从上世纪五十年代末六十年代初开始，全国岩石学研究领域逐渐呈现出"三分天下"的局面：北京地质学院以岩浆岩见长，长春地质学院在变质岩研究方面成果丰富，成都地质学院则是在沉积岩领域具有优势。1961年，地质部要求全国地质类院校使用统一规范教材，并下达《关于教材编写原则的一些意见》（［61］地教字第21号），并附《地质部地质学院各专业课教材分工编修任务书》一份①，指定成都地质学院负责全国的沉积岩石学统编教材。为能按期完成地质部下达的任务，教研室组织了专门的编写小组，由曾允孚、戴东林、刘宝珺、夏文杰及周铭浩五人集中力量，密切分工，甚至连出野外时都开夜车开展编写工作，最终在1961年10月和11月，由中国工业出版社出版了《沉积岩石学》《沉积岩石学附编——沉积岩研究方法及实验指导书》《沉积相及古地理教程》。此外，成都地质学院还组织编写了《地质学》《结晶学及矿物学》《矿床学简明教材》《地球物理勘探教程》等教程，由吴崇筠主编的《沉积岩石学》亦在同年公开出版。这些教材、专著的出版，结束了由外国学者的著作占领我国高校课堂的局面。②

1991年，刘宝珺被推荐为中国科学院学部委员时，对其时的统编教材教学科研价值有专门评述：

---

① 报送有关教材编写情况及今后修编意见。1961年11月23日。原件存于成都理工大学档案馆，1-1961-JW-5.0006。

② 刘宝珺：中国沉积学的回顾和展望。《矿物岩石》，2001年第21卷第3期，第3页。

六十年代主编的《沉积岩研究方法》[1]、与戴东林合编的《沉积岩石学》及与曾允孚合编的《沉积相及古地理教程》总结了当时国内外最新成果，是我国第一部沉积学专著，被用作大专院校统编教材。书中系统提出了沉积作用、岩石特征、分类，特别是关于岩相古地理的分析方法、编图程序及规范的建议，被国内广大地质和石油地质工作人员采用，具有很大影响。[2]

由于四川境内的沉积岩分布广泛，尤其东部地区，自震旦系到第四系都有生成，是研究发育沉积岩的天然地质场，沉积教研室凭借较好的师资条件，逐渐开辟了两大研究方向：一是碎屑岩、砂岩、砾岩方向，二是碳酸岩、石灰岩、白云岩方向。在此后几十年的岁月里，这"四大金刚"精诚合作，戮力同心，在沉积岩石学教材编著、沉积岩石学分类研究、泥沙运动力学与沉积构造的研究、沉积岩相古地理研究和编图、研究生人才培养，以及多个重大科研项目中互相支持，彼此促进，开创并推动了沉积学在成都理工大学[3]的大发展，曾允孚和刘宝珺被公认为该校沉积地质学的两大奠基人。尤其难能可贵的是，他们四人在政治风云动荡的历史岁月里，曾作为"四大反动学术权威"被揪斗，但始终风雨同舟，不打肚皮官司，不当"两面人"，不搞政治上的"穿靴戴帽"，一心一意地只考虑把工作做好，因此很快形成了优势特色显著的研究方向，取得了一系列重要研究成果，培养了一大批具有扎实的地质学基础理论，具有学术创新能力、开拓精神和独立从事沉积学学科领域高水平科学研究工作能力的高层次人才。正因为如此，刘宝珺后来曾在不同的场合就学科发展问题告诫后生，"团结不是学科发展唯一的因素，但是很重要的一个因素。"

成都地质勘探学院沉积岩石教研室后来发展为成都地质学院沉积地质研究所（1985年），后又阔步成为成都理工大学沉积地质研究院（2005

---

① 即《沉积岩石学附编——沉积岩研究方法及实验指导书》。

② 411-1，地质矿产部：中国科学院学部委员候选人推荐书。1991年1月25日，第79页。原件存于中国科学院学部联合办公室。

③ 1956年成都地质勘探学院年成立，1958年更名为成都地质学院，1993年更名为成都理工学院，2001年与四川商业高等专科学校、有色金属地质职工大学合并组建成都理工大学。

第五章　沉积而发

图 5-6　1977 年刘宝珺与原成都地质学院岩石教研室同事合影（刘宝珺提供）

年），现是我国高等院校唯一一所专门的沉积地质学专业高层次人才培养和科学研究机构，拥有地质学一级学科博士学位授予权、地质学博士后流动站、两个博士点（沉积学、古生物学与地层学）、一个省部级重点学科（古生物学与地层学），同时也是"构造地质学""矿物学、岩石学、矿床学""第四纪地质学"博士点建设支撑单位之一。沉积地质研究院前任院长陈洪德[①]，在本科和博士期间曾受教于刘宝珺和曾允孚，他十分感念以两位先生为代表的学校第一代沉积岩石学开拓者，殚精竭虑，不计个人得失，为沉积地质研究院发展所作出的卓越贡献：

[①] 陈洪德（1956— ）：成都理工大学教授，博士生导师。1979 年毕业于成都地质学院找矿系勘探专业；1981 年毕业于同济大学海洋地质系海洋沉积专业，获硕士学位；1988 年毕业于成都地质学院沉积地质研究所沉积学专业，获博士学位。主要从事沉积地质学和石油地质学领域的研究工作，先后对右江盆地、鄂尔多斯盆地、塔里木盆地和四川盆地的沉积体系、层序地层学、沉积盆地性质及演化、储层特征及成藏地质条件等开展了系统深入的研究工作。（资料来源：成都理工大学档案馆）

图 5-7　2002 年成都理工大学博士研究生毕业论文答辩会（刘宝珺提供）

  现在在国内都比较公认，包括大学、研究单位在内，（成都）理工大学的沉积学是影响最大的，沉积地质学研究是名列前茅的。所以，我们学校的沉积学从发展到形成今天这种优势和特色，都是在刘老师和曾（允孚）先生的指导下面一路走过来的。而且刘老师对我们沉积学的影响还有一个就是形成了团结和谐的科研团队。这个也是老先生们带队带得好，才使我们有这样一种良好的风气，一直保持和发扬的精神和传统。跟其他学科比起来，这也是我们可以自豪的一个地方。①

  1959 年秋，南京地质学院撤销。当时在南京地质学院俄文教研室工作的李艳阳，因丈夫已调到成都地质学院，服从组织安排，跟随部分干部和教师调入成都地质学院工作，夫妻二人得以团聚。1960 年，大女儿在成都出生，为了纪念移居芙蓉锦官城这段离合岁月，夫妻二人给孩子取名"刘蓉"，不久儿子刘石也从天津接到了成都，一家四口正式在成都地质学院

---

① 陈洪德访谈，2016 年 12 月 27 日，成都。资料现存于采集工程数据库。

二十多平方米的教工宿舍里安了家。

1960年，按照"大跃进"大发展的设想，石油系原设的"石油""物探"两个专业分别被改为石油系、物探系，同时还增设了找矿勘探和石油专业的四年制研究生班。刘宝珺开始协助曾允孚、戴东林指导研究生。

成都地质学院招收的首批研究生均是由本校保送，其中石油系五人，找矿系四人，1955年在北京地质学院读书时就与刘宝珺相识的邱东洲，成为了他带的第一个研究生。刘宝珺在邱东洲身上倾注了全部的心血，彼此对研究生精心培养的程度，放在现在一个导师带十几个研究生的情形中是不可想象的。在做碎屑岩的粒度分析实验时，他采用筛析法为邱东洲演示：把样品倒入震筛器后，将过筛后的试样按照细粒、中等颗粒、粗粒的顺序层层取出，通过分别称重按照各级碎屑重量做好记录，并计算出各粒级重量百分比及累计百分比含量……这个细致的场景至今让让邱东洲终生难忘：

> 我很荣幸是刘老师指导我的沉积岩学习，他当时讲课很生动，加上他研究生很少，又是第一次带研究生，所以对我很好，特别是看玻片环节。我们看显微镜呐，他就给我说这个应该怎么看怎么看，有时

图5-8 1959年刘宝珺与妻子李艳阳在西湖的合影（刘宝珺提供）

图5-9 1960年刘宝珺妻子李艳阳与儿子女儿的合影（刘宝珺提供）

候看不懂了我就问他。特别是做那个粒度分析的时候,他都是亲自来教我做。

因为是研究生,我也要带学生,主要带本科生上沉积岩课,指导学生做沉积岩的实习。因此我就要备课。备课的时候,刘宝珺老师就要亲自带我,说明天学生你要怎么带。那个时候真是手把手来教我。这个恐怕是空前绝后了。所以他在带我学沉积岩石学的时候,真的是手把手在教我。所以前段时间学校六十周年校庆时,我返校见到他非常的感动,我很荣幸能接受他的指导。我在成都地质学院上了四年研究生,这四年研究生的学习里面,刘老师对我帮助非常大,非常大。他自己都曾说,我从来没有像带你那样的来带研究生。[①]

余光明和朱宏发作为第二批研究生,在岩石教研室当助教。当时曾允孚、戴东林、刘宝珺、夏文杰组成了一个辅导组,专门带两个学生开展教研活动。余光明脑子活,遇到自己不懂的或者感兴趣的课程,总是铆着劲儿要把问题吃透。当时实验室有一台从西德进口的费氏旋转台,是显微镜下的一个两半球形装置,可把矿物薄片夹在里面进行旋转观察,学习起来比较困难。费氏台价格昂贵,属于教研室搞岩石鉴定最高端的仪器设备,别说本科生没机会摸一下,就连余光明这些研究生也不允许碰,听完老师的讲解后就只能过个眼瘾,啥也学不了,心里不免有些意见。余光明记得后来换了刘宝珺教他们费氏旋转台法时,情况就不一样了,"仪器很宝贵,你们小心一点就是了,放手去学就行",乐得余光明常常跑到实验室去练习费氏旋转台的操作,不懂就问刘宝珺。恩师池际尚在清华时代曾手把手教刘宝珺使用费氏台,刘宝珺深知实践动手操作的重要性,"试验试验,不实际操作怎么检验呢?"他通透豁达,温和良善的待人方式给余光明留下了深刻印象。

---

① 邱东洲访谈,2016 年 11 月 28 日,成都。资料存于采集工程数据库。

"白专"道路

从 1958 年起，由于受"左"的思想干扰，成都地质学院政治运动不断。1958 年，学校组织师生员工学习贯彻中共八大二次会议制定的"鼓足干劲，力争上游，多快好省地建设社会主义总路线"；同年 8 月，拟定《成都地质学院 1958—1962 年跃进规划（草案）》；1959 年下半年开展了反对"右倾机会主义"的斗争；1960 年，在教学大检查的总结报告中提出了"高标准、高质量、高速度，苦战两年，争取成为全国的先进地质学院"的口号。① "反右倾，鼓干劲，大跃进"成为学校当时的主导思想，并在 1960 年后愈演愈烈发展成为高潮。

在向党交心，拔白旗，插红旗，批判资产阶级教育思想和学术思想等一系列"兴无灭资"思想斗争过程中，学校一些"从旧社会来的""受旧的教育""家庭出身不好"的教师被视为政治上的异己遭受排挤，一些具有知识分子独立人格的群体，尽管在教书育人、科学研究方面有所建树，但仍遭遇不公正打压。"木秀于林，风必摧之；堆出于岸，流必湍之；行高于人，众必非之"，试图独善其身的刘宝珺，因被指只埋头学习、钻研业务，不关心"政治"而被划为了"白专道路"类型。

在全盘苏化的狂热浪潮下，当时一边倒地认为苏联已经征服了世界科学的群峰，是唯物主义的集大成者，同时主张彻底在社会主义中国拔除欧美学术的"唯心主义"大毒草。成都地质学院在"左"的思潮影响下，对以欧美学术为代表的"资产阶级"教育思想和学术思想进行了批判，当时只允许看苏联文献，教师上课也是绕开欧美学派，完全照搬苏联模式进行课堂教学，学生用的几乎都是苏联教科书，或者根据苏联的沉积岩石学编的教材，西方内容非常少。刘宝珺并不认同"欧美的东西就等同于

---

① 成都理工大学校史编写组：《成都理工大学校史（1956-2006）》。西南交通大学出版社，2006 年，第 10 页。

唯心论"这种一刀切的观点,甚至担心全面学苏的倾向会影响客观的学术研究,但是在特殊的政治气候中,他只能把这种冒天下之大不韪的想法摁在心底——在很多人看来,他从北京被派遣至成都无疑就是发配沧州,一个出身资产阶级家庭、参加过旧社会"三青团"的人,一个政治目标不明确、只专不红的人,不加强思想改造,不把苏联老大哥放在眼里,那就是资产阶级个人倾向还没有从骨子里揪斗出来。

刘宝珺需要给自己和家庭找一个安身立命的空间,哪怕只是窄窄的一条缝隙。

当时在课堂上讲欧美学派的风险很大,一般的老师为了不犯政治错误,选择拿着苏联教材照本宣科,既安全又省心。刘宝珺谨言慎行,十分注重沉积岩石学课的规范性,但是让何起祥等一众学生十分钦佩和尊重的是,他在不僭越雷池一步的同时所表现出的勇气和智慧。刘宝珺不会在课堂上公开讲欧美学术思想,而是将苏联和欧美的学术思想融会贯通,变成自己独有的见解,慢慢渗透到教学过程中,让学生思维更加开阔,同时也让别人抓不住自己的政治小辫子。何起祥对刘宝珺上的沉积岩石学非常着迷,他觉得刘老师虽然年轻,但是研究造诣很深,在备课上下了大功夫,知道怎样去把科学问题讲透彻,怎样把学生引导到科学研究的道路上,是一个真正富有创造力的老师,学生在刘老师的课堂上学到的不光是知识,是一整套思考问题的方法:

> 我估计他看西方的东西看的比较多,所以他有的时候就会讲一些在科学问题上面,不同学派、不同国家、不同科学家对观点的(不同)看法,那么这种东西对学生来讲恰恰是非常好的一种教育……我们过去说教师是人类灵魂的工程师,什么是人类灵魂的工程师?你是跟灵魂打交道的,你要把他的积极性,内在的因素,把他的能动性调动起来,刘老师就是这么一个老师,讲课讲得非常好。所以说为什么学生喜欢他,就是这个道理。也可以这样说,现代的一些老师都应该像他学习。所以,毕业以后,多少年我们并没有和刘老师有什么直接接触啊,也没有当过他的研究生,也没有在他下面搞过课题,但是谁

都记得他。①

在大跃进思想的影响下，当时全国各大院校掀起了一股师生共同编写教材之风。成都地质学院以敢作敢为的共产主义风格，在"赶英超美"思想方针的指导下，批判专家学术路线，大力发动群众，提出以学生为主导编写"达到世界水平"的教材。时值大三的余光明参与编写了地貌学教材，对此理解就是"把世界上最好的教材拿来，我们把它一编就是世界上最好的"。他第一次听到"刘宝珺"这个名字并留下深刻印象，源自同班同学廖国新1959年在学校食堂洗碗槽上贴的一张小字报。这张小字报以"我们的刘老师"为题，感谢了刘宝珺对学生的悉心教导——廖国新参与编沉积岩教材时，连沉积岩石学都还没学，完全是一头雾水，刘宝珺不仅不计较这群学生的零基础，而且十分耐心地给大家讲解沉积岩基本原理、概念的含义，启发学生提高认识、分析和解决问题的能力，让大家深受感动，所以专门写了一张小字报感谢"我们的刘老师"。余光明多年后回忆，这是他"第一次听到这样一个名字，有这样一个对学生非常温和的老师"。当时学校师生联合编写的所谓教材，最终都不了了之，"这种教材学校编了就印，你想象不到那种困难。那个时候自己学用铁笔蜡纸手刻教材，书的颜色就跟爬了地的裤子的颜色一样，是非常粗糙的纸，看都不想看。国家又很穷又很困难，难以想象。"

上课深受学生欢迎，对人谦和，工作态度认真，不仅未能成为防止刘宝珺挨整的护身符，反而成为他被批判的"罪状"——这不就是只专不红的资产阶级白旗吗，只片面注重业务而忽视思想政治工作，要把刘宝珺这样的资产阶级白旗彻底连根拔起！这种"专等同于白"的思维，导致当时的成都地质学院教学科研秩序被打乱，浮夸不实之风蔓延，贻害深远，伤害了刘宝珺等一批实事求是、认真钻研学术的知识分子。何起祥多年后回忆起这段荒唐历史时，直言当时十分同情刘宝珺所面临的政治困境，但刘老师在学生心目中的美好印象却始终未曾改变：

---

① 何起祥访谈，2017年4月14日，青岛。资料现存于采集工程数据库。

我们也知道刘老师当时的处境并不是很好，总是要挨点批判什么的。他不是那种当时认为的又红又专的标兵，相反的，教研室还认为刘老师是比较落后的一个人，只搞业务，只专不红的。这个想法跟我们学生的思想上差距就相当大，我们就认为刘老师是一个好老师，是一个红的老师。因为他是通过他的业务，通过他的教学为人民服务的，为中华人民共和国服务的。我觉得一个好老师首先得把书教好，教好之后才是为政治服务。他确实在我们同学心目中是偶像，是个样板。①

　　从1958年开始，刘宝珺就利用自身的俄文优势积极阅读苏联文献资料，同时和来校的苏联专家，如萨尔基相等人在岩相古地理方面有直接接触，对苏联当时在沉积岩石学方面的学术思想进行了相对系统的研究，并从1958年起开始大量翻译俄文文献。次年5月他翻译的著作《岩石结构 第一册 岩浆岩》一书由地质出版社出版（波洛文金娜、叶戈罗娃等编著），文中翻译了几乎所有的岩浆岩结构术语，在岩石学的科学研究或大学的岩石学教学中，既可以被当作参考书也可以作为手册；1962年，他参与校对的《沉积岩矿物》②阐述了在野外和从钻孔中采集沉积岩标本的方法以及沉积岩的野外描述和实验室分析的方法，对各种矿物作了系统的描述，并附有矿物鉴定表，关于含油沉积层的对比法及其形成时期的古地理也作了详尽说明，适用于在科学研究所、实验室以及在各种地质队和地质勘探队各种的广大矿物学者与岩石学者；1964年，他根据日本小西（日本矿叶会志第71卷第806号）摘录自A. H.杜瓦利茨基1948年发表的文章，翻译了《乌拉尔含Cu黄铁矿床之成因问题》③。较之文献翻译的数量，他更看重翻译文献的应用价值，也就是在自己看懂的基础上，将苏联文献中有价值的学术成果用于解决实际教学科研问题：

---

① 何起祥访谈，2017年4月14日，青岛。资料存于采集工程数据库。
② H. A.普列奥布拉人斯基、C. F.萨尔基先：《沉积岩矿物》。中国工业出版社，1962年10月。
③ 刘宝珺1955年至1965年间工作、学习散记，1964年，第1-8页。原件藏于馆藏基地。

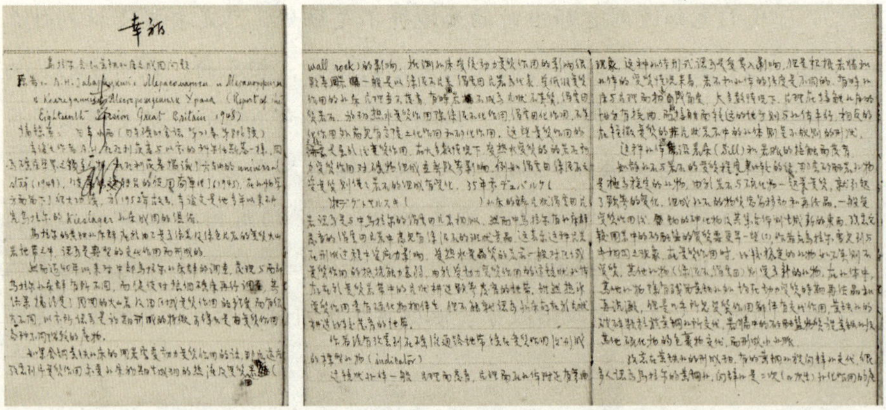

图 5-10　刘宝珺 1955 年至 1965 年间工作、学习散记（资料来源：刘宝珺）

  一个人专著有多少本，有多少篇文章，而且你这个文章又有多少 SCI，这种我觉得程式化了不见得有多好。有的人可能论文不多，但他每一篇论文都是非常重要的，爱因斯坦重要的就一个公式，提出来一直沿用到现在。所以这个问题不能这样形式主义的这种教学，不好。对我个人来说，我没统计过，有的东西我是翻出来给大家看的，有的东西我没翻出来我写教材里了，根据我的理解把它放在什么位置、扩大到什么程度、解决哪些问题、关键在什么地方，把这事情给学生讲清楚很重要。你写再多文章有啥用处，关键你这思维方式。①

  因翻译苏联沉积学方面的资料逐渐在业内有了名气，中国科技情报所从 1963 年起，专门委托刘宝珺翻译介绍苏联知名的《沉积学文献》。他小心翼翼地掂量了一下，觉得"学习苏联，介绍苏联文献总归是政治过硬的表现吧"，于是经常利用晚上时间开夜车，每两个月翻译一期文献，每期九十元的稿费还能补贴紧巴巴的家用，有时候任务太紧还请外文教研室的老师帮着做。但是好景不长，1964 年上映的话剧《千万不要忘记》对职工业余时间打野鸭子这种"阶级斗争新动向"进行了严厉鞭挞。学校环顾四周一看，沉积教研室的刘宝珺业余时间搞翻译，重业务轻政治，投机倒

---

① 刘宝珺访谈，2016 年 7 月 7 日，成都。资料存于采集工程数据库。

把，不就是"打野鸭子"的典型吗？为了"堵塞资本主义倾向"，校方没收了刘宝珺的全部稿费收入，还专门发函到北京，要求不准再委托刘宝珺翻译文献。

"只专不红""走白专道路""打野鸭子"，一顶顶政治帽子接踵而至；多次申请入团，次次都被拒之门外；努力参加各种政治学习，认真发言，认真写心得体会，但始终遭遇政治歧视，被视为没有树立无产阶级革命人生观的落后分子。人云亦云者背后的嘲讽和哂笑让刘宝珺芒刺在身，很多想不通的问题盘桓在脑海里，精神上十分痛苦，他很想理直气壮地大声问一句，"说我是白专，难道做自己的专业有错吗？"

刘宝珺忍气吞声，但又不甘心就这样被人误解，不甘心困坐斗室。对自己心爱的专业，他说什么都不肯放弃，甚至觉得在处境艰难的时候，充耳不闻那些嗡鸣之声，坚持钻到科研中，是自己唯一的寄托和希望所在。

1959年年底，中央召开全国高等学校研究工作会议后，成都地质学院按照"高等学校是开展科学技术研究工作的一个方面军"的重要指示，鼓足干劲，只争朝夕，以"一天等于二十年"的政治热情，实施党委领导下的师生相结合，高年级与低年级的同学相结合，大中小项目相结合，经常性的研究工作和突击献礼相结合。[1] 学校要求克服右倾思想，大搞群众运动，在人力组织、时间安排、工作计划和实际行动中充分发挥主观能动性，将科研工作贯穿到室内教学和野外教学，以及生产劳动的各个环节中去。刘宝珺为此在1959年积极承担了五一献礼项目"利用有机色剂来对含黏土的岩层油区油矿，作为录井方法的研究"[2]，作为教科书及产业部门以外及实验工作方法指南；1959年他又承担了国庆献礼技术革新和科学研究项目"杰累光率计试作及改进意见"，为解决高折光率浸油配制问题提供仪器。

然而，他的所有付出并没有得到公正善意的对待——在职称评审的关

---

[1] 赵拓：鼓足干劲，为攀登现代科学高峰而奋斗——1960年2月21日在全院首次科学讨论会上的报告.《成都地质学院报》，1960年，第6页。

[2] 成都地质学院1959年科学技术研究主要项目.资料存于成都理工大学档案馆，1-1959-KY-1.0001。

键时刻,"政治"永远是最后压倒他的那根强韧的稻草。

1960年3月学校开展了提升和确定讲师、副教授的工作①,当时提的一批讲师都是1956年、1957年毕业参加工作的年轻人,教研室里与刘宝珺同时参加工作的大学本科生、专科生全都升成了讲师,研究生毕业且业务出众的刘宝珺却被排除在外,没能调上级、涨上工资。1963年学校启动新一轮升级调资时,他再次被拒之于门外,升讲师无望,以至于出现了刘宝珺上大课时,由讲师给这个"助教"做助教的咄咄怪事。在此后学校历次升级调资中,他始终坐冷板凳,始终被边缘化,"工资级别为教学十级"这个标签在他身上足足贴了二十五年,精神饱受压抑,却绝望得申诉无门——要申诉就是和组织闹矛盾,麻烦会更大。多年后用平静的口吻诉说这段"祸起白专"的二十余年助教人生时,刘宝珺的内心依然是不平静的:

> 那时候提倡的是政治放在第一位……但那时候提得有点偏,你要是不入党、不入团,那你要是专门去搞业务的话,这叫走白专道路。我当时也申请入团,入不进去,政治思想落后,就叫太重业务不重政治。但是我自己不觉得如此,(是)别人加给我这样一个帽子。我觉得我还是很爱国,政治还是很重视,政治学习我还是很努力的。我觉得看一个干部,你不能说他业务搞得好了,你就说他白专道路了这是不对的。所以,两年一次、三年一次要升一级就不给你升。所以我当助教就当二十多年,恐怕在全中国都没有这么长的。我觉得我做得也不差,从来没缺席过而且都是很认真负责地写讲稿什么的这些,上课从来也没迟到过,都是很用心地来准备,甚至很多老师还向我学习了。②

升讲师的屡次被拒,带来的直接影响是家庭经济状况的窘迫。加之三年困难时期的粮食供应不足,家中两个孩子又正是长身体的时候,捉襟见肘的生活条件让刘宝珺夫妻痛苦绝望。为了在困境中熬下去,夫妻俩背着孩子们偷偷把糠炒一炒,用水兑着咽下充饥,把不多的粮食节省下来给儿

---

① 《成都理工大学校史(1956-2016)》。中国文史出版社,2016年,第8页。
② 刘宝珺访谈,2016年7月7日,成都。资料存于采集工程数据库。

女吃。平时一二两肉票全都小心翼翼攒着，过年时刘宝珺骑车跑到十几里外的沙河割上一斤新鲜肉，让全家痛痛快快吃上一顿饺子。大儿子刘石曾偶然间看到父母吃糠，在他的印象中，父亲绝口不向他提起过家中的任何困难，"虽然我是长子，但是我父母是从来不向我这样的小孩诉苦，他们把困难都挡在家门外，不会告诉我们，所以我也一直没有觉得特别艰苦。"[1]

1960年6月，刘宝珺不得不告别妻子和刚出生一个月的长女刘蓉，参加了学校组织的青海刚察区域地质测量工作。当时由石油系、地质系的总支书记任队长，由业务教师、政治辅导员带领近六个班的二百多名毕业班学生开展地质填图实习。在刘宝珺的记忆中，那是生存条件最为艰辛的一次毕业实习经历，1960年正值"三年自然灾害"最严重的一年，地处青藏高原东北的青海当时物资匮乏程度超出常人想象，每个老师一个月十九斤粮、半斤肉根本不够吃，常常是拖着水肿的双脚带学生上山做野外填图实习，加之高原地区空气稀薄，一天工作下来整个人完全处于虚脱状态。实在饿得找不到东西吃，师生们就把长在石头上的地衣刮下来，用水煮煮充饥，但吃了以后就闹肚子。刘宝珺当时一边带实习，还一边编教材，因为身体素质好，他天天上山，走得快，跑得远，回来后还帮助工友劈柴烧水。粮食不够，他就想办法买麦麸子来配着吃，有一次还跑到河里捞鱼吃，那时整整三个月里唯一打的一次幸福牙祭。他的档案中曾对这段经历如是记载：

> 工作也比较负责，野外观察比较细致，为了弄清地质问题，还得到处跑，到处观察；在业务上给同学讲得比较清楚、耐心；还常提出问题启发同学思考[2]。

刘宝珺是一个相信"桃李不言，下自成蹊"的人，越是处境艰难，他觉得自己越要抱着信念扛下去，没有什么事情可以动摇他追求科学研究的

---

[1] 刘石访谈，2016年2月11日，成都。资料存于采集工程数据库。
[2] 刘宝珺干部档案：刘宝珺在青海区测工作中的情况，1960年6月。资料存于成都地质矿产研究所。

决心。从 1962 年起，他开始将科研重点放到云南保山，并在每年暑假远赴滇西和当地地质队共同开展"滇西保山－镇康地区古生界至中生界的岩相构造"等系列科研项目。因交通不便，从成都到保山有半个多月车程，期间还有很长一段路途仅能靠马驼运行李标本，为了让马多吃草确保有脚力赶路，他只能和马匹分享食物，甚至自己吃马料。云贵高原地势崎岖，高黎贡山的垂直高差达四千余米，为了到达大山深处的云南地质局第二十地质队一个工作点，他一人一天行走了一百多里，沿途险象环生。那年 8 月，雨一连下了二十八天，考察计划又不能改变，必须上山。二十多天里，衣服一直都没有晾干的空隙，到考察的最后几天，双腿患上了风湿，行走愈发艰难。

1963 年暑假，刘宝珺再赴云南保山、郝家河、姚安铅矿等地区考察。由于郝家河区水文地质条件比较复杂，矿床岩层为单斜构造，地表自然露头极少，刘宝珺等人在开展水文地质工作的过程中，从钻孔简易水文地质观测、水文地质编录、地下水的动态、坑道水文地质调查等原始资料着手，通过两次饮用水水质分析，进行综合编录来确定含水层。其间，他编制了郝家河清水河取样钻孔简易水文地质资料表、郝家河区漏水情况统计表、郝家河区矿床水文地质图及剖面图，并续编了清水河区矿床水文地质图及剖面图。尤其是钻孔简易水文地质观测质量很高，给科研人员正确评价该区水文地质条件带来了有利因素。此外，他还参与了姚安铅矿中间报告水文地质部分、大姚区年度报告水文地质部分、清水河区中间报告书与水文地质部分、清水河郝家河区大姚区 1964 年水文地质设计，重新修改了郝家河区专门水文地质钻孔设计、重新复制了钻孔简易水文地观测要求，并拟定了钻孔封孔要求。①

1963 年夏天，刘宝珺与同事朱夔玉在第二十地质队工作基础上，对保山区晚古生代基性火山岩的时代、岩性及成因方面作了进一步的研究。他们先后在保山东北金鸡村、大寨、施甸、旺鱼洞水库附近等四处测制了较详细的剖面，确定了基性火山岩喷发的环境、持续的时期、岩性特征及旋

---

① 郝家河水文地质工作总结，1963 年 12 月 15 日。资源存于采集工程馆藏基地。

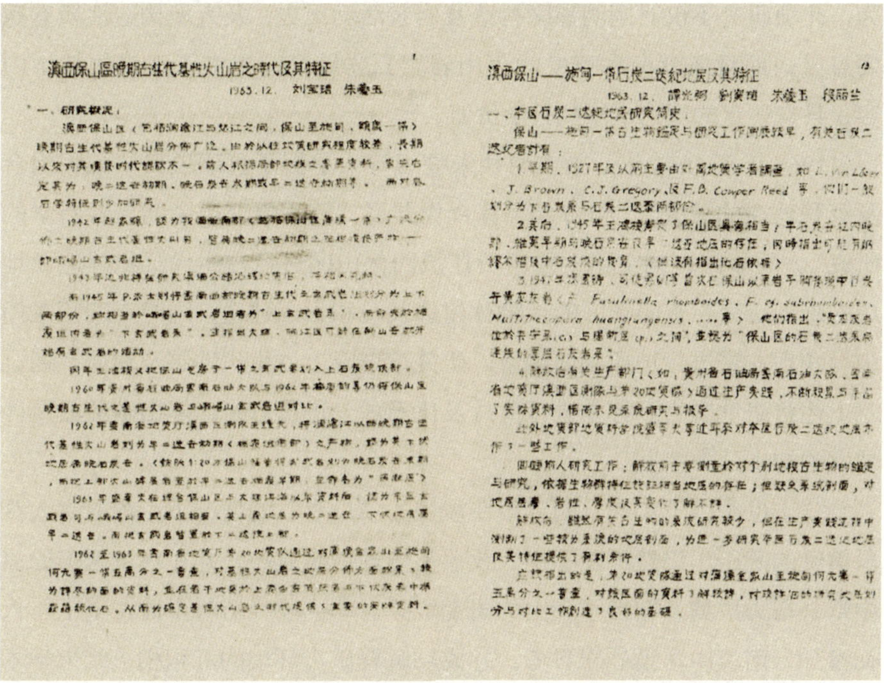
滇西保山区晚期古生代基性火山岩之时代及其特征

1963.12. 刘宝珺 朱夔玉

滇西保山——施甸一带石炭二迭纪地层及其特征

1963.12. 谭光弼 刘宝珺 朱夔玉 段丽兰

图 5–11 “滇西保山区”研究成果定稿（资料来源：成都理工大学档案馆）

回性等问题，并共同撰写了“滇西保山区晚期古生代基性火山岩之时代及特征”一文。[①] 他与谭光弼、朱夔玉、段丽兰对保山—施甸一带石炭二迭纪地层历史进行研究，提出了该地区石炭二迭纪地层及其特征的初步认识，共同撰写了“滇西保山—施甸一代石炭二迭纪地层及其特征”。[②]

在 1963 年 12 月 22 日至 25 日召开的成都地质学院第二届科学研究报告会上，刘宝珺作了“滇西保山区晚期古生代基性火山岩的时代及其特征”的报告，较为详细而正确的论述了保山区晚期古生代基性火山岩的时代，修正了前人对该区晚古生代地层的确切界限。该文首次提出了该基性火山岩的岩石学特征，并论述其喷发环境内海底转为陆地喷发。与会者认

① 刘宝珺、朱夔玉：滇西宝山区晚期古生代基性火山岩之时代及特征。1963 年 12 月。该文未检索到正式发表信息。原件存于成都理工大学档案馆，220030。

② 谭光弼、刘宝珺、朱夔玉、段丽兰：滇西宝山—施甸一代石炭二迭纪地层及其特征。1963 年 12 月。该文未检索到正式发表信息。原件处于成都理工大学档案馆，220030。

为，此项研究不仅对阐明该区构造及岩浆活动历史，及大地构造性质有重要意义，而且还就海底喷发的火山岩岩石学特征，丰富了现有的教学内容，具有一定的理论水平和科学价值。①

1964年至1965年，刘宝珺和朱夔玉等人承担了科研项目"沉积组合及沉积建造的研究"，与曾允孚等合作开展"沉积岩分类命名与岩石学的研究"。两年间，刘宝珺主要负责在滇西保山区进行古生代沉积建造及地层的野外研究，查明该区的生物体建造及沉积火山建造，同时在四川龙门山马角坝一带进行地质剖面测量，研究该地区上古生代地层及建造。通过对上述科研地区岩石标本进行薄片及化石成分进行分析，提出碳酸盐及碎屑岩的初步分类意见。

二十世纪六十年代，刘宝珺在被视为"白专"的情况下，顶着常人难以承受的高压，仍然不屈不挠、孜孜不倦地钻研业务，并在环境恶劣的滇中野外奋力拼搏，取得了突出的研究成果。②这段经历对于他在七十年代初参加云南滇中含铜砂岩科考，并成功解释矿古环境的沉积相，结束学术界长期以来的"河湖之争"具有重要的实践科学意义。

从1961年秋到1966年3月，成都地质学院贯彻中央"调整、巩固、充实、提高"的方针，并按照《教育部直属高等学校暂行工作条例（草案）》（即"高教六十条"）的要求，及时解决了在教学、思想作风、政治运动错误批判等一些影响较大的问题，使实际工作的某些错误很快得到纠正，使学校教育又比较健康地向前发展。但是在1964年"九评"③学习中，

---

① 成都地质学院第二届科学研究报告会讨论会请柬，1963年12月10日。原件藏于成都理工大学档案馆，1-1963-KY-3.0001。

② 刘宝珺主席在四川省科协第六次代表大会上的工作报告，2002年5月29日。四川省科学家技术协会文书档案，304-218-77，第13页。

③ "九评"又称九评苏共中央公开信，批判的对象为1963年7月14日苏共中央《给苏联各级党组织和全体共产党员的公开信》。毛泽东从1963年9月6日至7月14日亲自主持撰写了九篇评苏共中央《公开信》的文章，指明批判"赫鲁晓夫的修正主义"。"九评"的内容充分体现了毛泽东自中苏分歧以来在一系列重大的理论问题上的全部思考，同时直接引申到中国国内的反修防修问题上，阐释了毛泽东如何在中国防止"变修""复辟"的理论，因而也对中国本身产生了巨大的影响。

学校又错误批判了一些教职工和学生[①]，刘宝珺在当年 11 月 11 日 "九评"学习中受到冲击，在九评大会上从"追求资产阶级的生活方式、搞翻译、对个人名利斤斤计较、强调个人的作用"被迫检讨，向组织坦白"灵魂深处的腐朽思想"。

　　按照当时上级的指示，1965 年 5 月到 1966 年 2 月，成都地质学院前后两批近两千名师生员工到地质队或农村参加社会主义教育运动（即"四清"[②]），整所谓"党内走资本主义道路当权派"，使刚刚建立起来的正常教学秩序又受到冲击。[③]1966 年 2 月至 10 月，刘宝珺被下放到四川凉山彝族自治州的冕宁县新兴公社四大队劳动。六十年代的冕宁县极为贫瘠落后，从成都转几趟车到冕宁，再翻越高山峡谷，穿过人迹罕至的原始森林，要花一个星期时间才能抵达到大凉山深处的新兴公社。公社几乎一贫如洗，没有一间好屋子，没人穿得上一件像样的衣服，更令人心惊的是公社旁边就是麻风病人聚居的村落，一些患者会故意将皮肤挠破后的血痂倒在附近的水源地，健康人根本不敢喝。当时的刘宝珺已身处多重困境，在队上当材料员期间几乎没有任何机会看书学习，生活过得极苦，但是他从当地村民身上看到了一种精神，那是为了"活下去"而从土里滋长出来的生命力，百折不挠，顽强乐观，他被深深地打动了。当地的村民很朴实，一个贫农要去县上开贫协会，没鞋穿，刘宝珺就把自己随身带的一双新鞋送给这个老乡，这半年的经历留给他最深刻的感受就是"我从此对生活艰苦的人们充满同情心，我愿意跟他们打招呼，关心他们"。[④]

　　在大凉山深处劳动的刘宝珺，几乎过着与世隔绝的生活，殊不知远在

---

　　① 《成都理工大学校史（1956-2016）》。中国文史出版社，2016 年，第 14 页。
　　② 四清运动，是 1963 年至 1966 年 5 月先后在大部分农村和少数城市、工矿、企业、学校等单位开展的一次社会主义性质的清政治、清经济、清思想、清组织的教育运动。虽然对于解决干部作风和经济管理等方面的问题起到了很大的作用，但由于把这些不同性质的问题都认为是阶级斗争或者是阶级斗争在党的反映，在 1964 年下半年使少数基层干部受到不应有的打击。1965 年 1 月，中共中央制定了《农村社会主义教育运动中目前提出的一些问题》共二十三条。这个文件虽然对"四清"运动中某些"左"的偏向作了纠正，又提出了这次社会主义教育运动的重点是教育改造"党内走资本主义道路的当权派"，但仍然无法避免这种政治运动所带来的负面影响。
　　③ 《成都理工大学校史（1956-2016）》。中国文史出版社，2016 年，第 14 页。
　　④ 刘宝珺访谈，2017 年 3 月 31 日，成都。资料存于采集工程数据库。

第五章　沉积而发　　*183*

四百千米外的成都地质学院已经在"文化大革命"的冲天烈火中,再也放不下一张安静的书桌。

1966年4月30日,在"造反有理"和"向走资本主义道路当权派夺权"的喧闹声中,各级党的组织和行政机构迅速瘫痪,学校各项教学、科研工作也随之停顿达六年之久。[①] 校内一些党政领导干部、专家学者和职工被戴高帽、挂黑牌游斗、抄家,受到侮辱、殴打和迫害,人格和尊严被碾成齑粉。

一场史无前例的急风暴雨运动,使成都地质学院沦为大字报满天飞,舞枪弄棒的革命战场,甚至在1967年成为了成都地区武斗据点之一,不少教职工和学生被迫离开学校。倾巢之下,岂有完卵,1968年成都地质学院革命委员会在10月至12月间开展了"清理阶级队伍运动",把"文化大革命"前已基本查清,并按照党的政策作过正确处理的政治历史问题重新翻了出来,制造了一批冤假错案,把一批干部、教师和职工共一百三十八人扣上"特务""叛徒""反革命分子""走资本主义道路的当权派"和"反动学术权威"等帽子,非法关进教学甲楼(现第一教学楼)隔离审查(也称关"牛棚"),实施所谓的"群众专政",任意揪斗,抄家,大搞逼供折磨。[②] 刘宝珺作为一百三十八人之一,也在牛棚里当了七十二天"牛鬼蛇神"。

人人皆立危墙之下。岩石教研室的四大"反动权威"之一刘宝珺内心绽开了一个巨大的血泡,但已经感受不到痛苦,他屈辱而麻木地活着。

对于这段牛棚经历,刘宝珺本人几乎不曾正面提及过。当时已经留校的学生余光明在受访中感慨刘宝珺当时"真是很不容易,他有很多难处",多次提到他在政治上不受待见。"文化大革命"期间,余光明作为外调人员被派到天津去调查刘宝珺的"黑历史",结果发现刘宝珺在初中时曾加入的"三青团",只是在其中的服务组做端茶倒水这些零碎活儿,完全和特务沾不上边,而且时间很短,只有三个月。尽管余光明回蓉后专门为刘

[①] 《成都地质学院三十年史稿》。1986年,第31页。未正式出版。原件藏于成都理工大学档案馆。

[②] 成都理工大学校史编委会:《成都理工大学校史(1956—2016)》。中国文史出版社,2016年,第16—17页。

宝珺澄清了这段经历，但是依然无法洗白他的"罪状"：

> 他一直不受待见……我觉得这个人真的不容易，自己真的没有什么太大的问题，但是政治上就是不受待见，我都不知道为什么，可能是那个时代的问题，没办法，真的是说不清的事情。他对人和气，认为他是虚伪。他当时好像对谁都和和气气的，反倒成了虚伪了。我觉得他基本上是无怨无悔地在工作，教书育人，没有看到他有什么不满的、怠工的，真的就是兢兢业业。①

南开中学以及清华的同窗卞昭庆1969年年初，出差到贵州六盘水的时候，途经成都，专门去看望老同学，未曾想到刘宝珺已被关进了"牛棚"，谁也不能去看。他在岩石教研室撞上给刘宝珺"列数罪状"的战斗队，战斗队的人正巧打算找他外调，"你们在清华的时候，有一次到城里宣传抗美援朝，晚上是不是刘宝珺带你跑去看戴爱莲的芭蕾舞？""不，是我买的票，我带他进去的。"战斗队知道从卞昭庆那里问不出什么东西，悻悻地把他赶走了。卞昭庆去看望了李艳阳和几个孩子，家里乱作一团，李艳阳疲惫又无助，只是反复地说"我实在受不了了"。直到八十年代，刘宝珺和昔日同学恢复联系后，卞昭庆才知道他经历了一段风雨如晦的岁月，"(他)自己一直是在深入研究。我特别欣赏的就是他在困难时间，他没有气馁，就在(成都)地院的那段时间，真的是对他不太公平。"②

1968年1月，家中小女儿出生。那年春天正好赶上全国学习毛主席著作的热潮，毛泽东曾以梅花的美丽、坚贞和积极另宕一笔，写出了与陆游同题词《卜算子·咏梅》相反的意境。"风雨送春归，飞雪迎春到。已是悬崖百丈冰，犹有花枝俏。俏也不争春，只把春来报。待到山花烂漫时，她在丛中笑。"刘宝珺很喜欢毛泽东的《卜算子·咏梅》，故而托物言志，给家中最小的孩子取名"刘丛笑"。

---

① 余光明访谈，2016年11月24日，成都。资料现存于采集工程数据库。
② 卞昭庆访谈，2017年1月8日，北京。资料现存于采集工程数据库。

图 5-12　1995 年刘宝珺与小女儿刘丛笑合影（刘宝珺提供）

接轨欧美现代沉积学

沉积岩（含沉积物）构成了地球表面的沉积圈，蕴含了占总储量七成半以上的全球自然资源。"均变论"或"现实主义原理"以"将今论古"作为其认识论的基础，但在当代地球上，人们所能目睹并身历其境的地质作用过程并不多，只有沉积环境和沉积作用，才是人类认识自然的天然实验室。①

从二十世纪初期开始，石油在整个国际范围内逐渐取代煤炭成为最重要的能源资源，与石油勘探和开发紧密相关的沉积岩石学，在研究方法上得到一定程度的发展。但与岩浆岩石学、变质岩石学相比，沉积岩石学本

---

①　何起祥：沉积地球科学的历史回顾与展望.《沉积学报》，2003 年第 21 卷第 1 期，第 10 页。

身的理论和方法并不完善，因此未曾受到地质学家重视，沉积岩石学的研究者始终寥寥。

与国外该领域情况基本相似，二十世纪五十年代以前，我国沉积岩石学研究薄弱，仅针对少数的沉积岩（物）和沉积矿床做过碎片化研究，彼时沉积学基本上是对野外露头进行描述，主要根据地层学的原理或古老生物古地理学进行规律性探索。在研究方法上，当时虽有国外学者提出了引自水利工程方面的粒度分析法以及基于对矿物等因素的定量统计等值线方法，在我国却较少使用。新中国成立后，受国民经济发展以及相邻学科引进渗透的影响，在苏联学派的主导下，我国开展了较为系统化的沉积学研究，重矿物分析和粒度分析广泛应用于古地理工作，但是沉积岩石学仍停留在对沉积岩石或沉积层理性质的简单描述，以及对个别沉积作用规律的总结探索阶段。

五十年代末到六十年代初，各种政治运动烧遍全国，沉积学发展遭遇一定程度的停滞。这个时期以欧美学者为代表的国际沉积学界，则是"风景独好"——新的事物和新的理论不断涌现，陈旧的概念不断被革故鼎新，定量的统计取代了定性的描述。"沉寂多年"的沉积学一跃成为地球科学中最具活力的学科领域之一，真正迎来了重大发展的"黄金时代"。

五十年代末，浊流[①]沉积作用的发现打开了地质学家的视野，使人们认识到除牵引流以外的另一大类"非牛顿流体"的沉积作用，为当代沉积学研究提供了一个范例，在沉积地球科学发展史上具有里程碑意义。1959年美国 Folk 提出了基于机械成因的石灰岩分类，揭示了碳酸盐岩与陆源碎屑岩在形成过程、形成机制方面的同一性原理——这是沉积学理论体系的又一次深远革命，证实了碳酸盐沉积物虽有不同的前期历史和物质组成，但其沉积行为与陆源碎屑颗粒均服从于沉积动力学规律，从而打破了多年来认为碳酸盐岩为深水化学成因的传统观念，也是对传统的沉积分异学说

---

① 浊流的概念最早由 Daly 于 1936 年提出，并认为浊流是海底峡谷形成的主要原因。1937年荷兰学者 Kuenen 用水槽实验证实了 Daly 的设想。1950 年 Kuenen 与 Migliorini 合作，证实了递变层理的浊流成因，并确认浊流是一种深海地质作用，由此为复理石的形成极致找到了合理的解释和现代实例，也为板块理论的诞生扫清了障碍。

的巨大冲击。

除了碳酸盐岩和浊积岩外，沉积学界在蒸发岩、磷块岩、沉积构造、河流沉积作用、三角洲沉积作用、湖泊沉积作用、生物礁沉积作用、深海沉积作用和风成沉积作用等方面，都取得了令人瞩目的进展。沉积模拟实验也普遍受到重视，通过水槽实验研究"交错层理–底形类型与规模–水流速度与水流性质"之间的相互关系，取得了重大突破，为定量沉积学研究奠定了基础。[①]

阔步进入1960年后，国际沉积岩石学几乎是取得了革命性的进展。当时美国的沉积学者不满足沉积岩的描述定性分析，着手研究其动力情况。他们和水利工程专家开展了学科交叉融合，意义极为深远——泥沙运动力学研究的是看得到的水和沙子之间一瞬间的搬运变化，而沉积学研究的是古代几千万年前、几亿年前代表地质时间的古老沉积厚度。沉积学家开始尝试引入泥沙运动力学的理论和方法，结合沉积学所看到的现象，解释了沉积构造（层理、波痕）的形成及水动力状态，并在红层冲积物的研究方面有了重要突破[②]。英国艾伦在研究老红砂岩方面取得重要进展，沉积学家由此对牵引流即牛顿流体所形成的沉积有了本质性认知。由于对石油储层性质研究的需要，六十年代沉积成岩作用的研究得到进一步发展，物理化学原理和方法的引入使该领域成为具有系统的理论和方法的科学，并在1967年出现了系统总结性专著。作为亲历了沉积学由简单描述到形成理论的少数国内学者，刘宝珺十分关注这一新的进展，认为沉积底形及相应的沉积构造是解释沉积环境的钥匙，水槽实验开拓了沉积学研究的一个新方向，对沉积相的分析和相模式的建立具有重要意义，"这是一个划时代的变化"：

> 所以这个就是从这儿以后，我们沉积学的人看见一个石头能够解释这个石头当时的历史，它是河流造成的、是海造成的、是潮汐还是

---

① 何起祥：沉积地球科学的历史回顾与展望.《沉积学报》，2003年第21卷第1期，第12页。

② 刘宝珺：中国沉积学的回顾和展望.《矿物岩石》，2001年第21卷第3期，第3页。

很强的动力泥石流什么的，就是引用这些东西进来的。这样的话我们沉积岩石学就变成了沉积学，就是有自己的理论了，发展自己的沉积学的理论。这样可以说是一个划时代的变化。我就是刚好处于这个时代，而且可以说在中国我是最早几个做这个工作的人，所以他们也把我叫中国的沉积学的奠基人之一。①

为此，刘宝珺发表了多篇论文，并在由他领衔主编的《沉积岩石学》一书中（具体详见本章第六节），系统性地介绍了有关的研究成果，并通过给有关部门和大专院校主办讲座推广这一思想，并应用于沉积相分析和古地理研究的科学实践，取得了极好的效果。他成为我国最早将沉积动力学原理引入沉积学研究和沉积相分析的前辈学者之一。②

六十年代沉积学黄金时期随深海钻探计划和板块构造学说的崛起而达到顶峰，关于造山运动理论的历史性变革颠覆了此前的槽台沉积建造理论，这要求沉积学家从活动论的立场考虑移动的大陆和海洋板块对沉积作用的影响、控制，以及沉积盆地的演化、盆地分析等问题，特别是古地理的再建、盆地充填过程构造因素等重大问题，搞清了沉积作用和构造运动的关系。"槽台学说所强调的是上升下降的垂直运动，属于固定论，而板块学说强调水平运动，属于活动论。大山大海的变化是水平移动的板块挤压、碰撞、俯冲而造成了现在不同的地形、地物、地貌等，甚至影响了气候，历史上海陆变化认识的转变代表了科学研究的进步，不能武断地扣上唯心主义的大帽子"。③

以学科交叉融合为代表的学术创新使科学成就迅速迭起，沉积学终于从长期停留在沉积岩石或沉积层理的简单描述中摆脱出来，开始焕发出理论价值的熠熠光辉——建立沉积学本身理论的条件业已成熟，沉积动力学、成岩成矿的理论、碳酸盐沉积的理论以及重力流的理论成为了沉积学的理论支撑。

---

① 刘宝珺访谈，2016 年 4 月 29 日，成都。资料存于采集工程数据库。
② 何起祥：刘宝珺院士从事地质工作六十年纪念。《沉积学报》，2010 年第 5 期。
③ 刘宝珺访谈，2016 年 5 月 25 日，成都。资料存于采集工程数据库。

沉积岩石学就此翻开崭新的篇章，成为了一门拥有基础科学理论的沉积学。

国际上沉积学发展草长莺飞，而我国由于遭受"文化大革命"的影响，刚刚开始与国际接轨的沉积学研究被迫中断，沉积学发展在若干年里陷入了沉寂。

受极"左"思想主导，那个阶段看业务书往往被视为走"白专道路"，苏联学派被奉为圭臬，欧美学术观点则是"资本主义毒草"。

直到六十年代后期，学校逐步恢复教学科研秩序，欧美文献才逐渐解冻。作为我国最早接触现代沉积学的几位学者之一，刘宝珺是六十年代末开始看到了欧美最新文献资料的，当时图书馆尚没有中断西方文献、期刊的订阅，虽然只有两三种，但对于处于信息孤岛上的刘宝珺来说，无疑是专业解禁后看到的第一个绿洲。他如饥似渴地扎在沉积学的文献中进行"补课"，通过对欧美一些学术会议资料、野外科考资料以及最新理论成果的了解，惊讶地发现沉积学不再只是地质学，而是正逐渐形成与泥沙运动力学、流体力学、物理化学、地理学、海洋学、生物学、构造地质学等诸多学科渗透交叉的有科学逻辑的学科，并验证了板块运动、海陆变化甚至气候变化的成因；而引领这个变革巨大进步的不是苏联，恰恰是曾被批判为"唯心主义"的欧美学派。

刘宝珺眼界大开，内心兴奋不已。虽是管中窥豹，但他开始意识到沉积学作为地球科学的主要基础学科之一，其重点和前沿正在呈现大综合、大交叉、大联合的趋势，世界沉积学界正在酝酿一场巨大的理论变革，他所学的沉积学，正是位于认识整个地球海陆变化的前沿。

1970年伊始，在鼓励教师"边搞生产边搞革命"的大环境下，成都地质学院的教学科研工作得以实现一定程度的复苏。刘宝珺重新回到业务工作中，此期间的他开始大量接触英美沉积学具有代表性的专业书籍和最新文献资料，犹如龟裂的大地在迎接一场久违的甘霖。虽然在1957年从研究古火山改行到沉积岩石学时还曾有点怅然若失，但现在沉积学已经发展成为一门有完整科学逻辑、基础理论的学科，刘宝珺觉得自己十分幸运，历经柳暗花明，最终还是找到了一条正确的、可以坚定走下去的道路：

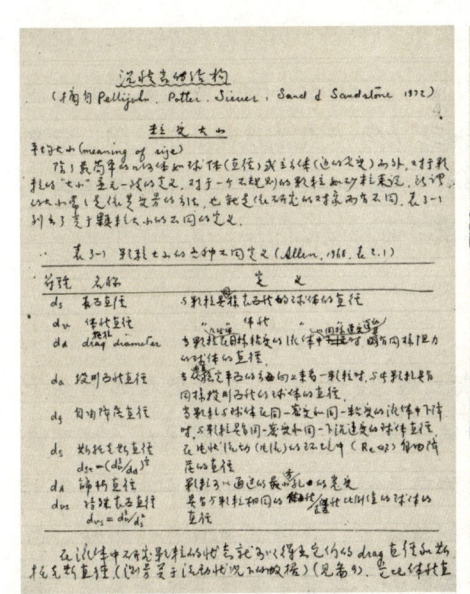

图 5-13　刘宝珺研读、翻译外文文献的笔记（资料来源：刘宝珺）

现在又把它捡回来了，终于还是走向正道了，而且觉得这门科学很有发展前途。特别是石油天然气、油气，能源这方面要大量研究储层，整个它的运动过程都要用到沉积学的东西，而且恰恰是以前没有的现在发展了，所以我刚好赶上这个时代，就是一个真正的、科学的、有逻辑的这样一个时代的建立，我终于赶上了这样一个时代。原来觉得很可惜，现在觉得不可惜了，而且对于走进一个新的领域里面，发展前途又很广阔，感觉是自己的一种幸运，碰上了一个机遇。对我来说很重要，对我们中国来说也很重要。[1]

刘宝珺在惊叹沉积学进步如此之快时，也痛心于中国的沉积学研究几乎耽误了十年光阴。他铆着劲，全力以赴地试图把此前失去的时间奋力夺回来——他几乎把这十年间整个沉积学发展的代表性学说、代表性人物的理论观点，沉积学的交叉学科"一网打尽"，开展了大量文献翻译工作。其间，他被学术钻研的兴趣彻底激活，内心涨满热情，看文献废寝忘食，

---

[1] 刘宝珺访谈，2016 年 7 月 20 日，成都。资料存于采集工程数据库。

经常晚上两三点、三四点都想不起来睡觉,因为"思路在这个时候已经活跃起来,叫你去睡觉那也是不愿意的"。儿子刘石小的时候常常看到父亲开夜车,几乎不知道他什么时候才会睡;在小女儿刘丛笑的记忆中,父亲非常忙碌,把大量的研究时间放在晚上,导致他养成了一个干什么事就会晚上通宵的习惯,长期的伏案工作损伤了他腰部椎间盘,以至于上年纪后脊柱变形:

> 我记得小时候,只要是半夜里醒来,他一定是会坐在那个桌子上……他英语很好,所以那个时候就开始读外国的各种文献。他可能已经长期养成这种熬夜习惯,因为白天他要照顾我们还可能有工作上的各种杂事。他基本上都是等我们睡着了,再开始他自己的事情。白天,他也很会做饭,也经常做一些家务,他非常爱整洁也会整理,教我们一起整理、收拾屋子。我觉得他就是把白天尽量多的时间用来处理一些事情和一些家庭的事情,自己的事情就安排在晚上。他经常都是半夜,长期都是。①

刘宝珺是国内较早地将国际沉积学理论用于解决生产实际问题的学者。1972年年初,刘宝珺作为学校派出的技术人员,到云南滇中与当地的地勘研究单位、勘探队联合开展砂岩铜矿科研攻关时,专门带着一摞欧美文献资料到野外。晚上大家都睡了,他点着灯熬夜看书,第二天通常清晨五点过就起床,继续看跟生产实践相关的文献资料,重要的还会翻译出来给大家看。其间,他通过对国外一些最新科研动态的分析研究,认为把水利工程中的泥沙动力学的某些规律性认识和方法引入沉积学具有重大意义。他把这种研究置于野外实践中检验,成功地解释了成矿古环境的沉积相,也为此前的"河湖之争"画上了句号(具体详见"滇中成名战"一节)。

1972年,成都地质学院开始招收三年制普通班学生,这是自"文化大

---

① 刘丛笑访谈,2017年3月2日,成都。资料存于采集工程数据库。

图 5-14　1974 年刘宝珺与成都地质学院岩石鉴定班合影（成都理工大学档案馆提供）

图 5-15　1975 年刘宝珺给岩矿班讲课的讲稿（资料来源：刘宝珺）

革命"以来停课、停止招生长达六年之后的第一次招生。此外，在 1972—1975 年的四年间，学校举办了面向工业或农业的、脱产或业余的、普及性的或专题提高的、学习政治理论或学习科学技术的各种类型短训班七十二期，培养学生五千五百余名。① 几年"文革"折腾下来，学校教学科研一片荒芜，很多教师重返讲台时发现自身知识结构还停留在苏联沉积学体系阶段，远落后于整个学科的最新发展水平。余光明 1965 年研究生毕业后，在沉积岩教研室任助教，他分明感到"沉积学知识全部已经老了，基本上属于淘汰了，西方国家发展很快"。

沉积学知识体系的更新和建构迫在眉睫。

沉积教研室的曾允孚和刘宝珺作为曾经被打倒的"反动学术权威"，在 1972 年为复招上课的学生编写了一本沉积学参考资料，因是油印的厚厚一本，当时人称"白皮书"。此前人们大多认为沉积岩就是说点石头的事，没什么科学内容可讲，但曾、刘二人各自从碳酸岩、碎屑岩两个部分进行分工编写，除介绍基础知识外，重点引进了西方沉积学最新发展的理论成果，更新了整个沉积学知识体系。碳酸岩以前多是根据颜色、结晶程

---

① 成都理工大学校史编委会：《成都理工大学校史（1956-2016）》。中国文史出版社，2016 年 10 月，第 17 页。

第五章　沉积而发　**193**

度和明显的生物化石进行描述性分类，苏联学派认为碳酸岩主要是依靠化学沉积产生，打个形象比方就如同是水里有盐，水浓缩后就把盐沉淀了下来形成结晶，曾允孚则在白皮书中引入了欧美关于碳酸岩受环境水动力影响的理论成果，证实碳酸岩仍属于机械沉淀，改变了此前对碳酸岩沉积作用的刻板印象，成为人们对于碳酸岩沉积作用认知的重大变革。刘宝珺的碎屑岩编写部分变化更大，传统认识上把碎屑岩浅白地看作是砂岩、页岩，但刘宝珺在书中引入了物理、化学等基础科学原理，以及水动力学、泥沙运动力学等最新沉积学理论，通过介绍水动力条件下试验，对比如石英砂、长石砂在水中形成的层纹层理状态，对岩石成因进行了科学解释。

这本白皮书犹如投下的一颗分量极重的石子，无论从深度、广度还是研究范围而言，几乎整体更新了国内沉积学现有体系认知，引起极大的反响，成都地质学院沉积教研室一度声名鹊起。余光明认为这本书几乎更新了包括他、张锦泉在内的一众青年教师的知识体系，相当于一次回炉再造。在他看来，七十年代成都地质学院举办面向地矿类单位的培训班推广教材，乃至此后成立岩相古地理协作组，再至九十年代申报"中国南方岩相古地理图集"重大攻关项目，"都是这本书慢慢衍生出来的影响"。

在编写白皮书并进行教学推广的过程中，刘宝珺十分注重基础理论的学习。以水动力条件下的沙粒粗细变化为例，他认为只有下功夫钻研才能在细节变化之处见真章，才能理解掌握水动力的基本理论、泥沙运动力学规律的重要性：

> 你不去学习水力学的那些基本原理，你看了也不会发现。因为这个基本理论你自己下功夫去钻研过，知道那是什么样的理论，什么动力条件产生什么后果、什么样的结构，或者构造的排列，你才会注意到整个问题。不学基本理论的话，你只能注意到化学成分的变化，比如说它是石灰质的还是灰质的，它的化学成分有什么变化，不会注意到它的水动力的变化。所以你必须要把水动力的基本理论掌握了，才

能注意到其中的变化。①

从七十年代起，刘宝珺率先将苏联学派、欧美学派的沉积学理论、方法进行比较和吸纳，结合野外科研生产实践，逐步构建了具有自身特色的沉积学融合学术体系。他致力于泥沙运动力学和沉积构造、岩相古地理和层控矿床的研究，在有关沉积构造水动力解释、沉积相动力分析、河流相模式、砂岩铜矿研究获得一系列出色成果，并发表多篇论文，为石油、地质、冶金单位以及大专院校技术人员组成的学习班做过数十次主讲讲座。他在对红层型铜矿以及碳酸盐岩中的铅锌矿床进行研究后，首先提出了"沉积期后分异作用及成矿作用"的创新理论，强调了沉积物埋藏以后的成岩后生变化中，矿化富集的重要意义和层位、岩相、构造、成岩作用等因素对成矿的控制，在指导找矿实践方面得到了检验印证。这一学说修正和补充了传统的沉积分异作用理论，更好地说明沉积层中与热水有关的一些矿床的富集过程，很快被地质同行所接受。②

图 5-16 关于沉积期后分异学说的部分研究手稿（刘宝珺提供）

刘宝珺成为当时国内最早起步，将世界沉积学研究与中国具体实际接轨的学者之一，而苏联尚停留在形象描述阶段，到较晚时间才开始接触国际沉积学前沿理论。

---

① 刘宝珺访谈，2016 年 7 月 22 日，成都。资料存于采集工程数据库。
② 刘宝珺：中国沉积学的回顾和展望．《矿物岩石》，2001 年第 21 卷第 3 期，第 4 期。

滇中成名战

成都地质学院为培养人才，从1969年5月起开始顶着风险进行"教育革命"的实践。学校以校队（学校与地质队）挂钩形式，同四川地质局101地质队试办了一所学制两年的"七·二一"工人大学，主要由学校派出教师结合典型矿区组织教学，进行建立教学、生产、科研"三结合"基地的尝试，培养出学生二十名[①]。在此基础上直到1975年年底，学校与四川省、云南省、贵州省、广东省、陕西省等地质局、辽河石油局等单位，采取校队合办或队办校助的形式，开办学制一至两年半的"七·二一"工人大学十二所。

1971年，为争取工人大学在云南省内的优秀生源，已挑起了教学大梁

图5-17　1977年刘宝珺在河北区调队与同行合影（刘宝珺提供）

图5-18　1978年刘宝珺在云南岩相古地理讲习班讲课期间与同行合影（左起曾允孚、罗蛰潭、刘宝珺。刘宝珺提供）

---

① 成都理工大学校史编委会：《成都理工大学校史（1956-2006）》。中国文史出版社，2016年，第17页。

的余光明到云南各大地质队做教改调查，并与冶金部云南冶金地质勘探公司[①]洽谈开展大型砂岩型铜矿合作项目。

1971年前后，云南冶金地质勘探公司通过二三十年的勘探作业，在云南滇中地区的红色地层中勘探出一个产量达一百万吨的大型含铜砂岩矿床，消息传出，技惊四座。含铜砂岩矿床是世界上仅次斑岩铜矿的第二个最重要的铜的工业来源，七十年代初西方国家铜总储量的三成半产自含铜砂岩矿床内[②]。我国含铜砂岩分布虽然较广，但以西南各省居多，尤其以云南滇中中生代陆相红盆中六苴含铜砂岩为代表。鉴于云南冶金地质勘探公司304地质队在该区域勘探的出色表现，冶金部专门召开全国现场会，推广地质队总结出的"三板斧"含铜砂岩找矿经验，即：含铜砂岩是湖相沉积；矿床石具有原生性分带，与湖水的水进水退有关；矿体产在浅紫色交互层的浅色层中，既是找矿标志，也是古地形的反映。[③]

"三板斧"结论甫一落地，旋即就在全国地质和冶金行业内开展了大张旗鼓的推广传播，甚至相关经验被编入几所地质院校的专业教材中。云南冶金地质勘探公司希望在这套经验基础上，借助高校的理论水平和科研能力进行深入研究。于是作为国家计委地质局[④]、冶金部下达的科研任务，自1972年起，成都地质学院和云南冶金地质勘探公司协作组成了"三结合"的开门办学和科学研究队伍，开展滇中含铜砂岩理论研究攻关。

成都地质学院找矿系为此专门组建了十七人的云南滇中含铜砂岩科研队，岩石教研室副主任的余光明兼任队长和书记。余光明心里明白，这

[①] 云南冶金地质勘探公司成立于1953年7月，曾隶属于冶金工业部、中国有色金属工业总公司等中央部门管理，该单位原为中国有色金属工业总公司所属的国家地质勘查队伍，隶属关系多次变化，单位名称也多次变更。2001年4月，该单位着实实行属地化管理，成为云南省人民政府直管的正厅级事业单位，并更名为云南省有色地质局。

[②] 桂林冶金地质研究所情报组：含铜砂岩矿床的特征与找矿。《地质与勘探》，1972年第1期，第27页。

[③] 张以诚：山路辉煌——记1953届毕业生、首届李四光地质科学研究获得者、中国科学院地学部委员刘宝珺。见吕录生主编：《山花烂漫》，中国地质大学出版社，1992年，第1-5页。

[④] 1970年6月地质部撤销，改称国家计委地质局，1975年国务院设立地质总局。1979年9月重设地质部。1982年5月改名为地质矿产部。

图 5-19　1971 年刘宝珺在云南滇中考察时与同事合影（刘宝珺提供）

支科研队主要是由校内岩石、区域地质、矿产几个单位组成，多数人是搞找矿勘探的，擅长的是岩浆岩和地球化学勘查，对沉积岩石学理论研究并不熟悉，而含铜砂岩确切地说就是含铜沉积岩，滇中的这个项目恰好涉及最多的是沉积岩石学的理论问题。无论是在沉积学理论方面，还是在掌握国际沉积学前沿动态方面，刘宝珺在队里都是当之无愧的项目带头人，他的作用发挥大小，几乎关系着滇中含铜砂岩研究工作的成败。再加之仅有的三个年轻业务骨干余光明、张锦泉、徐新煌都曾上过刘宝珺的课，算是他的学生，余光明觉得这个科研队队长，论资历论水平，非刘宝珺莫属。

但是他的力荐很快就碰了钉子。刚从监督劳动中被"解放"出来的刘宝珺，仍是饱受排挤压制的对象，处境并未得到改善。系上不同意让一个"白专"当队长，余光明不死心就去找学院，学院也不答应，他急得反复找领导，不断给领导做工作，"技术负责很重要，我都是他教出来的，我是他的学生，总不能让我当技术负责，他当老师吧？"多年后余光明坦承当时为了给长期坐冷板凳的刘宝珺一个机会，他承受了沉重的舆论压力，甚至被领导拎去骂了一顿：

> 他们不理解，觉得区区一个刘宝珺是不应该被这样（同志化）对待的。我跟书记说，我说我要是资本家，一个月给他七十六块钱，会把他骨头都熬成油。我说我们是共产党，你一个月给他七十六块钱，

你不让他干活吗？还（想借）当时一个政策，利用知识分子一技之长。他想想也有道理，让我"滚滚滚"，我就走了。[①]

1972 年 7 月至 1974 年初，刘宝珺作为成都地质学院含铜砂岩科研队"技术负责人"，和科研队赴云南滇中地区开展砂岩铜矿沉积相及矿床成因与成矿规律研究。他未曾想到，此次云南滇中的科研工作，成为他为我国沉积学事业做出贡献的一个标志性起点。

由于矿床的成因直接影响到找矿勘探工作及远景区的选择与评价，因此从研究构造、蚀变与火成岩的联系的"热液论"与从研究岩相古地理、地层和沉积物理化学条件出发的"沉积论"之间，争论了半个多世纪。[②] 在科考队到来之前，云南冶金地质勘探公司 304 地质队部分人主张"热液论"，认为含铜砂岩与地形内部有关，他们总结的"三板斧"主要体现在几个方面：①含铜砂岩的形成不源于地下，而是由地表作用产生，具体而言就是古环境属于古代湖泊，矿床为同生沉积期产物；②含铜砂岩的富集具有一定规律，颜色变化是由环境的氧化液化作用导致；③通过古地理研究发现，矿床受湖泊微地貌控制，矿物分带和湖水进退有关，矿床形成在湖泊深水部位。

科研队绝大多数人对这个课题是相当生疏的，很多人甚至是头一次接触此类科研项目，到了野外经常是一头雾水，刘宝珺虽然经验丰富一些，但同样存在大片认知上的空白。他是背着外文的沉积岩石学书刊和其他有关外文参考资料到的云南，"那时候就是非看欧美文献不可了！"野外工作很苦，他每天清晨五点起床，给队员打好洗脸水就坐下来翻阅外文资料，白天他背着地质包走在队伍最前面，带领队伍翻山越岭收集第一手资料，教大家怎么看一块石头，怎么看出成因的标志；晚上或者出不了野外的阴雨天，他给队员和矿区的工程技术人员介绍当代沉积学新理论、新信息，同时抽出时间翻译国外的参考资料，自己消化后再结合滇中砂岩铜矿给大

---

① 余光明访谈，2016 年 11 月 24 日，成都。资料存于采集工程数据。
② 桂林冶金地质研究所情报组：含铜砂岩矿床的特征与找矿.《地质与勘探》，1972 年第 1 期，第 33 页。

家讲解。偶尔他还会结合专业，给大家讲授英语基本知识。

不懂就问，不会就学，这是刘宝珺一以贯之的治学态度。除了向书本请教，考虑到该科研项目涉及沉积学和泥沙运动力学、物理化学等多学科的交叉渗透，他就向成都地质学院相关领域"最厉害的人"讨教知识，但求甚解。如涉及铀矿矿体转轴产状成因问题，他就找著名铀矿地质学家金景福，学会将矿物相对稳定的原理及矿体转轴产状应用于到砂岩铜矿中，并认为其形成与矿体位于背斜构造抬升时地下水下降淋滤有关。就物理化学反应的不解之处，他跑到化学家邵维俊那儿讨教答案，从而用物理化学原理有效地解决了矿物相平衡问题。

随着研究工作的逐渐深入，科考队获得了一些重要认知，他们开始质疑此前"三板斧"结论的科学性。

首当其冲的就是关于白垩纪的含铜砂岩段的沉积环境问题。根据"三板斧"理论，砂岩铜矿形成于古代湖泊相的沉积环境，而刘宝珺等人则认为是由古代河流相沉积产生，这个考察结论颠覆了矿区原有的经验总结，地质队一下子就着急了，"河水的水流那么急速，怎么可能形成一百多万的大矿？"

六十年代初期美国、英国以及北欧国家通过泥沙运动力学、粒度分析、水槽实验等方法得出新的研究成果，如著名的欧洲陆相红层老红砂岩经研究被认为是以红色砂岩、砾岩和页岩为主，其红色的砂岩层的形成并非是湖泊相而是河流相。在沉积学理论没有正式建立之前，"河湖之争"仅止步于臆想性的推断，但新的大量理论出现后较为准确地解释了究竟是河流相还是湖泊相，而且多数证明是河流的沉积物。刘宝珺通过研究大量相关文献，自信这个结论同样可以用于滇中含铜砂岩的沉积环境，而且矿化与原生沉积环境无关，属于后生富集。

作为被扣了政治帽子的"白专"，居然不识时务地提出与已在全国推广的经验完全相悖的结论，刘宝珺在当时几乎属于犯了众怒：

我们提出来，他们云南人很难接受，因为刚开了全国的现场会，全国各地的都来学习他们的经验，刚刚开了会我们去了就给推翻。①

反对之声迭起，科研队工作一度陷入四面楚歌的境遇。作为技术负责人的刘宝珺坚持自己的学术观点，甚至不惧再被扣上一顶新的政治帽子。为了说服对方，他需要拿出科学证据。

因真正接受并消化了现代沉积学的科学实验方法，刘宝珺自信可以在理论基础上大胆做恢复工作，从而对于砂岩的沉积作用源自河流还是湖海，是深海还是湖泊做出准确判断。他和团队从沉积学研究角度，对岩石薄片的成分进行统计，得出"含矿段的特点是粒屑／杂基比值高，明显表现出底冲积搬运的河流性质"的结论。更重要的是，他们运用泥沙运动力学理论，对含矿段堆积物的水动力条件进行测算。他们从床沙迁移形态水槽实验中得到启发，通过水槽泥沙床砂运动方法，揭示了不同流水动态下形成不同床沙形态的层理类型及特征，样品图解值明显地表现出 W 段沉积与 L 段沉积属于河成砂，而不是湖滨砂或海滨砂。团队通过观察，证实平行层理、板状交错层理、冲刷充填构造、滞留砾石层等地质特征都是河流流水作用形成特征，再加上沉积物粗，砾岩、含砾砂岩呈透镜状产生，这些沉积特征为鉴别含砂岩沉积相提供了可靠依据。

但是河流沉积为何能形成这么大的铜矿？这依然是一个堵在认知门口的巨大障碍。所有人都觉得很困难，于是成都地质学院与304地质队决定各出十人，联合组成二十人的科研队伍在当地开展为期三年的科研攻关，与困难死磕到底。

科研团队遇到了不少实际问题，如沉积构造中层理发育的成因是什么，有些剖面岩相为何会发生较大变化，与沉积相类型、沉积作用发生有何关系……如果是河流相，那么就辫状河、曲流河、网状河等分类而言，该区域应属于哪种河流类型？刘宝珺团队经研究认为，可以根据剖面结构、层理等特点来确定古代河流类型。他们根据对该区 W 段和 L 段进行沉积学研究，并与国外河流相模式图相对照，按粒度概率曲线及组合图对

---

① 刘宝珺访谈，2016年7月20日，成都。资料存于采集工程数据库。

现代辫状河流沉积进行考察，证实该区域 W 段属低弯度河沉积，L 段属游荡河沉积。

铜矿床产于下白垩统高峰寺组 W 段及上白垩统马头山组 L 下亚段中，该区域内的砂岩铜矿重要特征体现为白垩系大片出露为红色地层，但奇怪的是含矿段砂岩位于红石地层里面浅的灰石或者灰硫石的地层过渡带，也就是靠灰岩石的位置。304 地质队认为砂岩颜色变化是同生作用下氧化还原带过渡的结果，但刘宝珺团队通过矿石结构、有机质、硫同位素、氧同位素、包裹体测温分析，认为该处的铜矿层在颜色上与围岩岩石颜色不一致，色调变化的界限与层理层面相交，矿体明显穿过层理与地层相交，显然不是同生沉积期的形成特征。岩石颜色为红为灰，不决定于原来的沉积环境，与砂岩的碎屑成分无关，与古地貌、湖水进退及水的深浅也无关。在对 L 段红－灰色调过渡处连续取样分析后，刘宝珺团队得出的结论为"含矿段红层中之灰色系在红色的基础上褪色而成，其形成时间始于成岩期，大量的是在后生期"①，也就是说铜矿产于大片红色砂泥岩层中的灰绿色砂岩中。

为进一步证实刘宝珺团队给出的结论的可靠性和科学性，1974 年夏天生产单位在云南团山矿区进行钻探验证，最终在指定的位置打到了四米厚的矿体，与刘宝珺团队此前提出的理论完全吻合。实践是检验真理的唯一标准，所有人都服气了，相信了，欢呼的人群把刘宝珺团队的研究结果称为"新三板斧"，并被推广到湖南、贵州、广西等省份，涉及铅、锌、铀、金和汞等多个矿种，同时还修改了教科书上的内容，取得了显著的社会效益和经济效益。

成都地质学院就此一战成名，技术负责人刘宝珺的名气在业内迅速打响。多年后回忆这段历史，刘宝珺认为那是他科研生涯非常重要的一个阶段：

> 就是自己把苏联的东西学了，英美最新的东西也学了，学了之后

---

① 成冶：我国某地区砂岩铜矿的成因及控矿因素的初步探讨.《地质学报》，1975 年第 1 期，第 32 页。

解决了具体中国实际的问题，所以那一下子名气就有点大了，国内大家知道有个刘宝珺搞沉积学搞了很大的变化……这并不是我自己怎么样了，是运气正好赶上了这门学科重大变革时期参与进去了，如果我没有参与进那也啥都没有了。①

从滇中返回学校后，由刘宝珺执笔署名"成冶"②发表的论文"我国某地砂岩铜矿成因特点及控矿因素的探讨""某地区白垩系中的冲击相"，总结了滇中砂岩铜矿的科研实践成果，首次提出了围岩为河流相及矿床为后生富集的观点，并论述了成矿机理和找矿标志，引起国内外同行的重视。③

"我国某地砂岩铜矿成因特点及控矿因素的探讨"一文于1975年发表在国内权威学术刊物《地质学报》上，作为该项研究的阶段总结节要部分，重点讨论了含矿段的红-灰色调的成因、岩相、成矿阶段及控矿因素四个方面的问题。

此后刘宝珺与徐新煌、余光明根据上文重新整理撰写了"铁铜层控矿床的岩相控制——以我国西南的几个矿床实例来说明"，文中以最新理论来说明铁铜等多金属层控矿床受着岩相的控制，论点鲜明，论据充足，并具体论述了矿源层受局限性岩相环境的控制，以及矿化与生物硫的关系，影响矿质聚集的含矿溶液的流动的动力梯度也受一定的岩相控制，如潮坪蒸发泵作用，潮坪—泻湖等地形造成的盐水回流渗透，以及由于快速堆积造成的超孔隙压力学；地球化学障壁是矿质沉积和分异的必要条件，受一定的沉积障壁控制，稳定的时期是形成巨型矿床不可缺少的条件，也是受相应稳定的岩相环境控制；明确提出采用岩相分析及阶段分析的方法是查明层控矿床的形成机理的有效途径。这篇论文作为研究层控矿床形成和分布规律的新路径，具有重要的理论和实际意义，因此被推荐至第二十六届

---

① 刘宝珺访谈，2016年7月7日，成都。资料存于采集工程数据库。
② "文化大革命"期间个人英雄主义被批判，署上真名往往会被认为是"个人出名求利"，故而不被提倡。因此刘宝珺分别取了科研联合队中成都地质学院的"成"和云南冶金地质勘探公司的"冶"，以笔名"成冶"代表一个集体的研究成果公开发表研究成果。
③ 地质矿产部：中国科学院学部委员候选人推荐书。1991年1月25日，第79页。资料存于中国科学院学部联合办公室，411-1。

国际地质大会交流，之后被美国 Economic Geology 杂志列为有意义的文章。

"某地区白垩系中的冲积相"于 1976 年发表在《地质科学》第 4 期，文章提出应以"确定为冲积相的依据、古河流的性质、河流组合模式"三个方面对冲积相进行研究，对国内这方面的研究有推动作用，受到有关单位重视。

以滇中含铜砂岩科研项目为起点的研究成果此后在全国科技大会上获奖，并在国际地质大会上交流，这给刘宝珺及团队带来了新的学术发展机遇。一直密切关注刘宝珺学术动向的何起祥评价，"通过云南含铜砂岩项目开始搞成岩作用，这应该是刘老师创新的地方"：

> 成岩作用非常重要，能够接入沉积岩的矿床来搞这个东西，我觉得这是个方向性的问题。我觉得刘老师是比较敏感地、敏锐地抓住了这样一些问题，能够对国家的社会主义建设服务，我想我们搞科研的人都应该把这一条放在前头。[①]

云南滇中含铜砂岩铜矿研究，不仅在理论上解决了"河湖之争"，而且还开创了一个沉积成矿研究的新领域。当时，经典的矿床学把成矿物质看成沉积盆地之外的侵入物，认为脉状、浸染状、交代状的金属和非金属矿床都是岩浆热液成因，沉积成岩作用与矿床形成无关；另一个观点则认为矿床是海洋或湖泊成因，是同生沉积期产物，由 K. H. Wolf 主编的《层控矿床和层状矿床》(1976) 一书尚未出版，但刘宝珺已经敏锐地发现实际情况与这些认识都有相悖之处——沉积物埋藏后的成岩后生作用和变化都远远超过了沉积物的搬运和沉积期的作用，许多重要的大矿多发生在埋藏后的成岩后生阶段。在大量事实的基础上，他将研究观点总结为"沉积期后分异作用及成矿作用"，并与余光明、徐新煌合作，执笔撰写了 "A preliminary discussion on postsedimentary differentiation and It's relation to mineralization" 一文，署名"Chenyeh"，被推荐至第二十五届国际地质

[①] 何起祥访谈，2017 年 4 月 14 日，青岛。资料存于采集工程数据库。

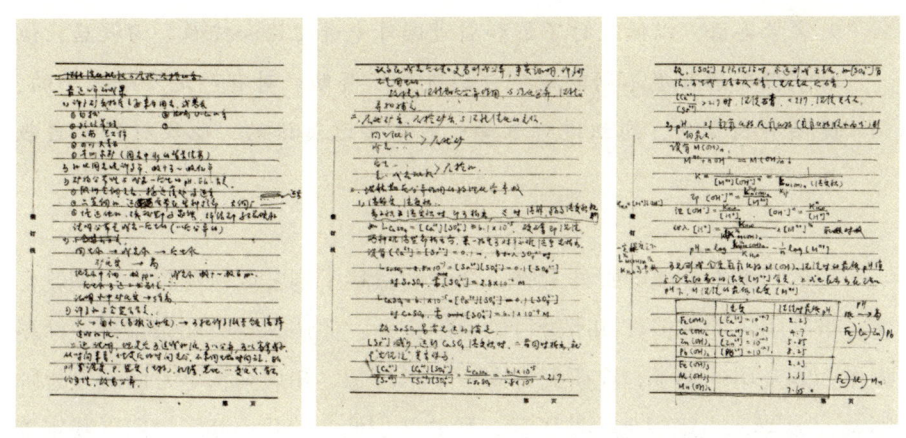

图 5-20　刘宝珺关于层控矿床、沉积期后分异的研究手稿（资料来源：刘宝珺）

大会进行交流，"沉积期后分异与成矿作用"理论引起国内外同行关注，他提出的地层、岩相、构造及物理化学环境的成矿、控矿原理大大促进了我国在岩相控矿方面的研究，使我国在这一领域的研究站到国际领先行列，并最终发展成为沉积学领域具有重要意义的新理论。

为了提高团队对河流沉积相标志的认知，1975 年刘宝珺结合滇中砂岩型铜矿床的研究，专门组织成都地质学院十余名教师到四川资阳的沱江边，对现代河流沉积进行考察。他在北京地院时的学生，后也是成都地院岩石教研室的同事何启芳向我们回溯了这段过往：

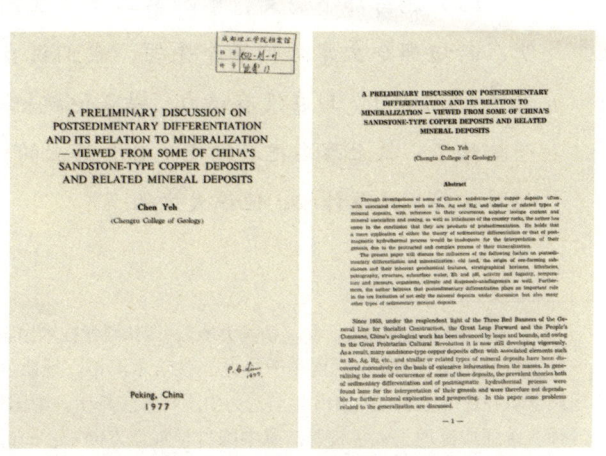

当时，刘老师手捧原文版《沉积岩成因》黑皮书，谈今论古，在现场边看边讲。讲得非常生动……他还鼓励

图 5-21　1977 年刘宝珺提交国际第二十五届国际地质大会交流论文英文单行本（节选）（资料来源：成都理工大学档案馆）

第五章　沉积而发　**205**

大家学英语，以便及时了解和引进国外先进理论和技术。回校后，他对掌握英语程度不同的老师分别进行了帮助。对有一定外语水平的，提供书刊资料，组织进行翻译；对未学过英语的，他找材料亲自教学。①

三年间多次赴滇中野外考察，余光明目睹了刘宝珺黾勉苦辛，朝乾夕惕，带领团队为觅得真知所进行的卓绝奋斗。他认为自己和张锦泉、徐新煌作为刘宝珺的弟子，在研究方向、学术思想、知识结构等方面深受恩师影响，"从学术上来说他再造了我，我的知识他全给我更新了，所以我跟刘老师说，我这点本事全是你给我的，等于我们再当了一次研究生，重新学习。"此外，刘宝珺的民主治学和大度待人也让余光明十分感动：

> 他学术上非常民主，他在野外带一帮人上课，这些（教学经验）我都向他学习，这帮人有队上的、有我们，要请教他什么他就讲解。讲完之后，我们爬上去看，发现跟刘老师讲的现象不一样。（出于保护刘老师威严的考虑）我就对着刘老师耳朵小声说那个不是这样的。他会马上召集队员"回来回来回来，那个不是那样的"，他无所谓面子，很放得下架子，在学术上，他真就很民主很平淡。
>
> 比如说写那个论文，参加第二十五届国际地质大会。他就说光明、新煌那个文章你们两个先写，我们说我们都回去了正在带王成善②他们实习，现在没有精力。结果他就把文章写好后，让我们把稿子给改了。款上落名把我们几个都全落上的，我们就取名叫"成冶"，他对这些不是很计较，他很大方的。③

---

① 田启芳：良师益友。见《情满大地》，四川科学技术出版社，2010年。

② 王成善（1951-）：出生于黑龙江省哈尔滨市。地质学家。1981年研究生毕业于成都地质学院并获硕士学位。2013年当选为中国科学院院士。中国地质大学（北京）教授、博士生导师。曾任成都理工大学校长。见中国科学院官方网站：http://www.casad.cas.cn/aca/375/dxb-201312-t20131219_4002028.html。

③ 余光明访谈，2016年11月24日。成都，资料存于采集工程数据库。

张锦泉认为在滇中含铜砂岩项目中,"刘老师起了带头和骨干作用,而且这是他在沉积学上做出贡献的起点"。刘宝珺和他的三个弟子如今还会经常聚在一起,对于奋战滇中,改写"三板斧",终结"河湖之争"的那段科研岁月,大家一直都很怀念。

走 出 沉 寂

"文化大革命"是对科学发展事业的一场浩劫,对于知识分子而言更是人生际遇的巨大动荡和冲击。这个阶段的刘宝珺虽顶着"白专"帽子举步维艰,但他默然把所有痛苦深埋在心里,心无旁骛,沉潜治学——因为他从未泯灭某种坚定的信念,那就是"一个国家的发展终究需要科学,终究需要人才"。

七十年代之后,中国高等教育的学术环境逐渐回暖。为了使各项工作恢复升级,各部门运转正常,成都地质学院在当时形势下就如何保证教学质量和如何正确认识教育规律进行了艰苦的探索。[①]一些被打倒的"反动学术权威"重新回到工作岗位,刘宝珺被人诟病的外语好、专业水平较高等"白专"属性逐渐被正名,成为了他走出沉寂的重要优势。

1970年余光明当上岩石教研室党支部书记并兼任系副主任。当时教研室的老师多热衷学习报纸杂志的政策,疏于业务钻研,余光明就同教研室主任曾允孚以及另外两个副主任商量开一个英语学习班,建议大家找点事做,有空学学英语,"我们是教师,最终还是要教书的,随便怎么闹最终还是要有本事来教书。"

英语学习班一开班,刘宝珺就第一个找到余光明,毛遂自荐要给大家辅导英语。当时刘宝珺属于"挂白旗"挂到岩石教研室来的,这一旗的教师虽然业务上很不错,但是走在哪里都不受待见,有些教师听说是刘宝珺

[①] 《成都地质学院三十年史稿》,1986年9月,第32页。未正式出版。原件藏于成都理工大学档案馆。

给大家上课，立马嚷着不愿意跟他学习，极个别人甚至放言"宁可找别人学也不找刘宝珺学，我要找的是又红又专的老师"。余光明深知刘宝珺的学识和为人，他费了一番工夫说服这些人来听刘宝珺的课，可没想到原本仅有岩石教研室的二十多人听课，一个月后竟发展为石油系、水文系等各个系的老师都慕名而来的全校性的大课，那时候"想学的都来了，在全校影响很大"。①

当时没有现成教材，刘宝珺就自己准备讲义。虽然不是英语科班出身，但他英文底子扎实，而且讲得接地气，还会把欧美沉积学发展的最新进展翻译给大家，直接讲实用型单词、专业词汇的用法。余光明回想起这段一波三折的英语学习班经历，内心仍十分感慨：

> 后来这一班的很多人，包括我们教研室的很多人，还有外语教研室很多人，都是从这个班出去的，很多人都学得很不错。虽然属于英语启蒙教育，但起码有五六个外语比较突出的人，英语的底子就是在那时打下的。

从七十年代起，刘宝珺致力于铜、铅、锌、铀、汞等金属层控矿床的研究，深入研究沉积成岩作用，强调它对搞清油气的成岩圈闭和探索固体矿床形成富集的意义。他首先提出"沉积期后分异作用及成矿作用"新理念，强调了沉积物理埋藏后的成岩后生变化中，矿化富集的重要意义和层位、岩相、构造等因素的控矿作用，在理论和实践上有重要创新，在指导找矿方面有重要作用②。

此前的传统成矿学说一直强调内生成矿作用和外生成矿作用、深部成矿和浅部成矿的对立及区别，但无视它们之间存在的联系。第二次世界大战后，西欧国家迫于本土找矿的需要，一些学者从实际出发提出了层控理论，该学说通过对典型矿床的深入研究，利用稳定同位素、包裹体成分测

---

① 余光明访谈，2016年11月24日，成都。资料存于采集工程数据库。
② 四川省科学家技术协会第五届委员会委员候选人登记表，1996年9月17日。四川省科学家技术协会文书档案，304-181-204，第162页。

定和热力学等的应用，证实了内生与外生成矿作用、深部与浅部成矿、单成因与多成因、单阶段成矿与多阶段成矿等等之间，既有区别又互有联系[1]，确定了层控理论在矿床学历史发展中的优势地位。刘宝珺作为国内较早接触层控矿床学说的研究者之一，从七十年代中期开始从事大量关于层控矿床、成岩成矿等内容的欧美文献翻译。

1977年，西欧、北美地质学家出版了一部有关层控矿床和层状矿床的综合性巨著《层控矿床及层状矿床》[2]，共七卷二千八百余页。1978年，地质出版社组织全国有关专业人员开展了卷帙浩繁的翻译工作，刘宝珺参与了第一卷的翻译。同年，他参与校译的《沉积岩成因》[3]由科学出版社出版，该书作为沉积岩石学基础理论读物，探讨了沉积作用的物理和化学机理，推论了各种沉积岩的成因问题，反映了国际沉积学近一二十年的发展和成就。此外，他翻译了P. F. Friend的"Fluviatile sedimentary structures in the Wood Bay Series（D）of Spitsbergen"（"斯匹次卑尔根岛木湾系河流冲积物的构造"），A. R. Renfro的"Genesis of Evaporite-areociated stratiform metalliferous Deposits"（"蒸发岩层状金属矿床的成因"），R. L. Stantonde的"Geochemistry of hydrothermal ore deposits"（"热液矿床地球化学"）、"Origin of Handed iron formations"（"赤铁矿的成因"）等多篇文献。通过对最新沉积成岩矿床的外文文献阅读、翻译和推广，刘宝珺成为国内掌握国际沉积学在沉积岩结构、粒度、沉积环境及条件、层状矿床、金属矿成因等最新理论的学人之一，并率先将油气等流体矿的理论引入固体矿床，对中国层控矿床学的发展起到了重要作用。

国内外地质学界对"层状矿床"和"层控矿床"的长期争论主要集中在广义、狭义的理解分野上，刘宝珺认为如果把许多岩浆成因的、岩浆热

---

[1] 涂光炽：关于层控矿床一些问题的讨论。《地质地球化学》，1981年第1期，第1页。

[2] K. H. 伍尔夫：《层控矿床和层状矿床》。地质出版社，1986年。该部著作比较系统地总结了欧美学者在层控矿床和某些层状矿床的成因和找矿问题上的研究成果，既有历史的回顾，又有理论的探讨，而且对一些方法作了详尽地讨论，在一定程度上反映了欧美矿床学当前研究的水平和新的动向及趋势。

[3] H. 布拉特、G. V. 米德顿、R. C. 穆雷：《沉积岩成因》。冯增昭、何镜宇、刘宝珺、陈国勋等译。科学出版社，1978年。

液成因的、火山喷发的及变质成因矿床都归诸"层状"或"层控"矿床，这样的术语分类并无太大意义。他通过研究证实，"层状"和"层控"矿床的富集常常只与沉积演化各阶段的变化有关，许多产于变质岩和火山岩的金属矿床也都是在沉积（或火山沉积）埋藏后的成岩—后生期形成的，因此要从沉积学中引入成岩—后生作用的理论，以使矿床学的研究深入下去。他提出要加强关于矿物物理化学稳定区、相平衡、热力学条件等方面的研究；加强围岩岩相工作，注意研究矿床围岩的相及环境，以及岩相控制成矿的机理，同生矿床形成的有利环境及原因，相环境对沉积物埋藏后形成的层控矿床进行控制的原因及规律；加强热液—沉积成因矿床研究，不仅要掌握野外的岩相及热液矿床的研究方法，还要掌握内生与外生成矿理论、岩相古地理的理论、大地构造以及古生物、古生态、地球化学、物理化学等方面的理论知识，该领域研究的突破将有助于中国的地质学家对全球构造、岩浆活动、古地理变迁、成矿作用等的"统一作用场"认识找出一些总的规律性。

其间，刘宝珺就层控矿床研究在各种刊物发表译文或编译文章，并结合生产实践在重要刊物发表论文或参加国际地质大会论文交流。他的"初论层控菱铁矿矿床的沉积环境和形成作用"[1]对我国七八十年代以来发现的六类不同沉积环境中菱铁矿床的地质特征进行综述，并对层状灰色细晶菱铁矿的形成环境和成矿机理做了初步分析；文章"关于层控矿产研究的评述"[2]针对层控矿床的概念、分类、模式、控矿因素进行了讨论，反映了我国地质学者在该领域的最新理论及实践成果；论文"沉积相模式与层控矿床"[3]阐释了滨海相模式、浅海陆棚相模式、次深海相模式、浊流相模式、湖相模式及碳酸盐沉积相模式等七种主要沉积相模式特征，分析了沉积相与层控矿床的关系，表明许多层控矿床是在沉积演化各阶段形成，层控矿受沉积相带及成岩后生作用物化条件控制，其中金属硫化物矿床形式的萨

---

[1] 刘宝珺、徐新煌、余光明：初论层控菱铁矿矿床的沉积环境和形成作用。《地质与勘探》，1980年第6期，第19—26页。

[2] 刘宝珺：关于层控矿床研究的评述。见《地质科技在发展中》文集第56辑，地质情报研究所出版，1980年。

[3] 刘宝珺：沉积相模式与层控矿床。《地质与勘探》，1981年第12期，第1—9页。

布哈模式最典型。

我国沉积学发展的日新月异，使当时国内高等学校沉积学教材已不能满足专业地质人才培养的需要，重新编写一本"沉积岩石学"教材被提上日程。1978年下半年至1979年上半年之间，刘宝珺将主要精力投入到高等学校试用教材《沉积岩石学》的编写工作。较之六十年代初编的那本沉积岩石学教材，新版教材最大的特点是结合了国际最新的沉积学理论，将基本理论如流体力学、泥沙运动力学等理论纳入其间，用板块构造的观点来分析沉积盆地的成因和沉积作用问题，并以成岩后生作用对沉积期后矿床的形成影响等问题作了介绍和讨论，在当时国内出版的同类教材中独树一帜：

> 特别之处是比如我们现在看到沉积的岩石，它究竟怎么形成的，当时的环境、气候，搬运的流体，水、风是什么样的强度、什么样的性质，这要从基本理论来讲，跟后来形成的产物结合起来，这个（当时国内）比较少。这样就可以分析了，有了自己的基本理论。可能我是国较早这样写书的，像我们这种写法，可能在国际上也很少。[①]

在教材编写过程中，刘宝珺忘我投入，铆足劲要争一口气证明自己。妻子李艳阳对丈夫当年呕心沥血编教材的情境印象深刻：

> 他写那本《沉积岩石学》的书的时候，是夏天很热。我们都在屋外面乘凉，他就在屋里面穿着短裤和背心，搞得全身是汗，搭一个湿毛巾在背上就在屋里写书，在学术上挺吃苦认真的。[②]

1980年8月，刘宝珺主编的高等学校试用教材《沉积岩石学》由地质出版社正式出版，成为我国近代沉积学教育进程中具有时代意义的学术著作。该书总计七十五万余字，附图三百余幅，主要介绍了沉积岩的形成机

---

① 刘宝珺访谈，2017年7月20日，成都。资料存于采集工程数据库。
② 李艳阳访谈，2017年9月20日，成都。资料存于采集工程数据库。

理、各类沉积岩的特征、成因、沉积环境的鉴别，以及沉积作用演化成成岩成矿作用的某些规律性。与以往仅停留在对沉积岩石进行描述的老教材不同，这本《沉积岩石学》不仅叙述了各种沉积岩的主要特点，还阐明岩体特点的成因、形成过程、分析方法，并重点编写了每一种沉积特征在古环境中的意义。

《沉积岩石学》出版后主要用于找矿、勘探、石油地质专业院系学生的教学，也用作广大地质、矿山工作者及相关研究人员的参考书籍。地质学家路兆洽[①]认为，这本教材反映了我国最新研究水平，深入浅出的内容实现了学科思想的融会贯通，"如非在沉积岩石学及矿床学方面有较深的造诣，是不易做到的，不失为我国当前有理论水平和使用价值的好教材之一。"[②]

一、作者在各章节中首先就内容做一概述，文字不多，却很好地起到了摘要作用，使阅读者读后能有一个全面的概念，欲知其详，再阅分节叙述，是一大优点。

二、本书遵从科学出发，但各章节内中，结合了有关矿产的形成问题。谈的是沉积学、沉积作用，自然而然的联系到了有关矿产，结合毫无牵强之感，也可使从事矿床学研究者在基础理论和成矿物质来源及矿床成因等方面得到不少启发和基本概念。

三、该书第三大优点，即在一些章节内容中，首先从研究史、研究进展角度，扼要介绍了重要的学派观点。开门见山，言简意赅，寥寥数语，即使阅者对某一学派观点有一概括理解。此外，还就某一学派观点，结合个人认识或者根据本人观察研究进行评述，指出了存在的矛盾。既吸收了国内外新理论、新成就，也防止可能出现的生搬硬套，特别是在教材中选用了不少我国实例和成就。写的深入浅出，看

---

① 路兆洽（1911—1992）：1934年毕业于北京大学地质系，1950年任西南地质调查所工程师，1956年任地质部南方总局总工程师。1958年调地质科学院矿床研究所工作。

② 刘宝珺干部档案：成都地质学院教授评议意见书。1981年2月19日。原件存于成都地质矿产研究所档案室。

后很受启发。

四、其介绍分类方案以及一些属于和名词的涵义或定义等方面同样从研究进展学派观点做评议，然后再提出本书采用的方案或涵义，有时就原文（外来词）与译词做了必要的说明，并尽量采用了我国的成果和实例、素材，使阅者不但理解术语、名词的涵义或定义，并能领会其实质内容。

五、全书在章节安排，内容取舍上，比较得体：文字叙述通常，简明扼要，附图附表，安排得体。注释醒目，全书达 75 万字，读来津津有味，并无枯燥之感。[①]

这本刘宝珺编写于二十世纪八十年代初的《沉积岩石学》，历久弥新，至今仍是沉积学人才培养的经典教材之一。何起祥认为一门学科需要一些具有代表性的好的著作，而刘宝珺这本《沉积岩石学》正是这样一本好的著作，对于扭转沉积岩冷僻学科的局面起到了很大作用，"业治铮院士、叶连俊院士、吴崇筠教授等是新中国最早一批沉积学奠基者，刘老师则是我国沉积岩发展过程中的中流砥柱，成为了这个学科的开拓者和引领者。"[②] 刘宝珺弟子、中国地质调查局成都地质调查中心党委书记王剑表示："尽管后来有很多新编教材，但真正将沉积学基本原理讲得最清楚，或者说最好的，我认为还是刘老师那本教材。现在我也编教材，我现在编《沉积岩工作方法》仍是以刘老师的教材为主要依据。"[③]

1976 年 10 月，"四人帮"集团被粉碎，历经十年的"文化大革命"宣告结束。成都地质学院积极开展拨乱反正，引导广大干部和教师开展关于"实践是检验真理的唯一标准"，为进一步落实党的各项政策，特别是知识分子政策奠定了思想基础。1978 年后，学校党政领导班子进行调整，结束了"文化大革命"这一历史阶段产生的"革命委员会"领导体制；1980 年

---

① 刘宝珺干部档案：成都地质学院教授评议意见书。1981 年 2 月 19 日。原件存于成都地质矿产研究所档案室。
② 何起祥访谈，2017 年 4 月 1 日，青岛。资料存于采集工程数据库。
③ 王剑访谈，2016 年 11 月 16 日，成都。资料存于采集工程数据库。

图 5-22 获成都地质学院先进教师、先进教育工作者时的留影（1978 年首届教师节，成都理工大学档案馆提供）

图 5-23 1980 年刘宝珺参加在陕西铜川召开的全国沉积学专业会议（成都地质矿产研究所提供）

柳运光任学校党委书记，这个时期学校实施党委领导下的校长分工负责制，改变了多年来存在的党政不分、以党代政的现象，坚决把工作的重点转移到教学上来，发动全体师生员工针对"四人帮"破坏最严重、群众反映最强烈、教学管理工作中亟待解决的几个主要问题，进行了全面综合治理[①]。

经过长期的科研深耕，当新的历史时期到来时，刘宝珺"开镰收割"的丰收季节也同时来临。

1978 年，国家恢复和提升教师职务名称以后，成都地质学院积极开展了教师职务名称及其提升与确定工作。当年 3 月，蛰伏助教岗二十余年的刘宝珺终于晋升为讲师，翌年晋升为副教授。1981 年，他在知天命之年，同曾允孚、张倬元、金景福同时被晋升为教授，加上此前学校的四名教授，学校的师资力量得以凸显，对学校在沉积岩与沉积矿产、石油地质、

[①] 成都理工大学校史编委会：《成都理工大学校史（1956-2016）》。中国文史出版社，2016年，第 25 页。

工程地质、放射性矿产地质、石油物探、核物探、深部地质等学科专业领域特色和优势的构成起到了积极推动作用，也使学校的师资力量、学术水平、科研成果逐步跻身国内同类院校的前列。艰难困苦，玉汝于成，从坐了多年的冷板凳到"连跳三级"，这并非是刘宝珺"乘上了火箭"，而是在厚积薄发之下的水到渠成。

图 5-24　1976 年刘宝珺带毕业班至会理实习时的合影（刘宝珺提供）

图 5-25　1981 年刘宝珺与成都地质学院 78 级研究生毕业留影（成都理工大学档案馆提供）

随着学校的教学科研工作全面整顿恢复，科学研究机构建设进入快速发展阶段。1978 年 3 月，学校成立了沉积岩及沉积矿产等八个研究室，曾允孚任沉积岩及沉积矿产研究室主任。1980 年，刘宝珺担任该研究室副主任，他和曾允孚作为研究室的两驾马车，分别以碎屑岩、碳酸岩为主要学术方向，带领团队在研究碳酸岩储集岩成岩后生作用、区域岩相古地理及沉积层控矿床的控矿条件方面，在建立西藏中生代沉积与板块构造模式方面，在四川侏罗纪恐龙生态环境方面，以及沉积学的基础理论与应用研究方面取得了诸多重大成果，所研制的图相分析仪填补了我国空白。

第五章　沉积而发　　*215*

1978年，成都地质学院恢复招收研究生，刘宝珺作为研究生导师，首次独立指导王成善、刘家铎①两名研究生，同时给沉积岩专业研究生开设沉积学理论方法、成岩后生作用、岩相古地理、层控矿床、专业英语等课程。他在指导研究生的过程中主张"一专多能"，要求学生在一个具体研究领域深入钻研，同时还要借助沉积学相邻学科，如大地构造、地层、矿床学等相关领域知识，注重吸纳融合，从而拓宽研究视域，实现有价值的科研创新。

1974年，二十三岁的西藏101指挥部汽车队的卡车司机王成善被推荐到成都地质学院找矿系，他第一次见到刘宝珺是在西昌会理的本科野外实习中，刘宝珺带着大家跑野外看露头，随身揣着的灰色封皮英文字典让王成善惊讶不已。1978年，他作为成都地质学院复招后的第一届研究生，当上了刘宝珺的开门弟子。1980年，刘宝珺、余光明主持了国家级项目"西藏地区中生代岩古地理研究"，王成善跟随二人在当年和次年六七月份进藏参加地调队部分工作，在聂拉木、拉萨、岗巴地区收集有关侏罗系沉积方面的资料，在室内整理工作中做了大量分析研究。科考期间，刘宝珺头几天会带王成善跑野外，帮助他建立相关领域的研究思路，然后就直接给弟子压担子，逼着他不得不想办法独立解决问题。刘宝珺认为，导师主要应该培养学生自行读书、钻研、思考的能力，唯有如此才能激发其创新思维：

> 要培养学生这个能力，或者帮助他找到对某一个领域的兴趣，你可以帮助他对它了解更深入，这个是教师的基本职责，而不是我知道多少都告诉你，你都把它掌握，那你这个学生永远超不过教师，最多达到你教师的水平。要给学生更多的空间，给他更多的时间来自己去钻研，钻研自己最感兴趣的问题。这一个人要想有成就的话，他必须对他所从事的事业得有兴趣，你没给他时间去钻研，他怎么有兴趣呢。②

---

① 刘家铎（1949- ）：成都理工大学教授，博士生导师，1981年研究生毕业于成都地质学院（现成都理工大学）并获硕士学位，曾任成都理工大学校长、党委常委、副书记。

② 刘宝珺访谈，2017年7月20日，成都。资料存于采集工程数据库。

在刘宝珺的指导下，王成善确定了自身西藏白垩第三纪的研究方向，完成了《珠穆朗玛峰地区侏罗纪的沉积环境及其板块构造之间的关系》的研究生论文。如今作为中科院院士、青藏高原研究的国际著名学者，王成善始终将青藏高原视为自身三十多年最重要的研究主线，始终难忘刘宝珺作为专业的燃灯者，将自己带入了青藏高原的研究领域：

　　我按照他（刘宝珺）这个思路去做，在国内发表了第一篇相关的文章。尽管这篇文章现在看起来是小儿科的文章，但是毕竟是我的第一篇文章。所以说我的毕业论文就是这个项目支撑完成的，没有这样一个机遇的话，我也不会做西藏研究。[①]

在该国家级项目中，刘宝珺主要开展了珠穆朗玛峰的侏罗纪陈列环境与板块构造背景研究，他从 1982 年起发表了一系列有关西藏高原中生代地层沉积作用与板块运动的论文，关于珠穆朗玛峰地区侏罗纪沉积相、古地理和板块运动特征及遗迹化石的研究，是我国这方面的先行性研究成果，等深流沉积的发现和研究在我国尚属首次。[②]

　　由于恢复地质勘查工作的需要，我国自 1970 年开始先后在红层及一些碳酸盐岩地区进行了沉积学的研究，地质、石油、煤炭、冶金、高校和中国科学院系统的研究人员普遍引用了国内外的新理论、新方法，广泛开展了沉积学和岩相古地理的研究。[③]刘宝珺从七十年代中期开始讲授岩相古地理课程，成为当时成都地质学院的一道独特风景。很多师生慕名跑去旁听，当年还是找矿系勘探专业本科生的陈洪德对这位老师的印象就是"重思路，强逻辑，赋生动，善归纳"。因名声大噪，刘宝珺经常被请到河北、贵州、云南等地开设岩相古地理讲座。由于沉积学和岩相古地理学逐渐成为资源勘查中的一项重要理论和方法，1979 年地质矿产部成立了全国岩相

[①] 王成善访谈，2016 年 10 月 29 日，成都。资料存于采集工程数据库。
[②] 张以诚：山路辉煌——记 1953 届毕业生、首届李四光地质科学研究获得者、中国科学院地学部委员刘宝珺。见吕录生主编：《山花烂漫》，中国地质大学出版社，1992 年，第 1—5 页。
[③] 刘宝珺：中国沉积学的回顾与展望。《矿物岩石》，2001 年第 21 卷第 3 期，第 3 页。

古地理研究及编图工作协作组，挂靠成都地质矿产研究所，刘宝珺担纲该协作组组长兼技术指导，曾允孚任副组长，成都地质矿产研究所和成都地质学院两家单位共同兴办了十几个岩相古地理学习班，给全国各省局等有关单位技术干部进行培训，并指导各单位编图工作，培养了一大批专业技术人才，在全国沉积学界掀起了一阵学习热潮，"使我国七十年代末后期到八十年代初期沉积学的研究有了很大进步"①（详见第七章）。

在我国沉积学大发展的科技背景下，为了筹组沉积学/沉积地质委员会，1979年11月23日至12月1日在北京召开了全国沉积学和有机地球化学学术会议。作为我国沉积学界首次大规模的学术盛会，荟萃了全国各省市、自治区十四个系统一百四十八个单位的科技工作者三百一十二人。在业治铮、吴崇筠等我国第一代沉积学奠基人的支持下，会议期间经有关单位推荐和协商，CSMPG沉积学（分）会和GSC沉积地质专业委员会领导机构的组成人员正式产生：叶连俊任理事长/主任委员，业治铮和吴崇筠任理事长/副主任，孙枢②任秘书长，刘宝珺、傅家谟、秦蕴珊、张彭熹、张鹏飞、丁传谱、曾允孚、郑直、严钦尚、冯增昭、沙庆安、何镜宇、孟祥化、陈先沛、方少仙、唐天福、曾鼎乾、应凤祥、刘长龄等六十人任理事/委员③（二十世纪九十年代中期，中国科协对二级学会名称有了新的规定，一律称为专业委员会，CSMPG的沉积学会改称沉积学专业委员会，中国沉积学会的名称随即停止使用）。会议还决定在GSC沉积地质专业委员会下设碳酸盐岩、碎屑岩、沉积矿床、有机地球化学和现代沉积等四个专业小组，刘宝珺担任了碎屑专业小组组长，为当年召开碎屑专业全国会议着手各项筹备工作。从1988年起，刘宝珺担任了第三、四届沉

---

① 刘宝珺访谈，2017年7月21日，成都。资料存于采集工程数据库。

② 孙枢（1933-2018）：出生于江苏金坛。1953年南京大学地质系毕业，1953年起在中国科学院原地质研究所（地质与地球物理研究所）工作，历任副研究员、研究员、副所长、所长。1987年任中国科学院资源环境科学局局长。1992年起于中国科学院地学任副主任、主任。2008年-2012年任中国科学院学部主席团成员。1991年当选中国科学院院士、1989年当选第三世界科学院院士、1989年当选国际欧亚科学院院士和伦敦地质学会（终身）荣誉会员。见中国科学院官方网站：http://www.casad.cas.cn/doc/17600.html。

③ 孙枢、李任伟：我国沉积学专业委员会和沉积地质专业委员会的三十年。《沉积学报》，2009年10月。

积学／沉积地质委员会副主任委员，并在第四届全国沉积学大会暨沉积学／沉积地质委员会成立三十周年之际，被选为新一届沉积地质专业委员会主任委员。

人生实难，大道多歧。从"白专"到学术执牛耳者，从助教到教授，刘宝珺如干将、莫邪一般把自己炼进了自己的剑里，在被打击时，在迷茫无助时，在跌至谷底时，始终沉潜学问，无问西东，始终坚韧不拔，不惮困苦，最终用二十多年的光阴萃取出沉积学事业的璀璨光华。

1982年，五十一岁的刘宝珺作为沉积学界中青年骨干，离开三尺讲台，从成都地质学院调往地矿部成都地质矿产研究所任所长。他站在一个更高的科研管理平台上游目骋怀，获得了更广阔的学术视野和发展机遇。

第六章
成矿所岁月

转战成都地矿所

1962年，地质部党组为贯彻落实中央对国民经济实行"调整、巩固、充实、提高"的方针，决定撤销全国二十六个省市自治区地质局（厅）的地质科学研究机构，合并建立西南、西北、东北、中南、华东六个大区地质科学研究所。西南地勘单位优势资源经整合，组建成立了西南大区级地质科研机构——西南地质科学研究所[1]，这就是成都地质矿产研究所的前身（以下简称"成矿所"）。

祖国的大西南山川壮美，地质构造复杂，成矿作用丰富多彩，沉积岩、矿产和油气资源禀赋得天独厚，历来是中外地学界和矿业界格外瞩目的地方。

建所之初，成矿所根据国家科委指示和西南地区的特点，在1963年

---

[1] 张万年、孙弥祯等：《地质矿产部成都地质矿产研究所三十年（1962-1992）》。内部资料。1978年5月更名为国家地质总局成都地质矿产研究所；1982年5月地质部改名地质矿产部，地质部成都地质矿产研究所相应更名为地质矿产部成都地质矿产研究所；1999年，中国地质地质调查局成都地质调查中心成立，与成都地质矿产研究所实行两块牌子，一套机构，合署办公。

至1967年期间主要承担国家亟须的研究项目，1967年至1972年的五年间多是结合西南地区在构造学、地层学、沉积学方面的地域优势，解决生产中带有关键性的地质科学技术问题，并在沉积矿产、低温热液矿产与伟晶岩有关矿产方面的研究取得相应成效。而后研究所管理体制几经异动，但其地质科研任务、方向和研究地区均无变化。

"文化大革命"十年，成都地矿所同全国其他科研单位一样历经浩劫，地质科研工作虽未完全停滞，但受到不同程度的干扰和冲击，而同时期的国际地质学正在经历重大的历史性变革。

1978年的中国，刚刚走出阴影，百废待兴。国家高层决策者意识到，要建设社会主义现代化强国，"关键是科学技术的现代化"[①]。当年3月，时任中共中央副主席、国务院副总理的邓小平在全国科技大会上提出了"科学技术是生产力""脑力劳动者是劳动人民的一部分"的重要论断，以及科技队伍又红又专的标准，对中国的科学教育和科技人才的培养影响深远。从某种意义上讲，全国科技大会是一次思想大解放，是一场向科学技术现代化进军的全民运动，是中国当代科技史的一个重要里程碑，亦是广大知识分子打破"文革"浩劫的精神枷锁，走向重生的开端。

阳春布德泽，万物生光辉，科学的春天因此来临。

在距离北京近两千千米的西南省会成都，各大科研机构、大专院校听到了报春花打开蓓蕾的声音，位于城北的成都地矿所在这个春天里开始了它的"第二次创业"。

根据中国地质科学院的设想及国家地质总局发布的《地质部门科技长远发展规划重大项目表》，六个大区进一步细化了各自的学科发展方向，如东北所是变质岩，天津所是前寒武纪，宜昌所是地层古生物，南京所是花岗岩……成都地矿所作为地矿部设在西南大区的研究所，结合西南地区沉积岩地层发育较齐全的优势，以沉积学为主要发展方向，开展以康滇、三江和青藏高原为主的区域地质学研究。1979年，国家地质总局成立"岩相古地理研究及编图工作协作组"，下设"岩古办"挂靠成矿所，以期建

---

① 邓小平:《邓小平文选》第二卷。人民出版社，1994年，第274页。

成部系统的沉积地质研究中心,由此引领全国范围的沉积地质学研究统一协作发展。

除了国家宏观层面的方向部署调整,当时四川省石油管理部门以及石油地质类高校、科研单位也重点转向了构造、地层和沉积方向的研究,以期加快推进四个现代化建设,尤其是实现四川盆地石油天然气普查勘探工作的新突破。成矿所的构造和地层的研究基础较好,但因十年"文革"贻误,沉积学理论研究已经完全跟不上国际沉积学前沿发展,加之所里相关专业人才青黄不接,引进国外沉积学理论和研究方法困难重重。

1982年,老所长王其龙即将退休,找一个沉积学方向的学术带头人当所长,成为这个西南大区研究所的当务之急。

整个所里环视一圈,懂专业的岁数大了,年龄合适的业务水平不够——政治挂帅已趋式微,充分发挥科技专家的作用,让"专家当所长",促进所里科研工作迅速恢复和发展是当时自上而下定的总调子。彼时已是中国地质科学院院长的李廷栋,参与了举荐成矿所当家人的这段过往,"这个所长"应该有哪几把刷子,他的话很透亮:"学术上(尤其是沉积学方面)要有一定权威性,成果能够拿得出手,能够让人信服。"

1982年2月,经陆兆恰先生的推荐,王泽九和老同学李廷栋的努力[①],被认为"有几把刷子"的刘宝珺,由地矿部拍板,作为一个没当过一天官的成都地质学院教书先生调入成都地矿所,成了一所之长。

为什么是刘宝珺当所长?一个成天跟岩石打交道的书生能带领三百多号人把成矿所干好吗?他在成都地质学院坐了二十多年的助教冷板凳,业务水平过得硬吗?彼时的刘宝珺执着的是什么?在放下与拿起的片刻之间,他内心经历的摇摆又是什么?

成矿所自行培养一个沉积学业务骨干当所长,显然时间等不起;而同城的成都地质学院的沉积学研究在全国地质院校中处于领先地位,会集了以岩石教研室曾允孚、代东林、刘宝珺、夏文杰为代表的一批沉积学教学科研骨干,因此从东郊的成都地质学院引进学术带头人成为地矿所当时的

[①] 刘宝珺:刘宝珺自叙。载《情满大地》,四川科学技术出版社,2010年,第174页。

最优方案。按照中央关于干部队伍要"革命化、年轻化、知识化、专业化"的精神，地矿部经多方推荐和再三权衡，最终"相中"了在国内沉积学界崭露头角，科研素质过硬，综合能力相对均衡的刘宝珺。

去耶？留耶？当时已是成都地质学院岩石教研室副主任的刘宝珺进退维谷，内心挣扎。他对地院有感情，而且学校希望他不要走，开出的条件是"马上给你提地质系主任"，当时的地质系很大，相当于现在的一个学院规模，这对于摘掉"白专"帽子不过两三年光景，"大器晚成"的教授刘宝珺来说是有吸引力的——多年的思想包袱卸下了，业务能力被组织认可了，自己也算是扬眉吐气。他有点动心。

爱人李艳阳个性直白，她倒是建议刘宝珺换个新的环境。我们在采访中听她谈及丈夫在成都地院不受重视，心情压抑的往事时，隐约又剥开了一层刘宝珺最终选择离去的原因——"他不大说的，比较内向，总之是不大愉快……"

人过五十渐知天命，时年五十一岁的刘宝珺却与他人不同。就像一个皮球被按下去会弹得更高，他在多数人随流的年代，靠独立思考和艰难探索找到了一条适合自己的科研方向，他的胸腔里还揣着志向，还希望在沉积学上施展更多抱负，把那些被耽误的像金子一样的时间重新拾回来。比起当系主任，他更看重平台给自己带来的加持的力量。

1982年的大年初五，年味尚浓，人们还沉浸在爆竹辞岁的喜庆之中，"新科所长"刘宝珺就从东郊转几趟公交，到城北的成都地矿所正式报到

图 6-1　1986 年刘宝珺在成矿所办公室的工作照（刘宝珺提供）

图 6-2　1994 年刘宝珺与成矿所领导班子在办公室的工作照（刘宝珺提供）

第六章　成矿所岁月

了——成矿所是他人生中又一个重要的分水岭，也是他此后总结从事地质工作六十周年以来"个人进步最快的一段时间"。在成矿所直至退休的近十五年里，刘宝珺在这个更广阔的天地带领团队进一步拓展了科学研究范围，取得了一系列具有国际领先水平的重要学术成果，同时也成就了自身作为我国沉积地质学奠基人之一的学术地位。

"大河改道不是它的任性，而是寻求全新的经历与壮观"，这句话对于一次次突破狭小逼仄的自我空间，试图越过山丘的刘宝珺来说，恰如其分。

一 所 之 长

二十世纪八十年代初期，党和国家在拨乱反正、正本清源以及改革开放中一系列政策的确定，使在时代风云激荡中的广大科学技术工作者逐渐从"极左"思潮的阴霾中走了出来，对促进国家科研工作的迅速恢复和发展起到了积极作用。

政治风向的变化，使成都地矿所开始有了新的气象。

空降到成都地矿所的刘宝珺对这个单位并不陌生，1979年他作为地质矿产部成立的全国岩相古地理研究及编图工作协作组组长，就同成矿所打过交道，后来成都地质学院联合成矿所在全国多地开设沉积岩相古地理学习班，双方又有很好的合作基础，加之所里的不少骨干都是成都地质学院的毕业生，刘宝珺这个"外来"所长对成矿所的科研家底很熟悉：

> 当时成矿所科研比较强的一个是地层，老的前寒武纪研究很有成就……古生物也是强项，很多门类在国内来讲还是在前面的，例如珊瑚方面的研究水平很高。总体而言区域地质、地层学和古生物的研究水平相当高。沉积方面偏重于搞钾盐这些方面，结合矿产的比较多。矿床方面的研究也还不错，因为四川本身跟岩浆、变质有关的矿床很

多，在中国来讲都是做的拔尖的。另外就是构造，当时有大概是60年到65年左右南京大学毕业的一批相当出色的年轻人，基础比较好，所以构造也搞得很好。①

除了拥有一批"相当出色的年轻人"外，成矿所还有一些在建所初期就挑大梁的岩石学老专家、来自西南各地勘单位的总工程师……尽管能人不少，但所里多年来整体缺少明确的发展方向，也拿不出在全国有影响力的比较像样的大项目。文革十年间那些荒腔走板的斗争，割裂了人与人之间最基本的情感，所里派系间的攻讦争斗尖锐，戾气盛行。"文革"结束后，一些历史遗留问题并未得到实质性解决，蹉跎岁月里留下的伤痕并未因时代的剧烈变动而自动愈合。

内部关系的错综复杂，几代人之间的龃龉，不团结不合作，是刘宝珺进入成矿所后必然经历的困境。

比起那些上任后大刀阔斧搞管理、语言磅礴的领导，刘宝珺这个"新官"没什么气场，说话慢条斯理，似乎也不太擅长驾驭政治术语，甚至老老实实承认自己没能力在管理上做一些事，"这辈子从没管过别人，都是被别人管的"。所里原来的党政领导都是厅局级干部，党委副书记兼副所长李泽还是扛过枪的抗日老兵，党政管理经验丰富。所里的各种明暗纷争，所谓革命派和保守派在政治倾向上的怨怼，刘宝珺从不过问，而是请李泽等老领导出面做工作，解决人们思想上的团结问题。他客观中肯，作风民主，十分尊重班子里的老同志，坚持集体领导与个人分工负责相结合，凡涉及人、财、物等方面的管理，全面放手交给党委书记、副所长、党委委员等干部，自己则主抓所里的科研业务——刘宝珺心里清楚，自己不是来成矿所当政工干部的，而是以业务所长的身份牢牢牵住"科研"这个牛鼻子，通过系统性地组织科研项目，用业务工作调动大家积极性，把团队凝聚起来，让成矿所真正出成果出人才。

这是一个新老干部交替的过渡型领导班子。在所党委的支持下，全所

---

① 刘宝珺访谈，2016年7月21日，成都。资料存于采集工程数据库。

通过干部大会、分组学习讨论会，学习领会党中央、国务院和地质部的有关文件，深入学习邓小平同志《解放思想，实事求是，团结一致向前看》和上级重要讲话精神。班子成员带头讲团结的意义，讲五个指头和一个拳头的关系。刘宝珺这个初来乍到的新所长，以谦谦君子的身段风度带头倡导公正公平，让上上下下感受到成矿所破除教条主义和官僚习气，把人心重新缝补起来的诚意和气象。

在调入成都地矿所的第二个月，刘宝珺就牵头组建了所里的第三届学术委员会，他任主任委员，路兆洽、刘俨然任副主任委员，除所里的十二个委员外，刘宝珺还邀请业内有极高学术威望的王鸿祯、杨遵仪、曾允孚三名教授担任外聘委员。

当时的成矿所大约三百人，但"真正能够干活的，专心搞业务的大概一百多人"，这批骨干主要从事区域地质、古生物地层、岩石、矿床和化验分析的研究，很多都是五六十年代毕业于北京地院、长春地院、南京大学，还有更早从重庆大学、贵州大学毕业的老专家。经历了"文革"，大家迫切地认识到不搞业务不行，只有科研水平上去了，才能推进学科在各个方面赶上国际领先水平，这群人乐意跟着刘宝珺一起干。

新所长也不含糊，开始带领所里的骨干跑野外。

地质工作实践性强，七八十年代之前我国的地质教育尤其注重野外工作。行家看门道，搞地质的张口一说话就知道是徒有空头理论，还是有丰

图6-3 1982年年初刘宝珺参加成都地质矿产研究所先进工作总结表彰会（刘宝珺提供）

图6-4 1983年9月各地地矿所（院）书记所长会议（刘宝珺提供）

图 6-5　1982 年刘宝珺与成矿所沉积室同事在峨眉野外考察（成都地质矿产研究所提供）

图 6-6　1984 年 10 月刘宝珺在四川兴文做碳酸盐风暴岩考察（成都地质矿产研究所提供）

富的实践经验。跟着刘宝珺跑野外的同志很快感受到这个所长在沉积学方面丰沛的学养和前瞻性的研究思路。以前大家到野外基本上就事论事，光是琢磨石头，搞沉积记录的研究，没有把沉积事件上升到一个理论的角度去观察思考，因此也无法解释更多的沉积地质现象；刘宝珺则不同，他具

图 6-7　1984 年 9 月刘宝珺于四川兴文四龙 P1 风景岩天泉招待所和同事合影（刘宝珺提供）

图 6-8　1997 年西岭雪山进行野外考察（刘宝珺提供）

第六章　成矿所岁月　　227

有很强的地质观察能力，更重要的是会结合水动力学的理论、水动力学的一些条件，将今比古、深入浅出地给大家讲解沉积岩的具体形态、构造、特征等，还经常介绍欧美沉积学最新的学术进展——就像是给人的认知空白处"啪"地开了一扇看风景的窗户，大家觉得接地气、开眼界、长知识，整个研究思路一下子拓展了。他带队的野外地质考察，常常成为参与人气最旺的线路。

理论基础对沉积学研究究竟有多重要？与刘宝珺合作多年的同事许效松打了个比方：苹果从树上掉下来是个普通的现象，但牛顿万有引力的出现让苹果落地以及此后很多物理现象有了理论阐释的重要意义。沉积学上也一样，过去仅仅是对一些现象事件的描述型认知，一旦上升到理论层面，很多僵化的研究顿时变得活泛起来。许效松比刘宝珺只小三岁，这个科研悟性强、异常能吃苦的女同志常常跟着刘宝珺出野外，近距离地学习他分析沉积学问题的方法，学习他的野外观察能力，如今八十四岁的她评价起刘宝珺，认为"刘老师的科学思维带给自己极大的帮助和启发"：

> 我们做野外地质观察，很多地质上的问题经常有争论，按学术的专业学科观点来说，这个说是属于潮汐作用，那个说是属于波浪作用，等等。但是刘老师是从在野外的露头上面来观察，因为我们在看地质剖面就是看石头。所以在野外露头上，他就在分析，从正面来分析，从反面来分析。我觉得我跟他学的最大的一个收获就是他的思维方式，他的思路比较有条理，而且能够以理服人。比如找这个现象，用三个方面来解释，如果三个方面的解释你不承认，你可以从反面用另外的不是这个三个来解释，你反面说不通了，我正面就必然可以成立了。我觉得他这点是比较好的。①

八十年代的野外地质工作依然十分艰苦，每天补助就八毛钱，吃上一

---

① 许效松访谈，2016 年 11 月 29 日，成都。资料存于采集工程数据库。

顿白菜青菜打主力的火锅就能让人高兴半天。刘宝珺的补助比大家多四毛钱,但从不搞特殊化,跟大家同吃同住,不仅知识面广,还喜欢说笑话,有时候来段相声或绕口令给大家解闷,待人接物的风格让人印象深刻。"他很随和,亲和力强,大家就愿意接触他,那么无论在学术上,还是在观察分析野外露头上,怎么看一些地质现象上,就很容易被大家接受。他没有那种老专家的气场,压人一下的那种,没有,都是很平易近人的",许效松说。

没有门户偏见,不摆官架子,业务上有威信,刘宝珺逐渐获得所里上下的认同,他这个所长开始说话算数了。被政治"干预"多年,他深知出成果的艰辛,因此把业务抓得尤其紧,通过组织大大小小的沉积学方面的科研项目,集结了所里搞沉积、构造、地层等等方向的一百多号骨干,大家天南海北全国到处跑,一心一意地扑在业务上。他不问派系,政治上一视同仁,尤其重视那些用功学、努力干的同志,让他们跟着自己做一些有分量的项目,"我找来的项目,就要挑选进步比较快的人来做"。那个阶段所里大部分人开始意识到"文革"耽误了十年,已经浪费了太多时间,现在局面好不容易扭转过来,只有全身心放在工作上才能取得一些成绩。大家都把注意力放在学习新的科学研究方法上,过去的恩怨,所谓斗来斗去的事反而没人再讨论。

有了学术上的领头羊,业务上的学习合作使成矿所的科研建设水平很快得以提高。刘宝珺上任当年,所内就获得国家自然科学奖三等奖、地质矿产部二等奖。在落实科研事业发展的"六五"(1981—1985)计划和十年设想(1981—1990)期间,所内共有十三个以区域地质学、沉积地质学、地层古生物学研究为主的重点科研项目以专业团队集结作战,励精图治,开展了艰苦不懈的技术攻坚,拿出了一批在国内叫得响,甚至处于领先水平的理论研究和实践创新成果。刘宝珺多次率队,从横断山脉到藏北无人区,从乌蒙山麓到"三江"河谷,在西昌-滇中探索震旦纪铁矿分布富集规律,在三江地区探索特提斯沉积地质的演化……所里的科研成果不断增多,获奖项目层次逐年攀升,共计有近六十项成果获得部、省级以上科技成果奖。刘宝珺带领团队争取到国家自然科学基金、行业基金项目

图 6-9　1985 年 4 月刘宝珺参加四川省地质学会表彰大会（刘宝珺提供）

图 6-10　1992 年成矿所成立三十周年纪念刘宝珺与同事合影（刘宝珺提供）

的费用拨款，每年拨至所内的地勘科研经费由原来的七十万元左右增至近二百万元，1984 年达到二百一十万元。一批高水平的专著论文大量出现，重大成果分布于沉积学的各个研究领域，多是与我国实际结合的当代学科热点和前沿，解决了资源的许多重大问题。

在荣誉面前，刘宝珺更多的是将军功章归于团队："这个集体很重要，许多成果都是集体的智慧（也包括成都地质学院的老师），是大家集思广益做出来的。"在依托重大专项出成果的过程中，更可喜的是成矿所的人才梯队建设日臻成熟完善，一批年轻的专业研究人员作为后起之秀，开始承担有较大影响力的项目，逐渐成长为学术尖端人才、学科带头人和多技能专家，在康滇地轴和南方岩相古地理等项目上取得了很好的业内影响。许效松、潘桂棠[1]、颜仰荃、王宜生、罗建宁、潘杏南、陈智樑、李行镇、郑海翔、范影年等都做了出色的工作，年轻的王剑、牟传龙、江新胜、秦建华等也都很快成长起来，成为所里的骨干[2]。

1983 年，在时任成都地矿所党委书记李步孔的推荐下，经副所长李泽和后勤处一名处长作为入党介绍人，刘宝珺光荣加入中国共产党，1988 年任成矿所党委委员，1991 年任该所党委书记兼所长。

1984 年，中央对科研院所的领导体制和干部人事制度作出重大调整，

---

[1] 潘桂棠，中国地质调查局、青藏高原地质研究中心研究员，博士生导师。
[2] 刘宝珺：刘宝珺自叙。载《情满大地》，四川科学技术出版社，2010 年，第 175 页。

图 6-11 1991 年成矿所领导班子合影（成都地质矿产研究所提供）

通过实行"所长负责制"，以期及时解决科研方向任务和科研工作各个环节中出现的问题，提升自主科技创新能力。翌年 4 月，根据四川省科委党组部署，地科院党委批准，成都地矿所实行所长负责制——作为所长的刘宝珺直接受国家委托，对研究所的科研、生产、经营和行政管理工作实行统一领导，全面负责。这位成矿所的掌门人秉承抓大事、议大事的原则，实施分级管理，加大专业人才扶持力度，将一批知识分子提拔到领导岗位。调整后的处室级领导班子中，知识分子由原来的八成上升到全员。此外，他带领团队陆续开展了以项目组为核心的一揽子机构改革，进一步强化了学术思想的一致性。

现代沉积学理论的建立和发展，从某种意义上说也就是沉积学与其他学科进行学科渗透和交叉的结果。刘宝珺很早就受爱因斯坦统一场物理理论的启发和影响，认为沉积学研究也要从各种地质现象所表现出来的相互作用出发，沉积学不单单是搞沉积岩，必须结合构造、盆地等的沉积背景，培养与其他学科的结合点，开拓新的研究领域和建立学科分支。他认为，"以前说沉积就是沉积，火成岩就是火成岩，热液就是热液，我们把学科交叉研究，那就是不断经历各种作用混合的一个成果。这点我们比较明确，也可能对别人也是一个启发，对我们自己也是启发。"

顺着"学科渗透与交叉"这个思路，他极为重视整合团队各方专业资源协同作战，强调以沉积学为主，沉积、构造、地层、古生物、矿床等学科的交叉融合，所里经常组队到新疆、西北等地开展多学科野外调查，有时还会邀请其他单位不同学科的人才参与科考工作，大家感觉很有进步，因此也更容易出成果，包括后来一些在全国都叫得响的成果，石油天然气系统和地质系统，甚至冶金、煤炭、勘探各个系统都肯定成都地矿所学科交叉的方向是对的。

将"学科交叉"这个思路再进一步往培养地质工作者的科学素养延伸。刘宝珺在多个场合强调地质学不是孤立的，而是实践性、逻辑性、哲学性都非常强的学科，在整个分析中充满了辩证，因此他鼓励科研人员做学问时，既要在某个领域基础扎实、业务突出，具有较好的数理化基础，同时还应该是个通才，有广博的知识界面、较宽的研究领域、灵活的研究思维。以前是这样要求自己，现在他用这套标准来要求团队，因此他领军的项目团队长期密切注意各学科研究领域的动态和新成就，在研究思路上往往能举一反三，不断充实和完善沉积学的理论和方法，作出的成果丰富全面且具有科研创新价值，这也和他在成都地质学院组织项目的风格一脉相承。

邱东洲是刘宝珺在成都地质学院带的第一批研究生，1988年从地矿部石油局调到成矿所任刚成立的能源地质研究室主任。他特别提到了刘宝珺重视能源，将沉积学和油气结合发展的思路，"这是非常超前的，当时他选油气选得非常准，直至今天，所里搞沉积学研究的大部分项目都是来自油田。"他认为刘宝珺很重要的一个特点就是讲究学科渗透，这个印象在他多年的科研生涯中沉淀下来，并不断经历验证——成矿所与成都地质学院等单位共同承担了一些油气的大项目，还承担了更大范围的岩相古地理图册的编制，在为四川盆地、西藏等地区的油气勘探提供基础的地质资料方面发挥了重要作用。编制这本图册时，刘宝珺提出"沉积要跟板块构造、找矿、油气相结合"，再一次体现了他对学科渗透的理解。

图 6-12　1997 年刘宝珺与邱东洲合影（刘宝珺提供）

当年刘宝珺对弟子说的话，八十一岁的邱东洲至今仍觉言犹在耳：

> 他曾跟我说：邱东洲你是学石油的，你沉积学可能没我行，但你石油行；你研究石油可能没有石油界的院士厉害，但是你比起那些石油界的院士，你更懂沉积；你将来要在业务上有所创新，有所成就的话，就要把沉积跟油气结合起来。所以这个话对我几十年来的成长，我的业务，我的研究方向应该说是起了非常重要的作用，所以我脑子里就一直清楚这个事情，一定要结合！一结合起来就是另一种思路，所以就是很讲究学科渗透。①

邱东洲反复提及的学科渗透，在当年竭力引荐刘宝珺进成矿所的李廷栋院士那里得到更权威的评价：

> 我觉得宝珺最大的贡献，是把成矿所的沉积和沉积有关的油气都

---

① 邱东洲访谈，2016 年 11 月 18 日，成都。资料存于采集工程数据库。

带动起来了，那时候地矿部提倡地区为主，各具特色，所以成矿所就变成了以西南地区为主，以沉积和油气为特色。①

张锦泉也提出刘宝珺到成矿所后，很重要的一点注重学科之间的渗透，把边缘的学科引进来，促进了沉积学更进一步的发展，"我的看法是，他不仅仅是看主流资料，而是用跨了一个学科的方法，实现跨学科的应用。"

许效松则从梳理刘宝珺主政成矿所期间的科研脉络来看他对沉积学发展的贡献：

> 最初就是岩石学，光是搞石头，后来就发展为沉积学和沉积地质学，现在就发展到沉积盆地分析，也就是说跟构造结合——这块盆地是什么构造背景下形成的，是什么样的构造和运动的起因改变了沉积环境，主要是解决这方面的问题。成矿所近些年都是搞盆地分析、盆山转换，盆地充填结束以后转换为山，盆山转换的过程在沉积方面有哪些表现，等等。②

"七五"（1986—1990）期间，成都地矿所积极承担国家"七五"攻关项目"三江地区构造岩浆带的划分及主要有色金属矿产分布规律""中国南方岩相古地理图及沉积、层控矿产远景预测""川东、川中地区上二叠统地层对比及沉积相"等项目，将研究范围逐渐扩展到沉积构造、结构及层序的沉积环境解释、沉积盆地沉积作用及板块构造、层控矿床的成矿作用、全球沉积地质中的事件与韵律、油气储集层的成岩作用与岩相古地理、盆地分析、热流体与构造作用、生物成矿作用等。尤其是以刘宝珺为项目负责人，由成矿所和成都地质学院联合组建的我国首个岩相古地理团队，承担了国土资源部重大基础研究项目"中国南方岩相古地理研究"

---

① 李廷栋访谈，2017年5月4日，北京。资料存于采集工程数据库。
② 刘宝珺与邱东洲、许效松访谈，2016年11月29日，成都。资料存于采集工程数据库。

（详见第七章第二节"七五"南古项目），其中提出的资源能源相控理论[①]后被收入《中国地质调查百项理论》[②]一书，对指导我国岩相古地理的基础研究和生产实际具有十分重要的意义，该成果也是建国以来我国岩相古地理研究上具有里程碑意义的重大成果和高水平报告。刘宝珺的研究生关门弟子、成矿所现任书记王剑称刘宝珺领衔的岩相古地理团队是"成都地矿所第一个真正的研究团队"，对成矿所的发展同样具有里程碑的意义。

1986年，刘宝珺作为沉积学界知名的学术带头人和组织者，因其在我国地质找矿事业和人才培养中作出的杰出贡献，被中央四部委联合授予"国家级有突出贡献中青年专家"称号[③]。

八十年代末九十年代初，随着国家对油气能源需求的不断上扬，刘宝珺带领的成矿所从国家能源战略发展方向出发，由基础理论研究转为沉积地质应用型研究。他在新一轮交叉学科布局中，始终强调学科前沿研究，并逐渐形成了两个分支方向：一是通过承担石油部的油气地质调查任务，如南方海相油气、青藏高原油气探测等项目，逐步形成了以青藏高原区域研究为主的沉积油气方向团队；二是瞄准沉积盆地分析做古大陆再造研究，在"八五"期间，承担了地矿部的大项目"中国西部大型盆地分析及地球动力学研究"，组建了华南扬子古大陆团队，也就是从沉积岩石学发展到盆地分析、盆地的动力学研究，开拓了盆地转换耦合的新思路。

刘宝珺提倡并示范的求真务实、兼容并包、学术民主成为这个集体的显著特质，谁说得对就按照谁说的意见来办，每个人的积极性得到充分发挥，这也是很多人评价他所长当得好，科研能出大成果的重要原因。搞地质的人，要从地表看出埋藏在地底的矿产，看得准和看不准就如同"公说

[①] 刘宝珺教授等首先把沉积相与资源（能源）之间的相互关系作为新的学科生长点与发展方向，通过古大陆重建、盆地类型和相互配置关系、相与沉积层控矿床及生储盖等相互关系研究，总结出大地构造控制盆地性质及类型、沉积盆地控制沉积相展布、沉积相带控制沉积层控矿床及生储盖组合这一重要规律，概括为资源能源相控理论。

[②] 该书为纪念中国地质调查百年，由中国地质调查局通过梳理中国地质调查局下属单位1999年以来所提出的新理论、新认识、新进展所编撰而成。

[③] 1984年1月27日，中央组织部、中央宣传部、劳动人事部、财政部联合发出《优先提高有突出贡献的中青年科学、技术、管理专家生活待遇的通知》，对年龄大体在五十五周岁以下的中青年科学（包括自然科学、社会科学）、技术和管理专家进行每两年一次的选拔。

公有理,婆说婆有理",彼此判断殊异,不易达成共识。因此他鼓励不同的专业进行开放式讨论,尤其是鼓励年轻人大胆工作,打开思路,"观点不一致也不要紧,能集中就集中,不能集中就保留自己的意见",乐于用平缓的方式解决问题,而不是刚愎自用搞一言堂。在许效松、邱东洲的印象中,刘宝珺和老辈专家相处得很好,也很尊重年轻学者的意见,从来没有因为业务问题跟任何人搞得面红耳赤,"成矿所过去不是很团结,他来了以后能把大家团结起来,在处理人事方面,政治思想方面,行政方面,他都能够兼容意见,业务上能够听取不同人的不同观点,所以他在成矿所口碑很好。"

在刚当所长的那前几年,刘宝珺还在所里热火朝天地办起了学习班。从五十年代到八十年代,沉积学的快速发展历程是沉积学与泥沙运动力学、流体力学、物理化学、构造地质学等学科渗透交叉的历程,以前那套陈旧的知识方法论已跟不上国际沉积学的前沿发展,所里的业务骨干"回炉锻造"成为一件非做不可的事。刘宝珺亲自登台主讲,还请来成都地质学院时期的老搭档曾允孚、夏文杰,以及各领域的专家学者授课,专题介绍沉积学与国际接轨的新成就、各学科的前沿动态,培养大家新的研究思路。学习班连续办了五六年,每期三周,在不断充实和完善自身的沉积学理论和方法,补上所里科研人员知识断层方面发挥了重要作用。

但刘宝珺还有更大的雄心。

八十年代,我国沉积学研究热潮方兴未艾,沉积学和岩相古地理学作

图 6-13　1983 年刘宝珺与成矿所青年辅课班合影(成都地质矿产研究所提供)

图 6-14　1984 年刘宝珺在宣易地矿所作报告(成都地质矿产研究所提供)

图 6-15　1989年刘宝珺在成矿所讲课
（刘宝珺提供）

图 6-16　刘宝珺给成矿所职工讲课
（成都地质矿产研究所提供）

为资源勘查中的一项重要理论和方法，在实际工作中得到更为广泛的应用，区调、勘探、石油、冶金等生产单位迫切希望掌握新的沉积学理论知识。此时的一所之长刘宝珺意识到，成矿所要建成全国的沉积地质研究中心，除了自身在科研项目、学术成果、人才队伍建设等方面走在前列，还应该主动牵头搭建更广泛的学术交流平台来提高全国沉积学科技人才的研究水平，促进学科建设，举全国之力尽快赶上欧美发达国家的沉积学研究水平，"我们有这个责任，现在也有这个能力去做这件事"。鉴于七十年代成都地质学院与成矿所联袂开办学习班的成功经验，在地矿部的具体支持下，成矿所作为主要牵头单位，以全国岩相古地理协作组的岩相古地理图集编制工作为抓手，邀请成都地质学院和国内外相关专业的权威专家，面向国内各大区研究所、各省地矿部门紧锣密鼓地办起了各类学习班。

很多成矿所的老同志记得八十年代的七八年间，全国涌到成都参加学习班的"那番盛况"，各省的都来，一般都是两三百人，规模颇大。许效松作为刘宝珺的得力助手，深度参与了成矿所组织的若干次全国性研讨会、学术讲座和学习班。她已记不清类似的学术活动举办了多少次，但刘宝珺以其学术号召力组建的雄厚师资让她至今记忆犹新：

> 如德国图宾根大学的教授，还有国际沉积学家协会历届主席，都到成都来讲过课，而且内容系统、丰富，从岩石的类型、沉积环境、沉积岩作用到沉积和盆地的关系、沉积和构造的关系……这些专家来

讲一次课差不多都是四五天的时间，就相当于办学习班一样。不仅是请国外的专家来学习班讲课，也请国内有关方面的专家，比如成都地质学院搞生物遗迹的老师，北京地质学院的余素玉老师则专门办了一个生物碎片学习班，还有著名的潮汐沉积专家梁瑞仁教授等。[1]

在此过程中，成矿所保持了与国际沉积学的密切交流合作，多项有影响力的成果获得了国内外同行的认可，让中国沉积学发展的脚步逐渐追上国际整体水平。随着办班规模和水平的不断扩大，成矿所开始从"引进来"发展为"走出去"——成矿所和成都地质学院的专家学者被邀到河南、河北、山西、新疆、云南等各地讲课，带去了国际沉积学的最新理论和技术方法，培养人数近上万人次。刘宝珺作为主讲，应邀为科研、地质、石油、冶金、煤炭等部门的高级技术人员（局级总工程师）和高校教师举办讲座，培养了一大批技术骨干，为推动我国沉积地质学的发展作出了十分出色的贡献[2]。他往往一讲就是连续三个小时，时而图示启发，时而实例佐证，从现代沉积特征讲到古代成岩特征，从国外研究成果说到国内起步近况，遇到新术语还用英语单词标出……令场内因"文革"而专业荒芜的技术人员倍感久旱逢知识甘霖的淋漓痛快。

很多单位受到启发，将新的学术思维运用在此前的研究项目中，形成了创新的发展，有些同志还专门还跑到成都再来请教，甚至邀请刘宝珺、罗蛰潭[3]、曾允孚等两个单位的同志一起开展研究，"大家那时都渴望学习，出成果"。后来考虑办班需求量太大，地矿部有关部门划拨经费，请成矿所和成都地质学院联合制作讲课录像带在全国地质单位进行推广。全国地

---

[1] 许效松访谈，2016年11月29日，成都。资料存于采集工程数据库。

[2] 学部委员王恒升、关士聪推荐刘宝珺为学部委员的评语。见中国科学院学部委员候选人推荐书，411-1。中国科学院学部联合办公室，1991年1月30日，第78页。

[3] 罗蛰潭（1919-）：四川省乐山县人。1942年毕业于重庆中央大学地质系，1944年毕业于重庆大学矿冶系。1948年至1950年留学美国科罗拉多矿业学院、俄克拉何马大学石油学院。回国后，历任重庆大学副教授、采矿系主任，北京石油学院副教授、探矿系副主任，成都地质学院副教授、教授、副院长，长期从事油气采收率及储层地质研究，提出二氧化碳注水驱油、泡沫驱油及火烧油层驱油法，在玉门老君庙、克拉玛依油田应用取得实效，对我国油田的勘察与开发作出贡献。

质界掀起了学习沉积学的热潮。

从各美其美到美美与共，成矿所八十年代开门办学的意义究竟几何？后来接棒成为成矿所所长的潘桂棠说："刘院士把在沉积学方面的学术思想，包括它的沉积成因、岩相古地理以及工作方法全部普及到全国"。许效松则认为刘宝珺在沉积机理方面作了相当深入的研究，他牵头的学习班不仅对成矿所在沉积学方面发展有很大的影响，而且培养了我国一大批沉积地质学骨干人才，对于推动全国沉积学（如风暴沉积、事件沉积）和古地理研究的发展起了很大的作用，"我觉得这是他到成矿所后的最大贡献"。

1991年，中国科学院重启学部委员（院士）增选工作，中国地质学会和地质矿产部联合推荐刘宝珺参选中国科学院学部委员。他三十余载沉积地质研究的工作经历以及成就贡献，被高度浓缩在推荐书纸笺的方寸之间：

> 刘宝珺教授是我国沉积学界学科带头人之一，在沉积动力学、层控矿床的岩相控制、板块运动与沉积作用、沉积成岩过程、风暴和事件沉积、全球沉积地质等方面作了开创性研究工作，在我国沉积学发展中起到了先导作用和推动作用。他在七十年代提出了沉积期后分异作用与成矿作用利用，开阔了沉积成岩成矿作用的研究领域，并在找矿时间中收到了效果。近年来，他还从事生物和有机成矿研究，并在金和铅锌矿床上获得很好成果。①

> 刘宝珺教授是沉积学家，博士生导师，三十八年来一直从事沉积学和岩相古地理研究和教学，发表科学论文六十篇，专著和教材八部，培养了大批科技骨干。他总结了相分析和古地理图编制方法；研究了泥沙运动力学，提出了沉积构造、河流相模式及砂岩铜矿成矿作用；阐明了沉积期后成岩后生变化在成矿作用中的作用和矿化富集过程；发现了常温常压下细菌对金的搬运富集作用，建立了川西狗头金细菌成矿模式；论述了沉积作用与板块构造的关系；在我国发现了等

---

① 中国地质学会，中国科学院学部委员候选人推荐书，411-1。中国科学院学部联合办公室，1991年3月13日，第92页。

图 6-17 1992 年 1 月成矿所举行祝贺刘宝珺教授当选学部委员庆祝会（成都地质矿产研究所提供）

深积岩和风暴岩；还进行了大中比例尺岩相古地理制图方法研究，作出系统的、创造性的贡献。他的多数成果已在国内广泛传播，有效地促进了教学实践、指导了油气和沉积——层控矿产的寻找和研究，对沉积发展作出了出色贡献。[①]

中国科学院学部委员王恒升和关士聪在推荐书中评价刘宝珺"是我国近年来地质科学领域有突出贡献的，学术上有造诣的中年沉积地质科学家"，在沉积学、古地理学、成岩作用和层控矿床、盆地分析与板块运动、全球沉积地质以及火山沉积岩石学等地质科学领域的贡献是多方面的，很多高水平的研究渗透了多学科思想，且具有先导性。

1991 年年底，刘宝珺不负众望，以高票当选中国科学院院士（学部委员）。这是对他取得科学成就的高度认可，也是一个科技工作者在学界取得的至高评价。

---

① 地质矿产部：中国科学院学部委员候选人推荐书，411-1。中国科学院学部联合办公室，1991 年 5 月 7 日，第 85 页。

时隔五年后的 1996 年，刘宝珺迎来了自己地学生涯的又一个高光时刻——当年 9 月，他在北京召开的第三十届国际地质大会上被授予 L. A. 斯潘迪亚罗夫奖[1]，成为攀上世界地学高峰摘取这颗最耀眼明珠的首位中国地质学家。俄罗斯科学院院长 Yu. S. Osiov、秘书长 I. M. Makarov 在大会上表达了对刘宝珺的致敬，称他"因在地层学、沉积学、沉积盆地的形成和构造发育、油气藏古地理、沉积岩成矿过程等所属领域的深耕与开拓，从中国地质科学家中脱颖而出，成为了杰出代表"。作为国际地质学界的最高荣誉，刘宝珺是 L.A. 斯潘迪亚罗夫奖的百年历史上唯一一个中国人，国内迄今无第二人问鼎该奖项。

1996 年，六十五岁的刘宝珺因年龄原因，正式卸任成都地矿所所长一职。此时的成都地矿所已发展成为拥有四百余人、一百余名高级科技人员的地矿部系统的沉积地质和高原地质研究中心。这是筚路蓝缕、风云际会的十五

图 6-18　1996 年第三十届国际地质大会斯潘迪亚洛夫奖颁奖现场（成都地质矿产研究所提供）

图 6-19　第三十届国际地质大会期间刘宝珺与俄科学院副院长（记者姿丰拍摄，成都地质矿产研究所提供）

图 6-20　刘宝珺手持斯潘迪亚洛夫奖奖状的照片（2008 年 11 月 4 日摄，成都地质矿产研究所提供）

---

[1] 该奖于 1904 年第七届国际地质大会上首次颁发，以纪念一位在会议前赴高加索地区进行地质旅行的俄罗斯地质学家 Leonid A. Spendiarov，更以表彰来自大会举办东道国的在地质科学中作出杰出贡献、在地质学不同领域积极开展学术交流和国际合作的杰出地质学家。

第六章　成矿所岁月

年征程，刘宝珺以迥然不同的胸襟和气度，以对沉积地质事业的一番钟情，带领团队沉潜奋斗、艰苦创业，从而实现了自我价值的升华，更成就了成都地质矿产研究所在改革发展中的气象万千。

重大科研项目建设

从1981年至1995年，刘宝珺带领的成都地质矿产研究所，按照地矿部、地科院向所内提出的"以区域地质矿产为中心，以沉积学、沉积矿产和地层、古生物为特色，兼顾扶植多学科涌现出来的新苗头"的工作方针和总体规划，除了完成部、院下达的科研任务，主持参与了一系列国家或部重点攻关项目、国家自然科学基金项目及国际合作项目，增列了所及研究室具体承担课题。

1985年3月13日，中共中央发布了《关于科学技术体制改革的决定》，提出了"经济建设必须依靠科学技术，科学技术工作必须面向经济建设"的科技方针，使科技工作的重点逐步转向国民经济建设的主战场。总体看来，1985年的《决定》确立了中国科技政策的新范式，中国科技体制从高度计划性向引入更多的市场机制方向进行转型。

伴随着这种新陈代谢过程，刘宝珺意识到沉积学要在解决经济建设以及与国计民生有关的重大问题上发挥学科优势，才能更好地发展自己。作为沉积学家，要培养市场经济意识，要在社会、经济建设与市场中找到自身立足点和结合点，因此他带领全所逐步实现了"三个转变"，即由封闭型转变为开放型科研单位，由单纯的经院式研究转变为服务于社会经济建设的研究，由孤立的学科性研究转变为科研、生产、教育的联合研究。成矿所从国家需要和地区特色出发，适应科技攻关和多领域市场需求，大力开发应用性可控横向、纵向项目，探索行业改革，在地质系统内与地方联合协作，扩大合作面和服务面。

其间，成矿所继续以沉积岩、沉积矿产和地层古生物研究为重点科研

图 6-21　1983 年刘宝珺参加第二次青藏高原地质科学讨论会全体代表合影（刘宝珺提供）

图 6-22　2000 年中国地质调查局青藏高原地质研究中心沉积地质研究中心成立（刘宝珺提供）

任务方向，梯度强化了所内重大科研项目建设。1983 年，高原地质研究所并入成矿所，加强了所内对青藏高原研究的统一协调，使青藏高原、喜马拉雅造山带的形成及地史演化研究成为成矿所新的学科专长和特色方向①。

区域地质矿产研究领域

1. 以地矿部"六五"重点科研项目"西昌－滇中地区地质构造特征及其对铁铜等矿产的控制关系"（1981—1985）为代表。该项目由成矿所负责，在以往工作基础上以地史演化为线索，研究了构造事件、构造地

---

① 成矿所（中国地质调查局成都地质调查中心）作为主要参与单位的"青藏高原地质理论创新与找矿重大突破"项目获 2011 年度国家科技进步特等奖。

第六章　成矿所岁月　**243**

体、变质作用、岩浆活动、沉积特征和成矿作用。在冕宁首次发现了麻粒岩－角闪岩相岩石，用 U-Pb 法测定其锆石单矿物同位素年龄有 2061-2451Ma，确认基底为太古代－早元古代产物。这一重大发现，使扬子地块基底岩系的时代向前推移了近十亿年，开拓了扬子地块与华北地块对比研究的新历程，在区内建立了铁、铜等矿产的成矿模式。该项目按专题共出版十三本专著，对西昌－滇中地区进行了全面系统的总结，对攀西地区的资源开发、国土规划、水电站坝址选择等起了重要的指导和参考作用。在该成果指导下，四川会理小石房探明一个中型铅锌矿床，取得了找矿突破。

2. 以地矿部"六五"重点攻关项目"青藏高原的形成演化及主要矿产分布规律"（1980—1986）为代表。该项目由成矿所负责组织实施，共有二十五个单位两百余名科技人员参加，下设二十一个二级课题，所内具体承担其中八个课题。共出版二十二份成果专著、图件，以及二十一集《青藏高原地质文集》，在国内首次对青藏高原的地质构造、形成演化历史及主要矿产分布规律进行了全面调查和专题研究，填补了大面积地质研究空白，形成了对青藏高原构造格局、地质构造特征及高原矿产资源全貌的基本认识。①

1983 年，高原地质研究所并入成矿所，加强了所内对青藏高原研究的统一协调。项目下设成矿所主研课题，用板块构造观点第一次详细划分了整个青藏高原的板块构造单元，总结了沉积建造类型和演讲活动的时空性，提出了高原隆升的模式；通过对高原及其周边主要断裂带全面系统的研究，建立了"山链"的非对称扇形冲断剖面结构，确立了"推覆构造三垂结构"模式及高原内部走滑断裂三种组合形式，为阐明高原形成演化提出了雄辩的论证；在构造－岩浆作用的研究过程中，发现铬铁矿并为寻找铬铁矿提供了新的后备基地；从沉积盆地分析入手，首次划分出西藏特提斯沉积地质区九种不同性质的沉积盆地，建立了侏罗－第三纪时期深海－大陆沉积盆地与板块格局的演化模式；所提交的《1∶50 万青藏高原及邻区地质图和说明书》，填补了阿里地区、双湖地区的地质空白区，从而成为国

---

① 张万年、孙弥祯等：《地质矿产部成都地质矿产研究所三十年（1962-1992）》。内部资料，1992 年 8 月，第 67 页。

际和国内第一件完整而较详尽反映青藏高原地质面貌的基础地质图件。[①]

沉积学、沉积矿产研究领域

1. 以地矿部"六五"重点科研项目"上扬子地台早、中三叠世岩相古地理及沉积矿产的环境控制"(1981—1985)为代表。该项目由成矿所负责,通过地层图法、等时面法、断面投影法、相参数法等,系统研究了早、中三叠世岩相古地理及其演化,得出杂卤石是硫酸钾矿床的基本形式这一结论,判断该区仅能形成硫酸钾盐矿床,缺乏形成氯化物钾盐的地质条件,运用理论结合实践的检验,终结了自70年代对该结论的分歧。

2. 以专著《昆明盆地晚新生代地质与沉积演化》(1982—1985)为代表。该项研究由成矿所及云南省地矿局主持,共七个单位五十余名科技人员参加,综合前人和近年来其他单位工作的资料,采用多学科的丰富资料,对昆明盆地近三十年来的研究进行了成果集成。该成果全面论述了昆明盆地的形成和演化、晚新生代地层、构造格局、生物状况、气候变迁、成矿作用和沉积作用,初步建立了我国西南山间盆地晚新生代的综合性沉积地层剖面,首次建立了河、湖沉积盆地晚新生代沉积作用和成矿作用模式,在煤岩和分散有机质成岩转化方面填补了早期变化研究上的空白,并对滇池湖的环境保护及开发利用提供了科学依据。[②]

图6-23　1992年刘宝珺在新疆准格尔野外考察(刘宝珺提供)

图6-24　1993年刘宝珺因国家"305"项目赴新疆考察(刘宝珺提供)

[①] 一九八三年以来的情况报告,成地矿(86)办字159号。成都地质矿产研究所文书档案,1986-21-10。

[②] 张万年、孙弥祯等:《地质矿产部成都地质矿产研究所三十年(1962-1992)》。内部资料,1992年8月,第66页。

图6-25 1993年刘宝珺于德钦南澜沧江沿岸P系剖面考察（刘宝珺提供）

3. 以国家"八五"攻关"305"项目子课题"阿舍勒－冲乎尔泥盆纪火山－沉积盆地演化与成矿关系"（1994）为代表。该项目由成矿所负责，对阿舍勒、冲乎尔地区泥盆纪地层进行沉积的顺序和时代研究，探讨盆地演化与成矿关系。研究区属哈巴河和布尔津管辖，刘宝珺、牟传龙等运用沉积学的方法，结合多学科进行研究，对区内泥盆纪重新作了划分和对比，并提出了新见解。首次在研究区内运用成因相和环境相的概念，划分出六种成因相和五种环境相，并建立了沉积模式，提出了阿舍勒铜锌硫化物矿床为火山喷发沉积矿床。

综合区域地质、沉积矿产研究相互渗透、多学科联合攻关找矿

以地矿部"七五"科技攻关项目"怒江、澜沧江、金沙江地区构造岩浆带的划分与主要有色金属、贵金属矿产分布规律"（1986—1990）为代表。该项目由成矿所负责组织实施，共有十五个单位二百五十余名科技人员参加，共设十个二级课题，四十五个三级课题，所内具体承担其中二级课题"三江地区泥盆系至三叠系岩相建造与成矿关系"和"藏东地区铜、锡、金成矿地质特征及找矿远景"。该项目全面总结了"三江"特提斯构造域内沉积作用、岩浆活动、构造运动和成矿作用等地质事件的时空演化规律，重新厘定了"三江"地区大地构造单元及构造岩浆成矿带，提出大陆和大洋岩石圈两种构造体制及其相互转化的地壳演化模式。[1]

其中，项目下设成矿所主研课题两个，兵分滇西组、川西组、岩相建造组、火山岩组、藏东组开展多点多极研究。团队尤其注重矿床和基础地

---

[1] 张万年、孙弥祯等：《地质矿产部成都地质矿产研究所三十年（1962-1992）》。内部资料，1992年8月，第68页。

质与成矿关系的研究，对工作区的构造性质、岩带划分及时代归属形成创新性见解，并通过典型矿床和矿带的解剖和补充工作产生新的收获和发现。其中藏东组的工作进展最具突破性，该组在昌都地区开展原生金矿的追索工作，在多霞、松多斑岩铜矿床的外围解除蚀变的破碎带中，找到了与镜铁矿脉有关的原生金露头，该矿点矿化范围大，与金有关的镜铁矿化强，矿物组合简单，金的含量较高，极有远景。同时该组又在与矿点对应的龙木及在莽总背斜北端的莽扎，发现斑岩铜矿的外围蚀变带中，同样显示了金的高异常。由于它们均处于同一构造地质背景，充分显示了在莽总背斜、包括在玉龙斑岩铜矿带上寻找金矿床的潜在远景。该组还在藏东瓦达塘追索到一个铜矿化二长花岗斑岩体，很可能成为有希望的斑岩铜矿区。①

狗头金等与沉积程岩成矿研究领域

以国家自然科学基金科学项目"中国西部'金三角'地区狗头金形成机理的生物-化学聚金工程（1988—1990）"为代表。成矿所刘宝珺、陆元法等采用沉积学、微生物学等多种学科，对川西地区十个块金和砂金矿区做了广泛、深入的研究。刘宝珺与陆元法等合著的《狗头金表生金生物成矿作用》一书，阐述了我国西部众多狗头金、砂金矿和氧化带金矿的特征和地质模式，生物有机质成矿作用，金的表生循环系统和有关沉积层控金矿成因问题。通过运用沉积地球化学、微生物学等多学科的研究方法和手段，在生物有机质成矿作用、表生金成因、低温成矿等领域有所开拓并取得重要进展，是我国在此领域内具有先导意义的成果。

除以上重大科技成果外，刘宝珺还带领成矿所进行了基础地质、矿床地质、矿产开发利用、岩矿测试等方面的项目研究，大量矿产开发利用试验、工程地质咨询方面的研究成果被相关部门和地勘单位广泛采用。

从八十年代中期以来，刘宝珺作为成矿所科技事业发展的领军人物，瞄准对国计民生具有重大影响的战略性项目，遵循科学共同体运行的人本规律，从所内宏观层面的政策制定到微观层面的科研成果产出，均作出了十分重要的贡献。在完成多项重大科研任务过程中，他注重学科之间的相

---

① 1987年工作评估报告。成都地质矿产研究所文书档案，1987-12-4。

图6-26　1987年刘宝珺在全国古生物、沉积与成矿作用学术讨论会上发言（刘宝珺提供）

图6-27　1988年刘宝珺参加西南地矿分网金矿地质工作情报交流会代表合影（刘宝珺提供）

图6-28　1998年11月29日刘宝珺参加全国非传统矿产资源发现及开发学术研讨会（刘宝珺提供）

图6-29　1990年刘宝珺在石油部主办的油气专家咨询会作报告（成都地质矿产研究所提供）

互渗透、多学科联合攻关，取得了一大批科研成果，形成了所内沉积地质学及高原地质学研究优势，体现了区域地质矿产研究的中心工作，凸显了沉积学、沉积矿产和地层古生物研究方面的特色，同位素地质学、古地矿地质学研究均有所突破。

学术国际化道路

随着"文化大革命"的结束和改革开放的国门打开，八十年代初我国地球科学事业进入了解放思想、蓬勃发展的新的历史阶段。一大批沉积地球科学工作者从中国国情出发,在汲取国际学术界成功经验的基础上运用新的理论和方法,促进了我国沉积地球科学的长足进步。

1979年,中国矿物岩石地球化学学会沉积学分会、中国地质学会沉积专业委员会成立,我国沉积学界与国外的交往日益频繁。1982年8月23—27日,我国首次组团参加了在加拿大汉密尔顿市召开的第11届国际沉积学大会,大会云集了世界各地一千二百多名沉积学家和青年沉积学工作者,我国派出了十八名沉积学者参会,刘宝珺作为地质矿产部的代表第一次走出国门,与世界沉积学领域的杰出科学家开展近距离交流。

这次大会在沉积学的广阔领域中举行了一系列(三十六个中心课题)专题性报告和讨论,涉及了当今沉积学领域中许多众所关注的问题,如沉积盆地分析、沉积和板块构造、环境沉积学、大陆边缘的沉积作用、由波浪控制的海岸环境、风成沉积作用、粉砂岩和黏土岩、由单向水流作用形成的砾岩、煤和含煤地层的层序、油砂和油页岩的沉积学与地球化学、成岩作用及有机体对沉积模式的影响等[1]。许靖华教授[2]作为国际沉积学家理事长,在大会开幕式上发表了《沉积学中的灾变现实》的长篇演说,中国沉积学工作者在九个专题组宣读了十五篇论文,涉及沉积环境、沉积矿床、沉积盆地分析、煤系研究、成岩作用以及现代海洋和潮泊沉积等诸多方面,显示了中国沉积学研究的状况和水平。大会选举了国际沉积学家协会第十一届理事会,我国第一次在理事会中占有席位,中国科学院学部委员叶连俊教授当选为理事。

刘宝珺在参会的记录本上,曾写下这样一段话:要带着目的去,了解外国研究的最新动向、主要研究问题,能否触发与国内重点攻关项目结合的灵感;业务上有哪些提高、新旧认识的变化,需详尽分析国际交流收获。[3]

---

[1] 国际沉积学大会简讯.《地质评论》,1983年第29卷第1期,第98页。

[2] 许靖华:旅欧国际知名科学家,获世界地学界最高荣誉Twenhofel乌拉斯坦勋章。曾任教于瑞士联邦理工大学,美国国家科学院、地中海科学院、台湾"中央研究院"院士。在地质学、海洋学、地球物理学、环境科学等领域卓有建树。任国际沉积学会主席、国际海洋地质学委员会主席、欧洲地球物理学会主席。

[3] 刘宝珺参加第十一届国际沉积学大会期间的记事本。资料存于采集工程数据库。

带着强烈求知渴望的刘宝珺作为地矿部派出的三人代表小组组长，在大会上宣读了两篇论文，即"On the nature Of plate tectonics in the Qomolang-ma region inferred: from sedimentary characteristics during the Jurassic period"（与王成善博士合作），"The Jurassic trace fossil sandichnofaeies in the Qomolangma region"，并作有关喜马拉雅沉积构造方面和沉积期后分异两个报告。在前一个报告，他根据珠穆朗玛峰的侏罗系陈列环境与沉积板块构造环境之间关系，提出了关于喜马拉雅中生代大陆边缘沉积构造的研究思路，引起了国外众多学者的浓厚兴趣，甚至有人当场表示希望与刘宝珺团队就喜马拉雅山一带的地质研究进行合作；后者则是他的研究团队通过研究云南大的砂岩铜矿矿床，并联系铀矿相关理论，创新性地将其与整个地壳上升结合提出了沉积期后分异及成矿作用，"外国人当时还没做到这一步，引起了他们的注意，而且觉得很新鲜。"

在第十一届国际沉积学大会上，刘宝珺还参与了湖海作用、现代沉积地质等专题小组讨论，掌握了欧美沉积学者进行环境分析和建立沉积模式的主要途径：

一是野外观察精细化，详细描述和收集岩石成因标志。野外观察是沉积模式研究的基础，因此选择出露好的地区作为建立沉积模式的研究区尤为重要，而此时我国在这方面还属于薄弱环节。二是重视垂直层序研究，垂向上的各种岩石是以一定的组合形式出现的，岩石的粒度、泥质含量反映了沉积时的各种条件（如海平面的变化、盆地升降、沉积物供应等）随

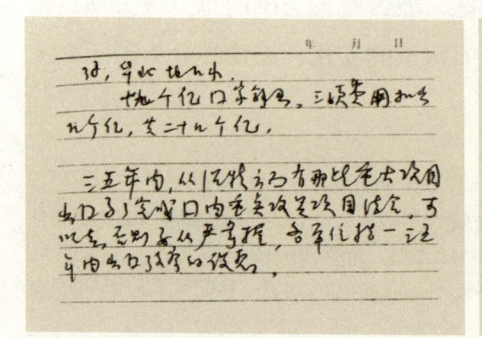

图 6—30　1982 年刘宝珺参加第十一届国际沉积学大会期间的记事本（资料来源：刘宝珺）

图 6-31 1982 年第十一届国际沉积学大会期间野外考察照片（左起：刘宝珺，加拿大石油公司总地质师 Schmidt，李思田，宋天锐。刘宝珺提供）

图 6-32 1982 年第十一届国际沉积学大会期间在加拿大东海岸与 G. Ensele 合影（刘宝珺提供）

时间的变化。因此研究地层各体系域在垂向上的变化特征，可为岩系层序的划分提供依据。三是普遍运用"将今论古"的现实主义原则，综合地层古生物学的、矿物岩石学的、物理化学的、数学的、地球物理学的、地球化学的、水力学等方法，判断在古今沉积层中反复出现的相变组合系列，以确立沉积体系。

此次国际沉积学大会专门为与会者组织了加拿大和美国的十七条地质旅行线路。在加拿大野外考察期间，刘宝珺明显感受到国内尽管也作了一些沉积学研究，但中国沉积学发展总体尚处于启蒙阶段，"文革耽误了十年，我们自己说创新，那还早。"不过他对追赶国外研究进展持有信心，由于此前对欧美沉积学进展的最新文献早有涉猎，当外国专家在说到深海泥石流中发育有粗砾岩，多数人感到费解时，刘宝珺则是很容易地看出了一些特殊的沉积构造形成机理：

> 因为我们读过他们的一些文献，比如沉积岩的岩脉，泄水构造的判断情况，我们早已经看过他们写的这些文章，所以一到野外一看自己也可以认出来。但是其他很多国家还没到这一步，所以那时候我们已经逐步追赶上国外研究的进展，并非一片茫然。我们国家也有个别做得比较好的，比如震旦纪、油气围岩的研究，古地理方面。所以我

第六章 成矿所岁月

们有些局部还是走得比较远，当然整体来说只能是逐渐接近当时国际的水平。[①]

在刘宝珺看来，参会除了拓宽学术眼界，展示中国沉积学研究成果，更重要的是通过实地了解国际沉积学发展的经验，对于推动国内沉积学发展，缩短与国外的差距具有更清晰的认识。"这是地学工作者所必须担负的时代责任，我们必须奋起直追，跟上国际同行的脚步，而且要越走越快才行。"1982年后，刘宝珺在一系列重要的沉积地球科学问题上的思想体系基本形成，在这一时期内发表了多篇有关西藏高原中生代地层沉积作用与板块运动的论文，他对珠穆朗玛峰地区侏罗纪沉积相、古地理和板块运动特征及遗迹化石的研究，是这一地区先行性的研究成果，等深流的发现和研究在我国亦属首次[②]。

首度参加国际沉积学大会，对刘宝珺来说意味着开疆辟土，踏上了真正的学术国际化道路；对于成矿所而言，则是开启了这个西南大区研究所一马当先，接轨国际沉积学研究的崭新发展篇章。

从1982年起，刘宝珺作为地质矿产部代表团团长，连续率队参加了三届国际沉积学大会，并逐渐在国际舞台崭露头角。他和业冶铮、孙枢、李任伟此后在国际沉积学家协会、国际地科联沉积委员会、全球沉积地质委员会中任理事及委员等重要职务，通过参与国际这一学术领域的重要发展和决策事项，使中国的沉积学研究逐步实现与国际接轨，不仅在国际沉积学界站稳了脚跟，还取得了一系列国际领先的重要成果。

除多次率团出访，刘宝珺还身体力行，在国内地质、冶金、石油、煤炭及高校等系统的不同场合作报告，介绍国际上沉积学概念的转变、新技术新方法的应用、学科的渗透和交叉，以及由于板块构造的崛起所引起的全球变化的研究，他还将在国外地质旅行时拍摄的有关地质剖面、生物碎屑等图片资料制作成幻灯片，用于国内讲学，丰富了学习班讲学内容，极大地开拓了沉积学科技工作者的国际视野。他作为首个将泥沙动力学引到

[①] 刘宝珺访谈，2016年7月21日，成都。资料存于采集工程数据库。
[②] 何起祥：刘宝珺院士从事地质工作六十周年纪念。《沉积学报》，2010年第5期。

国内解释沉积构造的学者,使广大沉积学科研人员实现了从认识层理现象到解释成因的质的飞跃。

据王剑、王成善回忆,刘老师的"一个特点"就是在国际上了解到新的研究动向,譬如全球变化、浊积岩、风暴岩等,十分注重把这些新的概念或学术动态推荐给同事和弟子。八十年代王剑跟随刘宝珺读研究生时,印象最深的一次是老师从国外开会回来后跟他说的一番话:"王剑,过去讲古流向有很多的标志,我这次在国外才发现,这古流向在构造沉积学上非常真实,连那遗迹化石他们都作为判断古流向的标志。"[1]"他讲了这个东西以后,我马上就对古流向感兴趣了,所以我在编《沉积岩工作方法》的时候,包括地科院现在每年的博士考试题经常要我出题目,我出题的时候就是列举五种以上的古流向判断方法。看起来很简单,实际上是很重要的一个题,实践性很强",王剑说。

在力主中国沉积学走出国门,开展与世界沉积学界对话的过程中,刘宝珺多次派成矿所的研究员、副研究员赴国外讲学考察,并亲自率队参加国际地质学大会、国际沉积学大会等世界性的学术会议和合作。他经常用"他山之石"这句老话鞭策成矿所的科研骨干们:"你不知道对方怎么做,你自己怎么提高,怎么能融入整个国际发展水平的行列中呢?"他认为中国人要在国际沉积学界占有一席之地,站在前人的肩膀上举目远眺是十分必要的。这个观点在邱东洲的回忆中得到充分印证:"刘老师曾说要多学习前人的东西,这就跟赛跑一样,人家已经跑了很远了,你还在起点上,那你永远是超不过人家的。所以你必须在前人肩膀上,在人家肩膀上起飞。他一直强调起点一定要高,要在原先人家研究的基础上来做研究,这点对我来说非常重要,我现在跟我的学生讲也是强调这个观点。"[2]

为了提升科研人员外语文献阅读水平,突破口语关,他要求所里订购国外原版书刊,并开办了外语学习班。"说实在的,文化大革命当中我们也不学外语了,什么都丢了,都是刘老师到成矿所后才重新拾起来的。"许效松说。

---

[1] 王剑访谈,2016年11月16日,成都。资料存于采集工程数据库。
[2] 王成善访谈,2016年10月29日,成都。资料存于采集工程数据库。

    1985年，刘宝珺与成矿所肖永林、罗建宁、陈乐尧、庄忠海四人去日本访问，与名古屋、京都的一些大学及研究所进行了广泛交流，并结合云南昆明盆地晚新生代沉积环境的科研项目，到贺滋县的琵琶湖开展第四纪地质与海岸变迁考察。日本京都大学在当地专门成立了一个研究所，研究琵琶湖的沉积，该研究所总共就三人，不仅包揽了全部工作，甚至还打出了一千五百米深的岩芯，这让刘宝珺一行佩服不已。更重要的是，考察小组在琵琶湖开展的将今比古、湖泊沉积学的国际对比中，通过了解琵琶湖和滇湖不同的沉积史，研究生油关系对油气藏的影响和作用，获得了古地理研究上的重要启发，修正了此前对于深海沉积的认识误区，对于恢复古滇池湖的变迁历史具有积极的研究意义。

图 6-33　1983年刘宝珺邀请 H. Reading 教授来华讲学期间在峨眉进行地质考察（成都地质矿产研究所提供）

图 6-34　1983年刘宝珺与荷兰梁瑞仁（Dr. Nio）教授野外考察时的照片（成都地质矿产研究所提供）

图 6-35　1984年8月刘宝珺在成都与国内外同行合影（左起：R.Hesse、刘宝珺、W.Schmidt、刘效增。刘宝珺提供）

图 6-36　1985年刘宝珺访问日本期间与同行合影（刘宝珺提供）

图 6-37　1986 年 9 月刘宝珺在澳大利亚考察时与同事的合影

图 6-38　1987 年 9 月刘宝珺陪同德国菲希鲍尔教授与各省地质学家考察龙门洞三叠系剖面合影

图 6-39　1989 年刘宝珺陪 Fuchfbour 至峨眉山考察三叠纪剖面（成都地质矿产研究所提供）

图 6-40　1990 年于英国与参加第十三届国际沉积学大会中国代表团合影（成都地质矿产研究所提供）

这边厢是"走出去"，那边厢则是成矿所的"请进来"。刘宝珺与国外学者保持了频繁的学术往来，并邀请他们到成矿所讲学，极力促进中外沉积学界的高端交流合作，将前沿的学术思想引入国内。

从 1983 年 4 月起，刘宝珺以私人名义先后邀请数十位国际知名沉积学家来我国进行沉积地质学和相关前沿学科的系统讲学，并在西南地区开展野外考察及野外教学，尤其是国际沉积学家协会的三届主席都应刘宝珺之邀来成矿所开展学术交流。从张万年、孙弥祯等编写的《成都地质矿产研究所三十年》一书中，我们能看到众多国际沉积学界著名学者与成矿所的

第六章　成矿所岁月

熙攘交集：

> 荷兰梁瑞仁教授来到成矿所主讲现代沉积对比，并考察总结了河流、三角洲砂体特征、潮道双黏土层、束状体等识别潮汐作用的重要沉积构造标志；加拿大 Reinhard Hesse 教授、Volkmar Schmidt 博士来所主讲沉积岩及与油气有关的成岩作用以及次生孔隙性对储油作用的理论并进行野外考察；国际牙形石协会主席、美国 Carl Rexroad 博士来所进行牙形石专业讲学，并考察綦江志留系剖面；日本中井信之教授来所进行现代湖泊沉积、地球化学、同位素地质讲学并考察；日本加藤昭富受地矿部科技司委托，来成矿所举办电子探针操作技术、分析技术和仪器维护技术培训班；丹麦学者 Lars Stemmerik 和 Christian Knudsen 来成矿所参观古孢子微体实验室；南斯拉夫 Jelena A. Obradovic 教授、日本 Aoyagi Koichi 博士、瑞士 Peter W. Homewood 教授、英国 Philip A. Allen 博士、日本 Yasuhiko Makino 博士同成矿所科研工作者赴峨眉乐山考察。①

在小女儿刘丛笑的记忆中，上初中时父亲尤其忙，自家楼上楼下几乎成了一个类似于招待所的地方，"就是专门招待国外来的搞科研的人，来往特别多，那会儿还是觉得很少见的，八十年代嘛，一下子来了很多学术团队啊，经常来交流，这让人印象比较深刻。"

在深化国际交流的过程中，成矿所与多个国家的大学、研究所开展了系列科研项目合作，并取得显著成果。

1985年，成矿所与美国麻省理工学院签下了地质科技合作协议，共同开展了多项卓有成效的科研合作，双方迄今仍保持了频繁的学术互访交流。中美"西藏喜马拉雅聚敛区引张断裂项目（1986—1990）"首次全面论述了喜马拉雅造山带引张构造的型式、特征以及地壳引张析离的机制，并提出了在大陆造山带岩石圈不同层次分别发生挤压、引张作用的同

---

① 张万年、孙弥祯等：《地质矿产部成都地质矿产研究所三十年（1962-1992）》。内部资料，1992年8月，第84-90页。

时性和平行性的新模式和新概念，丰富了沉积学界对喜马拉雅造山带的认识和大陆构造的研究；中美"龙门山构造带及其前陆盆地的研究（1990—1995）"应用 GPS（全球定位系统）等国际前沿技术方法，针对该区地质构造等方面的重要地址问题进行了多学科考察研究，对青藏高原东部及其毗邻的扬子地块西部边缘地区的岩石圈动力学条件和过程加深理解，为提高大陆地质理论和研究水平作出贡献，为开发利用该区矿产资源和地质灾害防治提供了理论依据。

1986 年，成矿所与名古屋大学、九州大学等四所日本知名高校开展项目"西藏高原地质构造发展史（1986—1989）"的合作研究，运用大陆板块碰撞引起造山运动的观点，联合考察了怒江、雅鲁藏布江两个缝合带之间安多－曲水一线的地质构造及有关蛇绿岩、花岗岩、变质岩。

1987 年，成矿所与德国图宾根大学开展项目"西藏雅鲁藏布江缝合带深水沉积及阿尔卑斯中新生代沉积对比（1987—1991）"的研究。刘宝珺多次带队成矿所同事一起赴德国进行学术访问，双方通过三次大规模联合考察和实验室大量测试研究，首次系统论述了雅鲁藏布江缝合带的深水沉积盆地的组成、结构、性质及演化；揭示了喜马拉雅北坡中生代碳酸盐台地产生、发育、消亡的基本规律及构造沉降曲线，反映了印度板块北部被动大陆边缘的沉积－构造演化特征；提出了西藏喜马拉雅造山带与阿尔卑斯造山带的时空结构、发展演化模式的对比要点。项目完成论文十余篇，成果极大丰富了对青藏高原地壳演化和特提斯地质构造演化的认识，并先后在国内外学术研讨会上做了介绍。

1988 年，成矿所与法国巴黎地球物理研究所开展项目"四川盆地中生代及晚古生代以来地层的古地磁研究（1988—1990）"的合作研究，通过对四川雅安、新津、宜宾、南溪、仁寿及叙永等地区的采样和测试，获得了三叠纪至老第三纪的古地磁特征参数，由此对上扬子板块乃至南中国板块的大地构造和地史演化进行了广泛讨论，建立了白垩系和下第三系的磁极性地层剖面，并提出了有关地层划分和对比的意见。

同年，由刘宝珺与美国堪萨斯大学联系商定，为成矿所带来合作项目"二叠纪－中三叠世扬子台地南部边缘、斜坡至盆地相变带沉积演化研究（1988—1992）"，并带动贵州省地矿局区域地质调查队协作开展。通过合作研究，提高了二叠纪-中三叠世扬子碳酸盐台地南部（贵州地区）边缘、斜坡至盆地相变带地层格架的认识和对比，查明了台地边缘、斜坡类型及其沉积演化，对台地边缘、斜坡至盆地相变带的油气普查和金属矿产的寻找具有学术意义[1]。他与成矿所同事黄慧琼、许效松发表的有关黔东大唐坡组锰矿海平面变化、构造拉张的热水成矿模式，开创了我国采用全球地质事件观点研究成矿所用的先河[2]。

据不完全统计，刘宝珺任职成矿所所长期间，共促成美国、英国、法国、日本等十余个国家高等院校研究机构的地质学者，联合国国际地科联组织机构成员来四川、云南、西藏等地区的考察、访问与讲学，并与他们建立起近三十项科学技术合作。共派出所内访问学者、进修生近百人，前往美国、英国、德国、法国、加拿大等国家学习发达国家沉积学、构造学、矿物岩石学研究的新成果、新理论、新方法。

1989年10月26日，是刘宝珺地质生涯中一个尤为重要的日子。在李四光一百周年诞辰之际，全国第一届李四光地质科学奖[3]正式揭晓——这是中国地质界的最高奖，是国家给予从事野外地质工作、地质科研和地质教学工作中获得突出成绩者的终身荣誉。全国共有十四人获此殊荣，刘宝珺因其在地质科研工作中的突出贡献，荣膺"李四光地质科学研究者奖"。

自1986年起，刘宝珺作为国际地球科学联合会[4]沉积委员会和全球沉积地质委员会委员、全球沉积地质计划中国委员会主席，多次出席国际学术会议，努力推荐和帮助中国科学家参与GSGP中的两个试点项目，事必躬亲，厥功甚伟。

---

[1] 张万年、孙弥祯等：《地质矿产部成都地质矿产研究所三十年（1962-1992）》，内部资料。1992年8月，第80-82页。

[2] 何起祥：刘宝珺院士从事地质工作六十周年纪念，载《沉积学报》，2010年第5期。

[3] 李四光地质科学奖分为"李四光野外地质工作者奖""李四光地质科学研究者奖""李四光地质教师奖"和"李四光特别奖"等四类，每两年评定一次，每次奖励人数为十五人左右，获奖者一生只能授予一次，并作为终身荣誉。

[4] 国际地质科学联合会（International Union of Geological Sciences，简称IUGS），1961年3月于法国巴黎成立，同年9月被接纳为国际科学联合会理事会成员，是国际地质科学领域的非政府性学术组织。1976年，中国地质学会作为国家委员会，正式参加了IUGS。

图 6-41　1986 年刘宝珺出席在迈阿密召开的第一次 GSGP 专家会议合影（成都地质矿产研究所提供）

图 6-42　1988 年刘宝珺在法国 Digne 与 GSGP 全体领导成员合影（刘宝珺提供）

随着全球性的地学研究课题不断涌现，尤其是沉积学研究在近四十年内取得了一系列重要成果，1986 年 6 月，一个为扩大全球沉积学研究规模的设想——"全球沉积地质计划"（Global Sedimentary Geology Program，简称 GSGP）工作会议首次在美国迈阿密召开。刘宝珺作为亚洲代表，与其他八个国家的二十四名高级沉积学家讨论制订了研究和培训计划。翌年 2 月，国际地科联执行委员会下设的全球沉积委员会成立，由代表不同国际团体和沉积学分支学科的七至十名高级科学家组成了计划开发委员会（PDC），进一步推动 GSGP 的组织发展和项目研究，刘宝珺担任了中国 GSGP 委员会主席。

1987 年，刘宝珺出任国际地科联全球沉积地质委员会（GSGC）领导成员（POC 委员）、国际地科联沉积委员会委员。他利用自身多重国际沉积学组织身份，数次领导、组织中国科学家参与国际沉积地质研究工作，动员外国专家到中国来合作交流，在制订计划、论证项目、协调国际合作研究和交流以及全球沉积计划在中国的实施等方面均发挥了十分积极的作用。

鉴于国内广大地质工作者对 GSGP 表现出的极大参与热情，刘宝珺在 1988 年 4 月的《四川地质学报》上发表文章"全球沉积地质计划（GSGP）的制定和意义"，向国内地学界介绍了 GSGP 的产生背景、研究的内容及意义、交流和培训工作，并详细阐述了 GSGP 的第一个试点项目——白垩纪地质记录与全球地质作用、资源、韵律和事件（简称 CRER）的六个方面研究内容。他在文末写道:"我有责任把这项研究的情况介绍给中国的同事们,同时希望我国的地质学家热情支持、积极参加这项有意义的研究工作。"

当年 9 月,刘宝珺参加了在法国 Diege 召开的全球沉积地质委员会会议,会上的五个专家工作组讨论了为 CRER 准备的研究内容及统一工作方法,刘宝珺提出了从全球变化的观点来开展沉积学研究的建议。在他的力促之下,1989 年第一期国内《岩相古地理》学术期刊上以专刊的形式全文刊登了 CRER 五个方向的工作报告,分别涉及层序地层学和全球海平面变迁、黑色页岩和大洋缺氧事件、旋回地层学和米兰科维奇旋回、碳酸盐台地的发展和消失、白垩纪的古地理和古气候。专刊的扉页上刊载了刘宝珺为 GSGP 五个报告译文集撰写的序文,从三个方面介绍了五个工作报告的特点和研究意义。我们可从这篇序文的字里行间看出这位 CRER 中国委员会主席的初心:

> 我觉得有把它们在国内公开的必要,这除了是为国内的专家、同行通报此次会议的情况,以了解本学科国外研究进展情况之外,这五个工作报告都反映了该专题的"学科前沿",都表明学科交叉是自然科学发展的必然和重要动力……正是由于上述自然科学发展的必然趋势,就对科技人员提出了更高的要求,他们不仅要精通自己从事的学科,而且还要熟悉相关的科学。这五个报告在国内的公开发表,有利于我们了解本学科的前沿、发展趋势,以及我们的差距和努力方向。赤诚希望我国广大地学工作者,特别是沉积地质学工作者参与 GSGP 的研究,为发展和提高我国的沉积地质学水平共同努力。①

在刘宝珺的牵头下,他与成都地质学院沉积研究所共同开展了 GSGP 的第一个试点项目,选择白垩-第三系的西藏北部西雅尔岗地区进行了岩石的成岩作用及成岩历史演化序列的研究。他作为第一作者和余光明、王

---

① 刘宝珺:《GSGP 五个报告译文集》序。《岩相古地理》,1989 年第 1 期,第 4-5 页。

成善、张哨楠一起在1989年的《沉积学报》上发表论文"西藏北部西雅尔岗地区白垩－第三系红层的成岩作用及成岩环境"。西雅尔岗地区的大地构造位置从属于羌塘地块的玛依岗日－阿木冈基底隆断带，团队通过对该区岩石的成岩作用及成岩历史演化序列的研究，建立了该区沉积后的成岩环境模式，即①早期的表生成岩浅埋环境明显受到沉积环境、沉积作用控制以及气候因素的影响；②晚期的成岩深埋藏环境则主要受地温梯度、压力、温度和孔隙水的地球化学条件的控制[①]。

1989年7月在第二十八届国际地质大会期间，GSGP的执行委员会发起了第二个试点项目"联合古陆"（PANGEA）提议，于1992年上半年由国际地科联的全球沉积地质委员会起草了有关"联合古陆的项目"报告，并在下半年确定了五个工作组。在刘宝珺的努力下，我国沉积学家参加了PANGEA项目的研究，从理论和方法上都取得了许多突破性进展，使中国的研究在GSGP中发挥了更大的作用。

九十年代，国际岩石圈计划（ILP）[②]作为当代固体地球科学最具有多学科性和规模最大的国际合作计划，受到地学界极大重视。刘宝珺在多个场合强调了这项课题对于沉积学在参与岩石圈研究方面，在地球物理资料的解释、消失了的古海洋及现代大洋盆地演化的研究、大陆造山带演化、古地理及全球环境变化的研究等方面都可以起到的重要作用，并积极推动我国沉积学家参与ILP有关方面的研究，促进了我国沉积学理论的丰富完善。

多年来，刘宝珺一直活跃在国际沉积学舞台上，引导国内沉积地质工作者把全球变化的研究放在重要地位，成为我国深度参与国际有关全球沉积地质研究工作的执牛耳者。在引进诸多国外理论的过程中，他发现简单地与国外对比、模仿对于中国学者继续进步和攀登高峰是一件"需要引起警惕的事情"。中国幅员辽阔，有自身的沉积地质特点，单纯用国外现成

---

① 刘宝珺、余光明、王成善、张哨楠：西藏北部西雅尔岗地区白垩－第三系红层的成岩作用及成岩环境（英文）.《沉积学报》，1989年第1期，第11-28页。

② 经国际大地测量学和地球物理学联合会和国际地质科学联合会以及国际科学联合会理事会的评论和确认，国际岩石圈计划自1995年开始了它的第四个五年期。

的理论不能解决，因此他呼吁国内的沉积地质工作者应该下功夫研究中国的地质，处理好引进—吸收—创造的关系，真正总结出属于中国的沉积学理论。

1990年11月下旬，刘宝珺参加了中国科学院地学部召开的"有关地学发展的一些问题"的扩大会议。这次会议提出了我国优先发展的涉及各个学科的十二个课题[①]（不包括目前国家已列入计划的能源、盆地演化分析等），作为国家十年规划参考之用。当时已是中科院学部委员的刘宝珺在会上结合自身对国外有关会议和资料信息的了解，对标世界各国地学的重点发展方向，提出了中国地学需要重视的几个问题：①要重视比较行星学、深海与地球深部问题，介入这项国际上所谓的"上天、入地、下海"计划，这不仅是地学的必要，而且是衡量一个国家高技术水平和国力如何的大事；②要重视构造问题，单搞沉积是没有出路的，单搞构造单搞表层不行，单地质手段也不行，要跟地球物理相结合，岩石圈研究与深部大断面研究相结合，从大地构造发展、盆地演化来研究沉积问题；③盆地分析是国家重点发展方向之一。盆地的研究不仅能解决构造发展问题，还有助于研究沉积相、古地理及成矿作用等，把盆地演化搞清楚了，矿产就容易搞清楚；④在古生物学研究中必须考虑灾变问题，如陨石撞击地球所造成的突发灾变事件，是古生物学研究不可缺少的方面。[②]

---

① 十二个课题分别是：比较行星学、深海研究、地球深部、板内动力学、矿物和成矿中的微观物理化学问题、低温地球化学、十五万年以来地球古环境与古气候、生物演化与人类进化、大洋环流与海洋动力学、全球气候系统的基本过程、地圈生物圈的相互作用、地球流体力学。以后又增加了地球表层与人地关系、冰冻圈生态变化研究、地学遥感基础研究、大气物理与动力过程等四个课题。

② 张连昌：刘宝珺谈当前地学发展的一些问题。《西安地质学院学报》，1991年第3期。

第七章
攻关岩相古地理

研究推广沉积岩相

地理学主要研究现代地球表面的湖海河流山地平原，而地质学则研究古代久远以前的古海洋、古陆地、山脉、古生物和古气候。先秦古书《山海经》根据高山上发现的贝壳化石，判断出地球上海与陆的变化,《诗经》所云"高山为谷，深谷为陵"则描述了地球历史中山与谷的变化，而北宋沈括在看到太行山崖的螺蚌壳和砾石后，在《梦溪笔谈》中写下的"此乃昔日之海滨"，便是用化石和岩性来推断古今太行山从海滨到山脉的变迁。

近代在欧洲，以查理士·莱伊尔（Charles Lyell）、阿奇博尔德·盖基（Archibald Geikie）为代表的地质学家，根据地层的层序和古生物化石以现实主义原则，即古今类比的原则得以进一步认识几亿年以来地球表面海陆的变迁以及地质时代，由此产生了科学的地质学。地质学的研究有助于人类对矿类自然资源包括水等资源的利用——因此研究古地理，编制一套系列的古地理书成为了地质学家，尤其是沉积学家的重要目标和任务。

二十世纪四十年代有学者以岩相（能表达沉积环境的一套沉积岩组

合）为基础，编制了岩相图和岩相古地理图，这种图件因对油气地质的勘探具有重要意义，开始在五十年代盛行于苏联和我国。中国科学院地质研究所刘鸿允副研究员依据地层古生物资料，按槽台学说（地壳原地升降的垂直运动）首先编出了中国全境的各地质时代的《中国古地理图》（1955），获得了国家自然科学奖三等奖，成为我国第一部系统而较完整的古地理研究的代表性著作。但客观而言，这种图件仍属于以槽台学说为基础的"固定论"范畴的地质图件，强调的是地壳的原地上升与下降运动。

六十年代板块学说的崛起是地质学研究中一个革命性事件，它强调地块的水平运动，即板块的拼合离散。七十年代以后，我国岩相古地理学由过去"固定论"思路进入了"活动论"的范畴。关士聪等（1984）编制了三叠纪以前的系列古地理图集，集中表现了有利油气储集的构造、岩相内容，成为油气地质工作者的重要参考资料。但地质构造仍以当时流行的强调垂直运动的槽台学说为主线，属于第二代的古地理图。

由王鸿祯领导的中国地质科学院地质研究所、武汉地质学院等单位共同编制的《中国古地理图集》（1985）则较全面地反映了国内八十年代初期有关区域地质调查、地层古生物、大地构造等学科领域内的新资料，是我国第三代古地理图代表著作，其重要特点是以板块学说为主线，把中国分为了四大板块体，被广泛应用至生产、教育和科研领域。

从1956年任北京地质学院助教起，刘宝珺在投入沉积岩石学领域研究的同时就开始关注岩相古地理方面的研究。沉积岩相是古沉积环境的最

图7-1　1980年4月刘宝珺与广西南宁岩相古地理学习班同学合影留念（刘宝珺提供）

图7-2　1981年刘宝珺与项目验收会议代表合影（刘宝珺提供）

图 7-3　1983 年刘宝珺与岩相协作组同事合影（刘宝珺提供）

图 7-4　1983 年刘宝珺与安徽岩相讲习班同学合影（刘宝珺提供）

好反映，多年来他潜心阅读了国外大量文献，致力于泥沙运动力学和沉积构造、岩相古地理、层控矿床的研究，为本科生和研究生开设岩相古地理和层控矿产等方面的专业课，发表了诸多有价值的论文和专著（高校专业教材），取得了出色的成果。

地质矿产部从 1979 年开始，为适应地质找矿构造的急需，部署了"六五"期间的岩相、古地理研究与编图工作，并成立了地矿部岩相古地理工作协作组（以下简称"协作组"），挂靠成都地质矿产研究所，协调

图 7-5　1983 年刘宝珺与在成都军区四所召开的全国岩相古地理会代表合影（成都地质矿产研究所提供）

第七章　攻关岩相古地理　**265**

指导全国该项工作的开展。除有计划地用新的理论方法培训干部、普及知识、指导工作外，还下发了编写《岩相、古地理基础和工作方法》（原名《岩相、古地理工作指南》）的任务。

四十八岁的刘宝珺被委以重任，开始在全国沉积岩相古地理研究及编图试点项目中崭露头角。

岩相古地理研究与编图作为重要的基础地质工作，不仅对查明地质历史和发展沉积理论十分重要，而且也是研究沉积和层控矿产的成因、发布规律和进行成矿预测的重要依据。刘宝珺担纲该协作组组长，负责全国各省局等有关单位技术干部的培训和各单位编图指导，系统讲解关于岩相古地理学的理论和工作方法，极大地推动了国内岩相古地理学的研究和应用（具体详见第五章第六节"走出沉寂"）。1979 年至 1981 年，刘宝珺和曾允孚通力合作，在该试点项目中主要进行小地区不同时代的岩相古地理及矿产关系的研究。此外，他参与了地质系统全国岩相古地理研究及成矿规律研究、西藏地区中生代岩相古地理研究等多个国家级项目，参与了成都地质矿产研究所主办的内部刊物《岩相古地理研究与编图通讯》（后更名为《岩相古地理》，刘宝珺任主编）的创刊。尽管《岩相古地理》的办刊历史

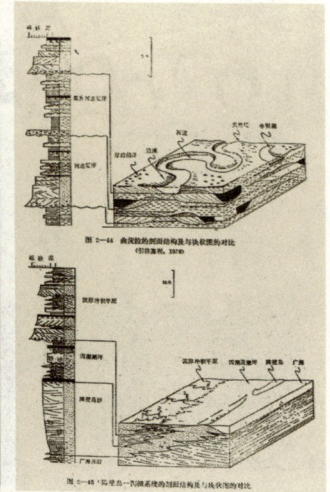

图 7-6　1989 年岩相古地理基本知识讲座电教片、幻灯片截图
（资料来源：成都地质矿产研究所）

仅十九年（1981—1999），但定量岩相古地理学的开拓者冯增昭先生对其有颇高评价，认为该刊物"对我国岩相古地理学的发展起了重要的促进作用"。①

1982年，地矿部加大全国岩相古地理研究工作开展力度，安排协作组牵头组织编写《岩相古地理基础和工作方法》，以期向从事区域地质调查及矿产普查、勘探和承担岩相古地理编图工作的科技人员普及基础理论和工作方法。彼时已离开成都地质学院，并履新上任的成都地矿所所长刘宝珺和老搭档曾允孚任该书主编，成都地矿所和成都地质学院两家单位为主要编写单位，较为系统地介绍了沉积学及古地理的基础理论、岩相古地理研究与编图的工作方法及实例，尤其在关于沉积成岩后生作用中矿化富集的论述，有独到之处。② 该书1985年由地质出版社甫一出版，就受到业内好评，被视为"内容丰富，基本吸收了当前国内外的主要研究成果，能反映当前的研究现状和研究水平，对广大岩相古地理实际工作者、高等院校师生和研究人员，尤其是初学者，是一部很好的教材和参考书"③

与刘宝珺共事多年的张锦泉认为《岩相古地理基础和工作方法》一书的渊源可追溯至刘宝珺、曾允孚在成都地质学院时期编写的岩相古地理内部教材《沉积专辑》：

> 《岩相古地理基础和工作方法》的基础工作和整个体系完成都是在成都地质学院。它给全国搞沉积岩的指导了理论方法，作为一本教材理论和实践都有了。所以后来，推动我们国家的岩相古地理的发展，这本书应该是起了很大作用。以前没有，以后也没有，后来也在没有能超越它的。我想这本书也是刘宝珺提名院士时的一个重要支柱。④

---

① 冯增昭：我国古地理学的形成、发展、问题和共识.《古地理学报》，2003年，第5卷第2期，第132页。

② 地质矿产部：中国科学院学部委员候选人推荐书. 1991年1月25日. 中国科学院学部联合办公室，411-1，第80页。

③ 王德发：岩相古地理基础和工作方法.《石油与天然气地质》，1987年，第1期，第117页。

④ 张锦泉访谈，2016年12月6日，成都. 资料存于采集工程数据库。

七十年代中后期板块学说引起我国广大地质构造者的重视，也启发了我国学者把板块学说纳入古地理研究的思路，全国相关单位纷纷掀起了深入学习研究板块构造、沉积学、油气藏地质、金属非金属沉积地质和层控矿床的研究，并取得了重要进展。此时的刘宝珺怀里却揣着更大的抱负，他不满足纯粹以板块学说来编制古地理图件，而是经过深思熟虑，决定进一步拓展沉积学和岩相古地理学的发展边界，立志编制一套新一代岩相古地理图，即第四代岩相古地理图——这套图应是以板块构造为主导，包括地块的基底、盆地性质、充填及演化过程、沉积相、层控矿床的形成与演化等。在他看来，此前的古地理图大都是描述稳定的地台，很少甚至几乎未曾触及造山带，他所勾勒出的第四代岩相古地理图应包括造山带的恢复与重建——事实证明，此后"七五"南古项目成果《中国南方岩相古地理图集》（1993）正是刘宝珺编图思想的系统集成，初步体现了第四代岩相古地理图的特点和要求。

"七五"南古项目

如果说我国的岩相古地理在七十年代末到八十年代中期属于试点、推广阶段，那么从 1986 年起，岩相古地理工作则步入了"全面部署、深入提高"时期。经地质矿产部科技司、岩相古地理协作领导小组和成都地质矿产研究所、成都地质学院等多方推动，在我国第七个五年计划到来的 1986 年，地质矿产部正式启动了"中国南方岩相古地理及沉积、层控矿产远景预测"（以下简称"七五"南古项目）重点攻关项目，以期尽快调整我国岩相古地理工作南北发展不平衡，实现 2000 年前提出全国一套新岩相古地理图的总目的。该项目由地质矿产部科技司主管，地质科学院科技处主持，成都地矿所具体牵头（承担了其中三个二级课题），刘宝珺任项目总负责人，许效松作为助理协助承担研究项目的组织和指导。

岩相古地理学作为沉积地质学的重要分支，在八十年代后期的研究范

图 7-7　刘宝珺与南古项目组成员共同考察乐山范店寒武系剖面的合影（许效松提供）

图 7-8　1991 年 4 月南古项目验收，刘宝珺作汇报的照片（刘宝珺提供）

围早已跨越了沉积岩石学、沉积相分析和恢复海陆分布的研究范畴——因此，从 1986 年至 1990 年，"七五"南古项目采取地质勘查、科研和院校联合大协作攻关方式，纵横联合了四川、贵州、云南、湖北、湖南、广西、安徽等南方有关省区地质矿产局、石油局、地质矿部属的地质矿产研究所，以及成都地质学院、北京地质学院、长春地质学院、中国矿业大学等地质院校共计三十个单位的三百三十二名科技人员（湖南区域地质调查所和成都地质矿产研究所古地磁组协作，完成了南方三条剖面的古

图 7-9　2008 年刘宝珺参加南古项目讨论会合影（刘宝珺提供）

第七章　攻关岩相古地理　　*269*

地磁研究）。

　　"七五"南古项目涉及的岩相古地理图幅范围约二百多万平方千米，地质边界大到令人吃惊的程度——西为龙门山和红河断裂，北为秦岭断裂（商丹断裂），东为郯庐断裂和台湾玉里断裂。这项复杂浩大的科研系统工程雄心勃勃，计划五年内主要开启了三个方面的研究：中国南方沉积盆地形成、演化与大地构造格局的关系；岩相古地理展布与沉积盆地的关系；磷、锰、铝土矿、海泡石、铜、铅锌、锑、金、汞、钒等矿产与沉积环境和岩相古地理关系及远景预测。在刘宝珺领衔之下，该项目在具体实施中挂出了详细的"作战图"：以项目作为一级课题，由项目综合组完成南方沉积盆地的构造背景、沉积盆地演化及成矿作用为内容的总报告；选择震旦纪、寒武纪、奥陶—志留纪、泥盆纪、石炭纪、二叠纪、三叠纪等八个地质时代列为7个二级课题，研究各时期沉积相时空展布、古构造和沉积环境对矿产的控制作用，并按阶或组编制南方五百万分之一岩相古地理图；在有利的岩相控矿带和成矿区另设四十七个三级课题，开展地区性的岩相古地理及成矿预测专题研究，提出成矿远景区及靶区共二百零四个。①

　　作为项目总领帅的刘宝珺，重视跟踪国际沉积学界开展以全球性沉积对比和盆地分析为主的新动向，对"七五"南古项目立足南方地质，聚焦整个地质历史十亿多年的变化，并进行古地理恢复不仅有拍胸脯的自信，更有全面清晰的研究思路。"我们采集的观点就是渐变论加突变论，尤其是突变论很重要，基础的板块学说不仅是研究盆地的变化，还要研究整体的演化，包括一些突发事件在古地理上的表现，因此属于事件地质学的研究。我们已经注意到突变、渐变事件在整个地球中的演化，还注意到影响这个变化的古老基体，这样的古地理图编制应该说是最新的。"

　　在近五年的联合攻关中，项目组以八十年代沉积地质学理论和地壳全球活动板块构造观点为指导，注重把沉积地质学与板块构造、盆地分析、矿床学有机结合起来，分析认识南方大地构造发展的过程、海陆变迁、陆

---

① 刘宝珺、许效松主编：《中国南方岩相古地理图集（震旦纪——三叠纪）》。科学出版社，1994年，第vii页。

地的增生和消亡，以及沉积、成矿作用的特点和沉积盆地在地质历史中的演化和空间配置，同时重视全球性事件地质分析方法，首次全面、系统地论述南方各构造体性质和沉积盆地形成，建立了大陆边缘盆地演化模式及其动力机制，并以最新资料编制活动构造和动态环境的各时期古地理图、古构造图及海平面升降模态曲线，为我国南方沉积、层控矿产，特别是油气远景预测提供了重要的科学依据。①

在整个古地理研究过程中，岩相古地理图是最为重要的基础图件。邱东洲犹记得刘宝珺在编制岩相古地理图集时，提出沉积要跟构造板块结合的学科渗透思想，以及图册编制必须跟找矿结合的实际应用思想，"为什么我们这本图集编出来反响比较好，原因就是按照刘老师的创新指导思想，重视编图要跟找矿、油气、沉积矿床结合。"

项目组也遇到不少技术上的瓶颈，比如对于经历多期地质演化和造山挤压的大陆边缘"浓缩带"，很难在二维平面上恢复其变形前的相对位置和不同块体间的距离。因此在刘宝珺的建议下，研究人员在南方震旦纪至早古生代两大板块和不同的沉积作用区，尝试用一构造线分隔，并绘出它在地质构造演化阶段中的性质，以及在盆地发展中的作用，以此来恢复扬子与华夏大陆边缘的性质和盆地的演化过程。同时尽可能地在岩相古地理图上给出地层的厚度，用符合或单独成图表示具指向意义的古生物群落和生态环境。②

"七五"南古项目几乎集结了当时二十个单位最核心的专业技术骨干。多数都是五十年代参加工作的人，基础资料掌握得很深，而且都有搞区域地质调查方面的工作经历，野外实战经验丰富，吃苦耐劳且能打硬仗。八十年代后期的野外地质条件依然艰苦，总共三百万元的项目经费捉襟见肘，摊下来差不多人均一万块钱干五年，刘宝珺感喟："那时候太困难了，不过我们也熬下来了，大家情绪还是很高，因为方向是对的，成果在同行

---

① 刘宝珺、邱东洲：中国南方岩相古地理与油气前景．《南方油气地质》，1995年，第2卷第1期，第4页。

② 刘宝珺、许效松主编：《中国南方岩相古地理图集（震旦纪——三叠纪）》．科学出版社，1994年，第vii页。

第七章　攻关岩相古地理　*271*

业是认可的。"他印象最深的是在贵州织金，住的旅馆一天一块钱，四个大老爷们挤在不到二十平方米的一间房，每天早上爬起来就干活，晚上回去就和衣而眠。其中一个是刚从牛津大学地质系毕业的英国人桑杰夫，跟着刘宝珺进修，中国地质人不惮困苦的精神使他受到极大震动，以至于在野外跟大伙儿吃再多的苦头也不含糊。

"七五"南古项目汇集了当时各路在全国有影响力的业务尖子，课题组在团结一致攻坚克难的过程中，学术上的交锋和争论也是家常便饭，甚至免不了因各执己见而拍桌子吵架。某次两个项目的负责人为了"是浅陆盆地还是低谷盆地"的一个学术观点争起来，其中一个急得直掉眼泪。刘宝珺出面调解"矛盾"，让双方摆事实讲道理，结果两人都讲得出事实，但也都没有证据证明对方观点就是错的。地质现象的认知往往不能一锤定音，因此他建议两个观点都采纳，但两个项目都要有意识地分析对方模式为什么被采纳，立论和结论得有据可循，在格物穷理中探寻更客观公正的科学事实。"项目组内部有很好的学术民主作风，刘老师始终倡导尊重彼此的学术意愿。"余光明回忆。

负责项目组织和指导的许效松记得很清楚，刚大学毕业的年轻人实难有机会进入"七五"南古这样的全国大项目，但作为成矿所所长的刘宝珺乐于提携后进，让更多年轻人崭露头角，当时成都地质矿产所几个小伙子被他点名直接进了项目组，得到很大的锻炼。

1985年考上成都地质学院沉积学博士的陈洪德当年虽师从曾允孚，但有幸在1986年至1988年期间跟随导师参与了"七五"南古项目下的泥盆纪二级课题，其博士论文深受刘宝珺岩相古地理学术思路的影响，甚至此后沿袭了他的研究方向：

> 我现在做得更多的是岩相古地理，而且也是充分体现了刘老师的思想，比如说构造控盆、盆地控相，他提的是相控储存，我提的是相控组合，实际上二者有异曲同工之妙，总体的意思差不多，强调的是构造对盆地的控制，盆地对沉积体系的控制，更好地为油气勘探和资源的勘察服务。所以我基本做的和他的这个是一致的，这个影响是很

大的。包括我的成果，我的很多学生也很多在做这个方面的研究。①

作为刘宝珺的"第三十二个半"关门研究生弟子，翟刚毅认识刘宝珺也是源自当年在野外地质队参与南方岩相古地理编图项目。

1986年，陕西地质矿产局综合研究队的小青年翟刚毅，被派往协助刘宝珺项目组做秦岭的岩相古地理编图工作，刘宝珺带着他和项目组在秦岭里跑了近十天，从柞水商洛地区一直跑到安康地区。做岩相古地理编图，就得把原来的古地理、古环境识别出来，恢复上亿年前的河流湖泊、深海浅海，一路上刘宝珺带大伙儿边看剖面边讲解，用统一地质场的思路从一块很小的石头标本、一个露头联系到整个地球的演化史，其深厚的沉积学功底让小伙子十分佩服，甚至萌发了报考沉积学研究生的念头。如今已是中国地质调查局油气资源调查中心主任的翟刚毅，于2018年荣膺李四光地质科学奖，他将自己多年来在页岩气研究上取得的成就归功于恩师的授之以渔，"我得益于刘老师在野外的言传身教，学到了真本事"：

> 刘老师教了一套岩相古地理图该怎么编的办法。地壳运动很强烈，恢复清楚了它的古地理面貌之后，再研究它是怎么样在温压情况下有机质转换成油气的。所以刘老师是从地壳构造运动，到沉积盆地的形成，到成岩作用，再到成矿或者成油，一套流体的东西结合起来的。
>
> 刘老师有三本书，一本是《沉积岩石学》，一本是《岩相古地理基础和工作方法》，一本是《岩相古地理编图指南》，我现在做的基本上是照着刘老师这三本书在做，就是刘老师的整个这一套体系下来的。读研究生时，刘老师指导我在陕西柞水县作了一个石瓮子剖面，应该说是建立了陕西省的第一号自然保护剖面，现在已经成为西北大学、长安大学的老师指导学生实习的基地。②

---

① 陈洪德访谈，2016年12月27日，成都。资料存于采集工程数据库。
② 翟刚毅访谈，2017年1月5日，北京。资料存于采集工程数据库。

日拱一卒，则功不唐捐。经过艰苦卓绝地野外考察和科研奋战，以刘宝珺为首的项目组在近五年的时间里，发挥广大研究人员的积极性和创造性，将优秀地质人的足迹留在了中国南方无数山川丘壑、峻岭丛野间，创造了岩相古地理图编制历史上的多个突破性贡献，在我国岩相古地理及其与沉积成矿关系的研究方面取得了里程碑意义的重大成果。

1991年4月，地质矿产部科技司组织对"七五"南古项目进行正式结题验收。该科研成果包括由成都地矿所编写的三十万字高水平大型科研总报告《中国南方古大陆沉积地壳演化与成矿》（1993年由科学出版社出版，作者刘宝珺、许效松、潘杏南、黄慧琼、徐强），五百万分之一《中国南方岩相古地理图集》（1994年由科学出版社出版中英文版，作者刘宝珺、许效松），中国南方震旦纪至三叠纪各断代岩相古地理及成矿作用等七本专著。该项目在重建南方大地构造格架的基础上，提出扬子与华夏两大沉积域盆地的性质和造山模式，并通过研究大陆边缘层序地层学，建立了南方与全球可对比的海平面升降周期，提出了"盆—相—位"三位一体和地质统一场的成矿理论，指出矿产主要形成于各时代拉张盆地中。项目划分出三个成矿域和十六个成矿带，提出二百零四个找矿远景区和靶区，已验证的十八个找矿靶区大多数获得有工业意义的矿体，湖南、广西、贵州、湖北等省的金、银、铅锌、铝土矿等均取得找矿突破[1]。

《中国南方岩相古地理图集》（震旦纪—三叠纪）作为"七五"南古项目中最具代表性的成果，被业内誉为"我国第一部全面系统地论述南方各块体的性质、沉积盆地的形成、基底与盆地性质和演化的关系等理念的图集"。该图集由七个二级课题和综合组所编制三十七张各地质时代的岩相古地理图、三十张地层岩相对比图、八张地层对比表、五张古构造图、四十三张盆地沉积、构造演化和成矿模式图，以及一百四十三张其他综合性的图件而汇编成册。编稿图以二百五十万分之一地质图为底图，采取分图幅或分地理单元初编后，由各二级课题负责人组织编撰并编绘在五百万

---

[1] 张万年、孙弥祯等：《地质矿产部成都地质矿产研究所三十年（1962-1992）》。内部资料，1992年8月，第69页。

分之一出版用地图上。[①]

"七五"南古项目得到了业内老一辈地质科学家的高度评价，时年七十六岁的学部委员王鸿祯教授认为该项目成果之所以具有里程碑意义，因其具备了几个重要特征：

第一，从学术指导思想说，它汲取了八十年代沉积地质学的先进理论和构造活动论，力图把中国南方地区放在沉积地壳总体演化的背景上予以分析。虽然实际研究范围限于中国南方，研究时代范围限于震旦纪到三叠纪，但其研究途径都具有一定的综合性和全球性。

第二，从研究的深度说，它充分运用了七十年代以来中国南方地区沉积相研究的最新成果，并以大陆边缘为重点，系统地、具体地进行了各断代沉积环境及其演变的分析，并由此深入到层序地层和海平面变化的初步研究，具有开创的意义，对沉积古地理和地层学的学科发展也具有一定的推动作用。

第三，从研究的广度说，它始终强调了构造控制盆地、盆地控制沉积的正确观点，不独对中国南方的基底构造作了回顾和分析，同时在沉积盆地分析方面也充分注意了构造作用和构造沉降的影响。在此基础上进一步提出了中国南方大地构造发展的历史阶段，在不少方面具有启发意义。

第四，从研究的方向说，它坚持了基础研究与应用研究相结合的道路，把沉积矿产和层控矿产的成矿作用，作为盆地沉积演化、构造演化和地质事件相互联系和影响的结果。不独对元素富集过程与各种事件的联系进行了探讨，同时具体提出了成矿域和成矿带，为今后的找矿工作提供了科学依据。

第五，从科研工作的组织和效率来说，是一项复杂的科研系统工程，这样一个包括几十个单位、几百名成员的大项目尽管在立项前做过一些前期工作，但项目实施从立项到最后提交全部成果，前后不足

[①] 刘宝珺、许效松主编：《中国南方岩相古地理图集（震旦纪——三叠纪）》。科学出版社，1994年，第vii页。

五年。在工作过程中，既发挥了广大研究人员的积极性和创造性，集中了群众的智慧，又组织了多种形式的业务讲习和学术交流，使广大成员在业务素质方面获得了锻炼和收益，对提高地层和古地理工作水平产生了广泛的影响。[1]

"七五"南古项目产生的一系列高水平大型专著，被业内称为"震撼性的成果"。它究竟有多高的"江湖地位"，它的面世引起了整个沉积地质界怎样的重视，它对于我国乃至国际沉积地质学界研究又带来了怎样深远的影响力？

成都地矿所在总结所内"七五"各项科研成果时，评价"七五"南古项目首次建立了与全球可对比的海平面升降和大陆边缘层序演化，建立了新的大陆边缘和扬子与华夏板块的地球动力演化模式，总体上达到了国际上同类研究的先进水平，其中对古老造山带、大陆边缘盆地演化、古地理研究和成矿所以分析等方面，处于国际领先地位，开辟了我国找矿的新思路[2]。

中国科学院学部委员王恒升、关士聪在推荐刘宝珺为学部委员候选人时，对刘宝珺所担任的该项大型研究项目给予高度肯定，认为该研究不仅以活动论的观点把沉积作用与板块构造结合，而且进行了层序地层学、盆地分析、事件地质学等的综合分析，"这是国内外目前都少有的研究先例"[3]。

成矿所潘桂棠研究员，以及澳大利亚西澳大学李正祥教授则认为该项研究成果的经典程度类似于地质界的圣经，在沉积学、岩相古地理、层控矿床、沉积矿床等领域，尤其是油气控制领域不断被推广应用。"所以这个成果不光是沉积学的人学，各个学科的人都要学，到目前为止，它当时

---

[1] 刘宝珺、许效松主编：《中国南方岩相古地理图集（震旦纪——三叠纪）》。科学出版社，1994年，第vii页。
[2] 成都地矿所"七五"成果汇编清样，1991年4月4日。成都地质地质矿产研究所档案室，档号：1991-14-4，第100—109页。
[3] 王恒升、关士聪：中国科学院学部委员候选人推荐书。中国科学院学部联合办公室，411-1，1991年1月30日，第78页。

提出的一些观点，它的图鉴的精确性，都是很强很高的。"①

成矿所王剑研究员当年是"七五"南古项目的主研人员，他对这本浸润着无数人辛勤劳动和智慧心血的《中国南方岩相古地理图集》尤为熟悉，甚至把这本大部头放在书柜里随时翻看。"这个项目至今在国际上都有很大的影响力，很多外国同行十分重视这个成果，他们到中国来，都是拿南古的图集来指导自己工作。"同样也是当年参与"七五"南古项目的成都地质学院张锦泉教授，认为《中国南方岩相古地理图集》获得业内广泛赞誉，也证明了刘宝珺主持工作的成功。

中国石油勘探开发研究院石油地质实验研究中心书记兼副主任李伟2003年博士毕业于成都理工大学，其主要研究方向与导师刘宝珺的专业思想、研究体系一脉相承。虽未跟随先生参与"七五"南古项目，但这个弟子谈起岩相古地理图集的影响力时，感喟岩相古地理图集既是恩师自己的成果，也是其育人的成果，"我们这些刘老师的学生，都是通过他的岩相古地理图集增长了非常多的知识，到现在都还在看他九十年代编的那些图集。这些资料不光对我们石油系统，也对地矿系统的很多人帮助非常大。"

从某种意义上讲，项目总负责人刘宝珺已将"七五"南古项目视为他的一种志业，尤其是倾注了大量心血的《中国南方岩相古地理图集》。这本图集是迄今为止最系统、最详细的岩相古地理图纸，充分证明了中国的岩相古地理研究已达到了国际水平，有些研究成果甚至居国际领先地位，刘宝珺认为这样一个进步，可以让他和他的团队自豪地说，这是中国第四代岩相古地理图著作的一个标志！很多国外同行评价这本图集真正做到了动态研究，是研究中国南方古地理的重要参考文献。让刘宝珺更为骄傲的是这样一个古地理图集，是多学科配合，集中并动员了所有力量来聚焦解决一个主要问题，"我们依靠的是举国体制，这是全世界其他任何国家也做不到的。"

第四代古地理图就是动态的一个古地理变化。现在据国内的、国

---

① 潘桂棠访谈，2017年3月7日，成都。资料存于采集工程数据库。

外的一些同行评价，好像还没有任何错误。他们所用的、他们去看了事实，都是符合的。就是说我们是真正科学地来采集大量的数据，而且做了很深入的研究，没有虚拟的想象，也没有资料不正确的地方。我们花了很大的精力，首先资料很好，自己亲自去看过，而且深入研究过一些观点，最后写法的要求规格也是达到，是目前比较先进的一些情况。现在还有人不断地在看这本书。[①]

"七五"南古项目的科研成果于1994年汇编成《中国南方岩相古地理系列丛书》，由科技出版社正式出版，刘宝珺任主编，王鸿祯、业治铮、关士聪、曾允孚任顾问。编委会对"七五"南古项目给予充分好评，认为该成果追踪了世界同领域学术发展趋势，既有高水平的学术理论，又有显著的地质和找矿效益，是当前我国沉积地质学领域中具有重要意义的大型科研成果。

作为我国岩相古地理学研究的先驱者和推广者，刘宝珺持之以恒地在岩相古地理领域深耕数十年，不怕真理无穷，反倒是进一寸有一寸的鼓舞与欢欣。步入新千年后，刘宝珺和许效松等人采用潘桂棠的"多岛弧"理论主张编制新一代岩相古地理图，不仅要作出比较小的构造沉积地质块体活动演化，还要对造山带进行恢复和重建。2010年，心中始终放不下岩相古地理的刘宝珺接受时任中国石化集团总公司副总裁牟书令的邀请，再次挂帅出征，计划根据最新的研究材料继续推进第四代岩相古地理图的编制。据他回忆，"当时中石化负责提供经费，双方签订合作协议时，中国地调局副局长钟自然也参加了。"项目旋即启动，在充足的经费保证下，两年后项目组已编制出部分图件（包括部分造山带岩相古地理图）。憾惜的是，中石化此后主帅易人，项目被迫戛然而止。回忆起牟书令、钟自然等人当年倾力支持第四代岩相古地理图编制的往事，向来说话慢吞吞的刘宝珺语速快了起来，"他们是有远见卓识的，是真正对地质科学事业有热爱。"

---

① 刘宝珺访谈，2016年8月27日，成都。资料存于采集工程数据库。

刘宝珺如今已步入杖朝之年。尽管造山带岩石层系多有变形和变质，第四代岩相古地理图推进工作几经坎坷沉浮未定，但已经八十八岁的刘宝珺依然觉得未来可期："中国的地质科学家已经参与到全球地质发展规律的研究中，我们搞沉积学的人在结合科学与现实的客观规律开展研究上优势明显，大有用武之地。"

第八章
南水北调西线备忘录

七旬护水

　　1996年离开成都地质矿产研究所所长岗位后，刘宝珺出任四川省科学技术协会第五届主席，将主要精力转向于生态环境保护等可持续发展的事业，发挥余热，壮心不已。2002年6月，七十一岁的刘宝珺受聘为四川省老科学技术工作者协会①（以下简称省老科协）名誉会长。次年9月，包括刘宝珺在内的11位院士以及七十多位具有高级职称的老专家共同组成了老科协第一届高级专家咨询组，他被推选为组长。

　　首届高级专家咨询组由各行业领域颇具威望的退休人员构成，既有前政府智囊，高校、研究机构负责人，也包括前四川省高级官员。咨询组通过每年组织课题立项、实地调研、学术年会，将一群志在服务公共科学事业的老专家团结在一起，开展与四川社会经济发展、生态环境保护、资源可持续利用密切相关的研究工作。

---

① 四川省老科学技术工作者协会是由全省老科技工作者及其组织资源联合组成，地方性、非营利性的社会组织，其主要研究四川省以及全国重大的自然科学以及社会科学问题。http://www.scslkx.cn。

图 8-1　1996 年刘宝珺当选四川省科协主席时的照片（刘宝珺提供）

图 8-2　1996 年参加省科协代表大会后与学生王成善、周学东合影（成都地质矿产研究所提供）

图 8-3　1997 年与四川省各界科技人员畅谈香港回归座谈会（成都地质矿产研究所提供）

图 8-4　2006 年刘宝珺在四川省科协联谊会上致辞（成都地质矿产研究所提供）

2004 年 6 月，省老科协在成都都江堰召开会议，邀请多位省内学者就南水北调西线工程进行座谈。对于多数专家而言，在这次会议上才首次看到耳闻已久的南水北调西线工程规划文本。此时，距离黄河水利委员会（以下简称"黄委会"）《南水北调西线工程规划纲要及第一期工程规划》通过水利部专家审查，已达三年之久。

南水北调工程被称为世界规模最大的调水工程，为世人瞩目。该工程意在从水资源相对丰富的中国南方调水至黄河流域，以缓解黄河沿岸城市缺水问题与黄河的断流危机。毛泽东在 1952 年视察黄河时曾提出宏伟设想："南方水多，北方水少，如有可能，借点水来也是可以的"。

从 1952 年提出设想，到 1979 年国家水利部正式成立南水北调规划办公室①，其间走过了波澜壮阔的二十余年。直到 2002 年 12 月 23 日，国务院才正式批复南水北调总体规划，一只靴子最终落地——项目总体定为西、中、东三条线路，分别从长江流域上、中、下游取水，调往严重缺水的华北和西北地区，逐步构成我国中部地区水资源"四横三纵、南北调配、东西互济"的总体格局，投资规模约五千亿。

其中，东线工程于 2002 年 12 月率先开工，计划调水一百四十八亿立方米，从长江下游扬州江都引水至天津、烟台和威海；中线工程于 2003 年 12 月上线动工，计划调水一百三十亿立方米，水源七成从汉江流域调出，沿京广铁路西侧北上为京津两地供水。

西线一脉在三条线路中，动工最晚，造价最高，争议最大。西线按规划将于 2010 年开工，预计调水一百七十亿立方米，三期工程静态投入资金将达三千零四十亿元，于长江上游通天河支流、雅砻江和大渡河上游筑坝建库，开凿穿过长江与黄河的分水岭巴颜喀拉山的输水隧洞，调长江水入黄河上游，解决黄河中上游地区和渭河关中平原缺水问题。

与东线、中线水资源主要用于居民生活、生产不同，西线工程中一路向北的水资源主要用于冲刷黄河流域淤积的泥沙。曾任十年水利部部长的汪恕诚在《中国国家地理》上刊载"调水的战略与哲理"一文，其中就此专门写道："西线调水工程的目的是把黄河的泥沙冲向下游入海……黄河一年生产的泥沙有十三亿吨，其中约有四吨要冲到海里。若按三十方水冲一吨沙计算，需要一百二十亿吨水来冲沙。"②

2003 年下半年，一众川籍科学家通过非官方途径，零星了解到南水北调西线工程的相关规划。当时该工程的勘察、设计、规划全由黄委会筹划，长江水利委员会及长江中上游有关省市均未参与，2001 年水利部主

---

① 1978 年，在水利部南水北调规划小组的基础上，成立了"水利部南水北调规划办公室"；1992 年 1 月办公室由水利水电规划设计总院代管，改为由部直接管理；1995 年 5 月，与水利水电规划设计总院合署办公；1997 年 5 月，更名为南水北调规划设计管理局，简称"调水局"；2011 年 3 月，水利部《关于水利部南水北调规划设计管理局主要职责内设机构和人员编制的批复》，明确南水北调规划设计管理局除继续承担南水北调前期工作的组织、协调和管理职责外，增加承担南水北调运行具体管理工作和全国跨流域调水工程相关工作的职责。

② 林凌、刘宝珺、马怀新、刘世庆：《南水北调西线工程备忘录（增订版）》。经济科学出版社，2015 年，第 5 页。

持的"南水北调西线工程规划纲要及第一期工程规划"审查委员会与会签名的七十人中,只有长江水利委员会及四川水利厅各一人。对于这样一个重大建设项目的决策,没有工程所在省和输水方的参与,显然是不合理的。①

一石激起千层浪,刘宝珺当时就毫不客气地提出质疑,"这项对四川影响深远的超级工程,为什么事先没有征求本地专业学者的意见?"

为了征集四川各界学者对于西线工程的真知灼见,进而为政府决策提供有益参考,四川省老科协与四川水力发电工程学会于2004年6月25日至26日联合发起了"从科学发展观看南水北调西线工程"学术年会。年会聚集了刘宝珺、张宗源、韩邦彦、辛文、林凌②、马怀新等六十六位来自生态环境、地质、水利、电力、气象、社会学领域的高级专家。北京大学生命科学研究院教授、"保护国际"中国项目负责人吕植、中国水力发电工程学会秘书长郝凤山应邀参加了会议,刘宝珺作为高级专家咨询组组长主持了年会。

与会者认为规划中的西线工程风险过高,四大问题横亘在面前:一是西线工程可能引发的青藏高原调水地区地震、滑坡等地质问题;二是调水地区土地沙化、气候变化对整个生态环境影响问题;三是调水地区在不同季节的承载能力和实际调水量问题;四是在藏族地区调水可能引发的宗教和文化问题。有些学者提出了很尖锐的意见,认为在青藏高原取水犹如在人脑袋上抽血,非慎重调研不可。

刘宝珺在会上就"南水北调西线工程对全球变化的影响"作了发言。他强调,我国北方属于资源型缺水,南方属于水质性缺水,而中西部则是工程性缺水。由于南方地区水资源不足,加之西线工程所涉及的地质、生态、调水量等问题十分复杂,南水北调西线工程不可轻言启动,必须在深入调查研究的基础上三思而行:

---

① 鲁加果:南水北调工程应慎重决策。《科技导报》,2004年第6期,第38页。
② 林凌:经济学家,国家级有突出贡献专家,四川省社会科学院原副院长,在经济体制改革、城市经济、区域经济、企业改革、政府职能、西部大开发、东北老工业基地振兴、中部崛起、港澳台与内地经济、南水北调工程等关系改革和发展的重大问题上都有深入的研究和突出的贡献。

我一点儿都不主张修水坝，水电站。因为我是搞自然科学而且关于地理地质方面的，我们应该尊重自然的规律，自然的规律不能随便改变，大的流域调水这是绝对不可能的……我们随便把它破坏了，那对子孙万代有多大的影响，那是很有破坏性的。①

作为对青藏高原地质环境有近二十年研究的学者，刘宝珺和会上的几位地质学家尤其强调了该地区地质条件的复杂性。青藏高原、喜马拉雅山是由于亚洲的地质板块跟印度板块挤压、隆起的一个高原，在地质学中称为南北极之外的第三极。这个第三极在地球演化的历史里面是比较年轻的地质现象，现在仍然处于活动期，地质本身不稳定，这里任何一个大型工程都会对整个青藏高原、中国、亚洲、南亚、尼泊尔、印度整个气候水利产生影响。林凌记得刘宝珺当时在会上举的一个例子给他很大启发，让他觉得"首先应该是保护青藏高原，而不应该破坏青藏高原，否则后果真的是不堪设想，在这方面很多专家意见是一致的"。

他（刘宝珺）说在整个地球的北纬30°，其他地方大都是干旱气候带和沙漠，唯独在中国由于高原的隆起而形成东南亚季候风带，导致中国南方的湿润气候和肥沃土地的形成，养活了几亿人口。喜马拉雅山上冰雪的融化给其南北国家提供了充沛的水源，被称为"亚洲水塔"。雪山和冰川的水化了以后变成了溪流，最后积累起来就变成了大江。由于现在气候变暖，冰川和雪山退缩得很快，雪山覆盖率也下降，这样对长江的水都会有影响。②

针对国家正式发布的"南水北调西线工程规划纲要及第一期工程规划"，老科协专家们直言不讳"工程计划漏洞百出，规划草率"。在林凌看来，西线工程涉及四川地区地质、水文、气候以及民族和宗教诸多问题，四川学者因了解和积累更多，理应有发声权，"不管是对青藏高原的地质问

---

① 刘宝珺访谈，2016年8月27日，成都。资料存于采集工程数据库。
② 林凌访谈，2016年11月22日，成都。资料存于采集工程数据库。

题,还是藏区的了解,四川学者都走在全国前列。"

"启动南水北调西线工程必须慎之又慎"成为整个年会的主流声音。在中华民族的生命之源、文脉之源进行一场宏大的改造自然的战略工程,如果不能对当地自然规律、生态地质环境、社会发展等带来的巨大挑战提

图8-5 刘宝珺与林凌在四川省科协联谊会讨论问题的照片(成都地质矿产研究所提供)

出科学解决方案,西线工程的仓促上马就是对子孙后代,对国家民族的不负责任。

与会学者一致希望由四川省老科协高级专家咨询组牵头,持续开展南水北调西线工程的研讨论证工作。于是,一支由本土学者自发而起的项目研究小组很快正式成立,以刘宝珺、林凌为首的老科协专家由此开始了叫缓南水北调西线工程的数年奔走。

刘宝珺作为研究小组牵头人,着手延揽智库人才和项目经费。由于南水北调西线工程涉及多学科领域问题,势必需要通过学科的交叉融合研究对工程进行更为全面的科学论证,于是他和林凌出面邀请了经济学家林鲁家果,水利专家马怀新,地质学专家潘桂棠、陈智梁,民族宗教问题研究专家余孝恒等加入研究小组。

为解决项目启动和后续研究经费问题,刘宝珺和林凌在非常困难的情况下索性拉下院士的面子,四处寻求资金支持。很多人态度模糊,顾左右而言他,也有人苦口婆心地劝说刘宝珺院士,"您就好好当您的院士搞沉积学,怎么管起生态问题这些闲事了,况且管的还是国家论证了几十年的战略项目?"素来儒雅沉稳的刘宝珺听到这种风凉话,有点坐不住了:这怎么就成闲事了,这攸关国家民族的根本利益,是涉及千秋万代的大事,科学家不仅有责任参加,而且更应该理直气壮地站出来管!他在公开场合明确表达自己的态度——"对这个问题,我们将给予理性的、科学的回答。"

第八章 南水北调西线备忘录

经过一番奔波努力，几个老同志总算筹集到经费，支撑该研究工作继续开展下去。

从地质条件上看，南水北调西线工程选址位于川青地块，该地块以南、西南侧的鲜水河断裂带是我国主要的地震带之一，传统认为川青地块可能比较稳定。此外，按照已正式发布的"南水北调西线工程规划纲要及第一期工程规划"要求，西线工程需要将长江上游的水调入黄河上游，但由于黄河与长江之间有巴颜喀拉山脉相隔，黄河河床比长江对应河段的河床高出了八十至四百五十米不等，工程上必须采用隧洞输水、筑高坝壅水或水泵提水，而施工地点却恰恰位于强地震带的青藏高原东南部。

当时成都理工大学、成都地质矿产研究所拥有一批搞青藏高原研究的全国顶尖专家，作为学术带头人的刘宝珺带着这个团队和美国麻省理工学院已持续开展了十余年的科研合作。中美在青藏高原布置了六十多个GPS测点以观察现代地壳变形情况，掌握了大量的每年盆地跟造山带相互运动数据。刘宝珺、潘桂棠、陈智梁等人凭借多年地质学实践经验，通过数据观测得出重要结论：川青地块地质活动强烈，当处于地震带的运动板块碰撞后，在强烈的隆升过程中会发生大规模以米级为单位的位移，此处地壳运动将成为西线工程上马后的重大隐患，后果无法预计。

此外，就四川水体量而言，"可供调配的水资源到底有多少"成为学者在西线工程论证中的一个争议焦点。按照黄委会制定的调水方案，西线将在长江上游通天河、支流雅砻江和大渡河上游调水，三期工程总规模为一百七十亿立方米。然而，上述三条江河年度总径流量仅为二百七十一亿立方米，规划中的调水量占据了三江水资源总量的63%，已经超过了"调水上限应不逾越江河基流量的60%"这一业内标准。更为严峻的是随着气候变暖，冰川融化每年呈十米到十五米之间的退缩。如此一来，长江上游水资源逐年递减，加之枯水期、枯水年的客观影响，以及规划为考虑到的调水过程中水体的蒸发量，一百七十亿立方米的调水量远远超过了长江上游的环境承载力。

四川省社科院研究员鲁家果做过一个科学推算，由于特殊的气候和地理环境，三条河流在每年11月到次年5月的七个月都是枯水期，总径流量不足六十亿立方米，而丰水期大约三分之二为洪水径流，并不容易被利用。因此，即便筑坝蓄水，西线工程可调的水量也不足一百亿立方米。

从青藏高原特殊地区的生态、人文现状来说，南水北调西线工程全部建设在四川甘孜、阿坝两个藏族自治州，三千五百米海拔的高原峡谷、高原牧场一直是国家主体功能区规划中全部列为禁止开发和限制开发的区域。藏民笃信藏传佛教，敬畏山神圣水，居住分散，又多有大小佛寺，若要调水、动山、搬寺庙、迁牧场必然会涉及民族、宗教、少数民族生活习俗等种种问题。

在研究小组成立一年多的时间里，刘宝珺发挥自己的学术号召力，组织地质科学权威专家开展了多次专题学术讨论，内容涉及西线工程的地质条件、长江济黄水体量的可行度、青藏高原特殊地区生态、人文现状等诸多方面。作为青藏高原地质地形论证的牵头人，他在各种场合不遗余力地给各方人士介绍青藏高原的情况。其间，八十岁的林凌不顾舟车劳顿，专门前往青藏高原的源头，深入甘孜、阿坝等少数民族地区，甚至四千多米高海拔地区进行调研，了解当地政府、宗教界和老百姓的意见想法。

经过多次集中商榷和慎重研究，川籍学者就西线工程项目达成了基本共识：长江中上游一带是我国一道极为重要的生态屏障，南水北调西线工程所涉及青藏高原地区无论从自然地理、生态资源、人文社会等方面来说，都应该得到保护，而不是被肆意开发。随着全球变暖和极端气候事件的出现，北湿南旱将是我国未来的气候变化趋势。这一气候趋势与南水北调西线工程的设计、建设以及后果皆与科学研究的结论南辕北辙。因此，从长江源头调水的南水北调西线工程不能立刻上马，人类必须树立尊重自然，顺应自然，保护自然的生态文明理念，千万不能再做违背自然规律、贻害子孙万代的事情。

2005年上半年，林凌和刘宝珺等专家学者将研究小组结论和支撑材料上报黄委会，以及四川省政府负责该工程的相关部门，强调四川省应该注意西线工程潜在的风险，并提出应组织力量投入研究。黄委会专家当时的积极表态一度让研究小组信心满怀，但是此事很快又石沉大海，再无音讯。

西线工程的叫缓工作陷入了僵局。

看着地图上蜿蜒的黄河与长江，想起与南水北调工程极为相似的三门峡工程，刘宝珺心中无限唏嘘。在半个世纪之前，我国著名水利工程专家黄万里曾因谏言阻止三门峡工程、三峡工程的修筑未果而抱憾终身。黄万里曾告诉世人："如果我不懂水利，我可以对一些错误的做法不作任何评论，别人对我无可指责。但我确实是学这一行的，而且搞了一辈子水利，我不说真话，就是犯罪。治理江河涉及的可都是人命关天、子孙万代的大事！"[1] 虽斯人已逝，但科学精神和责任良知始终是中国知识分子"虽千万人吾往矣"的凛然大义。刘宝珺内心对黄万里十分钦佩，他决心集结老科协专家们的影响力继续发声，以学者的专业建议为南水北调西线工程决策的民主化、科学化掷地作金石声。

在刘宝珺和林凌的组织下，老科协高级专家咨询组的专家们结合自身研究方向，或约稿或撰写文章，对西线工程建设发表真知灼见。刘宝珺负责地学方向的约稿，并与成矿所同事潘桂棠合作完成了"南水北调西线工程应慎之又慎"一文。

潘桂棠对当年刘宝珺约他写稿的往事印象深刻：

> 2004年我从青藏高原上下来以后，刘宝珺院士找到我说：老潘，你不要管基础研究基础调查这一块了，你现在还有一个南水北调西线工程的事情要关注。当时，我确实第一次关注南水北调工程，就是因为他跟我说，我才开始关注。刘宝珺院士很着急……他说：你还是放下手头的事，先关注一下这个事情。[2]

作为与刘宝珺多年合作的同事、老友，潘桂棠认为他们挺身加入西线工程这一争议事件，不仅缘于长期从事青藏高原地质资源研究，有责任为该区域大型工程的建造发声，而且该工程关系到我国经济社会可持续发展和子孙后代的长远利益。要在维系中华民族生存发展的大江大河的源

---

[1] 赵诚：《黄万里的长河万里》。陕西人民出版社，2013年，第223页。
[2] 潘桂棠访谈，2016年3月7日，成都。资料存于采集工程数据库。

头，生态脆弱的高寒地区建造世界上规模最大、跨大流域的"人工天河"，更是一个值得所有科学家共同关注，值得全国人民参与探讨的重大问题，"这是一个全球性非常敏感的问题，是一个非常复杂而在短期内很难释疑的课题。"

刘宝珺、潘桂堂二人合作的文章从"南水北调西线工程是对我国大自然最大的改造工程""必须形成应对三大挑战的战略规则""水资源开发实现三个超越"[①]三部分力证西线工程决计不可仓促上马。刘、潘二人提出，西线工程面临着自然规律、生态地质环境、社会协调发展的三大挑战，全球气候变化、生态环境脆弱、自然资源锐减等信号都在告诫着人类，如果继续肆意对大自然进行改造和索取，一旦发生严重的战略误判，就会犯下为子孙后代所不容的历史性错误。文末尤其强调，南水北调西线工程因涉及长江源区的调水工作，不单是黄委会规划实施的事，也不仅是水利、电力部门的事情，而是地质、地震、气象、地球物理、资源、环境、经济、民族、文物、旅游、国防等各部门共同研究、讨论、规划的大事，更是全国人民参与建立公共规划论证体系的大事，必须实现全社会参与，科学决策和人民监督。

文章有了，集结成书并正式出版的经费又成了难题。研究工作开展了一年多，老科学家们没有任何经费支持，现有的研究经费都是东拼西凑出来的，再申请经费出书困难重重。百里之路，行至九十，莫非这本集结了众多川内学者共同研究科学成果的论文集终因"一分钱而难倒英雄汉"？

韧劲十足的刘宝珺绝不愿看到此事就这样夭折，他打定主意，"没有项目经费，老同志们就凑钱出书。"

除刘宝珺外，多名学者从各自课题经费中拿出资金，资助了这本书的出版，主要包括作为西线工程分类课题研究骨干的林凌、马怀新、刘世庆三人。

2006年，由经济学家林凌、沉积地质学家刘宝珺任主编，马怀新、刘世庆任副主编的《南水北调西线工程备忘录》由经济科学出版社正式出版。这本论文集共集结了五十多位川籍自然科学家、社会科学家对西线工

[①] 潘桂棠、刘宝珺：南水北调西线工程面临的挑战与决策．《国土资源科技管理》，2006年第3期，第1页。

程众多问题的研究成果，以及对"南水北调西线工程规划纲要和第一期工程规划"提出的质疑和建议。学者的论文主要涉及南水北调西线工程的八个方面：重大工程地质问题，青藏高原冰川退缩与调水量不足的问题，对青藏高原生态环境破坏的问题，对西电东送工程发电影响的问题，对调水区居民、生态补偿的问题，与藏区宗教、文化、文物等保护的问题，投资和运作模式的问题，替代方案的问题。此外，该书还收录了原长江水利委员会主任林一山，三峡工程建设委员会原副主任郭树言等同志的有关谈话录，以及《中国青年报》等报刊曾发表的西线工程相关文章，供读者延伸阅读。①

论文集取名《南水北调西线工程备忘录》，用主编林凌的话说，是"立此存照"，让南水北调西线工程从规划内容到决策程序中的争议，通过发出声音被保留下来，让历史来证明是否正确。

论文集出版后引来各方人士强烈反响，凤凰卫视等多家媒体对此进行了大幅报道，搜狐对此评价"一本迟来的备忘录"，新民周刊推出重磅专题"南水北调西线之争"，《南风窗》称之为"四川保水运动"……刘宝珺和一众老科学家们很兴奋，因为意见有了发声的渠道，呼吁得到了社会的

图 8-6 2006 年《南风窗》关于四川"保水运动"的报道（资料来源：《南风窗》期刊截图）

① 林凌、刘宝珺、马怀新、刘世庆：《南水北调西线工程备忘录》。经济科学出版社，2015年，第 3 页。

重视，他多次在不同场合表达了《备忘录》的编撰初心："任何工程的建设都应该遵循党中央提出的科学发展观，在设计规划阶段就应该社会参与、科学决策、人民监督。"①

作为并肩战斗的老友，林凌印象中的刘宝珺"非常和气，愿意协调，跟其他同志合作得非常好"，他认为刘宝珺在南水北调西线工程论证中的最大贡献在于评估了工程对青藏高原的地质影响，使专家组在研究西线工程中有了十分重要的目标背景。此外，刘宝珺提出了水利工程建设要开展学科交叉渗透，形成水利部门、地质部门、环境部门等多方联动，"宝珺很能够吸收不同学科、不同部门的意见，他写的那篇文章对交互的水利工程具有指导作用"。②

2006 年，在成都理工大学五十周年校庆之际，刘宝珺为师生校友作了一场名为"南水北调西线工程的一些思考"的学术报告，浓缩了他在《备忘录》中对于西线工程持之以恒的专业思考。关注国家重大工程的建设论证，以一个科学家的责任担当，身体力行推进决策民主化、科学化和依法治国进程，在刘宝珺一生经历中占有十分重要的分量。

秉直上书

《南水北调西线工程备忘录》（以下简称《备忘录》）第一版共收录了三十一篇学术论文，以工程地质问题、环境生态问题两条学术主线，强调应重视西线工程与调水区人与自然、工程与生态、工程与社会、工程与民族、宗教、文化的和谐共处。它的正式出版标志着四川老科学家叫缓西线工程项目取得了阶段性的成果。

从某种意义上讲，《备忘录》就是一本学者意见书，除了三篇文章很慎重地从一些角度提出异议外，其余都是进行学术探讨。它凝结着一群川籍

---

① 黄寰：一切为了崇高的理想.《科技与产业化》，2008 年第 3 期，第 14 页。
② 林凌访谈，2016 年 11 月 22 日，成都。资料存于采集工程数据库。

图 8-7 两版《南水北调西线工程备忘录》封页

图 8-8 刘宝珺不遗余力在多种场合作"南水北调西线工程"相关报告（部分报告 PPT 节选，资料来源：刘宝珺）

科学家的智慧，他们的真知灼见、微言大义浸透其间。

三千册《备忘录》何去何从？刘宝珺等四位编委决定将《备忘录》悉数送至中央、省级相关领导，以期给决策部门施压，进而高度重视川籍科学家的评估方案，暂缓南水北调西线工程。此外，林凌还代表老科学家们起草了三份工作报告，与《备忘录》一并递交四川省委省政府。遗憾的是，当年相关人等对此事未置可否，多数官员选择退避或者缄默，不愿对西线工程一事公开发表意见。

事情陷入了僵局。

与其被动地坐等消息，不如打破常规，特事特办！林凌、刘宝珺、马怀新、刘世庆四个编委认为西线工程问题上要取得实质性进展，只有一条路行得通，那就是想办法把这本《备忘录》送进中南海，"绝不能让大家的心血白费"。

早在《备忘录》正式出版前，黄委会资深专家、中国工程院院士钱正英就已看过样书，对四川老科协专家们敢作敢为的精神给予了肯定，并认为《备忘录》一书写得很好，对促进南水北调西线工程进一步研究论证很有意义。随后，钱正英将正式出版的《备忘录》分送给潘家铮、沈国舫院士以及多位水利专家。经过充分的阅读与讨论，2006 年 10 月底，钱、潘、沈三位院士以《备忘录》学术观为基础，共同撰写了"关于南水北调西线前期工作的建议报告"一文，由时任中国工程院院长的徐匡迪以中国工程院的名义，将报告与《备忘录》一并上呈给时任国务院总理温家宝，副总理曾培炎、回良玉，建议西线工程要以稳妥为上：

> 从全局和长远角度看，西线调水可能是需要的，但西线工程的施工难度风险和投资金额较中、东线更大，所涉及的技术、生态、环境和社会（包括民族和宗教）等问题也更为复杂。鉴于此，由各方提出的某些意见是值得重视的，对于西线工程相关决策也应十分慎重。有关部门需要在充分论证比较和前期工作的基础上，把主要问题基本查清、落实、解决，提出可行性报告，并尽量取得社会的广泛认同后再启动，才较为稳妥。

钱、潘、沈三人一致认为，在南水北调中线、东线一期工程已启动的一定时期内，国家可以酌量调整黄河上、中、下游的用水指标，解决黄河上中游城市的工业用水量，科学调度已建的黄河干流小水库，缓解黄河河道的生态环境事项和冲沙问题。这样一来，在真正实现西线调水以前，国家仍可以先通过节水、治污和经济结构的调整以及南水北调中、东线的效益，实现满足黄河流域及北方地区用水之需。此外，中线、东线在运行过程中的经验教训更可为西线方案的最终拟定提供重要参考依据。

为了确保四川学者的声音能直接抵达中南海，除了通过中国工程院向国家高层谏言外，林凌、刘宝珺、潘桂棠、马怀新、刘世庆等人还以"民间学者"的身份，陈情时任国家主席胡锦涛同志、总理温家宝同志，并随信附上了《备忘录》。刘宝珺等人在书信中，开诚布公地强调了集中在青藏高原一带的西线的潜在工程风险，阐述了西线所涉及的重大工程地质、生态环境、调水量、调水和发电、调水区经济补偿、藏区宗教文化、投资和运作模式、替代方案等八个方面问题。这封陈情书切中肯綮，对西线工程提出了几点决策建议：①坚决贯彻科学发展观和构建和谐社会的精神；②对工程设计的重大问题必须认真进行调查研究，对工程的长远利用作出判断；③涉及地质、地震、资源、民族、宗教等多学科的问题建议组织各方面的力量进行研究、论证；④在世界上独一无二的青藏战略高地上动土，工程上马的决策必须慎之又慎。文末，四川科学工作者表达了"愿尽全力为做好西线工程的科学决策，随时贡献自己的力量"的滚烫心声。

有关西线慎行的各方意见不断提交到中央高层，引起有关决策部门的重视，加之当时已经上马的中线工程出现种种问题，使得中央以更为慎重的态度对待西线这一国家战略计划。2008年1月，国务院第204次常务会议讨论决定暂停南水北调西线工程前期工作。

在这场看得见目标，看不见终点的长跑中，刘宝珺等四川专家学者从没有犹豫和退缩，他们坚持真理，忠诚科学，以强烈的使命感主动参与到国家重大经济建设项目的决策论证中，在五年中顶着萧萧白发四处奔走，为叫缓南水北调西线工程作出了突出贡献。

西线工程延缓动工，黄河取水的替代方案暂无下文。两年以后的2010年1月31日，中共中央、国务院在《关于加快水利发展的决定》中提出"适时开展南水北调西线工程前期研究"。2013年，四川学者获悉南水北调西线工程决定恢复前期工作，黄委会制定了新的西线工程规划（即"西线工程规划2013年版"）。

消息一出四方震动。八年后西线工程面临的问题更加严峻，争论更加激烈，当年的参与者坐不住了，已是八十二岁高龄的刘宝珺再一次挂帅出征，会同一群致力于提真问题、做真学问的行业专家，对西线工程进行再研究。

针对西线工程规划2013年版，川籍老科学家们提出三大质疑：①在对工程区域地质、地震、气候、水情等条件缺乏充分考察的情况下而做出的新规划是否可行？②南水北调西线工程是否有不修建，或是缩小规模的可能？③是否能用"小江调水"的方式替代西线工程，解决原西线调水方案的一系列难题？

为了将西线工程资源、环境、水权置换等问题研究清楚，刘宝珺、林凌和研究小组的成员们沿着黄河考察了一圈，从上游至下游，了解黄河、长江、珠江沿线七个省的调水试点情况，足迹踏遍半个中国，按林凌的话说，"这次考察引发了很多水利工程的发展"。

为了论证以上三个核心问题，作为主编的林凌、刘宝珺决定在原《备忘录》一书的基础上再编一册增订版。老而弥坚者不失鸿鹄之志，他们的发声建议迅速得到了各界学者及有关部门的反馈和支持。年近九十高龄的钱正英毕生治理黄河，她在晚年对于河流生态和环境需水有过深刻反思，对于刘宝珺等在西线工程的学术观点十分认同，其学术立场也由此前全力支持"西线工程上马"转变为"慎重考虑西线工程可信度"。"钱正英谈治黄河水资源配置"作为"我对黄河的三条遗嘱"[①]被放在《南水北调西线工程备忘录》增订版的开篇，文中以实事求是的学术态度看待黄河的水资源配置问题，认为"南水北调西线工程不应只局限从黄委会提出的长江源三条支流调水，小江调水入渭济黄，寻找替代水源解决黄河水资源分配问题也是可以尝试的。"

较之第一版的囊中羞涩，四川省委省政府的八十万元专项资金保障了学术研究的开展和系列研究成果的问世。在四川省老科协和四川省社会科学院的大力支持和有力组织下，得益于国家社科基金重大项目"我国流域经济与政区经济协同发展研究"课题组的积极合作，经过一年多的调研、讨论、写作、修改，《南水北调西线工程》（增订版）于2015年10月由经济科学出版社出版。全书内容进行了较大篇幅的增订，参阅和吸收了大量国内外研究成果和各方面资料数据，共收录近六十名学者的论文五十五篇，其中包括全国著名专家学者钱正英、赵业安、周学文、郭樹言、李世忠、魏廷铮等人的论述，通过重新审视西线工程，进一步从理论高度论证原有方案不可行，并提出了更加可行和优化的替代方案供中央决策参考。

在七十万字的增订版中，刘宝珺与相关学者合作撰写了"南水北调西线工程不可行""我国全球化趋势与南水北调西线工程的全球变化风险"两篇文章。

时隔八年，制约西线工程的关键问题更加严峻，同时工程的决策出现了许多新变化。刘宝珺与潘桂棠、肖庆辉合作的"南水北调西线工程不可行"[②]是对此前"南水北调西线工程应慎之又慎"一文的升级完善。文中强

[①] 赵业安：钱正英谈治黄河水资源配置。《南水北调西线工程备忘录》（增订版），第24页。

[②] 林凌、刘宝珺、马怀新、刘世庆：《南水北调西线工程备忘录》。经济科学出版社，2015年，第89页。

调对西线工程不能只争朝夕,而是应慎之又慎,并从地质条件、水资源调度等方面直言西线工程不可为,从此前对西线工程"叫缓"的态度,改为直接亮明观点,建议"放弃南水北调西线工程"。

江新胜、刘宝珺撰写的"我国全球变化趋势与南水北调西线工程的全球变化风险"一文,从全球变化演化历史、发展趋势及其对地球多圈层的影响出发,总结分析了中国白垩纪以来全球变化的演化过程,认为青藏高原是全球变化的发动机、东亚水循环的心脏,气候带快速漂变是当前全球变化的特点,南旱北湿是中国全球变化的发展趋势。作者认为,就南水北调西线工程的全球变化风险而言,可能导致人类难以应对的全球变化,因此建议放弃南水北调西线工程实施计划,规避由此带来的潜在风险。①

千磨万击还坚劲,任尔东西南北风。增订版的问世是刘宝珺、林凌等川籍学人秉持实事求是的科学精神,怀抱家国责任,通过十二年不懈探索西线工程科学真理而取得的又一重要成果。该书甫一出版,就以官方、民间渠道递交至党和国家最高领导人,是叫停南水北调西线工程,为中央重大决策提供参考价值的重要资料。

对于刘宝珺老骥伏枥,咬定青山不放松的护水之志,同在老科协共事的四川大学原校长卢铁城评价对他有很高评价:

> 宝珺同志作为一个院士不仅从他的专业出发,而是站在一个高度,为着国家,为着民族,为着整个事业的发展来提出问题。他不是一个专门只做学问的院士,他除了做他的学问之外,还从一个很高的高度来为国为民思考一些问题。我很佩服他的坚持科学真理、实事求是。而且,他这个意见还是根据他的科学知识,根据他对国家对民族的仁爱,敢于讲。有的专家不大敢于讲这些,他这点还是很了不起的。②

作为刘宝珺成矿所同仁的潘桂棠,见证了刘宝珺为叫停南水北调西线

---

① 江新胜、刘宝珺:中国全球变化趋势与南水北调西线工程的全球变化风险。《矿物岩石》,2014年第34卷第4期,第108页。

② 卢铁城等五位访谈,2017年10月13日,成都。资料存于采集工程数据库。

工程奔走多年的心路历程，感慨刘宝珺言传身教，对于青年科技工作者的榜样力量：

> 刘宝珺院士对我们的关心与培养不仅是业务方面的，还有引导我们为国家经济建设服务方方面面的事情，这一点刘宝珺院士绝对是我们的榜样，我们是永远达不到的，不仅是这个，在其他方面，包括资源开发的问题，生态环境保护问题，包括我们成都都江堰以下成都平原水资源利用问题，他都有新的想法，他是很不简单的一个科学家。①

十二年来，刘宝珺始终从国家和民族可持续发展的角度出发，坚持人民利益高于一切，成为在南水北调西线工程中敢于秉直说"不"的少数人。在谈及南水北调西线工程时，这个耄耋老人至今依然胸怀澎湃，情动于衷：

> 国家给我的太多，我这一辈子报答党都报答不了。现在八十多岁没什么精力，但现在我还是很努力做这事（南水北调西线工程）。我研究了十二年，打动了好几位中央领导、著名学者……我觉得这辈子做的大好事就是这一件，最大的好事，还不一定完全在沉积学里边。我对人民负责，我不怕别人说闲话，现在曙光已经在前头了。我学的东西要给老百姓服务嘛，我又不求升官，我八十岁了，也没官可升，科学家的良心在这儿。②

---

① 潘桂棠访谈，2016年3月7日，成都。资料存于采集工程数据库。
② 刘宝珺访谈，2016年8月27日，成都。资料存于采集工程数据库。

第九章
吾国吾民

转战环境科学

曾因国家经济建设需要选择了地质科学的刘宝珺，大半辈子都致力于矿产资源勘探事业。自1991年当选为中国科学院院士（学部委员）后，刘宝珺陆续在教育、科技、生态环境保护等领域担任了多项社会职务——当他从沉积学研究的窄域跳脱出来，以更开阔的视野重新审视打了一辈子交道的大自然时，发现国家环境生态的可持续发展问题正日益严峻，尤其是四川作为长江中上游的生态屏障，正在遭遇前所未有的肆意破坏。年过古稀未伏枥，刘宝珺觉得有责任关心环保事业，"自己也想努力在这里头试一把"，他开始

图9-1 1998年3月，刘宝珺参加第九届全国人民代表大会第一次会议期间留影（刘宝珺提供）

图 9-2 刘宝珺关于"环境科学"的手稿及公开发表的文章（资料来源：刘宝珺）

将大部分精力转入资源环境保护领域。

2000年伊始，刘宝珺专门撰文"21世纪的资源、环境和可持续发展"，强调资源和环境是21世纪人类社会可持续发展的重要物质基础，他从工业化给人类带来的后果，知识和自然资源都是知识经济社会的重要资源、人类社会发展对资源的依赖性，资源开发与新能源，环境恶化等方面阐释了人、资源、环境三者间的相互关系，进而呼吁二十一世纪的科学技术应该是理性的科学技术，而非违反自然的科学技术，不能以损害和破坏资源和自然环境为代价发展经济，在不损害自然环境的基础上创造文化价值，在资源开发利用和生态环境的保育方面坚持走可持续发展的道路。①

寻求人类社会与环境协同演化的环境科学，在2000年后成为川内高校重点开拓展延的学科方向。彼时，四川大学是国内较早从事环境科学与工程教学及研究的高校之一，在川内率先创办了环境工程专业。刘宝珺曾因好友、四川大学环境科学与工程研究所所长艾南山之邀任四川大学特聘院士，同时参与该校环境学院管理建设。憾惜的是，四川大学主研方向是在具体的环境治理方面，而刘宝珺更多是致力于环境科学的战略研究，双方最终因研究方向不一致放弃了深入合作。2005年四川大学成立"西南资源环境与灾害防治科技创新平台"后，他应校长谢和平之邀担任了该平台的学术顾问。

---

① 刘宝珺：21世纪的资源、环境和可持续发展.《四川师范学院学报》（自然科学版），2000年第21卷第1期，第1-3页。

2001年3月，刘宝珺走马锦城北，担任西南交通大学环境科学与工程学院第一届院长。而这一年，正是他从事地质工作的第五十个年头。

以铁路交通为学科龙头的西南交通大学，在1996年依托该校地质学学科中孕育并发展起来的环境科学，成立了环境工程系，但学科基础仍然十分薄弱。2000年年初，西南交通大学瞄准了环境科学广阔的发展前景，迅速将成立学院提上议事日程。在时任西南交通大学校长周本宽、两院院士沈志云、副校长杨立中等集体邀请下，古稀之年的刘宝珺被聘为该校名誉教授兼环境科学与工程学院首届院长——此次"出山"，意味着刘宝珺正式将大部分精力投入资源环境和生态保护的可持续发展事业。

图9-3　1999年刘宝珺出席西南交通大学环境科学与工程学院成立（成都地质矿产研究所提供）

学院成立之初，几乎是白手起家，人才资源和科研成果积累尤其不足。作为学院主要筹建人的副校长杨立中，1970年本科毕业于成都地质学院水文地质及工程地质专业1988年中国地质大学（北京）水文地质及工程地质博士研究生毕业，是我国培养的第一批水文地质博士。他认为人才是制约学院发展最大的掣肘，"学院当时就如同初学步的孩子，没有一个扶他的人，学走路是要摔很多跟头的"。在他看来，刘宝珺院长就是那个"扶孩子学步的人"，西南交通大学环境科学学科、环境工程学科能够走到今天，和刘宝珺对人才工程的鼎力扶携是分不开的：

> 刘院士当时给我们当首任院长，对学院在四川省扩大影响非常有好处，能够迅速在刘老师的帮助下得到社会的认同。社会的认同给学院带来了发展的机遇，环境工程这个学科，虽然刚成立的时候很微

弱，但是由于刘老师的支持，在四川省、在全国的很多场合上发挥巨大的影响作用，吸引了大批人才来校任教，其中很多人都是被刘老师大气的人格魅力和学术影响引来的，就此打下了今天的基础……所以可以说，刘老师是交大环境学科和环境工程学科的慈父。①

彼时环境问题并未像如今这样备受关注，但因为刘宝珺前瞻性的思维创新，在扶持西南交通大学发展环境工程和环境科学学科方面起到了很大作用。他亲自参与学院建设方面的论证，讨论学院的发展方向，确定了该院在2010—2020年内两个优先发展学科研究方向和一个重点培育学科研究方向。按照杨立中的说法，是未雨绸缪地为四川，以及环境发展提前储备了人才——"当年先筹建，现在才有人才，现在再来筹建那就晚了。"2010年，学院以环境科学与工程为依托，成立了地球科学与环境工程学院，那时整个学院的人才、学科底子已经打得比较扎实，"如果没有刘院士的帮助，西南交大环境工程、环境科学的研究，可能还会走很多弯路。"

在西南交通大学担任院长期间，刘宝珺除了多方引进高层次人才外，十分重视提携晚学，从科学研究到为人处世，均给予了学院中青年人才全方位的培养帮助。尤其是在科研的前瞻性指导方面，他亲自牵头，根据自身的学术特点，选取"环境生态科学理论与技术"作为今后科研的重点方向。以环境学科为例，他提出要把现在环境的污染问题或者环境的承载力、环境的容量搞清楚，从而科学判断环境是否被污染。

在环境科学与工程学院科研发展过程中，刘宝珺发表了"水资源的现状、利用与保护""西部大开发的资源与环境""21世界的资源、环境和可持续发展"等多篇关于环境保护的文章，为学院的年轻科研工作者作出了积极的表率。

2001年杨立中带头承担了一个铁道部隧道工程的项目，打算申报四川省科技进步奖，刘宝珺敏锐地洞察到这个项目在今后社会发展中将产生的

---

① 杨立中访谈，2017年3月3日，成都。资料存于采集工程数据库。

作用和影响，竭力支持杨立中成功申报四川省科技进步二等奖，为当时正处于起步阶段的地球科学与环境工程学院带来了新的发展机遇。从 2005 年起，杨立中率领的绿色铁路研究团队在国家自然科学基金委员会和"973"项目的支持下，承担了我国"绿色铁路评价体系的研究"等项目，并于 2014 年出版了《绿色铁路理论及评价》一书。书中首次提出的"绿色铁路"概念以及其在现代社会中对环境、自然重要作用，在当时看来属于新生理念，当时的刘宝珺早已卸任院长一职，但他读完之后十分赞许，特地为该书郑重作序。杨立中回忆这段经历时，十分感念刘院士的胸怀与眼界：

> 刘老师的领域虽然是沉积岩，但是他的思维和他考虑的一些问题并不是局限在这个范围内，同时对新生事物、新生理念是非常敏锐的，眼光很精准，这也和他多年的积累分不开。①

同刘宝珺交往多了，学院管理层、业务教师多能感受到这位老院士不仅知识渊博，更难能可贵的是"极具开拓精神，对新生事物、新生理念十分敏感，往往高瞻远瞩看问题"。杨立中曾开玩笑似的问他："您是搞沉积的，我是搞环境的，咱俩学术上该怎么交流呢？"刘宝珺的一句话巧妙地给出了答案："我是搞沉积环境的，你是研究现代环境的，都有相通的地方。"刘宝珺敏捷的思路、富有创新的洞见给了杨立中极大启发，让他意识到从战略上看问题，很多看似关联性不强的学科可以实现交叉融合，刘宝珺正是站在人类环境变化的大背景下看待环境科学的发展，因此能够在纵横捭阖中，把古环境的研究理论延伸至对现代环境的解释，并顺势而为，在地震、南水北调西线工程等领域进行应用型研究。在刘宝珺跨学科交叉融合思想的影响下，杨立中从成都地质学院时期纯粹做地下水研究，到西南交大时期搞环境工程，再延展至做绿色铁路，再到如今关注高铁振动，跨学科结合的学术研究思路使他取得了多项科研重大成就，在国内成为率先利用三场耦合理论研究环境地质和灾害地质的学者。早年西南交大

---

① 杨立中访谈，2017 年 3 月 3 日，成都。资料存于采集工程数据库。

搞地质的人并不多，杨立中打趣自己这个学地质的在交大当了副校长，在交大是前无古人后无来者，这还是受了刘院士一些影响，"我在思想上受到刘老师潜移默化的影响，他让我感受到不仅要做一个科学家，做一个教育家，也要做一个社会学家，才能更好地把科学知识传播出去。"

让西南交大师生印象深刻的是每年新生开学季，刘宝珺无论多忙，都会抽出时间参加开学典礼，给地球科学与环境工程学院的本科生们作报告。他以自身的求学成长经历和开阔的专业视角告诉青年人，如何有意义地度过大学四年，如何培养科学研究的兴趣并掌握要领，如何为迎接机遇的到来做好充分的准备。这样的专题报告，他迄今已作了九年。

刘宝珺在西南交通大学时期受到了广泛尊敬。在大家心中，这个说话慢条斯理，常讲点笑话的院长没啥院士架子，为人正直，诲人不倦。做得好，他二话没说一定支持，做得不好他会批评，但得体有分寸。很多人以前认为院士学问大，学究气自然也重，只是埋头做学问，其他浑然不管，但刘宝珺改变了人们对院士的刻板印象，大家感受到他不仅学术上有很深造诣，同时十分关心社会公共事务，有很强的家国责任。杨立中无限感慨，"这样的科学家不管是对高校的发展，还是社会的发展都是很有好处的，这样的院士才真正是我们国家亟须的人才。"

可持续发展的践行者

人类可持续发展观念的启蒙，最早可追溯到二十世纪六十年代。1962年，美国女科学家蕾切尔·卡逊《寂静的春天》[①]一书，第一次向世人敲响了生态破坏带来严重后果的警钟，二十世纪九十年代该书译文版正式在我国发行，并迅速为大众所关注。作为国内较早接触到卡逊英文原著的学者之一，刘宝珺十分欣赏卡逊对自然环境可持续发展的前瞻观点：

---

① 蕾切尔·卡逊:《寂静的春天》1962年出版。它描述了人类可能将面临一个没有鸟、蜜蜂和蝴蝶的世界，引发了公众对环境问题的注意，将环境保护问题提到了各国政府面前。

九十年代初期，国外的一些先进的思想，关于环境的思想传进来了，特别是可持续发展这个阶段……卡逊那本书谈了很多她调查的数据，说明人为的大量消耗资源而引起的一些很糟糕的影响。人类原来意识不到，就拼命追求物质的享受，没有节制地消耗世界的资源……由那以后，大家就提倡、推广可持续发展，以前的都是不可持续。所以这个对我们整个科学界影响太大了。[1]

"可持续发展"的概念源起于联合国1987年发表的报告"我们共同的未来"。该报告指出"可持续发展是既满足当代人的需要，又不对后代人满足其需要的能力构成危害的发展"。[2] 在国际环保思潮的积极影响下，我国对于人与自然关系的认知也由过去"征服自然"模式逐渐转变为了"和谐相处"。2003年，时任中共中央总书记的胡锦涛从新世纪新阶段党和国家发展全局出发，提出了"坚持以人为本，树立全面、协调、可持续的发展观，促进经济社会和人的全面"的科学发展观。十八大以后，以习近平总书记为核心的党中央进一步提出"发展必须是遵循经济规律的科学发展，必须是遵循自然规律的可持续发展"，"生态环境保护是功在当代，利在千秋的事业，建设生态文明，关系人民福祉，关乎民族未来"[3]。

从单一的开发资源到系统性地可持续利用资源，从政府高层倡导科学发展观到形成民间环保共识体系，环境科学的变革发展对刘宝珺产生重要影响。1996年他卸任成都矿产研究所所长后，陆续担任第九届全国政协委员、全国政协人口资源环境专业委员会委员、四川省科学技术顾问团第三届成员、四川省科学家技术协会第五届委员会主席、四川省地质学会名誉理事长等多项社会职务……通过从国家层面整体了解大政方针，近距离考察各种触目惊心的环境资源问题，刘宝珺眼界愈加开阔，关心的领域愈加广泛，他开始身体力行地呼吁、支持并亲身参与各项资源环境保护事业，

---

[1] 刘宝珺访谈，2016年7月21日，成都。资料存于采集工程数据库。

[2] 刘宝珺：资源、环境的科学发展观。见白春礼主编：《科学与中国：十年辉煌、光耀神州（十集）》北京大学出版社，2012年，第46页。

[3] 赵祥：从十九大报告看习近平总书记可持续发展思想。《南方经济》，2017年第10期，第13页。

图 9-4　1995 年刘宝珺给青少年作报告的照片（成都地质矿产研究所提供）

图 9-5　1997 年刘宝珺接受《科学家您好》小记者访问（刘宝珺提供）

图 9-6　2000 年刘宝珺在达州红旗电影院给青少年作报告后回答青少年提问的照片（刘宝珺提供）

图 9-7　2004 年 4 月刘宝珺参加四川省泸县第二中学科技活动的照片（成都地质矿产研究所提供）

甚至作为"刘爷爷"不遗余力地给大中小学生开环保类科普讲座，强调"环境科学教育要从娃娃抓起"。

在有些人眼里，老院士从沉积学转战资源环境领域，当属"不务正业"，但刘宝珺坚信，当人与自然的矛盾日益凸显，一个有责任和良知的科学家不应该"躲进小楼成一统"，而应该以更开放的胸怀、视野和抱负兼济天下，以国家和民族的福祉为己任。他在多个场合强调，二十一世纪应该是人与人、人与自然和谐发展的世纪，科学技术也应该是理性的科学技术，而不应是违反自然的科学技术，"我们不能继续有人类中心主义的价值观，人类不能在与自然冲突的情况下选择人的生存方式，以损害和破坏资源和自然环境为代价发展经济，在损害自然价值的基础上创造文化价值，这种反自然的文化已使我们尝到了苦果。"

除了积极支持西南交通大学环境科学与工程学院建设外，刘宝珺自认在成都做的第二件"比较有意义"的事,是 2004 年联合沈志云院士等四川省老科学家协会一众专家叫停都江堰柏条河发电站建设项目。

关于柏条河的记载可见于《史记·河渠书》,"穿二江成都之中,此渠皆可行舟。有馀则用溉浸,百姓飨其利。"[1] 柏条河与蒲阳河、走马河、江安河共为岷江水系的四大骨干河渠,形成了成都平原上的灌溉水网。在国内水电站建设正酣的阶段,蒲阳、走马、江安河道上陆续修了水电站,而柏条河作为运输木材的水道,成为都江堰内四大干渠中唯一一条未建电站的"处女河",承担着成都市生活、工业及生态环境保护用水的重担,同时向毗河灌区 323.62 万亩农田供水。

2007 年,国家启动天然林资源保护工程[2],柏条河终结了运输木材的历史使命。这条成都市唯一没有大型工程、没有人工化的自然河流,因被"觊觎"多时,由此开始了命运的一波三折。

2004 年,柏条河主管单位四川省水利厅都江堰管理局(以下简称都江堰管理局)主持编制了《四川省都江堰灌区柏条河开发综合规划报告》(以下简称《开发规划报告》)。该规划拟在柏条河青家至三道堰全长 44.76 千米的河道上开发十五级梯级电站,总装机容量为十多万千瓦,总投资超过十亿元,总体规划包括电力、旅游、房地产、沙石等项目[3]。2005 年 11 月,都江堰水利产业集团有限公司和一家香港公司为此专门合资成立了"柏条河综合开发公司",全面开展柏条河流域的房地产和旅游开发。

在完成规划编制和四川省水利厅技术审查后,2006 年 4 月 10 日,该开发规划报告启动环评公示。十天后,规划经致力于专业研究和保护河流健康生态的民间组织"成都城市河流研究会"发现而进入公众视野,引发蓉城各界一片哗然。

---

[1] 司马迁:《史记》卷二十九,河渠书第七。上海古籍出版社,2015 年。

[2] 也称"天保工程"。1998 年洪涝灾害后,针对长期以来我国天然林资源过度消耗而引起的生态环境恶化的现实,党中央、国务院从我国社会经济可持续发展的战略高度,做出了实施天然林资源保护工程的重大决策。主要在长江上游、黄河上中游实施天然林资源保护工程,以及东北、内蒙古等重点国有林区实施天然林资源保护工程,通过天然林禁伐和大幅减少商品木材产量,解决我国天然林的休养生息和恢复发展问题。

[3] 柏条河"命悬一线"紧急报告直达北京。《第一财经日报》,2007 年 8 月 7 日,第 A05 版。

以四川大学建筑与环境学院教授、成都城市河流研究会会长艾南山为首的专家学者表达了对该规划的强烈不满。艾南山认为，都江堰水源问题尚未得到切实解决之前，通过柏条河江水引到支流毗河无疑是"无源之水"，加之柏条河属于平原河流，河道比降十分平缓，修建水电站可能将使沃野千里的成都再遭水患威胁。甚至有专家剑指柏条河开发商，激动撰文"请你饶了这条河"："不要让它站起来，站在无路之处，跳起镣铐之舞，唱天鹅之歌。"

同年4月27日，在成都市科协支持下，成都城市河流研究会组织召开了"都江堰灌区柏条河综合开发项目恳谈会"，二十多位专家学者对在柏条河上修建十五级水电站的开发方案一致反对，包括环保组织、市民代表在内的所有与会者强烈呼吁：柏条河应作为特大城市饮水源地加以保护。恳谈会引起国内多个媒体的关注，在学界和公众中产生较大反响。

尽管柏条河属于省管河道，但是由于全河段在成都市境内，成都市高度关注规划方案对于成都市防洪安全、供水安全、生态环境和文化遗存等方面的影响。在多方施压未果，柏条河开发项目原则上经省上批准通过的"命悬一刻"，经老友艾南山引荐，成都市政府出面邀请时任省科协主席的刘宝珺，希望老院士能以其学术和社会影响力为这条成都的母亲河挺身而出，力挽狂澜。

在成都水源区大动手术，成都市饮水水源安全如果出现灾难性后果怎么办？将来怎么能给子孙后代留下绿水青山？柏条河综合开发是与资源环境可持续发展思想完全背道而驰的！刘宝珺二话没说，作为四川院士联谊会的头儿，他立即出面邀请了沈志云、刘盛纲在内的十位院士共同为柏条河的命运多方奔走：

> 我们就是提出了一个意见，不同意再去做这个事情，因为再去做的话，整个成都市连喝的水都没有了，唯一干净的水要去修工程的话，就没有干净的水了。①

---

① 刘宝珺访谈，2016年7月22日，成都。资料存于采集工程数据库。

迫于舆论压力，2007年1月开发规划报告对柏条河的开发任务作了一定修改，如将"以供水发电为主"改为了"兼具发电等综合利用"。但有专家毫不客气地指出，这份"修正案"仅是为堵民众的悠悠之口——发电并非是"兼有"，梯级电站依然是规划的核心项目，高密度的水电开发，根本不是"兼有"发电之说！

2007年8月2日，工程的主管方都江堰管理局和专家举行了首次见面会，同意将开发范围从全流域44.76千米改为27.09千米，将水电站开发从原设计的十五级修改为十级，发电装机容量从每级一万千瓦改为每级八千千瓦。然而专家们对这个权宜之计并不买账，双方在"水电站修还是不修"这个焦点问题上剑拔弩张。主管方在会上甚至明确地说，水电站是一定要修的，所有审批都是按程序走的。

一个月后，包括刘宝珺院士、中国工程院院士、河流泥沙专家韩其为，国家防汛抗旱总指挥部减灾研究室主任谭徐明等在内的众多科学家齐聚蓉城"水与成都"论坛。会上，科学家联名签发了"关于都江堰水利区可持续发展研究"及"关于柏条河科学治理研究"课题的评审意见，认为如在柏条河上修建不具备调节能力的十座径流电站，势必改变柏条河的自然生态特征，影响防洪安全、供水安全、生态安全、自然景观和历史文脉传承，也不符合国家小水电开发的限制性政策。刘宝珺还对岷江水资源过度开发忧心忡忡：成都平原水环境现在已严重退化，有必要恢复成都作为都江堰水利区的核心区域地位，保证成都平原河道生态基流，维护岷江（含内外江）健康，以实现省委省政府提出的"还三江清水，建生态四川"这一战略目标[①]。

刘宝珺在论坛上公开表示，柏条河上的梯级电站是无调节能力的径流电站，设计流量一百二十立方米每秒，利用落差一百零九米，总装机容量十万千瓦，电站总投资十一亿七千三百万元，单位千瓦投资一万一千七百三十元，动能经济指标并不优越。他的批评毫不客气："在平原河道上修这种经济效益并不算高的水电站，这是一种不顾环境规划和后

---

① 陈嘉泰：专业之外的刘宝珺院士。见《情满大地》，四川科学技术出版社，2010年，第30页。

世子孙利益的做法。"①

各方为柏条河陈情的报告陆续提交给国家环保、水利等有关部门，水利部为此专门派七个司局级干部来蓉调研。在当晚那场姗姗来迟的座谈会上，十位院士齐齐坚决反对柏条河的过度开发，同时对有关单位的官僚作风进行痛批。刘宝珺是第一个发言的，这位素日敦厚儒雅的老者很不客气，直接冲京官们发了火："约好下午开座谈会，你们不提前说一声，下了飞机就去都江堰跟水管局交换意见，让一群七八十岁的老人等到晚上八点，刚当了司局长就这么大的架子？"他斩钉截铁地说："这是四川，我们成都人吃的就是柏条河的水，你们跟香港一个公司去搞房地产开发，修一个湖，成都人喝的水都没了，我们肯定不能同意你们去做这件事！"说完这番话，他愤然拂袖而去。

这场十院士集体护河的会议情况最终被报到省上，成为了"护河运动"的重要转折。

在保护柏条河的过程中，成都市政府、媒体、NGO 组织、专家学者、企业、民众、志愿者共同形成了最广泛的环保同盟，柏条河水电修筑规划在这场众志成城的"护河运动"中被最终叫停。2011 年，刘宝珺八十大寿之际，成都城市河流研究会专门赠诗一首，对老院士致力柏条河保护的由衷敬意：

您学的专业是工程地质 / 心中装的是整个地球 / 为了保护 / 人类的共同家园 / 您不辞辛劳地奔走 / 您不知疲倦地奉献 / 您关注 / 柏条河的健康生命 / 您心系 / 都江堰的科学发展②

2015 年，作为成都城市河流研究会顾问的刘宝珺被聘为该研究会荣誉会长。

---

① 四川都江堰拟在柏条河建发电站引发争议。《21 世纪经济报道》，2007 年 11 月 1 日，http://news.163.com/07/1101/13/3S7FNVUC00011229.html。
② 四川省科学技术协会：《情满大地——刘宝珺院士从事地质工作六十周年》。四川科学技术出版社，2010 年，第 139 页。

除了关注"城市与水"的可持续发展关系，作为四川省科协名誉主席的刘宝珺，多年来关注矿产过度商业化所带来的资源环境问题，并在探究川东北地区高含硫天然气气田、科学开发攀西红格矿区等项目论证中，和老科协的专家们打了一个个漂亮仗。

早在 2006 年，刘宝珺作为省老科协高级专家咨询组组长，就组织石油、石化、地质、气象、水利、经济等相关专业的老科协成员，对达州地区高含硫天然气开发的风险及对策进行了多次研讨。2008 年，四川省科技厅将省老科协"川东北地区高含硫天然气开发社会风险评价及对策研究"列为年度重大课题，由张宗源为首，刘宝珺、林凌等老专家约二十余人构成的调研组①，对川东北地域高含硫天然气开发的社会风险再次进行评估。这是国内首次对有毒矿产大规模开发的风险防范进行综合性研究，刘宝珺等人的介入，正是通过高层次的规划、协调与平衡，在西气东输的国家战略背景下为达州市把脉问诊，开出高含硫天然气田可持续发展的"药方"。

川东北地区踞川、渝、鄂、陕四省市的交错相邻之地，该区域高含硫天然气田总占地达六万平方千米，资源储量达三万八千亿立方米，探明储量达五千亿立方米，是中石油、中石化"十一五"期间的天然气勘探、开采的主战场。达州市地处其中，天然气资源位居全国前列，但由于该地自然条件复杂，生态因子脆弱，暴雨洪水、泥石流、滑坡等形成的自然灾害链长期给当地造成了巨大损失。近年来达州高含硫、高二氧化碳特点的天然气田开发的迅猛势头，造成生态与环境承载力不够，自然灾害和人居隐患十分严重，企业与地方政府深感压力巨大。

较之以往的老科协调研项目，此次的项目的特点是内容庞大、关系复杂、跨度大、风险高，因此课题在组成和实施过程中，尤其注重课题组成员业内背景的多样性，其专业覆盖面涉及油气勘探、采运设计、安全管理、地质灾害、水利水文、气象大气、生态环境、社会经济、信息系统等多个领域。经过实体考察，刘宝珺、张宗源、林凌、冉隆辉、郭正吾等调

---

① 张宗源、刘宝珺、林凌、冉隆辉、郭正吾、陈庆恒、周和生、刘世庆、徐文铩、曾熙竹、杜榕桓、陈淑全、罗有能、王洪修、周云章等：《四川省老科协系统建言献策文选》。未正式出版，2010 年 3 月 5 日，第 94 页。

研组成员分析调研了川东北高含硫天然气气田资源分布及不容乐观的开发现状,提出高含硫天然气性质、致害方式及风险源,尤其强调了达州市宣汉县东南与重庆开县西北一带主气田区的开发设施与人居关系的复杂性:由于高含硫天然气开发属高风险行业,加之该区域自然灾害频发,容易导致人为生产与多种自然灾害重复叠加的险恶局面,甚至形成灾害链,因此必须特别重视布局和处理好井场、官网、净化厂与周边集镇、人居间的相互关系。①

在川东北地区调研期间,课题组成员明显地感受到这个项目的可控性、操作性、系统性、协调性的难度系数难以把握,尤其是跨学科、专业的"综合性"研究,难度更是巨大。更令专家组感到忧虑的是,在区域开发中的综合、协调、均衡、可持续发展问题十分严峻,科学规划和资源地经济发展与人民群众补偿问题的研究解决,几乎到了刻不容缓的地步。

作为牵头者之一的刘宝珺,提出以科学发展观来指导、解决高含硫天然气开发中的问题,在整个调研考察期间有效地将不同部门、领域的专业人员组织、搭配并协调在一起,采用多学科、多专业有机结合的方法,形成对研究内容的全面控制、系统分析、协同研究、综合凝练。尤其值得一提的是,课题组采用了挪威船级社(DNV)风险管理软件最新版本(PHAST6.4)对该区域高含硫天然气开发进行研究,该软件作为石油天然气领域最现金的风险量化工具之一,在国内如此高含硫天然气开发区应用尚属首次,其模拟结果在安全评价和风险防范技术与应急处置中起到重要作用。

四川省老科协高级专家咨询组主研的"川东北地区高含硫天然气开发的社会风险评价及对策研究",在多次赴现场调研的基础上形成了四个子课题,并于2010年形成了三十万字的总报告,其对策建议引起四川省政府高度重视。时任省长蒋巨峰为此作了重要批示,副省长李成云主持召开专题会议研究并针对该项目建立省级联席会议制度,由四川省十一个部委厅局和四个市逐项落实该课题研究成果。

---

① 《四川省老科协系统建言献策文选》,第87-88页。

"川东北地区高含硫天然气开发的社会风险评价及对策研究"调研成果在四川省老科协助推社会经济发展的历史上可谓是举足轻重的一役。该研究难度高、牵涉宽、战线长、跨度大，在国内同类研究中尚属首次；而且老科协作为一个松散的民间科技社团，其调研成果经由政府高层亲自挂帅对相关问题进行落实，这在全国范围内都属罕见。作为高级专家咨询组组长的刘宝珺，依托专业优势，放眼国家整体能源战略大局，同时坚持资源节约和生态环境保护的理念，为近两年的调研成果落地生根，成为如今川东北天然气开发遵循的指南性文本作出重要贡献。

2009年，原被封存为内陆钢铁企业后备资源的攀西红格矿，引来央企、民企乃至外资企业等资本大鳄的激烈争夺。而当地小企业从二十世纪八十年代起已对红格矿进行的无序开发，则成为此次攻城略地的导火线。

四川省老科协的专家很多是当年开发攀西矿区的勘探者和组织者，多年来一直致力于推进攀西矿区的科学开发利用。早在1997年，刘宝珺就受聘为四川省攀西地区资源综合开发顾问，并参与了由中科院孙鸿烈院士为组长，两院院士张宗祜为副组长的院士考察团，对四川攀西地区进行了综合考察。考察组联合在《中国科学院院刊》发表了"关于加快攀西地区发展的建议"，文中分析了攀西地区的水能、矿产、生物资源优势，认为应把该地区建设成我国重要的金属材料与能源基地，并就资源合理利用、加快开发进程、政策优惠、环境保护等重要问题，提出了咨询意见。

2007年，刘宝珺亲自带队，会同冶金领域的九位院士赴攀枝花市考察攀钢和攀枝花钒钛磁铁矿的开发利用情况。在考察期间，刘宝珺明确指出：现行工艺流程对钒、钛和伴生的稀有贵金属的利用率不高，是"捡了芝麻、丢了西瓜"，他建议加大研究攻关力度，从以炼钢铁为主的工艺流程转变为以获取钛、钒等稀有贵金属为主的新工艺流程。当然，要彻底解决攀西多元素共生矿的综合利用存在多方面困难，必须要从各级政府层面上组织攻关。

2009年2月，作为四川省老科协高级专家咨询组组长的刘宝珺，同骆耀南、辛文、张宗源、卢铁城、廖杰、杜受祜六名专家组成员再赴攀枝花，就红格矿的综合开发利用中的若干问题进行专题调研。

分为南北矿区的红格矿位于攀枝花盐边县,是攀枝花－西昌地区钒钛磁铁矿四大矿区(太和、白马、攀枝花、红格)中唯一尚未大规模开发建设的矿区。与其他三大矿相比,红格矿"储量规模大、共半生元素最多、资源潜在价值最高"①,除富含主金属铁、钛、钒外,还共伴生铬、镍、钴及铂等稀贵金属,是支撑我国现代化建设的战略资源。令人吃惊的是,红格北矿区多年来却以开发铁矿为名,大小企业总计有二十一家,工艺装备落后,乱采滥挖、无序开采现象严重,安全风险级别高,严重破坏了国家级战略矿产资源的优化发展。

红格"大矿小开,肥水快流"的混乱开采现状,以及"捡了芝麻丢了西瓜"的资源浪费、环境污染等粗放式开发问题让专家组一行感到震惊,整个矿区面临着核心技术联合攻关、贵重资源战略应用两大根本性结构困难。刘宝珺等七位专家经实地调研,在2009年7月向时任省委书记刘奇葆、省长蒋巨峰提交了"科学开发利用攀西红格多元素共生矿的建议"的报告。报告指出红格多元素共生矿石不可替代的、稀缺的战略资源,分析了红格多元素共生矿开发利用现状,提出"红格多元素共生矿矿区的运营必须打破现有民营模式,建议国家将红格矿界定为多元素共生的战略矿产资源来对待和管理"。②

为了让这一纸陈情突破地方保护主义的重围,刘宝珺和卢铁成等将调研报告抄报给当时的中国工程院院长徐匡迪,徐匡迪旋即以个人名义向时任国务院副总理李克强写了报告,李克强很快于8月2日作出批示,责成国务院转发改委、国土资源部认真研究。

9月8日,四川省国土资源厅按照刘奇葆、蒋巨峰的有关批示精神,结合七位院士专家的调研报告,形成了六点意见:加强资源保护,实行保护性开发;加快制定钒钛产业规划和发展的指导意见;加大技术攻关力度,提高资源综合利用水平;鼓励企业联合重组,提高钒钛产业集中度;加强现有尾矿、矿渣的利用;加大钒钛磁铁勘查力度,提高资源保障程度。

---

① 《21世纪经济报道》,2009年10月28日,第018版。
② 《关于"科学开发利用攀西红格多元素共生矿的建议"的请示》,川老科协[2009]011号,2009年7月15日。

9月17日国土资源部调研组来蓉与四川省老科协专家进行座谈，进一步推动了四川省完成对红格矿区钒钛磁铁矿资源潜力的评估和规划，实现了由上至下的对于红格矿区的科学统筹与管理，后又专门投资二十几个亿建立攀西地区的多元素工程研究中心，对整个攀西地区资源进行重新开发研究。

四川省科协副主席黄竞跃回忆，当时在比较亲近的圈子曾听到过一种对刘宝珺"好言相劝"的说法——不要因为保护抽象的集体利益而去损害具体的个人利益。如果用这样的逻辑推导，刘宝珺保护的是更为抽象的国家利益，损害的确是具体的企业主的利益，实在是"傻透了"。黄竞跃与刘宝珺在四川省科协多有交集，他在纪念这位忘年交从事地质工作六十周年的《情满大地》一书中深情撰文，笔下涌动的思想激流，可窥得这个时代的迫切命题，以及"不识时务者"刘宝珺的抱负与情怀：

> 这些年来，学术圣殿被市场经济大潮几乎浸了个透，暴露出的诸多弊端已让其饱受诟病，把学术当作跳板或纯金面具，在学术和官场两个舞台间长袖善舞、左右逢源者有之；为一己私利沦为商用学者，且已学术为手段助纣为虐忽悠大众者有之；被迫围着考核指挥棒转，成天忙碌着挣成果、经费、文章和收录的"学术工分"者更众；最为卑劣者，出卖自己的灵魂、意志、尊严甚至肉体仅为换回"至高无上"的金钱。在这样一个大背景下，宝珺主席能够如此坚定地坚守自己的科学圣地，毫不畏惧自己的行为会得罪一些官员和大企业主，快乐而执著地仰望星空，确属难能可贵，让人肃然起敬。[①]

在省科协期间，刘宝珺善于吸收不同学科领域的新知识，把握科技前沿的新动态，经常从国家战略发展高度和四川省经济社会发展对科技工作的需求出发，鼓励科技工作者进行新能源、信息网络、生物医药、生态与环保、先进制造等领域的研究。

---

① 黄竞跃：平淡如水的忘年交。见《情满大地》，四川科学技术出版社，第26–27页。

图9-8 刘宝珺在不同场合作有关"资源、环境、可持续发展"相关报告的部分讲稿、PPT首页（资料来源：刘宝珺）

曾任四川省科协第七届主席的卢铁城与刘宝珺结缘于老科协期间的共事经历。在他看来，这位第五届主席既能做世界一流学问，也能挤出时间参与青少年科技活动，尤其是在多个触及地方经济利益的资源开发问题上，管了不少"闲事"，受了不少"闲气"，但始终丹心不改，体现了为国为民的科学家风骨：

> 我很佩服他坚持科学真理、实事求是地讲不同的意见，而且他这个意见还是根据他的科学知识，根据他对国家对民族的仁爱，敢于讲。有的专家不大敢于讲这些，他这点还是很了不起的。作为一个专家，他学问做得好，同时愿意关心整个社会，包括当科协的主席，包

第九章 吾国吾民 | **315**

括亲自做一些科普的工作。①

回想起自身参与科协工作二十多年的经历,当年的"好事者"刘宝珺谦虚而自豪,他认为科协给了自己一个贡献力量的平台,使一个和地质打了一辈子交道的人,在地震、水利工程、环境、生态等方面呈现了另一种人生价值:

> 我觉得从这一点来说,从全国来讲,特别是西南在资源保护开发环境各方面,我通过兼职或者半官方的协会机构还是起了一些作用的,自己觉得还没有浪费时间。②

争议事件发声者

"院士"二字,既是一份终身荣誉,更是一份责任所在。在刘宝珺看来,身为院士不仅是格物致知,探索科学真理,更重要的是秉持启迪公众智识的责任,在人云亦云、众声喧哗的"伪科学"面前运用专业所长,主动正本清源,说真话,求真知,为国为民,无惧臧否。

2008年5月12日14时28分,四川省汶川县发生里氏八级特大地震,这是中华人民共和国成立以来破坏性最强、波及范围最广、救灾难度最大的一次地震,也是近百年来发生在我国人口密集、地质环境极为脆弱山区的一次破坏性最大的强震。一时间山河破碎,满目疮痍,数万四川黎民遭受涂炭,损失难以估量。

震中汶川距离省会成都西北偏西方向仅九十千米,成都震感强烈,加之主震之后余震不断,人口稠密的成都平原笼罩在一片恐慌之中。一周后,"成都将有更大余震""聚集江水随时可能倾斜而下"等流言弥漫市井,

---

① 卢铁城等五位访谈,2017年10月13日,资料存于采集工程数据库。
② 刘宝珺访谈,2016年8月27日,资料存于采集工程数据库。

5月19日电视台"六至七级余震"通告甫一发布，成都这个被冠以"安逸之城""天府之国"的城市，当天几乎成为一座空城，整个社会正常生活、工作秩序被彻底打乱。

在地震及余震中惶惶不可终日的人们始终心存疑虑：成都到底安全吗？

在媒体激辩、公众质疑以及抗震救灾等诸多内外交困中，政府一方面不断呼吁大家保持信心，另一方面迫切需要权威专业力量作为"压舱石"稳定民心，为成都市经济社会发展营造良好有序的外部环境。"那时候政府压力很大，四川省市领导认为这样不行，投资的人都走了，做生意的都走了，当地老百姓也不敢在屋里住，必须找一个人最好年纪大点的人来说句话稳定大家。"①

关键时刻，刘宝珺挺身而出，站在了舆论的风口浪尖。

地震发生时，刘宝珺正在成都。作为一名长期从事地质科学研究的科学家，他时刻关注地震灾情，同时也坚信成都不可能有更大的余震。地震之后，七十七岁的老人亲赴灾区踏勘搜集情况，结合地质科学研究的丰富经验和对成都平原地质结构的深刻认识，在6月13日接受《四川科技报》采访时将成都比作"一张结实的床架"：

> 成都市区和北川距离震中映秀分别为73千米和约90千米，成都无一房屋倒塌，后者却被夷为平地，正是因为成都地处稳定的扬子地块，而北川处于龙门山断裂带上……我对我们的研究有信心，更希望所有人对成都有信心。②

6月15日，成都市政府、省国土资源厅在蓉联合举办了"汶川大地震与成都地质环境论坛"，来自中国科学院、中国地震局地质研究所、成都理工大学的近二十位专家学者做了主题发言。作为国内最早一批关注板块运动学以及青藏高原地质研究的学者之一，刘宝珺从七个方面对汶川地震

---

① 刘宝珺访谈，2016年8月27日，资料存于采集工程数据库。
② 成都，一座安全的城市。《四川科技报》，2008年6月13日，001版。

的成因、震中是否移动转移、成都是否还会由大地震、地震能否预报、成都人如何认识地震中的安全性等问题进行了完整、细致的讲解。

刘宝珺认为，汶川地震是由印度板块向北推挤，碰到扬子地块阻挡后造成青藏高原隆升，由于能量和地应力的长期积累，最后在边缘的龙门山断裂带这一边缘的脆薄地带进行能量释放，从而引起地壳变形断裂和地震所致。尽管相距甚近，但成都所在的扬子地台与周边的造山带是完全不同的地质构造单元，因此对于成都主城区和德阳、绵阳以及广元来说都是地震安全区。"扬子地台已经稳定了八九亿年了，这一地台固结很好，对于成都来说就好像坐在钢盆子里一样安全。即使像龙门山断裂带这样的造山带再发生大地震，成都主要城区最多也只会摇摇，而不会造成大破坏。"

尽管成都本身有着得天独厚的避震地质环境，刘宝珺在论坛上仍然呼吁政府决策部门重视大地震后给成都敲响的警钟，要认真研究太多的水坝、水库、水电工程对生态环境地质稳定性影响，大的化工厂的排放及污染问题，以及生产有毒产品或生产过程中应用有毒试剂及放射性试剂的管理问题。[1]

在论坛结束后的群采环节，有记者向刘宝珺掷出问题："既然成都面对地震时很稳定，那么能稳定多长时间？"刘宝珺笃定地说，由于汶川地震使地壳聚集起来的能量得以释放，因此未来两百年内，成都不会再发生八级以上的大地震，成都至少可以安全两百年以上。

他的本意是从历史发展的角度，根据地质构造单元的稳定性来看成都的稳定性，而非把稳定性放在二百年的时间概念上，某些媒体却将"成都两百年不会震"作为热点大肆炒作，公众的敏感神经瞬间被牵动，一时间质疑之声四起。有人公开指责他，"你又不是搞地震的，你怎么知道多少年不震啊？"

6月17日，独立新闻评论员郭松民[2]在新华网发表题为"院士别成

---

[1] 蒋亮：大地震后成都将安全两百年。四川新闻网，2008年6月。http://news.sciencenet.cn/htmlnews/20086168511988 3207939。

[2] 郭松民：独立新闻评论员、独立学者、独立影评人。法学硕士，空军中校。原空军航空兵部队飞行员，先后毕业于空军第三飞行学院、空军政治学院、中共中央党校研究生院。

了算命先生——评'震后成都将安全两百年'"的评论文章,矛头直指刘宝珺。这位并无地学专业背景知识的"公共知识分子",文中重观点轻论证,嘲讽刘宝珺的"两百年论"——"成都安全的时间为什么刚好是二百年,而不是二百零一年或一百九十九年?地质学家、院士不要当算命先生。"他甚至将一个老科学家在关键时候的发声看作是给房地产开放商站台,刘宝珺的"铁口直断"无非是当地开放商忽悠房价的绝好借口。文章一出,被包括科学网在内的多个网站转载,网上对"两百年论"的讨伐之声迭起,各种谩骂、各种充满戾气的脏水朝刘宝珺泼来,甚至连央视等主流媒体也因顾忌舆论而临时取消了对刘宝珺的专访。

刘宝珺素来鼓励兼容并包,学术自由,欢迎不同的专业观点交锋碰撞,却不能接受毫无专业见地之人,用行走江湖的那套言辞"胡乱碰瓷"。这种攻击不仅是把严肃的科学问题变成一场网上闹剧,更是误导公众,他尤为生气的是研究了一辈子沉积学,却被缺少科学常识的公知扣上了一顶"算命先生"的帽子,被卷入了"莫须有"的是非中心。在他看来,国家在紧要关头更需要科学家发出科学声音,对社会中的一些片面看法作出回应,而不是让自认万能的公知来指手画脚,"站在旁边没什么建议,只是批评这不对那不对,会显得很无知。"

尽管刘宝珺未在公开场合与郭松年辩论,但不少地学界专家学者先后撰文驳斥郭松年的论断,为刘宝珺抱打不平。

时年七十九岁的科普作家陶世龙,毕业于北京大学地质系,他在"从刘宝珺院士遇上时评家郭松民看科学在中国的悲哀"[①]一文中,批评了郭松民轻慢科学,嘲弄科学家的态度,同时对媒体不顾事实随意传播表示不满。陶世龙几乎是逐段点评,纠其谬误,并称我国两千多年前就已有地震记录,当代众多科学家根据我国一些地区的地质构造特点和历史地震记录反映出来的周期性,大致提出地震活动的时间跨度是符合科学规律的,郭松年妄论科学,显得"无知无畏":

---

① 陶世龙:从刘宝珺院士遇上时评家郭松民看科学在中国的悲哀。http://www.360doc.com/content/11/0104/23/16239_84039334.shtml。

须知对扬子地台的这些认识，是中国几代地质学家跋山涉水，不知走了多少路，采集了多少标本，做了多少实验才取得的，包括刘院士的工作，他当然能很有自信地明确指出。岂是坐在沙发上对科学无知的"时评家"拍拍脑瓜，发点奇想，就可以否定掉的。①

多名业界人士多年后在接受采集小组采访时，均对刘宝珺当年被"误伤"一事示以支持。

在成矿所从事青藏高原研究多年的潘桂棠谈到，地震后的成都到处搭着防震棚，但成矿所没人住外面，因为"所里的人都知道成都的地质情况"，刘宝珺提出的论断符合四川盆地地质构造的基本事实，对稳定人心的作用非常大。同为青藏高原地质研究专家的邱东洲则认为，刘宝珺是从地球稳定性来看四川盆地的基底稳定性，成都历史上从未有过七级以上地震，而结构完全不同的龙门山有过七八级，甚至九级以上地震，"时间和历史会证明刘院士是正确的"。学者何其祥尤为钦佩刘宝珺在关键时刻的表态，"刘老师这么讲完全是从人民利益出发，这是一个科学家应有的政治态度。"

尽管坊间杂音不绝如缕，在出席各种会议和接受媒体采访中继续阐释科学的观点。在他的努力下，"成都不会震"的观点逐步被国内外学术界、官方和民间所认可，从而对减轻广大民众心理压力、消除社会误解、稳定社会秩序起到了至关重要的作用。

时隔九年，2017年8月8日四川阿坝州的九寨沟县发生里氏七级地震，灾后面临着生态修复要求高、保护和发展矛盾突出等特殊情况和问题。八十六岁的刘宝珺不顾年事已高，呼吁政府在九寨沟的灾后重建规划中一定要吸取汶川地震、芦山地震的经验教训，不能急功近利地"挂图作战"，要从人与自然相互依存的可持续发展关系来开展重建规划。当年8月28日，省林业厅邀请林业、地质、水保、生态和社会经济领域的在蓉专家学

---

① 陶世龙：从刘宝珺院士遇上时评家郭松民看科学在中国的悲哀。http://www.360doc.com/content/11/0104/23/16239_84039334.shtml。

者召开座谈会，围绕九寨沟七级地震生态环境影响评估与灾后恢复重建等议题展开研讨。在"发展和保护"孰前孰后，孰轻孰重的问题上，刘宝珺在会上直言不讳，提醒政府不能用人工修复来干预大自然的正常地质演化规律。在他看来，大自然的内力与外力共同塑造了大美九寨，人类至今无法干预地震这种大自然的"内力"，九寨沟的美，贵在原始，地震灾后植被恢复重建时间上不能着急，要尊重自然规律，生态修复突出自然修复和人工修复相结合，要关注地表水和地下水循环变化，恢复和保持该区域生物多样性。

多年来，西南地区受地质构造、地形地貌和气候水文条件的控制，地质灾害发生频繁，刘宝珺以一个科学家的社会责任感和对人民的深切感情高度重视防灾减灾工作，在四川经历的几次地震中敢于直面争议并凛然发声，体现了他坚持科学真理，以理智为依归，谦让而不迁就，温和而不附和的精神品质。

先 生 之 风

纵观刘宝珺过往的人生经历，对科学事业的追求，是他几十年未曾动摇的初心。但他又是一个一定要爱着点什么的人，类似汪曾祺笔下所谓的"恰似草木对光阴的钟情"。野外科考的他既严肃又活泼，遇学术争论的他既坚持又不强词，美食当前的他既嘴馋又讲究，结朋识友的他既与鸿儒谈笑，又与白丁相交，对文学艺术神往的他既爱琴棋书画剑，又喜诗歌茶酒花。

他敬重先学，孜孜矻矻躬身受教于老一辈地质学家；同侪相携时，他往往真诚有加，多论他人长处；指点晚辈时，他从不盛气倨傲，而是甘为人梯奖掖后学。他是一介书生，但并不书生意气，常为科学真理风骨迭见；他心中有国，无论身处逆境顺境，皆是丹心赤忱，暮年伏枥壮志不已；他一生致力于自然资源的开发利用，但一个转身，成为环境可持续发展的坚

图 9-9　2013 年刘宝珺在家练习书法的照片（刘宝珺提供）

图 9-10　2004 年刘宝珺在青岛院士考察活动中表演京剧（成都地质矿产研究所提供）

定践行者；他做世界一流学问，可用英、俄、日、德等多国语言与顶尖科学家往来，可扭头一看，他已切换成最朴实的大白话给祖国的花朵讲科普，和蒙顶山上的老农拉家常。

　　这样的一个刘宝珺，身上杂糅着各种看似不相干的气质，混搭着各种看似矛盾却又难以分野的身份。然而，正是这样的刘宝珺，知行完备，术业专攻且博采众长，只对真理折服而不趋附权贵，实现了沉积学与多个学科的交叉通达，致力于科学与艺术的诗意融合，跨界于庙堂与江湖的性情神交，不仅为国家贡献了辉煌的学术成果，同时也培养了一大批国内外顶尖的科研人才，其时代底色、科学精神和人格价值让人赞叹，也令人难忘。2013 年，他和比自己小两岁的孙枢院士获得我国首届"中国沉积学成就奖"，这是对老一辈沉积学开拓者的致敬——毕竟，他们在一个多甲子的光阴里，筚路蓝缕，以启山林。

　　先生之风，山高水长。诸多沉积学界的翘楚曾受教于刘宝珺，他们或是刘先生在成都地质学院时期的弟子，或是与他常年奔波于旷野星河的成矿所同人，或是机缘巧合结为同事的后生晚学。他们无一例外受过先生的无私提携和帮助，感受着先生丰富而不拘一格的为人之学、为师之道，他们将先生视为良师益友，或是忘年之交，仰慕他、尊敬他，但又亲近他。他们在接受采集小组访谈时，无数次谈及刘先生对自己成长成才的重要意义，说到深情动人之处，眼中有光，语言格外明亮。

　　故此，采集小组在本书的末章辟出"先生之风"这一篇幅，回望几位地学俊彦与刘先生的故交点滴。他们皆与刘宝珺有多年渊源，年岁长短不一，术业方向不同，成就各有千秋。他们的念兹在兹，或许可以让我们理解刘宝珺这样的老派学人如何做精细的学问，那一代在丰茂学养中成长起来的人，最难得的是用科学的人文精神传统探寻这个世界的生动和有趣，而且始终如一。

他是我的沉积学启蒙者

何起祥，1936年9月出生，研究员，现任中国地质调查局海岸带地质研究中心主任、青岛海洋地质研究所科学技术咨询委员会主任，兼任CCOP终生荣誉顾问，曾任中国海洋湖沼学会常务理事、副秘书长，中国海洋地质学会常务理事，中国沉积学会理事，中国地质学会冰川第四纪专业委员会副主任，山东资源环境学会理事。1958年由北京地质学院转至刚成立的成都地质学学院，就读于石油系，曾聆听刘宝珺的"沉积地质学"课程。

我们为什么对刘老师有一个好的印象，因为刘老师确实讲课讲得很好，态度也很好，非常和蔼。就是说能够吸引学生，能够有这么一种凝聚力，这是刘老师超乎别的人的地方。后来有这样的成就，应该说也不是偶然。

比如说遇到一个问题，刘老师能够介绍苏联是怎么说的，美国又是怎么说的，他能够这样讲，学生的思路就开阔了嘛，就学到了不光是一点知识而且是一种思想方法，思考问题的方法、学习的方法。刘老师造诣比较深嘛，他能够体会到怎么样去把这些科学问题讲清楚，怎么样把学生引导到科学研究的路上来，所以这个是刘老师讲课的特点。所以说为什么学生喜欢他，就是这个道理。

大学毕业时没有学生愿意搞沉积岩，沉积岩在当时就是一个冷门。所以刘老师在扭转这种观点的时候他的作用是很大的，因为他写了几本很好的书，这些书应该说是历史性的，把这个道理讲清楚。刘

图 9-11 刘宝珺与吴崇筠教授在峨眉山考察（刘宝珺提供）

图 9-12 1992年刘宝珺与叶连俊院士在日本参会期间的合影（刘宝珺提供）

老师这本书《沉积岩石学》就是一本好的著作。工作后的创新不是说生来就会创新，你必须有知识基础。我们就是从刘老师那里学到很多宝贵的知识，然后我们从这个基础上起步，然后形成我们自己的风格，这就是创新。没有两个人讲课会讲得完全一样，但是它会有继承。所以我们都继承了刘老师的优点，至少我们是自认为吸收了刘老师讲课的优点。

刘老师在讲沉积岩石学这门课的时候把成因放在前头，联系成因来讲岩石，我觉得这个思路很好。所以呢，1978年的时候我就出了一本书叫《沉积岩和沉积矿床》，这本书我就跟过去的沉积岩的写法换了个样子，就是以沉积岩成因作为主线来写这本书，所以应该说实际上这本书也是我学习刘老师思路的产物。

刘老师在搞学问的同时非常关注年轻人的培养和成长，关心学科的发展，这个是一贯不变。因为有很多老先生年纪大了以后就没有精力来管这些事儿了，刘老师始终是对我们沉积学这一块土地一直关注，这个非常好。他能够保持一个非常活跃的、非常敏锐的科学领导的身份。我都听到四川科协的事情，那确实刘老师说事情是比一般的院士还是要更深一些。

老一辈的业治铮院士、叶连俊院士、吴崇筠教授创建了沉积学，他们是奠基人，刘老师在中国沉积岩奠基的过程中成为了中流砥柱，成为这个学科的开拓者和引领者,如果说回顾历史,要确定刘老师他们这个历史地位,我是这么认为的。①

他重新锻造了我的专业知识体系

余光明,1939年9月出生,研究员,硕士生导师,主要从事沉积学、岩相古地理研究及教学工作。本科就读于成都地质学院找矿系,1965年于该校沉积专业研究生毕业。曾任成都地质学院地质系副主任,沉积研究所副所长,1988年调至成都地质地质矿产研究所任常务副所长,1995年调至地矿部成都地矿综合研究所任党委副书记、常务副所长。研究生期间曾受教于刘宝珺,和刘宝珺在成都地质学院、成都地质矿产研究所期间共事多年。

那个时候当学生,跟刘老师在一起感觉比较随和,没有距离感。你随便问他什么问题,他也不会骂你、批评你。有的老师你问题提得不对,显得愚蠢一点,老师就不高兴了。他没有,他有亲和力,这个性格是很大一个优点,他对学生相当好。

地质学里面的关于数学的问题是数学家得出的结论或者公式,我们搞地质的可能就不太搞得懂,想了解它的来龙去脉就比较困难。刘老师一定要请教别人把它弄清楚,当时的化学问题就找现在到西安地质学院去了的那位叫邵维俊的邵老师,数学问题找李德清李老师。他这些问题都要问清楚,然后看这个资料。我上课的时候,流体力学引进了数学、地质学、岩石学,他就买了个小册子,叫《流体力学的通俗讲话》。他说,"光明给你去参考一下"。关于科学通俗的东西,他都给你阅读建议。就是那样一本小黄册子,是他给了我启发,风成沙丘迁移,河里面那个沙丘往前面迁移,就形成了一层一层的沉积。在以前老师们讲课一般都是讲,这种一层层形成的结构是河里面的,这

---

① 何起祥访谈,2017年4月14日,青岛。资料存于采集工程数据库。

种一层层结构是海里面的,这种是三角洲的……那么流体力学解释之后,实际上就很简单了,它有一个叫伯诺利定理,比如飞机为什么能起飞呢,就是因为那个机翼上是这样一个拱形的,飞机通过的上面的空气一定要跑得快一点,下面的空气就相对慢一点,飞机上面、下面的空气同时到一个终点,它就产生压力把飞机抬上去了。如果这是一个沙丘的话,上面速度快了,它对沙的冲刷就不断地往前迁移,这边就冲上去,这边就沉下来了嘛,沙丘就不断地迁移了,就这样一个道理,这样就讲清楚了。他一般老师不会将道理讲通透,而刘老师花了很多精力在底子上,这是他教学真的很深很认真的态度,我觉得这个对我影响很大。

刘宝珺对我的影响,不仅重新锻造了我的知识体系,让我重新学习了一次沉积学,而且他学术方面很民主。你问他问题,他会耐心解答;撰写论文他可以让你改动,有的人是一个字都是不能动的,他这很民主。我可以向他学习的地方有很多。

他是一位大科学家,但他也是个很平和、很平易近人的人,我比较敬佩。很多人自己有了一定的地位以后,后面跟着很多人,刘老师从来不这样的。如果你跟着他去一些学术场合,周围又有其他人前呼后拥,他一定把周围的人介绍、照顾得非常好,这是他为人的很大一个优点。我是他地地道道的学生,我陪他出去,对方无论是什么样的人,他一定都要把我介绍了。"这是光明,在我们这儿什么任职"之

图9-13 2015年8月刘宝珺与王成善一同参加古地理学发展战略研讨会(成都理工大学档案馆提供)

图9-14 2010年刘宝珺从事地质工作六十年庆祝会上王成善致辞(韩作振提供)

类的。他是培养年轻人,他对年轻人真的非常关照,不仅仅是学业上的关照,他对你的成长、理想都要关照。①

他的逻辑思维和国际视野使我终身受益

王成善,1951年出生,中国科学院院士。1977年成都地质学院地质学专业本科毕业,1981年获该校地质学专业硕士学位,并留校在找矿系任教,2001年9月任成都理工大学校长,现任中国地质大学(北京)地球科学与资源学院教授,中国地质大学(北京)青藏高原地质研究中心主任。研究生阶段师从刘宝珺。

我第一次见刘宝珺老师不是在课堂上,是在四川西昌会理野外实习。当时"文化大革命"期间,余光明老师是连队的队长,他跟我们讲有一个很好的专业老师叫刘刘宝珺,很有国际视野,水平非常高。刘老师来了以后,给我印象最深刻的是他带了一本灰色皮的英汉字典,那么我自己当时就很惊讶。那时候别说读英文,自己连中文书籍还没读完。我就想这个老师能看英文书,能看英文杂志,感觉很惊讶,这是我的第一次见面。我当时就认为老师的这本字典一定是最好的,后来我买的第一本英汉字典就跟老师这本一样。②在"文化大革命"期间,他的国际视野和对外交流比其他的老师要强。

刘老师独特的地方在于教书方法上采取启发式,紧扣知识本身来讲跟知识相关的内容,大家听起来就很有趣儿,知识面也相对宽一点。跟刘老师学习期间,能够学习他如何通过露头得到我们能看的东西,能够看得出来,讲得出来,这是最深层的问题,所以说这种基本功打好了对我们来说是一个很重要的学习。我到现在都有一个舔石头的习惯,用唾沫吐这个石头,比如在峨眉山实习他就教我们这样观

---

① 余光明访谈,2016年11月24日,成都。资料存于采集工程数据库,行文内容有删减整理。
② 王成善:老师带我学地质。《情满大地》,四川科学技术出版社,2010年,第89页。

察。问为什么这么做,他说是因为在吐的时候,就可以清楚这个岩石或者结晶的结构,就渗进去了。舔一下靠压一下去了解岩石,就观察更细微一点。

他提出了在野外判断的一些方法,有两种陈列构造,在陈列构造生成关系是不一样的,一个在上一个在下。本来理论来讲B的情况更高,因为在A的情况之下。但是发生其他的特定情况下,B的陈列构造就跑到A的陈列构造之上。他就问我们谁能解释,能解释出来就能毕业了。我们大家就讨论半天,我觉得这个是平常最重要的训练。他在野外给我们强调的最多的是观察,吃苦是为了更好地观察。实验室里我们做科学研究,科学第一位的是思维,而刘老师的逻辑思维,我觉得对我的言传身教是很重要的。你观察到了一个问题,但是这个问题是为什么,你要不断去探究它才行。

那时候出野外,大家工资都很低了,他会高一点点。所以有时候我们在野外,如果有一些问题我们做得比较满意,他会掏钱请客,不管怎么样也能下个馆子打一些牙祭,那也是非常好的。当时在西昌条件困难,刘老师买一头山羊,连山羊皮都舍不得扔,然后连皮一起吃掉,这也是他出的主意。实习的时候实际上很枯燥的,所以他说点小的绕口令,小的相声,还是可以给生活增加一点乐趣。

刘老师的成功之处在于他是最早师从懂欧美派学术的专家。比如说他的老师池际尚教授,就是最早学习西方的先进思想的学者。比如水槽理论,用水动力学来解释沉积运动,刘老师接触较早,这也是他的成功之处之一,这点对我影响是比较大的。

刘老师强调的国际视野对我的影响一直延续到现在,我的学生之所以会有很大的成绩,也是得益于这个,就是说做科学研究必须要有国际视野。因为基础研究没有第二出口,你一定是在国际平台上去比较,基础研究的事项最终的答案只有一个。①

---

① 王成善访谈,2016年10月29日,成都。资料存于采集工程数据库,行文内容有删减整理。

他给了我一整套做学问的工具

王剑，1985年毕业于成都地质学院地质学专业，后获该校沉积地质学硕士、博士学位。现任成都地质矿产研究所党委书记，博士生导师，主要从事沉积盆地分析、沉积能源与环境、沉积能源地质即沉积大地构造学研究。硕博阶段师从刘宝珺。

刘老师是我们国家的沉积学大家，他也培养了很多优秀的学生。我在读研究生早期做论文的时候，他就说做一门学问就要钻进去，钻得越深，你就兴趣越浓，后来它就会成为你生活的一部分，你离不开它。所以在一种这样的学习精神的指导下，当你碰见问题，做自然科学研究的时候就不会觉得枯燥，不会觉得没有动力，不会觉得没有钱，没有名、没有利，这全是因为你对自然科学的兴趣激发了你对学习的热情。所以这个也是刘老师给我印象最深刻的，就启迪我的学习欲望，这也是后来我从事地质工作后，对我的事业这种敬业精神一个很重要的依据或者源泉。

刘老师的知识面很广，他不光是专业知识，对历史、地理、人文、社会科学知识面都很渊博。我们读博士的时候，他就对我提了一个除了博士论文专业以外的要求，就是我们博士毕业的时候要求我们必须要读两本金庸的小说。为什么他要求我们去读金庸的小说，就是可以开阔我们的思路，我觉得这个也是对我后来的学习或者跟着做研究都有很大的启发。刘老师不光是给我们指导专业课程，比如说哲学、自然科学还有文学，我们都有广泛的爱好兴趣。因为地质学这门学科实践性非常强，它有很多的普世原理，它不是课本上有的，很多都是要求你对今天的知识必须要了解，你才能够做到举一反三。

刘老师在带学生的时候非常注重实践。有一年他带我去湖南出野外，那是刘老师批评我最严厉的一次，也是我印象最深刻的一次。去野外看露头，刘老师当时是蹲在地下看那个露头，说这个是生物丘，我站在他旁边马上说这不是，我就跟他在那里争辩了。刘老师没说话，过了很久以后才开始很生气地跟我说，我是蹲在地上在看，你是站着在跟我争论，一句话就把我的脸给说红了，我就知道地质学实践性非常强，野外观察非常关键，所以我就只好老老实实地蹲着跟他一起观察。所以现在我教导我的学生的时候我就跟他们讲，如果我在站着看，你们必须蹲着看，如果我要蹲着看，你们必须趴在地下看。这个说明了沉积学、地质学的实践性非常强，所以我们很多的模式，很多的概念都离不开地下的事实，这就要求我们必须仔细观察。

刘老师讲课是非常生动的。比如给我们讲沉积相分析，他始终从水动力条件分析入手。根据水动力条件分析入手以后，什么样的相对应什么样的环境，什么样的环境它跟什么样的水动力条件成对应。知道了这个基本原理以后，你在野外不管看到了什么样的相，不管它千变万化，你有一个基本原理，懂得那个基本原理以后，就能够运用自如，应对很多变化，做出正确的判断出来。包括他那本《沉积岩石学》教材最精彩的地方就是沉积学的原理和后来的分类、结构、成因结合在一起。所以他把原理讲得很透彻了以后，后面理解起来就比较透彻，这也是刘老师的教材比起其他的教材里面最闪光的地方。所以我们在学习他的沉积学的时候，只要把他前一部分的水动力调节分析学透了、学懂了，后面的东西就迎刃而解了，很容易学会了。

我学习刘老师的，不是说刘老师给我上了多少课，教了我们多少个概念，教了我们多少基本的分类，我觉得不是这样的。我真正学习刘老师的就是理论联系实际，知行合一，非常关键，我想不管哪个领域都应该是这样。死读书，读死书的话肯定是学不了什么，刘老师能够举一反三，能够从原理上面活学活用，能够把书本上的东西联系到实际上去。

刘老师在学术观点方面从来不强求别人一定要赞同自己。但是他对我们学生也经常说，我不强求你一定要赞成我的观点或我的模式，但是你必须把你的模式、观点给我说得清清楚楚，或者能够自圆其说，而且你的证据可靠，能够把你的证据能够详细摆出来，那OK，我也赞成你的学术观点。

刘老师在培养人才方面做得非常好，基本从他退职以后，退了所长的位置以后，他从来不会说我亲自去主持一个项目，他都是让他的学生们、让他的团队骨干人员来承担项目，锻炼年轻人，这样年轻人才培养得起来。如果刘老师老当项目负责人，底下的人就不敢说话，没有那种担当，成长就慢了。所以刘老师培养年轻人，他从来不自己去干什么项目，他最多在里面当个顾问指导，下面的年轻人来干这个活。现在我们申报的国家计划和青藏油气，都是刘老师的这两个团队演化来的，一个是沉积大地构造，另一个是沉积能源。

我总的方向没有离开刘老师的方向，我做沉积大地构造，这是国家的需求，但始终沉积学还是刘老师的沉积学工作方法。假如把刘老师比作木工师傅，刘老师交给我的是斧头、锯子、刨子等木工师傅的一套工具，至于我是去做柜子、床、或者桌椅板凳，那是后来根据我的东家，我的顾客的需要，我做什么我就给他做什么，但是这套工具还是刘老师给的。①

他是我们青年沉积学人的榜样

韩作振，1965年2月出生，教授，博士生导师。毕业于中国矿业学院煤田地质系煤田地质与勘探专业，现担任山东科技大学地球科学与工程学院院长，山东省油气勘探开发工程技术研究中心常务副主任。曾牵头负责引进刘宝珺任山东科技大学特聘教授，二人亦师亦友，在学科建设、人才引进、科学研究方面有诸多合作。

我是通过全国的岩相古地理沉积学会议认识刘院士的。2001年开始，我和我们学校副校长，还有人事处处长三人一起到成都去找刘院士，山东科技大学地质学科历史比较悠久，但是发展积累还不够，所

---

① 王剑访谈，2016年11月16日，成都。资料存于采集工程数据库，行文内容有删减整理。

以我们想把学科再进一步更好发展，所以到了成都找到刘院士，希望刘院士能对学科建设进行更多的指导。2001年，我们就聘任了刘院士作为我们的特聘教授，主要是指导我们地质专业学科建设，从2001年开始一直到现在，没有间断。

刘院士主要是对学科建设进行指导。我们当时是申报矿产普查与勘探这个博士点，这个博士点方向的设置、人员的配置，包括前期我们要出些成果，大家要共同出些成果，在这方面刘院士给我们很多指导。所以我们当时和成都地矿所联合申报，一次就成功了。

刘院士在我们的队伍建设、人才培养方面给了很多指导，包括我们引进人才这方面。因为我们当时实力还相对不是很强，所以刘院士就建议我们引进一批高水平人才，包括刘院士本人也可以指导我们的老师、指导我们的学生，再加上引进一些人，这样我们的实力就会增强。所以在刘院士的介绍下，我们也先后引进了一些高水平的师资队伍。我们在之后的2003年又申报了"地质资源与地质工程"一级学科博士点，又是一次成功。那个时候我们引进了五六位，他首先是认为哪些人比较合适，然后他也给对方介绍，包括请对方到我们学校来了解情况，通过交流以后互相达成共识，就到我们这来工作了。刘院士在这里边起到非常关键的作用。

从刘院士来了以后，我们开始全部引进博士，并且大部分都是从985、211引进来的博士，所以教师的学缘结构、学位结构都是非常好的。

图9-15 2016年刘宝珺与韩作振在山东科技大学的合影（韩作振提供）

另外刘院士也会经常邀请国内外一些知名学者专家到我们这儿讲学，这也对我们学校提高科研水平、学术水平起了很大的作用。

我们想不仅仅是推动山东科技大学地质学科的发展，我们在全国能做一些工作，设立一个刘宝珺地学青年科学基金，这样可以吸引全国从事沉积学研究的地

图 9-16　2006 年刘宝珺指导学生看岩芯（成都地质矿产研究所提供）

图 9-17　2016 年刘宝珺给山东科技大学新生作报告（刘宝珺提供）

质工作者，特别是青年人才他非常愿意资助青年教师，一个是让青年教师尽快成长起来，再一个是大家喜欢热爱沉积学这个学科，愿为沉积学发展作出贡献。

　　刘院士指导我们，有些成果他并不挂名，他是带我们做。这就是老专家的传帮带作用。他不是为了要这个成果的名声，而是为了培养人才。

　　刘院士的为人做事确实值得我们年轻一代人学习。一个是工作的认真态度，一个是对人没有架子。尽管当时他都 70 多岁了，还是一样跟我们出野外，出野外可能生活条件就会比较差，他从来不会因为这个有任何抱怨，他还说就喜欢吃这种小馆子，住那种很简陋的旅馆。他没有那种要去享受的思想，他是把工作放在第一，所以在野外工作或在室内工作都非常认真，这种认真的态度是值得我们现在这些青年学生和青年教师学习

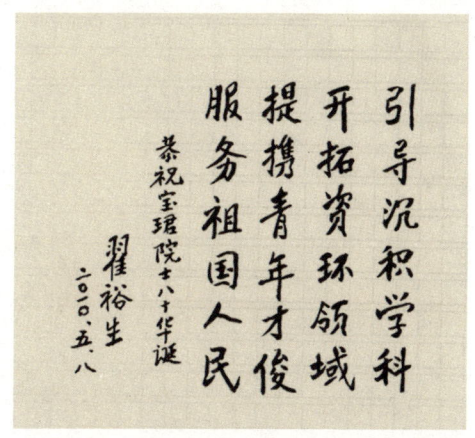

图 9-18　2010 年翟裕生院士为贺刘宝珺八十寿辰贺词（刘宝珺提供）

第九章　吾国吾民　　333

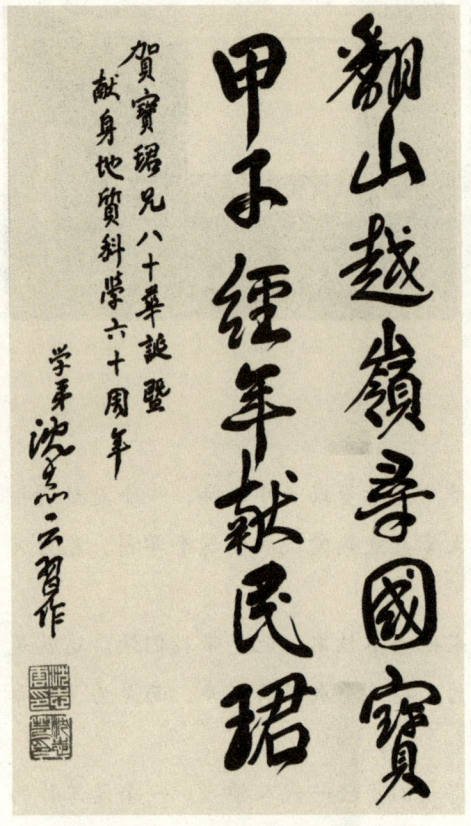

图9-19 2010年沈志云院士为贺刘宝珺八十寿辰暨献身地质科学六十周年贺词（刘宝珺提供）

的。希望我们能把刘院士的精神总结给后代，给我们年轻老师、年轻学生，让我们国家的地质事业，特别是沉积学事业能够更好地发展。①

所有的事情都是川上逝水，唯有人的精神气质和价值追求可经得起时间的抛光，并终成为大美的生命景致。居高声自远，非是藉秋风。大家是如何炼成的？一个科学家的言传身教对于单一的个体，乃至当今中国这个庞大的社会组织体系到底有多大的范式意义？当我们今天在四处寻找传道授业解惑的真章时，老一辈学人其实已用他们一生的细节给出了最朴素的回答。

---

① 韩作振访谈，2017年4月14日，青岛。资料存于采集工程数据库。

结 语

所有的历史都是当代史。研究老科学家的学术成长历程，其实就是研究中国近百年来的科技发展史。一方面，他们身上无一例外都刻着"家国"二字，个人命运与时代影响紧密相连；另一方面，他们又和身边绝大多数人截然不同，无论顺境逆境，都能有力抓住事物的本质站稳脚跟，都能从小我走向大我，在学养修为、精神追求上形成自己独有的品性和人生价值，并成为某个学科领域的集大成者。共性与个性，二者并行不悖地存立，形成了那一代科学家精进自己，成就他人的合理闭环。那么其中的刘宝珺，他又是如何开启自己的山河岁月，我们对这个如百科全书式的人物到底了解有多少？我们是否真正走进了他的内心，探究到那些细微而重要的心灵褶皱？他在想什么？

我们试把他置于时代坐标系上，眼望他如何在漫长岁月里与自己相处，如何将看似的不可能变成可能，如何在沉积学的原野上刀耕火种并开镰收割，如何突破个体的局限性抵达极少人能够到达的远方。

下面就从家庭启蒙意义、追求家国理想、穷究事物之理、学术进阶历程等不同维度，对宝珺院士能有如此成就作一番不成熟的剖析。

其一，家庭教育是一个人出发的原点，启蒙意义几乎伴随了终生。

先生家学渊源，传统大家族重视中西教育融合，讲究个体的内外兼修，这样的精英教育背景将他与绝大多数普通个体区别开来，按照今天的说法，他幼承庭训，一出生就赢在了起跑线上。在民智尚未开化的二十世纪三十年代，接受完备精致的中西方教育是极少数人拥有的幸运，世家子弟刘宝珺衣食无虞，只需心无旁骛念书就好。大家族诗礼传家，且设有专门的教育基金，过年时特别给功课最好的孩子发奖学金——在这样的氛围中，家中子弟精进好学，力争上游几乎成为必然。

先生性格刚柔相济，外圆内方，这与父母的悉心培育密切相关。父亲刘孚如是南开大学数学系高材生，性格果敢要强，始终以自己成就不足为憾，所以极为重视长子的全面培养，几乎将毕生绝学授予宝珺，鼓励他立鸿鹄之志，不拘一格进行探索钻研。先生继承了父亲在事业追求上的那股心气，脑子灵活，自小在成绩上要拔得"独一份"，且视父亲严谨求是的治学态度为一生行为处事的楷模；此外，父亲醉心中国传统文化，绘画、书法、诗词、曲艺的文士雅趣几乎在长子身上实现了不可思议地复刻，成为先生受益终身的财富。

如果说父亲给予的是内心严直，方正持重，那么母亲鲍氏给他的则是一副善良暖人的心肠。母亲出身官宦世家，谦逊恭良，时常接济穷苦，是先生学前教育的启蒙者。先生常说自己受母亲影响极大，养成了不愿与人争是非曲直的性格，遇事不固执不急躁，张弛有度，宽厚待人。他善于发现他人优点，乐于奖掖后学，倡导学术民主，有一种将各路持不同见解者团结起来的本事，这大约就是深得母亲影响的佐证吧。

此外，与旧式婚姻通常的刻板不同，父母感情甚笃，为宝珺兄弟三人营造了相对宽松的成长环境，宝珺自信开朗，懂得爱己与爱人，有对幸福生活的一番信仰，这为他此后经营家庭生活，并在坎坷境遇中保持乐观心态带来十分积极的影响。

其二，心有大我，至诚报国是激发个体在科学事业上砥砺前行的不竭动力。

刘家向来诚勉子孙要胸怀家国，宝珺之父在日伪殖民期间，宁可没有收入来源，也不肯低头为日本人做事。除受家庭影响，宝珺也深受南开中学抗日爱国传统的熏陶，在国家不强民族受辱的现实面前，他对读书报国有一种本能的追求，况且连年战乱，自己也不是一块闹革命的料，念书大约是当时最好的出路。在新中国政权的热情感召下，他放弃保送机会，"欲发达国家实业，必先从事于地质调查"，以第一名的成绩考入清华地质系——这个因爱国而驱动的人生关键选择，奠定了他一生的发展志向和科学研究轨迹。

清华园大师荟萃，尤其是以池际尚、涂光炽为代表的一批留美学者放弃国外优渥的科研和生活条件，毅然回国投身社会主义新中国地质教育事业，这让刘宝珺深受感染和鼓舞，在向老一辈地质人学习的过程中，更加明确了将人生理想与国家事业结合的信念。

他在学习上异常刻苦，满腔都是争当新中国地质勘探事业尖兵的激情；他积极响应抗美援朝捐款号召，整个暑假泡在工地上勤工俭学；他毕业后被分配到戈壁地质队，为了尽快到祖国最艰苦的地方建功立业，他不仅放弃顺路回天津探视父母，而且"不近人情"地拒绝了同学万子益半路回家探亲的愿望。你若问他为什么会在那个年代国而忘家，公而忘私，他会淡淡地用一句"我们这代人，都这样"来回应。从某种意义上讲，先生并非完全没有自己，他只是将自己置身于家国，将一腔付出、一辈子事业与国家联系在一起。因为他太执着，喜欢把事情做到极致。

除了朴素的爱国主义，我们也要看到当年先生区别于其他学生的另一层境遇。因为出生旧式大家庭，有过所谓"三青团"经历，他的政治履历显得不那么进步，甚至成为他多次积极入团无果的关键原因，他感受到了从未有过的压抑与自卑。要强如他，比绝大多数人更渴望得到组织的认同，因此和旧思想告别，进行自我改造成为一种不得已的现实驱动。

个人意志服从于国家发展，自我理想遵从于时代需要，这个信念几乎贯穿于先生的一生，体现在发扬"三光荣"精神献身沉积地质事业，体现在政治运动中宁当"白专"也不改科研初衷，体现在始终将理论研究与国家找矿资源实际应用结合，体现在历经各种磨砺后仍以"我是中国的科学家"拒绝美国的移民邀请，体现在为环境资源的可持续发展鞠躬尽瘁，体现在把个人的生命投射到国家和民族生生不息的价值追求之中，以大爱成就大我。

结　语

其三，只有对自身研究领域保持盎然兴趣，才能真正激发一个人的内生动力去掘进探索，取得别人无法企及的成就。

"兴趣"二字如同火苗，早在刘宝珺院士开蒙启智阶段就已经给了他光亮。父母和家族中的叔伯兄弟，常以有趣态度将各种爱好置身日常，不仅组织了西洋小乐队，还利用刘家的整体身高组建了"刘氏篮球队"。刘宝珺自幼沉浸在各种有趣的事物中，形成了爱好探索的天性，遇事喜欢刨根问底，但凡碰到不甚了解又感兴趣的新鲜事，事无大小简易皆必研究。读书时也有顽劣的一面，老师若讲得不好引不起兴趣，他就不认真念书，成绩一塌糊涂；若讲得好，他一刻也不肯放过受教的机会，再难的功课也肯津津有味地下功夫。正因为这个"看菜下饭"的特点，他在初中时醉心于那些"不务正业"的科目，成了一个贪玩、能玩、会玩，学什么像什么，像什么成什么的"杂家"，险些没能考上高中。

从小到大，刘宝珺一直受益于最优质的现代教育，尤其是南开高中和清华大学在弘扬科学文化精神的过程中，倡导通才教育，反对照本宣科，采取启发式教学培养、发掘学生学习的天性。这样自由的教育环境实在是符合刘宝珺胃口，他如鱼得水，生机勃勃地学习钻研数学、物理、地理等各种科目，并激发他此后在探索沉积地质科学的道路上越走越远。

及至见面，请教一个人学术上要有成就的原因，先生头一个说起的就是"必须对所研究的东西有兴趣，你没有兴趣就钻不进去"。他认为个人奋斗固然应该以国家需要为目标，但若对所学兴趣索然，几乎谈不上创新，顶多也就是努力完成国家交给的任务而已，终究不会有大的成就。

兴趣作为最长情的陪伴，在先生整个学术研究生涯中分量犹重。它是激发先生将沉积学作为终身事业的思想起点，是他独行在崎岖科研山道时的一盏灯火，是他明知路漫漫其修远，仍带领科研团队上下求索的无限动力，是他因材施教，激发弟子科研创新潜力，进而在多个领域取得成就的不二法门。

其四，服务国家战略需要，选准学术研究方向，并且不断拾级而上，才能积跬步以至千里。

纵观刘宝珺院士的沉积学研究历程，最主要的学术实践面貌是始终瞄准国际沉积学发展的前沿理论，同时紧密结合我国矿产资源应用和发展方向，进而在沉积动力学、岩相古地理学、层控矿床学、成岩成矿、全球变化、盆地分析等领域取得了一系列重要成就。

在新中国第一个五年计划期间，国家对地质勘探有重要的应用需求，刘宝珺选择了当时热门专业地质学，并作为北京地质学院的首批学生，参与到苏联援建的一百五十六个重点项目之一甘肃白银特大型铜矿开放建设中。在国家政策的大力支持下，地质队形成了一支以著名地质岩石学家宋叔和为核心的优秀科研团队，创造了一个容易出成果的环境。刘宝珺在宋先生栽培下很快发现了明显矿化反应的四个圈多金属矿，为后来白银厂在此地开发较大规模的冶矿区奠定了地质勘查基础。他当了半年折腰山矿区区长，后因表现突出被推荐进入北京地质学院深造，他的研究生论文系我国较早在岩石学方面深入探讨细碧角斑岩的著作，正是结合了白银矿区下古生代火山岩的成因、形成特点、类型以及白银厂黄铁矿型铜矿形成的研究选题。

从岩浆岩、变质岩研究改行到冷僻、缺乏理论的沉积岩领域，则完全是他服从组织安排的被动选择。大约是命运有心眷顾，他误打误撞进入的冷门很快隆起成为国际学术研究的高原——在欧美学派泥沙运动力学原理方法的推动下，沉积岩石学形成了一门真正具有科学逻辑的沉积学科，先生将这个柳暗花明的过程视为"刚好并终于赶上了这样一个时代"。彼时，他一方面承受着政治运动撞击身心的巨大痛苦，另一方面紧紧抓住了这个"生而逢时"的机会，忘我地投入到沉积学的研究钻研中，从七十年代中期开始从事大量关于层控矿床、成岩成矿等内容的欧美文献翻译，成为当时国内少数在沉积学领域与国际前沿理论接轨的学者。

他作为首个将泥沙动力学引到国内解释沉积构造的学者，使我国广大沉积学科研人员实现了从认识层理现象到解释成因的质的飞跃。此外，刘宝珺院士把握住沉积学指导国家战略能源应用的重大发展机遇，较早地将国际沉积学理论用于解决生产实际问题，并紧跟时代需求，围绕国家和行业层面的大项目，牵头开展了如"南方岩相古地理及沉积、层控矿产远景规划""中国西部大型盆地分析及地球动力学研究"等多个重大科研项目，为推动中国沉积学达到国际先进水平做出积极贡献。进入九十年代后，他引导国内沉积地质工作者把全球变化的研究放在重要地位，成为我国深度参与国际有关全球沉积地质研究工作的执牛耳者。

此外，选准学术研究方向的特点，也集中体现在他任成都地质矿产研究所所长期间。他从国家需要和地区特色出发，以沉积岩、沉积矿产和地层古生物研究为重点科研任务方向，针对与我国实际结合的当代学科热点和前沿，取得了一系列高水平理论研究和实践创新成果，解决了我国资源的许多重大问题。

刘宝珺院士的学术经历告诉我们，被迫选择人迹更少的那条路时不必悲观，机会永远垂青那些有准备、善于把握大趋势的人——这样的人始终保持对知识的探求姿态，富有理性，似乎很难沦为平庸；他们大约不怎么费劲，就有一种删繁就简、去伪存真的智识；他们不怎么关心千人诺诺的事情，更专注于追求那些意义非凡的事物本质。刘宝珺院士及和他相类似的人都历经了潮涨潮落，可见人生往往不是赢在起跑线，而是胜在每一次关键路口的选择。

关于刘宝珺院士"成功"的要素还有很多，比如他学术成就的多样性深受学科渗透融合思维影响，比如他提倡学术自由民主，有雅量包容那些特立独行者，再比如他身上集有科学与艺术、逻辑与形象、自然与人文交相辉映的气象，这些气象决定了他看待世界的态度，他常和人聊这个世界的有趣，因为"独乐乐不如众乐乐"。

刘宝珺院士曾郑重说过一句话，"人的生命是一根绳子，每一次对外物的追求都会使绳子缩短；而想要让某个事业达到顶峰，需要全力投入最大的生命长度，让生命拥有最大的可塑空间。"

我相信他说出这句话的时候，眼中定有光芒闪烁。这是一个智者对生命意义的悟证，人到了某个阶段可以剥除身上的约束，表达更透明更本质的东西。成为一个气象阔大而意义深沉的人，大约就是他毕生恳切的追求。

附录一　刘宝珺年表

1931 年
9月13日，出生在天津市，父亲刘学信，母亲鲍淑贤。

1935 年
父亲自天津赴山东济南，出任山东省地方人员训练所教授、山东省政府统计委员会编审组主任。

1936 年
在母亲指导下，开始习字。

1937 年
7月7日，全面抗日战争开始。

同年，父亲从济南回到天津，暂无工作，小家庭吃住开支基本靠大家庭的家族产业供给。

1938 年

8 月，入天津市立小学一年级学习（现天津市第六小学）。

课余时间，母亲开始指导其学习中国律诗，并开始学习扬琴、二胡、笛子等乐器。

1940 年

9 月，天津市立小学三年级学习，学校增设由中国人教授的日语课程。课余时间，练习毛笔字，学习粉笔画、水彩画、中国画、京剧等传统文化技艺。

1941 年

暑假，叔叔请私塾先生给家族宝字辈弟兄讲授《论语》《古文观止》等；母亲为其讲读《东周列国志》等书籍。

9 月，天津市立小学四年级学习。

1942 年

9 月，天津市立小学五年级学习。开始学习武术、气功、太极拳等。

作《夜景》粉笔画一幅，参加中日儿童绘画比赛，并获奖。

1943 年

9 月，天津市立小学六年级学习。

1944 年

9 月，以第二十五名的优秀成绩考入河北省立天津中学（现天津市第三中学），校址位于天津城西北角铃铛阁大街。彼时理想是做一名工程师、学者。

11 月，徒步至张贵庄机场，被迫为日本侵略者"勤劳奉仕"[①]。

参与校内篮球队、工艺手工、唱歌等活动。

[①] "勤劳奉仕"，是伪满洲政府所采取的一项劳动体制。东北沦陷十四年史总编室：《伪满洲国的真相：中日学者共同研究》。社会科学文献出版社，2010 年。

父亲开始为其讲授英语。

1945 年

9 月，升入初中二年级，学校停止开设日语课程。

加入天津市基督教青年会体育班，每学期打球一到两次。

1946 年

9 月，升入初中三年级。

参加学校社会实践，在河北省立天津中学附属民众小学义务支教，教四五年级小学生唱英文歌曲。

同年，父亲结束八年失业状态，经朋友介绍至敌伪产业处理局天津办事处工作。

1947 年

6 月，退出"三青团"。

7 月，于河北省立天津中学毕业，考入天津私立南开中学男中部。

8 月，入读私立南开中学高中一年级，住校。

加入南开中学篮球队及田径队。

1948 年

9 月，升入高中二年级，住校。

参加学校群声合唱团，在天津市表演黄河大合唱时曾领唱《黄河颂》。

参加学校运动会一百一十米跨栏等项目。

父亲出任中国纺织公司天津分公司专员，兼福利委员会愿工组长及合作社总经理。

祖父创立的义承裕海货店倒闭，大家庭分家。

1949 年

1 月，天津解放，学校有部分学生前往解放区，其仍留在学校完成学业，未前往。

9月，升入高中三年级，与同学到清华大学参观游玩，并于地质系门口合影留念。

1950 年

7月，于天津私立南开中学高中毕业。考入国立清华大学理学院地质系。

9月，入住国立清华大学平斋445宿舍，读大学一年级。

加入清华大学中苏友好协会；清华篮球校队。

年底，学校停课，开始参加抗美援朝宣传、捐献工作。

1951 年

3月，大学一年级第二学期。

9月，大学二年级第一学期。

池际尚、涂光炽两位先生归国；在之后的研究生学习期间，池先生指导其撰写毕业论文。

刻钢板印刷李四光所著《中国地质》、张锡褆所著《地史学》。

在《科学大众》第10卷1期上发表科普性论文"风化作用及其影响"，文章从几个方面阐述了自己在专业学习中的思考，并在文中指出"山上的土壤渐渐减少，山下的土壤渐渐增多，防止的办法是多植树或者开辟梯田"。

参与重组清华国乐社。

年底，开始"三反""五反"运动，接受思想改造。

1952 年

3月，大学二年级第二学期。

7月，由王璞老师带队赴山西中条山进行生产实习。

在《科学大众》10月号杂志发表论文"河流的工作"，一定意义上为其后来沿用欧美学派前沿理论，将水动力学引入地质活动中的重要尝试奠定了基础。

9月，全国高等院系调整，北京地质学院（现中国地质大学）建立。由清华大学地质系转入北京地质学院，入住北京景山东街北大西斋宿舍88号。

1953 年

6月，修完所有课程，提前一年本科毕业，院系毕业分配意见为留校任教。

7—8月，分派至地质部翻译室俄文速成班学习。

9月，由地质部人事司介绍至地质部641队地质科工作（甘肃白银厂）。负责折腰山矿区勘探工作，后发现四个圈矿区，在工作中向宋叔和学习薄片鉴定等知识，并在宋叔和的带领下，与肖序常等共同呼吁建立了分析化验室。

1954 年

6月，因折腰山、火焰山勘探，储量、计算等工作出色以及推动分析化验室的建立等工作，被评为优秀工作者。

7月，经地质部641队推荐，考取北京地质学院研究生，指导老师为莫斯科地质勘探学院院长拉尔钦科教授，中国导师为池际尚先生。

10月2日，与北京地质学院助教李艳阳结婚。

1955 年

夏天，完成专业课考试，开始准备毕业论文。

1956 年

5月，完成毕业论文《白银厂黄铁矿型铜矿床区域地质结构矿区和矿化特点以及该类型矿产之找矿方法》并进行毕业答辩。

6月，于北京地质学院岩石学专业研究生毕业。

7—8月，参加中国科学院地质研究所祁连山科考队，与池际尚先生等赴青海茶卡北山一带考察。

8月，任北京地质学院岩石教研室助教，为水文系毕业班授课。

9月，长子刘石出生。

1957 年

开始给工程地质专业毕业班学生讲授"沉积岩研究方法"，自此转向沉积学研究领域。

7月，参加中国科学院地质研究所祁连山科考队赴青海茶卡北山一带考察。

11月16日，与妻子李艳阳双双下放至北京市昌平区长陵乡五大队永陵村劳动，后因修建十三陵水库，被抽调参与水库地质填图工作。

本月，在北京地质勘探学院第三届科学报告会上与池际尚先生共同发表祁连山科考成果"祁连山青海茶卡北山岩浆地质（野外观察部分）"。

在《北京地质勘探学院学报》第2期上发表论文"祁连山一带下古生代火山岩特点及黄铁矿型铜矿床成因问题"；与冯景兰共同署名发表论文"关于甘肃白银厂铜矿的几个地质问题"。

1958 年

5月16日，结束下乡劳动返回学校。

6月，带学生至湖北地质局清江普查队进行生产实习。

7月，获知将被调往成都地质勘探学院任教，妻子调往南京地质学院任教。

10月，至成都地质勘探学院报到，随即赴南充参加川中石油会战。

12月，返回学校，任岩石教研室助教，为学生讲授"沉积岩石学"课程。本月，成都地质勘探学院更名成都地质学院。

1959 年

承担成都地质学院五一献礼项目"利用有机色剂来对含黏土的岩层油区油矿，作为录井方法的研究"。

参与《沉积岩研究方法》教材的编写工作。

5月,参与翻译的著作《岩石结构》第一册《岩浆岩》一书出版。此外翻译了大量俄文、英文专业文献供教研室老师阅读。

6月,妻子李艳阳从南京调至成都地质学院俄文教研室工作。

7月30日,参加学校教学计划讨论会。

9月,参加反对"右倾机会主义"的政治教育。

12月,承担"沉积岩石学""弗氏台法"两门课程的教学任务。

1960年

2月,参与学校岩石教研室沉积岩教材编写组编写《沉积岩研究方法》初稿。

3月,参加学校教学检查三结合会。

本月,完成学院分配的献礼项目"杰累光率计""晶体光学模型试制及薄片鉴定"。

5月,长女刘蓉出生。

6—8月,带学生赴青海刚察进行区测工作。

协助曾允孚、戴东林老师指导研究生。

为勘探专业二年级学生讲授"岩石学"课程。

参与学校岩石教研室沉积岩小组关于四川盆地中生代沉积岩的岩相古地理沉积形成及规律的相关研究工作。

业余时间研习太极拳,并编制练习标准、动作要点等教于同事。

1961年

10月,与学校岩石教研室沉积岩教材编写组戴东林、曾允孚、夏文杰、周铭浩等共同编著的《沉积岩石学》由中国工业出版社出版。

11月,为配合沉积岩石学理论教学,作为主要负责人编写的《沉积岩石学附编 沉积岩研究方法及实验指导书》由中国工业出版社出版。

本月,与成都地质学院岩石教研室沉积岩教材编写组曾允孚、夏文杰、周铭浩等人共同编写的《沉积相及古地理教程》由中国工业出版社出版。

1962 年

4月，在《成都地质学院学报》第2期上发表论文"哑地层对比方法"。

8月，赴云南保山进行该区域晚古生代基性火山岩的研究考察工作。

10月，参与校对的俄文著作《沉积岩矿物》一书由中国工业出版社出版。

1963 年

暑期，赴云南保山、郝家河、姚安铅矿等地考察。

12月22日，参加成都地质学院第二届科学研究报告会并作"滇西保山区晚期古生代基性火山岩的时代及其特征"报告。

与谭光弼、朱夔玉、段丽兰等共同撰写论文"滇西保山—施甸一代石炭二叠纪地层及其特征"，未公开发表。

1964 年

1月至2月，为完成"沉积组合及沉积建造的研究"项目，到四川龙门山一带（马角坝）侧上古生界剖面。

7月至9月，为完成"沉积组合及沉积建造的研究"项目，赴云南保山一带侧古生界剖面，并补充上古生界剖面。

参与"成都平原及其有关河流第四纪地质"项目，进行野外资料整理，野外剖面研究。

学校设立"沉积岩分类命名与岩石学的研究"项目，对在对滇西、陕北、成都平原等地区进行地质研究中收集的大量岩石标本进行薄片及化石成分的研究。刘宝珺因主要教授沉积岩石学课程，且前期参与编写《沉积岩石学》教材和相关科研项目，负责此项目的室内分析鉴定工作。

翻译俄文《沉积学文摘》等专业文献。

回天津探望父母，此后再无机会与父母见面。

1965 年

5月起，学校前后两批近两千名师生员工到地质队或农村参加社会主义教育运动（即"四清"），整所谓"党内资本主义道路当权派"，刚刚建立起来的正常教学秩序受到冲击。

查明滇西保山地区上古生界地层沉积相及建造，完成"生物体建造及沉积火山建造"（"沉积相组合及沉积建造的研究"项目内容）。

完成"碳酸盐及碎屑岩的分类"（"沉积岩分类命名与岩石学的研究"项目内容）。

1966 年

2月27日，受"四清"运动影响，下放至四川冕宁参加劳动，在新兴公社四大队担任材料员工作。

4月30日，"文化大革命"影响波及成都地质学院，学校各项教学、科研工作停顿。

5月27日，结束下放劳动，返回学校。

8月30日，父亲刘学信含冤去世。

9月，完成"滇西部分地区区域地质特征的研究"项目的室内资料整理并提出报告。母亲鲍淑贤去世。

10月，校内掀起了"批判资产阶级反动路线"的高潮，受到冲击。

1967 年

8月，学校成为武斗据点之一，部分教师和学生被迫离开学校，教学科研工作被中断，被留在学校参加政治学习。

1968 年

9月，二女儿刘丛笑出生。

10月至12月，学校开展"清理阶级队伍"的运动，把"文化大革命"基本查清，并按党的政策作过正确处理的政治历史问题重新翻出，把一百三十八名干部、教师和职工非法关入教学楼隔离审查（即所谓"关牛棚"）。

1969 年

3 月，被关入教学甲楼隔离审查七十二天。

5 月，结束隔离审查，白天参加劳动改造，晚上参加学习和写向组织交代历史的材料，其间曾被指派刻印政治学习材料的钢板。

1970 年

参加学校政治学习班，响应岩石教研室号召教师恢复学习状态，克服政治歧视，给教研室老师辅导英语。

学校复课闹革命，有机会大量阅读欧美文献，开始学习吸收国外有关沉积学新理论。

参与学校组织的"三结合"工作，赴云南进行滇中砂岩铜矿研究工作。

1971 年

年底，参与成都地质学院砂岩铜矿专题队赴云南开展野外工作，因其考察结论与矿区原有经验总结不符，一时在学术界引起"河湖之争"。后通过在实验室里以水槽实验对床沙形态进行模拟研究，并通过野外实践，成功解释成矿古环境的沉积相，结束"河湖之争"。

1972 年

成都地质学院恢复招生。与曾允孚老师编写学生用教材，吸收国际上沉积学最新知识，引入物理、化学这些基础科学的基本原理，致力于泥沙运动力学与沉积构造的研究，参与学校砂岩铜矿床专题组的研究。

1973 年

给岩矿鉴定进修班学员上课，关注砂岩分类问题。

1974 年

6 月，因开展冶金部九号科研专题"云南沉积型铜矿的成矿条件和找矿方向的研究"，赴云南郝家河一带进行野外考察。

学校开展校队（学校与地质队）挂钩"教育革命"实践，被派往新疆库车 705 地质队讲课，其间带学生到阿克苏地区进行野外考察。

1975 年

在《地质学报》第 1 期发表"我国某地区砂岩铜矿床的成因及控矿因素的初步探讨"，署名"成冶"。

成都地质学院自 1972 年开始至 1975 年，举办面向工业或农业的、脱产或业余的、普及性的或专题提高的、学习政治理论或学习科学技术的各种类型的短训班七十二期。为岩相古地理培训班讲课。

1976 年

夏天，应江苏省石油地质大队之邀，为其技术人员作学术报告。

8 月 16 日，在澳大利亚悉尼召开第二十五届国际地质大会，中国恢复参会，向大会提交论文并作交流，提出"沉积期后分异与成矿作用"理论引起国内外同行关注。

赴四川西昌会理大铜厂矿区、开县等地，指导成都地质学院毕业生毕业实习。

在《地质科学》第 4 期发表"某地区白垩系中的冲积相"，署名"成冶"。

1977 年

赴河北、贵州等地为岩相古地理讲习班授课。

参加第二十五届国际地质大会交流的论文"A preliminary discussion on postsedimentary differentiation and It's relation to mineralization"英文单行本刊印，署名"Chenyeh"，其"沉积期后分异与成矿作用"理论引起国内外同行关注，使我国在这一领域的研究站到了国际领先行列。

1978 年

3 月 22 日，晋升为讲师。

9 月，在首届教师节之际，获成都地质学院先进教师、先进教育工作者荣誉。

赴云南、河南、贵州等地做岩相古地理讲座。

参与翻译的《沉积岩成因》《层控矿床及层状矿床手册（第一卷）》出版。

有关"砂岩铜矿""沉积期后分异作用"的两篇论文在全国科学大会上获奖。

成都地质学院岩石教研室下设工程、放射性物探、石油、沉积四个研究室，任沉积岩及沉积矿产研究室副主任。

为75级找矿专业学生讲授岩相古地理课程。

下半年，开始《沉积岩石学》教材的编写工作。

10月，中国矿物岩石地球化学学会成立，任沉积学（分）会委员。

同月，首次招收找矿系岩石学专业沉积岩岩石学方向研究生王成善、刘家铎。

开展西藏地区中生代岩相古地理研究。

父母得到平反，兄弟姐妹间恢复联系。

1979 年

3月26日，晋升为副教授。

在《成都地质学院学报》第2期上发表论文"四川南江地区下白垩统剑门关组冲积相剖面的地层数学模拟"。

在《成都地质学院学报》第3期上发表论文"云南晋宁王家湾震旦系沉积环境分析"。

与曾允孚共同承担地质部47号项目"沉积岩相古地理研究及编图试点"研究，主要对几个地区不同时代的岩相古地理及矿产关系开展研究，项目至1981年结束。除承担编图的指导工作，先后赴湖南、广西、贵州等地进行野外调查及资料收集工作，编写了我国南方泥盆纪古地理略图。

地质部岩相古地理工作协作组成立，担任协作组组长兼技术指导。

阅读并翻译 Ore Petrology、Geochemistry of hydrothermal ore deposits、Economic Geology、Sedimentary Geology 等大量欧美文献。

为岩石学专业一年级研究生讲授沉积岩及沉积相课程，带研究生进行教学实习。

为成都地质学院青年教师及进修教师讲授岩相古地理课程。

年底，中国沉积学大会召开，在中国矿物岩石地球化学学会（CSMPG）下设沉积学学会，中国地质学会（GSC）之下设立沉积学专业委员会，任委员。

1980 年

为成都地质学院 78 级岩石学专业二年级研究生讲授层控矿床及专业英语课程。

4 月，赴广西南宁为岩相古地理学习班授课，并开展沉积岩相古地理研究的野外调查工作。

6—7 月，参加地质矿产部组织的青藏高原考察队赴西藏聂拉木、拉萨等地考察。

7 月，第二十六届国际地质大会在巴黎召开，向大会提交了"中国西南地区的震旦系及其沉积环境"和"铁铜层控矿床的岩相控制——以我国西南的几个矿床实例来说明"两篇论文，其中第二篇文章明确提出采用岩相分析及阶段分析的方法是查明层控矿床形成机理的有效途径，是研究层控矿床形成和分布规律的新道路，具有重要的理论和实际意义。

8 月，主编高等学校试用教材《沉积岩石学》由地质出版社出版。

本月，撰写"关于层控矿产研究的评述"一文，未公开发表。

9 月 16 日，参加全国沉积学会会议：全国碎屑岩沉积相模式和相标志讨论会。

在《成都地质学院学报》第 2 期发表论文"初论层控菱铁矿矿床的沉积环境和形成作用"。

与曾允孚共同承担地质部 80—81 年地质科技发展计划第四十七项"岩相古地理的研究与编图工作"的子课题：中国南方泥盆纪沉积模式及成矿模式的研究。

为成都地质学院成岩作用讲习班授课。

1981年

3月9日，晋升为教授。

4月，所教授的成都地质学院岩相古地理短训班毕业。

在《石油学报》第4期发表论文"碎屑岩沉积相模式"。

6月，参与编写的工具书《地质词典》（二）《矿物、岩石、地球化学分册》出版。

在《地质与勘探》第6期上发表论文"对加强地质工作的若干看法"。

10月11日，参加贵州二迭世岩相古地理评审验收会。

11月，首次独立指导的研究生王成善、刘家铎毕业。自此，先后指导培养了三十三位硕士研究生，包括王成善、翟刚毅、邱东洲、张哨楠、王剑等。

本月，赴河北滦河三角洲考察。

在《地质勘探》第12期上发表论文"沉积相模式与层控矿床"。

陪四川省地矿局同人赴四川峨眉山考察。

赴江苏无锡做岩相古地理知识培训。

1982年

1月10日，受聘为《沉积学报》杂志编委。

本月27日，召开庆祝中国地质学会成立六十周年大会。

2月，从成都地质学院调任地质矿产部成都地质矿产研究所所长、研究所学术委员会主任。

本月，担任中国地质科学院学术委员会常委；成都地质学院兼职教授。

在《石油与天然气地质》第1期发表论文"评《陆源碎屑沉积环境》"。

在《中国区域地质》第1期发表论文"海相陆源地层的环境分析"。

赴北京为中国石油学会石油地质学会举办的第一期碳酸盐岩岩相古地理学习班授课。

在《成都地质学院学报》第2期发表论文"四川南江地区下白垩统剑门关组冲积相地层剖面的数学模拟"。

8月14日，作为组长带领地质部一个派出小组赴加拿大参加第十一届国际沉积学大会,并作有关喜马拉雅沉积构造方面及沉积期后分异两个方面的报告,发表 "On the nature Of plate tectonics in the Qomolangma region inferred: from sedimentary characteristics during the Jurassic period" "The Jurassic trace fossil sandichnofaeies in the Qomolangma region" 两篇论文。

赴西安参加中国地质学会沉积专业委会学术讨论会。

赴峨眉山进行野外考察。

开展青藏高原中生代地层沉积作用和板块运动等方面的研究。

在《矿物岩石》第3期发表论文"西藏南部聂拉木县侏罗纪水成岩脉的发现及其意义";在《石油与天然气地质》第1期发表论文"珠穆朗玛峰地区上侏罗统生物礁的发现";在《成都地质学院学报》第1期发表论文"珠穆朗玛峰地区侏罗系的等深积岩沉积及其特征"。

1983 年

3月10日,正式加入中国共产党。

任第二届沉积学/沉积地质专业委员会副主任委员。

4月5日,任参加中国人民政治协商会议四川省委员会。

本月12日,参加地质矿产部第二次青藏高原地质科学讨论会。

在《沉积学报》第2期发表论文"珠穆朗玛峰地区侏罗纪沉积环境"。

陪同国际著名沉积学家 H. G. Reading 到武汉地质学院(现中国地质大学)作报告,并赴四川峨眉山进行地质旅行。

8月19日,赴桂林冶金地质学院讲学一周。

9月,任四川省科学技术顾问团第一届成员。

本月,参加地矿部门院所长书记会议。

赴云南、安徽等地为岩相古地理基本知识培训班授课。

11月28日,受聘为中国地质科学院学术委员会委员。

本月,参加全国成岩会议。

12月1日,任《矿物岩石》杂志编委。

评为博士生导师。

1984 年

3月，参加全国岩相古地理协作工作组会议。

4月30日至5月7日，参加中国地质学会矿床专业委员在成都召开第三届全国矿床会议。

8月6日至16日，接待加拿大蒙特利尔麦克基尔大学赫斯教授（R. Hesse）、加拿大石油公司总地质师施密特（V. Schmidt）博士来华讲学。

9月，赴四川兴文观察风暴岩、风暴流的发生、发展和消亡，在我国首次发现了世界上罕见的碳酸盐风暴岩这个点，通过碳酸岩风暴岩来解释了上扬子地台二叠系碳酸岩、碳酸盐岩风暴岩流沉积作用。

本月，在《青藏高原地质文集（15）——岩石、构造地质》上发表论文"从珠穆朗玛峰地区侏罗系的沉积特征讨论该区板块构造性质"。

1985 年

1月2日起任《大地构造与成矿学》编辑委员会委员。

本月15日起任《成都地质学院研究生学刊》顾问。

4月，参加四川省地质学会表彰大会。

5月，与曾允孚合作编写的《岩相古地理基础和工作方法》出版。

8月30日，受聘为成都地质学院沉积地质矿产研究所兼职教授，聘期为1985年10月至1988年8月30日。

为研究生讲授碎屑岩、沉积相专题课程。

9月，邀请德国图宾根大学 G. Einsele 教授来华讲学。

赴日本进行琵琶湖第四纪地质与海岸变迁考察。

赴秦岭指导岩相古地理研究与编图野外工作。

参与湖泊沉积学的国际对比项目。

1986 年

1月，编写并上报"中国南方岩相古地理图与沉积、层控矿产远景预测"项目设计书。地矿部"七五"期间重点攻关项目之一，项目起止日期为1986年至1990年。

1月31日，被聘为中国地质学会第二届矿产地质专业委员会委员。

在《地质学报》第1期发表论文"四川兴文四龙下二叠统碳酸盐风暴岩"。

在《中国地质科学院院报》第3期发表论文"云南昆明盆地晚新生代沉积环境的演化"。

7月15日至22日，在华北石油管理局召开冀中和黄骅地区油气勘探专家咨询论证会，向大会提交"关于华北油田研究中的沉积学问题"咨询报告。

本月，对"中国南方岩相古地理及沉积、层控矿产远景预测"研究项目所属震旦、寒武、泥盆、石炭、二叠、三叠纪六个二级课题进行评审并上报中国地质科学院。

8月24日至30日，赴美国参加全球性沉积地质学计划讨论会，随后赴澳大利亚参加第十二届国际沉积学大会，任中国地质矿产部代表团团长。

参加在迈阿密举行的第一次全球沉积地质计划（Global Sedimentary Geology Program，GSGP）专家会议。

11月14日，受聘为华东师范大学地理系兼职教授。

同年，中华人民共和国人事部授予中青年有突出贡献专家。

科研项目"岩相古地理基础和工作方法""四川盆地及边缘地理早二叠古流域沉积相及油气关系研究"均获地质矿产部成果奖三等奖。

赴西藏进行野外考察工作。

1987年

2月27日，担任四川科技期刊编辑研究会名誉理事长。

本月，国际地科联批准"全球沉积地质委员会"（GSGC）为其下设的专门机构、即IUGS—GSGC，这个机构的常务委员会称之为项目开发委员（GSGC—PDC）。担任GSGC-PDC领导成员，并任国际地科联沉积委员会委员。

4月，参加干部法律知识普及考试。

5月14日，参加中国地质科学院所长书记工作会议。

与杨志华等合作，从沉积相研究方面论证了秦岭山柞地区泥盆南北构造带的存在，受到陕西和有关地质界的好评。

在《沉积学报》第 2 期发表论文"黔西南中三叠世陆棚—斜坡沉积特征"，该文根据垂向和横向上沉积特征的研究，建立了在盆地整体坳陷的背景下，盆地边缘的演化模式。

在《沉积学报》第 3 期发表论文"中国扬子地台西缘寒武纪风暴事件与磷矿沉积"。提出了寒武纪磷矿风暴成因模式，掀起了我国南方风暴沉积作用研究热。

6 月，在美国的帕塞迪纳（Pasadena）召开的 PDC 会议上，确定全球白垩纪为第一个试点项目，名称为"白垩纪资源、事件和韵律"（CRER）。

9 月，邀请德国菲希鲍尔教授来成都讲学，陪同其前往龙门洞考察。

接待地质矿产部部长朱训到成都地质矿产研究所检查工作。

参加全国古生物、沉积与成矿作用学术讨论会。

举办岩相古地理基础知识系统讲座并录制电教片。

1988 年

在《四川地质学报》第 1 期发表论文"全球沉积地质计划（GSGP）的制定和意义"。

在《岩相古地理》第 1 期上发表论文"湘西—黔东早震旦世大塘坡组锰矿中放射虫的发现及环境意义"。

3 月 7 日至 9 日，主持召开地矿部岩相古地理工作协作组第七次会议。

8 月 31 日至 9 月 4 日，国际矿床（产）沉积学术讨论会在北京召开，会上，与徐效松合作发表了有关黔东大塘坡组锰矿的海平面编号、构造拉张的热水成矿模式，是我国采用全球事件观点研究成矿地质的先例。

9 月 5 日，受聘为石油大学（华东）兼职教授（1988—1990）。

本月，参加在法国迪涅（Digne）召开的 GSGP 委员会会议，参与全球沉积地质计划，提倡从全球变化的观点来开展沉积学研究；会议期间，会见了法国宇宙科学院巴黎地球物理研究所万森·库尔提欧（Vincent Courtillot）教授，双方表示乐意进一步开展扬子地块与邻接地块（地体）

的古地磁合作研究。

本月，担任四川省科学技术顾问团第二届成员（1988—1992）。

12月2日，受聘为地矿部石油地质综合大队科学技术顾问。

在《岩相古地理》第6期上发表"GSGP五个报告译文集的序"。

参加西南地矿分网金矿地质工作情报交流会。

担任中国矿物岩石地球化学学会第三届沉积（分）学会委员会委员。

1989年

在《沉积学报》第1期上发表论文"西藏北部西雅尔岗地区白垩—第三系红层的成岩作用及成岩环境（英文）"。

在《四川地质学报》第1期上发表论文"一个与生物丘有关的成岩成矿模式"。

3月，被聘为四川省地质学会青年工作委员会顾问。

在《大自然探索》第3期上发表文章"深入认识地球历史的全球沉积地质计划"。

4月27日，经成都地质矿产研究所向中国国际地质对比计划（IGCP）全国委员会报告，担任IGCP第二百七十六项国家工作组组长。

6月6日，主持召开岩相古地理工作协作组第八次会议。

7月9日至19日，赴美国华盛顿参加第二十八届国际地质大会；其间与联邦德国与阿姆斯图兹（AMSTUTZ）教授洽谈合作事宜。

9月，写信给美国南卫理公会大学教授Peter A. Scholle，希望能帮助其加入经济古生物学家与矿物学家学会。

10月26日，获第一届李四光地质科学奖。

邀请美国堪萨斯大学Paul Enos教授、英国牛津大学Guptai来成都进行学术交流；陪同第十一届国际沉积学家学会主席Hans. Füchtbauer至峨眉山进行地质旅行。

1990年

在《岩相古地理》第1期上发表论文"西藏日喀则地区第三系大竹卡

组砾质扇三角洲——片状颗粒流沉积"。

在《中国地质科学院院报》第1期上发表论文"中国南方早古生代古地理轮廓及构造演化"。

邀请科罗拉多州矿业大学名誉教授Robert J. Weimer到中国举办层序地层学讲座。

在《岩相古地理》第3期发表论文"红层问题"。

在《大地构造与成矿学》第1期发表论文"湘西花垣李梅铅锌矿区古热液卡斯特特征及其成因研究"。

4月,赴新疆克拉玛依进行野外考察。

在《岩相古地理》第4期发表论文"碳酸盐沉积和生物礁——国外研究现状"的第一部分内容,随后于第5期,第6期上分别发表第二、第三部分内容,1991年同一期刊第1期、第2期发表第四、第五部分。

在《成都地质学院学报》第2期上发表论文"安徽中南部下二叠统栖霞组和孤峰组沉积环境及成岩历史"。

6月5日,中国地质科学院学术委员会委员。

7月,与余光明等合作编写《岩相古地理教程》,未正式出版。

在《沉积学报》第4期上发表论文"东秦岭柞水—镇安地区泥盆纪沉积环境和沉积盆地演化"。

在《矿物岩石》第4期上发表论文"湘西黔东寒武纪等深流沉积"。

8月27—31日,参加在英国诺丁汉召开的第十三届国际沉积学大会;此前先赴德国拜访Wolfgang Frisch教授,并与阿姆斯图兹(AMSTUTZ)教授商谈合作交流事宜。

9月11日,被聘为75-54-03-01专题评审委员会委员。

本月,成矿所向地矿部上报有关与德国、法国开展合作研究事宜,其积极促成双方的合作,并担任中方负责人。

在《石油与天然气地质》第3期上发表论文"黔东、湘西寒武纪碳酸盐重力流沉积"。

10月,被聘为中国地质科学院南极研究中心顾问。

11月,参加中国科学院地学部召开的"有关地学发展的一些问题"的扩大会议。

12月，专著《昆明盆地晚新生代地质与沉积演化》由重庆出版社出版。

本月，赴四川小金地区考察。

陪同国外同行 Enos 赴三峡考察。

参加石油部主办的油气专家咨询会并作报告。

1991 年

在《成都地质矿产研究所所刊》第1期发表论文"东秦岭山柞旬泥盆纪沉岩盆地沉积层序和海平面变化"和"华南盆地的演化"。

2月8日，被聘为"陕西省南秦岭造山带沉积——浅变质岩1:5万区调填图方法研究报告"评审员。

在《四川地质学报》第2期发表论文"发展中的地质科学"。

在《沉积学报》第1期发表论文"上扬子地块早震旦世大塘坡期锰矿成因和沉积学"。

3月2日，受聘为"河南省富铝土矿成矿地质条件及找矿方法研究"报告做评审员。

3月12日，赴西安地质学院作"当前地学发展的一些问题"的报告。

本月，赴陕西秦岭柞水溶洞指导研究生做毕业论文，此后该论文研究的石瓮子剖面成为陕西省第一号自然保护剖面。

4月4日，"中国南方岩相古地理及沉积、层控矿产远景预测"项目验收。

在《沉积学报》第2期发表论文"湘西黔东下、中寒武统沉积环境"。

本月25日，参加四川省地质学会第八次学会基层工作会议并作学术报告。

本月26日，参加"中国西部特提斯构造演化及成矿作用"学术讨论会。

本月，担任"海拉尔沉积盆地分析及油气勘探方向"项目评审委员会委员。

5月17日，被聘为"汉源——甘洛1:5万区调"片区技术顾问。

7月起，享受中华人民共和国国务院政府特殊津贴。

本月10日，被聘为四川建筑材料工业学院金属矿系兼职教授（聘期

1991年8月1日至1993年7月31日）。

10月，担任"中美合作喜马拉雅和西藏高原深地震反射剖面试验与综合调查研究"第一阶段研究顾问。

11月2日至3日，为冶金工业部西南地质勘查局锰矿短训班讲授沉积岩石学研究现状及锰矿找矿专题课程。

本月，当选中国科学院院士（地学部学部委员）。

12月4日，陪同朱家榕赴四川灌口考察。

参加在加拿大Banff召开的加拿大地质学会1991 NUNA Conference。

任成都地质矿产研究所党委书记。

任四川省知识经济研究会顾问。

1992年

1月16日，作为成都华风中老年足球队与巴伐利亚中老年足球队在成都体育运动中心比赛。

2月，参加国家重点黄金地质科技攻关项目成果鉴定验收会。

3月3日，在冶金工业部西南地质勘查局科学研究所讲授"沉积学的研究现状和展望"专题课程。

5月15日，赴新疆准格尔进行野外考察。

在《沉积学报》第3期发表论文"关于沉积学发展的思考"。

7月15日，被聘为江汉石油学院兼职教授。

8月24日，赴日本京都参加第二十九届国际地质大会。

本月，与张锦泉合著的《沉积成岩作用》专著由科学出版社出版。

9月，与张继庆、许效松合作撰写的论文"四川兴文四龙下二叠统碳酸盐风暴岩"获《地质学报》优秀论文奖。

10月5日，主持召开第三届全国沉积学及岩相古地理学术会议并致开幕词。

10月8日，参加庆祝成都地质矿产研究所成立三十周年相关活动。

10月17日至18日，担任"1∶5万俅波幅、洼里幅区域地质调查联测设计"评审委员会副主任。

11月21日，赴三峡考察。

1993 年

1 月，当选中国政治协商会议四川七届委员会委员。

在《岩相古地理》第 1 期发表与德国宾蒂宾根大学地质研究所 G. Einsele 等合作研究成果："西藏日喀则白垩纪弧前盆地：沉积物和盆地演化""雅鲁藏布中新生代深水沉积盆地形成和演化（Ⅰ）——喜马拉雅造山带沉积特征及演化"。发表论文"雅鲁藏布中新生代深水沉积盆地形成和演化（Ⅱ）——喜马拉雅碳酸盐台地动力演化""雅鲁藏布中新生代深水沉积盆地形成和演化（Ⅲ）——喜马拉雅被动大陆边缘构造沉降分析"。

3 月 6 日，被聘为西安地质学院客座教授，任期三年。

在《岩相古地理》第 2 期发表论文"藏南日喀则群复理石的层序、沉积流体性质和沉积模式分析""雅鲁藏布江缝合带日喀则群的蛇绿岩质海底扇及其板块构造意义"。

6 月，被聘为同济大学兼职教授，任期两年。

本月，专著"中国南方古大陆沉积地壳演化与成矿"由科学出版社出版。

在《岩相古地理》第 3 期发表论文"庆祝刘增乾先生从事地质工作五十周年"。

7 月 28 日，当选四川省地质学会第五届副理事长。

本月，因国家"305"项目，与徐克勤院士、常印佛院士等赴新疆考察。

9 月，担任云南省昆明高新技术产业开发区顾问。

赴滇西对泸沽湖、德钦南澜沧汀等区域进行考察。

参加四川省地质学会铅锌多金属矿床学术交流会。

1994 年

1 月，担任四川省青年科技基金会专家委员会委员。

2 月，荣获"93 四川十大英才"提名奖。

本月，主持成都地质矿产研究所工作会议及春节慰问等活动。

3 月起，担任四川省科学技术顾问团第三届成员。

4 月 12 日，赴意大利进行学术交流活动。

7月，参加在中国举行的沉积岩数据库国际会议发言。

本月，与孙枢等赴新疆塔里木参加会议。

8月，《中国南方岩相古地理图集（震旦纪—三叠纪）》中文版出版；英文版于9月出版。该图集为与此前出版的《中国南方古大陆沉积地壳演化与成矿》以及中国南方震旦纪—三叠纪八个地质时代的岩相古地理与成矿作用共七本专著同为《中国南方岩相古地理系列丛书》。

9月6日，应邀担任第三十届国际地质大会顾问委员会委员。

本月，专著《东秦岭南带沉积盆地演化及多金属成矿条件》由西南交通大学出版社出版。

10月，专著《狗头金表生金生物成矿作用》和《层序地层学研究与应用》分别由西南交通大学出版社和四川科学技术出版社先后出版。

11月1日，担任中国地质学会第三十五届沉积地质专业委员会副主任。

本月，担任中国地质科学院地质科学技术高级咨询中心委员。

12月19日，被西北大学聘为兼职教授。

本月，科研项目"中国南方古大陆沉积地壳演化与成矿"获地质矿产部成果奖二等奖。

在《中国科学院院刊》发表论文"积极开拓沉积学研究新领域"。

1995年

1月起，担任成都理工学院（现成都理工大学）名誉院长。

2月1日，被聘为中国地质大学兼职教授，聘期二年。

本月，辞去成都地质矿产研究所党委书记一职。

在《南方油气地质》第1期发表论文"中国南方岩相古地理与油气前景"。

4月，与美国麻省理工学院伯奇费尔教授商谈开展科研合作事宜。

在《岩相古地理》第3期发表论文"扬子东南大陆边缘晚元古代—早古生代层序地层和盆地动力演化（英文）"。

8月，参加"油气藏地质及开发工程"国际学术研讨会。

本月，被聘为四川省首届学科评议组专家，任期两年。

在《岩相古地理》第 5 期发表论文"新疆阿舍勒、冲乎尔地区泥盆纪岩相古地理研究"。

11 月 12 日，参加四川省学位委员会首届学科评议会议。

12 月，科研项目"东秦岭南带沉积盆地质化及多金属成矿条件"获地质矿产部科研成果三等奖。

于成都为青少年做科普报告。

论文"东秦岭南带沉积盆地演化"被收录于《中国地质科学院文集》（1995 中英文合订本）。

1996 年

1 月 24 日，被聘为地质矿产部科学技术高级顾问。

本月，参加四川省科技大会并代表在川院士致辞。

在《岩相古地理》第 1 期发表论文"上扬子台地西缘峨眉地区三叠纪高频层序与海平面振荡研究"。

3 月 28 日，被聘为石油大学油气资源与环境地质研究所学术顾问。

在《岩相古地理》第 3 期发表与牟传龙等合作撰写的论文"新疆阿合勒—冲乎尔地区泥盆纪相动力学研究"。

7 月起，作为第三十届国际地质大会学术计划委员会学术会议召集人向 G. Einsele、Alexandre Ediberidze 以及全球沉积地质项目计划发展委员会主席 Robert N. Ginsburg 等国外同行邀请论文参会交流。

本月 29 日至 30 日，参加"关于南方二叠纪程序底层研究与勘探目标评选"验收会议。

8 月 3 日至 15 日，第三十届国际地质大会在中国北京召开。闭幕式上被授予斯潘迪亚罗夫奖，俄罗斯科学院院长 Yu. S. Osiov 在致荣誉获得者文书上写到"刘宝珺是一位在地层学、沉积岩石学、沉积盆地的形成和构造发展、油气藏古地理、矿物学方面有卓越成就的中国地质学家"。

在《岩相古地理》第 4 期发表与徐强等合作撰写的论文"中国南方早古生代碳酸盐台地形成与发展（英文）"。

9 月 17 日，被聘为中国地质科学院专业技术职务任职资格评审委员会委员，任期一年。

11月6日，参加四川省科学家技术协会第五次代表大会并致辞。

本月，当选四川省科学家技术协会第五届委员会主席。研究领域拓宽，关注可持续发展、环境、资源等问题。

本月，担任四川省科技进步奖评审委员会副主任。

在《特提斯地质》第二十号发表与许效松等合作撰写的论文"上扬子台地西缘二叠系—三叠系层序界面成因分析与盆山转换"、与牟传龙等合作撰写的论文"新疆阿舍勒—冲乎尔地区泥盆纪火山沉积盆地大地构造背景及其演化"。

做"九五"国家攀登计划项目"地质流体系统与成矿作用"立项汇报。

担任成都地质矿产研究所名誉所长。

做客中央七台"科学家您好"栏目，接受栏目小记者采访。

1997年

1月，受聘为四川省攀西地区资源综合开发顾问。随后与孙鸿烈、张宗祜、常印佛等赴攀西地区及澜沧江地区考察，并参与撰写"关于加快攀西地区发展的建议""关于澜沧江流域综合开发的建议"刊于《中国科学院院刊》第5期。

在《岩相古地理》第1期发表论文"克拉通边缘前陆盆地动力层序地层学"。

在《科学启蒙》第2期发表论文"把握生命的质量"。

3月31日，参加四川省政协七届五次会议。

4月18日，获中国地质学会名誉理事称号。

6月，在西南石油学院作"资源与可持续发展"报告。

本月，与沈志云、韩邦彦等四川省各界科技人员畅谈香港回归。

7月25日，赴北京参加中国科学院院士会议。

本月28日，受聘为西藏自治区国土开发研究所客座专家，并任专家组组长。

9月18日，受聘为第五届"挑战杯"全国大学生课外学术科技作品竞赛评审委员会委员。

本月，参加四川省科协第五届常委会第二次会议。

9月，出席在成都召开的首次西部地区技术经济社会发展论坛工作会。

10月28日，受聘为中国地质大学（武汉）兼职教授。

本月，受聘为四川省科技进步奖第七评审委员会委员。

11月3日，受聘为南京大学地球科学系兼职教授。

本月5日，参加中国中央造山带学术研讨暨院士报告会。

本月28日，受聘为四川省青少年科技教育协会顾问。

12月17日至18日，出席湖南省科技界农村经济可持续发展论坛交流大会。

本月，获全国优秀科技工作者荣誉称号。

参加南开中学50届校友入学50周年聚会。

在 The Netherlands by Ridderprint bv, Ridderkerk 出版 *Basin Analysis*, *Global Sedimentary Geology and Sedimentology*。

前往四川西岭雪山、凉山州甘洛县乌斯河等地考察。

参加同济大学九十周年校庆。

1998年

1月21日，担任第九届四川省青少年发明创造和科学小论文竞赛活动评委会顾问。

3月3日至15日，赴京参加中国人民政治协商会议第九届全国委员会第一次会议，并担任人口资源环境专门委员会委员。

本月15日，受聘为"第九届全国青少年发明创造比赛和科学讨论会"初评委员会主任委员。

在《地球学报》第3期发表论文"热泉热液系统金的成矿地球化学研究"。

4月7日，受聘为重庆大学教授。

本月，四川省第三届科学技术顾问团任期结束，被聘为四川省第四届科学技术顾问团顾问。

5月22日，参加成都理工学院举行的纪念李承三教授诞辰一百周年纪念会并发表讲话。

7月16日，任四川省青年科技基金会第二届理事会副理事长；9月起担任专家委员会委员。

8月3日至9日，赴香港参加全国第九届青少年发明创造比赛和科学讨论会。

9月1日，受聘为地科院地质矿产专业评审委员会委员，聘期二年。

本月21—22日，参加"第一届海峡两岸山地灾害与环境保育学术研讨会"。

本月25日，参加四川省"迎接知识经济的挑战"座谈会并发表"四川如何走进知识经济的大门"的讲话，讲话稿随后刊于10月份四川日报专刊上。

10月22日，参加"长江上游环境变迁、生态重建示范与流域可持续发展研究"座谈会。

11月10日至11日，出席四川省知识经济报告会并作"知识经济走势与未来发展"报告。

本月24日，出席四川省院士座谈会。

本月28日，参加中国非传统矿产资源发现及开发学术研讨会。

本月，担任《高校地质学报》编辑委员会特约编委。

12月21日，参加四川省新一轮国土资源大调查科技座谈会。

1999年

1月15日，受聘为江汉石油学院兼职教授，聘期两年。

本月，受聘为四川省科技杰出贡献奖第一届评选委员会委员，任期两年。

5月，受聘为中国石油天然气集团公司油气储层重点实验室学术委员会委员。

7月17日，参加香港新一代文化协会二十五周年庆。

8月，受聘为第六届"挑战杯"全国大学生课外学术科技作品竞赛评审委员会副主任。

9月20日,担任《石油与天然气地质》期刊第四届编辑委员会委员。

10月,受聘为上海浦东工业技术研究院高级顾问。

受邀回天津南开中学作"二十一世纪的资源与环境"讲座,该文于2001年10月刊录于《十院士与中学生的谈话》一书中。

参加"973"计划,能源与矿产资源研讨会。

参加2000年国土资源大调查地质调查项目立项论证会,主审七个项目。

2000 年

2月28日,撰写的《资源、环境与人类》论文"西部大开发四川矿业发展战略研讨会"获一等奖。

本月,参加四川省委、省政府召开的"西部大开发专家座谈会"。

在《四川师范学院学报(自然科学版)》第1期发表论文"21世纪的资源、环境和可持续发展"。

在《地球科学》第2期发表与赵光玉等合作撰写的文章"地质历史时期海平面变化曲线的数学模型"。

在《沉积于特提斯地质》第2期发表与陈喜昌合作撰写的文章"嘉陵江水资源的开发与防灾工程"。

4月7日,赴四川达州作"西部大开发与资源环境重大问题"报告,并为青少年作专题报告。

本月28日至30日,赴京参加清华大学地质系50届校友聚会。

本月,"坚持对资源的合理开发、使用及保护"刊录于《院士论坛－资源·环境与持续发展》一书中。

5月16日至24日,分别赴新疆、甘肃考察。

6月,论文"资源、环境与人类"刊录于《院士展望二十一世纪》一书中。

11月9日,参加中国地质调查局青藏高原地质研究中心／沉积地质研究中心成立庆祝大会。

直接参与领导了在桂林召开的第一届全国油气储层研讨会,该会议每两年召开一届，之后的第二届、第三届、第四届、第五届均出席。

2001 年

3月7日，接受相声演员、主持人牛群采访，采访内容刊于《走进中国100个院士的家》一书。

4月10日，受聘为长安大学兼职教授。

5月16日，受聘为西北大学大陆动力学教育部重点实验室第一届学术委员会委员。

本月，西南交通大学环境与工程学院（现地球科学与环境学院）正式成立，并担任院长。

6月21日至25日，作为中国科学技术协会第六次全国代表大会特邀代表参加会议。

在《矿物岩石》第3期发表论文"中国沉积学的回顾和展望"。

9月25日，出席成都理工大学、中国地质调查局地质矿产研究所、西南交通大学等多家单位联合主办"刘宝珺院士从事地质工作五十周年暨七十寿辰学术报告会"。

10月16日，出席在武汉召开的国第二届沉积学大会并致辞，对建国50多年以来沉积学发展做了回顾与展望。

任山东科技大学特聘教授；山东省油气勘探开发工程技术研究中心主任。

在《地球科学进展》第5期发表与李廷栋合作撰写的文章"地质学的若干问题"。

2002 年

1月，赴京参加中国科学院地学部第十届常委会第九次会议。

在《沉积于特提斯地质》第1期发表文章"当代沉积学研究的新进展与发展趋势——来自第三十一届国际地质大会的信息"。

在《地质学报》第2期发表与张金亮等合作撰写的论文"苏北盐城油气藏流体历史分析及成藏机理"。

3月9日，赴京参加中华人民政治政协商会议第九届全国委员会五次会议及人口资源环境专委会会议。

5月8日，参加在北京召开的中国科学院地学部第十届常委会第十次会议。

本月28日，参加中国科学院（工程院第六次）第十一次院士大会。

6月，四川省科学技术协会第六次代表大会召开并做工作报告，不再担任主席一职，改任名誉主席及高级专家咨询组组长。

本月，参加成都理工大学博士研究生毕业答辩。

7月26日，出席在昆明召开的第三届海峡两岸山地灾害与环境保育学术研讨会。

8月1日至15日，于山东科技大学指导工作。

本月26日，赴三峡考察。

10月20日，参加中国地质大学（北京）五十周年校庆。

11月20日至21日，赴台湾大学、台湾职业学校访问，参观台湾"中央研究院"图书馆。

《地球科学》第5期发表论文"吐哈盆地台北凹陷黏土矿物纵向异常演化与成因分析"。

在《石油学报》第6期发表与李伟等合作撰写的论文"柴达木盆地侏罗系地层沉积大迁移及成因分析"。

参加湖北地球表层新系统开放实验室第一次学术委员会会议。

2003年

赴北京参加中国沉积学发展方向研讨会暨《沉积学报》创刊二十周年学术报告会。为贺《沉积学报》创刊二十周年撰写论文"《沉积学报》与中国沉积学的发展"。

在《石油勘探与开发》第2期发表与李伟等合作撰写的论文"酒西盆地老君庙构造带油气来源的探讨"。

5月13日，主持"泥石流风险评价研究"成果鉴定会。

12月，受贵州平塘县政府邀请，与李廷栋、李凤麟等十五位专家组成

"贵州平塘地质奇观·中国名家科学文化考察团"，深入掌布河谷对"藏字石"进行实地考察，并于《四川科技报》上发表了考察结果。

在《石油学报》第 5 期发表与李伟等合作撰写的论文"塔里木油田水碳酸盐平衡系数与有机酸的意义"。

由范影年、何原湘建立的以其名字命名的"宝珺珊瑚属"发表在《中国西藏与邻区晚古生代皱纹珊瑚及其生物古地理》专著中。

2004 年

在《中国科学院院刊》第 1 期与沈志云、经福谦等联名发表论文"在我国建设世界上第一条高温超导磁悬浮列车试运行线的建议"。

春天，赴重庆参加重庆大学西南资源开发及环境灾害控制工程教育部重点实验室第二届学术委员会。

3 月 2 日至 4 日，与宋振祺等院士分别至青岛海信集团、张裕集团考察。

本月 13 日，参加四川省科协组织的在川院士联谊活动。

在《石油学报》第 2 期发表与徐强等合著撰写的论文"四川晚二叠世生物礁层序地层岩相古地理编图"。

4 月 28 日，参加四川泸县第二中学第二届科技节闭幕式并作报告。

5 月，圆满完成四川省青年科技基金会第二届专家委员会任期。

7 月 17 日，参加香港新一代文化协会成立三十周年庆祝晚会。

本月，赴新疆库尔勒参加"新疆塔里木及周边地区盆地（山）动力学与油气聚集学术研讨会"。

8 月，为《中国喀斯特的故乡——四川兴文》一书作序。

受四川省成都市河流研究会邀请，对都江堰修建水力工程项目进行评估。

获悉南水北调西线工程一事，开始呼吁有关专家联合立项研究其可行性。

在《地质通报》第 11 期发表与许效松等合著撰写的论文"中国西部三大海相克拉通含油气盆地沉积 – 构造转换与生储岩"。

在《西北地质》第 4 期发表论文"我国剩余油技术研究现状与进展"。

2005 年

2月1日，参加四川省科协组织的联谊会，为大家表演节目，席间与林凌教授讨论南水北调问题。

在《山东科技大学学报》（自然科学版）第1期发表文章"西部大开发中的资源与环境"。

5月23日至25日，参加"中国石化南方下组合油气勘探技术交流会"并发言。

本月26日，受聘为四川青年创新论坛报告人，在中国科学院成都分院举行的"科学与中国"——四川青年创新论坛上作报告。

9月19日至21日，出席在西南科技大学召开的"2005年全国矿物科学与工程学术研讨会"并发表讲话。

9月22日至24日，出席在成都召开的第三届全国沉积学大会并发言。

10月13日，出席在西南交通大学召开的"2005四川省中青年学术大会"并作"资源环境的科学发展观与可持续发展"的报告。

12月6日，担任青岛开发区高级专家协会第一任会长，积极向青岛推荐和引入高级人才。

本月31日，参与"东营凹陷斜坡带油气成藏条件与精细勘探"项目科技成果鉴定会。

在《中国地质教育》第4期发表文章"言传身教，教做真人——怀念敬爱的导师池际尚教授"。

参加在武汉召开的中国矿物岩石地球化学第十一届学术年会"沉积学分会场"；并于两年后参加在北京召开的第十一届学术年会。

2006 年

1月18日，接受成都日报采访，畅谈对成都的"幸福"印象。

本月23日，参加四川省科协新春联谊会并发表讲话。

2月10日，出席四川省科协六届五次全会。

4月11日，作为鉴定委员会主任参与对"川藏公路泥石流滑坡防治理论与技术"项目的专家鉴定。

5月，与林凌等合作编写的《南水北调西线工程备忘录》论文集出版。

在《山东科技大学学报》（自然科学版）第3期发表论文"我国的固体矿产与资源安全的分析"。

7月26日至8月3日，赴云南东川参加"第五届海峡两岸山地灾害与环境保育学术研讨会"以及"第六届全国泥石流学术会议"并致辞。

8月4日，赴山东科技大学指导学科建设和科研工作，随后与许效松老师一起指导学生观察岩芯。

在《国土资源科技管理》第4期发表与潘桂堂共同撰写论文"南水北调西线工程面临的挑战与对策"。

9月，在四川日报上发表与潘桂堂合作撰写的论文"水资源开发应实现三个超越"。

10月20日，出席中国科学院成都山地灾害与环境研究所四十周年庆典专题研讨会并作题为"南水北调西线工程的科学思考"特邀报告。

10月26日，出席成都理工大学建校五十周年庆祝大会并致辞。

在《四川水力发电》第5期发表与潘桂堂合作撰写的论文"南水北调西线工程上马应慎之又慎"。

在《特种油气藏》第5期发表论文"当代沉积学研究进展、前瞻与思考"。

11月2日，出席四川科技馆开馆仪式。

12月12日，担任成都市科普宣讲团团长。

本月，被授予四川省地质学会第八届名誉理事长荣誉。

2007年

1月18日至19日，接待牟书令教授一行十四人到山东科技大学考察。

2月18日，参加四川省科协举行的联谊活动。

4月25日至27日，参加在上海召开的"国水体污染控制、治理、生态修复技术与突发性水污染事故应急处理体系建设高级研讨、交流会"并提交论文"南水北调西线工程的科学思考"。

7月16日至18日，随"科学与中国"院士专家巡讲团赴山东胜利油田作报告。

在《决策咨询通讯》第4期发表文章"南水北调西线工程要慎行"。

在《地质通讯》第8期发表"青藏高原东缘地质及大陆动力学研究的新进展——青藏高原东缘大陆动力学过程与地质响应"及对 The Geology of the Eastern Margin of the Qinghai-Tibet Plateau 一书的评论文章。

10月23日,参加四川省老科协"2007年庆重阳暨会员联谊活动"并接受成都日报记者采访。

11月15日,参加国家"873"计划项目"中国海相碳酸盐岩层系油气富集机理与分布预测"中期评估会议。

在《西南石油大学学报》第6期发表文章"水资源的现状、利用与保护"。

作为专家论证组主任,对"四川省山区减灾工程技术研究中心"做可行性论证。

在《初中生》第11期发表论文"培养多方面爱好 保持旺盛的求知欲"。

与工程院院士韩其为等专家为成都城市河流研究会"关于都江堰水利区可持续发展研究""关于柏条河科学治理研究"两项研究报告进行评审并向四川省政府提出重视《报告》并组织相关机构从技术与政策层面加强对节水的研究。

2008年

2月,《西南石油大学学报》(自然科学版)第1期刊登评论性文章"刘宝珺'治水'"。

3月,《中国高校科技与产业化》刊载黄寰撰写的文章"一切为了崇高的理想——记四川省科协名誉主席、成都理工大学名誉校长刘宝珺院士"。

5月12日,四川汶川发生八级大地震。

6月13日,接受四川科技报采访并指出"成都似一张结实的床架";15日,出席成都市政府、省国土资源厅联合举办汶川"5·12"大地震与成都地质环境论坛。

本月17日至19日,参加在成都举行的"海峡两岸经济区持续发展环境条件研究"评审会。

本月，率多位专家详细考察了大凹子剖面、蚌山剖面以及麻笼、八大河一带，明确肯定了罗平生物群的研究价值及意义。

8月28日，受宜宾市委邀请，到宜宾市中心学习小组作"能源与环境"的科普报告。

10月9日，出席第八届全国环境与生态水力学学术讨论会并作题为"水电工程的科学发展观"的报告。

本月14日，与中国工程院院士金庆焕院士在山东科技大学进行座谈。

本月22日，出席中国科学院成都分院建院五十周年纪念座谈会。

参加山东科技大学中国北方岩相古地理研究与编图交流会。

参加"中国南华纪——新近纪岩相古地研究与编图"项目讨论会。

2009 年

1月22日，参加成都理工大学博士研究生论文答辩。

2月27日，任四川省灾后重建专家服务团地质灾害防治专家组副组长。

本月，与四川省老科协高级专家咨询组成员赴攀枝花就科学开发红格矿和干热河谷潜在生物资源进行调研考察。后于7月组织对攀西红格矿的综合开发利用进行专题研究，并形成"科学开发利用攀西红格多元素共生矿的建议"，逐级向上级领导呈报，时任国务院副总理李克强同志进行了批示。

3月5日至6日，赴绵阳灾区参与重建工作考察。

4月24日，就我国地质勘查、开发及矿业发展给国土资源部提出书面建议。

6月28日，出席中国科学技术协会在成都召开的海峡两岸绿色能源、环境保护和灾后重建研讨会。

9月8日，为山东科技大学2009级新生作报告。

10月15日至20日，参加在山东青岛举行的第四届全国沉积学大会，作"沉积和成岩作用若干问题"的报告并发表于《沉积学报》第5期。

11月16日，听取中石化项目汇报。

12月15日，参加"齐鲁院士 泰山学者山东半岛蓝色经济区高峰论坛"。

2010 年

3月16日，《沉积学报》对其从事地质工作六十周年所取得的成就进行了报道评价。

5月16日，出席枣庄市国土资源局召开全市地质矿产开发战略研讨会并作主旨演讲。

6月19日，担任论证专家组组长队对成都山地所"藏东南波密地质灾害观测研究站建站"进行论证。

本月，参加四川省科协组织的在川院士眉山三苏祠参观活动。

7月19日，与袁道先等有关专家一起对"四川省红层丘陵地区地下水调查与开发利用成果报告"进行评审。

8月，四川科学技术协会编写的《情满大地——刘宝珺院士从事地质工作六十周年》出版，该书收录了昔日同窗、同事以及学生等四十余人撰写纪念其从事地质工作六十周年暨八十华诞的文章及报刊、杂志、网站相关报道。

9月2日，参加"天府科普大讲堂"赴绵阳作"低碳经济、低碳科技与可持续发展"的专题科普报告。

本月5日，出席山东科技大学地质学院2010级迎新大会并作报告。

本月12日，出席山东科技大学举行的"沉积·资源·环境"学术研讨会暨刘宝珺院士从事地质工作六十年庆祝会、八十寿辰宴会。

本月24日，中国科学院院长路甬祥代表中国科学院、中国科学院学部主席团发来贺信，祝贺八十寿辰。

本月，《刘宝珺论文集》由四川科学技术出版社出版。

10月，中国地质调查局成都地质调查中心、成都理工大学、四川省科学技术协会主办"刘宝珺院士从事地质工作六十周年暨八十寿辰庆祝会"。四川省委常委王少雄，沈志云、殷鸿福、林祥棣、姜文汉、马永生、莫宣学等院士出席庆祝活动。

11月19日，与赵尔宓院士、艾南山教授等专家组成鉴定委员会对"四川大熊猫栖息地世界自然遗产汶川八级地震灾害与灾后恢复重建研究"项目进行鉴定。

2011 年

6月22日,《21世纪经济报道》报道了其对长江源区自然环境演变的有关论点。

在《四川党的建设(城市版)》第6期发表"灾后重建的汶川样本序言"一文。

10月,为专著《中国前中生代构造——岩相古地理图集》作序。

2012 年

3月20日,与叶尚福等十三名两院院士同赴成都中国医药大学附属医院考察。

8月9日,赴四川雅安为雅安市委中心组生态城市建设专题学习会作报告。

本月14日,随中国科学院、中国工程院院士和专家考察团赴新疆考察。

10月13日,出席第十一届全国数学地质与地学信息学术研讨会。

本月,在《科学与中国:十年辉煌,光耀神州》(十集)发表文章"资源、环境的科学发展观"。

11月,出席成都地质矿产研究所庆祝建所五十周年庆祝会并发表讲话。

12月31日,出席中国地质调查局成都地质调查中心举行的大同、圭山、罗平、捧乍四图幅区调报告评审会。

2013 年

4月20日,四川芦山发生七级地震。因2008年汶川地震后发表的相关言论再次引发网民及有关专家"质疑"。

5月12日,出席在成都理工大学召开的汶川大地震五周年国际学术研讨会,认为芦山地震并非汶川地震的余震。

本月28日,接受华西都市报记者采访,随后该报刊载"'才艺老人'刘宝珺:成都是我事业上的福地"一文。

10月20日,参加广元市首批院士(专家)工作站评审会。

本月 22 日，出席第五届全国沉积学大会，大会授予其第一届"中国沉积学成就奖"，获此殊荣的还有孙枢院士。

11 月 25 日，《南方人物周刊》刊出其对"院士终身制"发表的言论。

本月，为四川省专业技术人才工作创新管理与实务高级研修班做讲座。

培养的第一位硕士研究生王成善当选中国科学院院士。

再次组织专家对南水北调西线工程进行论证研究。

2014 年

4 月 30 日，出席成都市科协主办的"改革创新、转型升级"院士专家发展座谈会。

9 月 5 日，在南水北调西线工程论证会上发表文章"水资源的天然属性决定人为干预必须慎之又慎"。

10 月 23 日，出席"地震灾区地震次生灾害预警及防治技术高级研修班"并作"从地震灾害而想起的水利工程问题"的报告。

在《矿物岩石》第 4 期上发表与江新胜合作撰写论文"中国全球变化趋势与南水北调西线工程的全球变化风险"。

2015 年

5 月 30 日，受聘为成都市河流研究会荣誉会长。

8 月 19 日，出席在成都理工大学召开的古地理学发展战略研讨会。

10 月 16 日，出席第二届"地震灾区地震次生灾害预警及防治技术"研修班开班仪式并致辞。

本月 24 日，出席第五届中国沉积学大学开幕式并代表沉积地质委员会发言。

本月，《南水北调西线工程备忘录》增订版出版。

2016 年

5 月 24 日，任四川省老科学家技术工作者协会第七届高级专家咨询组顾问。

6月1日，任中国地质调查局东南亚南亚地学研究中心学术委员会副主任委员，聘期三年。

7月7日，获四川省老科学技术工作者协会颁发的突出贡献荣誉证书。

9月28日，出席山东科技大学建校六十五周年校庆并为地球科学院师生作学术报告。

10月29日，出席成都理工大大学建校六十周年庆祝大会。

11月，为纪念中国地质调查百年，《中国地质调查百项理论》出版，认为"刘宝珺教授等首先把沉积相与资源（能源）之间的相互关系作为新的学科生长点与发展方向，通过古大陆重建、盆地类型和相互配置关系、相与沉积层控矿床及生储盖等相互关系研究，总结出大地构造控制盆地性质及类型、沉积盆地控制沉积相展布、沉积相带控制沉积层控矿床及生储盖组合这一重要规律，概括为资源能源相控理论"。

12月12日，参加川西地区资源开发保护发展讨论会进行专业指导。

本月21日，出席成都山地所主办的山地科学发展战略研讨会及建所50周年庆祝会。

本月，荣获《天然气工业》第七届编委会优秀顾问，同时受聘为第八届编委会顾问。

参加三峡工程研讨会。

2017年

9月22日，为"地震灾区地震次生灾害预警及防治技术"全国高级研修班授课。

附录二 刘宝珺主要论著目录

一、论文

[1] 璋瑢（刘宝珺）.风化作用及其影响［J］.科学大众，1951，10（1）:21-23.

[2] 璋瑢（刘宝珺）.河流的作用［J］.科学大众，1952（10）:317-320.

[3] 冯景兰，刘宝珺.关于甘肃白银厂铜矿的几个地质问题［J］.北京地质勘探学院学报，1957（02）:69-74.

[4] 刘宝珺.祁连山一带下古生代火山岩特点及黄铁矿型铜矿床成因问题［J］.北京地质勘探学院学报，1957（02）:105-117.

[5] 刘宝珺.哑地层对比方法.成都地质学院学报［J］.1962（02）:42-57.

[6] 成冶（刘宝珺）.我国某地区砂岩铜矿床的成因及控矿因素的初步探讨［J］.地质学报，1975（01）:28-44.

[7] 成冶（刘宝珺）.某地区白垩系中的冲积相［J］.地质科学，1976（04）:337-353.

[8] 陈野（刘宝珺）.从中国某些砂岩铜矿及有关矿床论沉积期后分异作用和成矿作用［J］.地质学报，1977（01）:207-215.

[9] 刘宝珺，余光明，王文才.四川南江地区下白垩统剑门关组冲积相剖面的地层数学模拟［J］.成都地质学院学报，1979（02）:57-58.

[10] 刘宝珺，李世麟，沈丽娟.云南晋宁王家湾震旦系沉积环境分析［J］.成都地质学院学报，1979（03）:18-25.

[11] 刘宝珺，徐新煌，余光明等.初论层控菱铁矿矿床的沉积环境和形成作用［J］.成都地质学院学报，1980（02）:1-8.

［12］刘宝珺.对加强地质工作的若干看法［J］.地质与勘探，1981，（06）：2-70.

［13］刘宝珺.沉积相模式与层控矿床［J］.地质与勘探，1981，（12）：1-9.

［14］吴崇筠，刘宝珺等.碎屑岩沉积相模式［J］.石油学报，1981，（04）：1-10.

［15］刘宝珺，余光明等.四川南江地区下白垩统剑门关组冲积相地层剖面的数学模拟［J］.成都地质学院学报，1982，（02）：29-32.

［16］刘宝珺，余光明，王成善等.西藏南部聂拉木县侏罗纪水成岩脉的发现及其意义［J］.矿物岩石，1982，2（03）：32-38+115-116.

［17］刘宝珺，余光明，王成善等.珠穆朗玛峰地区上侏罗统生物礁的发现［J］.矿物岩石，1982，2（03）：94-95+121.

［18］刘宝珺.评《陆源碎屑沉积环境》［J］.石油与天然气地质，1982，（01）：87-88.

［19］刘宝珺.海相陆源地层的环境分析［J］.中国区域地质，1982，（01）：26-37.

［20］刘宝珺，余光明，王成善.珠穆朗玛峰地区侏罗系的等深积岩沉积及其特征［J］.成都地质学院学报，1982，（01）：1-6.

［21］刘宝珺，余光明，王成善，兰伯龙.珠穆朗玛峰地区侏罗纪沉积环境［J］.沉积学报，1983，1（02）：1-16.

［22］刘宝珺，余光明，王成善，兰伯龙.从珠穆朗玛峰地区侏罗系的沉积特征讨论该区板块构造性质［C］.青藏高原地质文集（15）岩石，构造，地质，1984：1-11.

［23］刘宝珺.对《中国海陆变迁，海域沉积相与油气》一书的评述［J］.沉积学报，1985，（01）：41.

［24］肖永林，刘宝珺等.云南昆明盆地晚新生代沉积环境的演化［J］.中国地质科学院院报，1986，（03）：145-161.

［25］刘宝珺，张继庆，许效松.四川兴文四龙下二叠统碳酸盐风暴岩［J］.地质学报，1986，60（01）：55-67+121-122.

［26］刘宝珺，张锦泉，叶红专.黔西南中三叠世陆棚—斜坡沉积特征［J］.沉积学报，1987，（02）：1-15+145.

［27］刘宝珺，许效松.中国扬子地台西缘寒武纪风暴事件与磷矿沉积［J］.沉积学报，1987，（03）：28-39+186.

［28］刘宝珺.全球沉积地质计划（GSGP）的制定和意义［J］.四川地质学报，1988，（01）：44-50+28.

［29］刘宝珺.GSGP五个报告译文集的序［J］.岩相古地理，1989，（01）：4-5.

[30] 刘宝珺，余光明，王成善，张哨楠.西藏北部西雅尔岗地区白垩—第三系红层的成岩作用及成岩环境（英文）[J].沉积学报，1989，（01）:11-28.

[31] 刘宝珺.深入认识地球历史的全球沉积地质计划[J].大自然探索，1989，8（29）:10-18.

[32] 刘宝珺，王剑.一个与生物丘有关的成岩成矿模式[J].四川地质学报，1989，（01）:39-44.

[33] 刘宝珺，余光明，陈成生.西藏日喀则地区第三系大竹卡组砾质扇三角洲——片状颗粒流沉积[J].岩相古地理，1990，（01）:1-11.

[34] 刘宝珺，周名魁，王汝植.中国南方早古生代古地理轮廓及构造演化，中国地质科学院院报，1990，（01）:97-98.

[35] 刘宝珺，朱同兴.安徽中南部下二叠统栖霞组和孤峰组沉积环境及成岩历史[J].成都地质学院学报，1990，17（01）:5-12.

[36] 刘宝珺，王剑.湘西花垣李梅铅锌矿区古热液卡斯特特征及其成因研究[J].大地构造与成矿学，1990，3（14）:57-69.

[37] 刘宝珺，叶红专，蒲心纯.黔东、湘西寒武纪碳酸盐重力流沉积[J].石油与天然气地质，1990，（03）:235-246.

[38] 夏祖葆，刘宝珺.红层问题[J].岩相古地理，1990，（03）:47-61.

[39] 刘宝珺，许效松，梁仁枝.湘西黔东寒武纪等深流沉积[J].矿物岩石，1990，（04）:43-47.

[40] 刘宝珺，许效松等.东秦岭柞水—镇安地区泥盆纪沉积环境和沉积盆地演化[J].沉积学报，1990，（04）:3-12.

[41] 奚瑾秋，刘宝珺.碳酸盐沉积和生物礁——国外研究现状（一）[J].1990，（04）:41-48.

[42] 奚瑾秋，刘宝珺.碳酸盐沉积和生物礁——国外研究现状（二）[J].岩相古地理，1990，（05）:38-48.

[43] 奚瑾秋，刘宝珺.碳酸盐沉积和生物礁——国外研究现状（三）[J].岩相古地理，1990，（06）:41-48.

[44] 奚瑾秋，刘宝珺.碳酸盐沉积和生物礁——国外研究现状（四）[J].相古地理，1991，（01）:42-49.

[45] 奚瑾秋，刘宝珺.碳酸盐沉积和生物礁——国外研究现状（五）[J].岩岩相古地理，1991，（02）:44-55.

[46] 刘宝珺. 发展中的地质科学[N]. 四川地质学报，1991，(02)：141-147.

[47] 刘宝珺. 关于沉积学发展的思考[J]. 沉积学报，1992，(03)：1-9.

[48] 德国宾蒂宾根大学，成都地质矿产研究所. 西藏日喀则白垩纪弧前盆地：沉积物和盆地演化[J]. 岩相古地理，1993，13（01）：3-31+56.

[49] 刘宝珺，余光明，徐强；G.Einsele等. 雅鲁藏布中新生代深水沉积盆地形成和演化（Ⅰ）——喜马拉雅造山带沉积特征及演化[J]. 岩相古地理，1993，13（01）：32-49.

[50] 徐强，刘宝珺，余光明，G.Einsele，W.Frisch，刘光华. 雅鲁藏布中新生代深水沉积盆地形成和演化（Ⅱ）——喜马拉雅碳酸盐台地动力演化[J]. 岩相古地理，1993，13（01）：50-57.

[51] 徐强，刘宝珺，余光明，G.Einsele等. 雅鲁藏布中新生代深水沉积盆地形成和演化（Ⅲ）——喜马拉雅被动大陆边缘构造沉降分析[J]. 岩相古地理，1993，13（01）：58-65.

[52] 余光明，刘宝珺，陈成生. 藏南日喀则群复理石的层序、沉积流体性质和沉积模式分析[J]. 岩相古地理，1993，13（02）：1-12.

[53] 刘宝珺，余光明，陈成生. 雅鲁藏布江缝合带日喀则群的蛇绿岩质海底扇及其板块构造意义[J]. 岩相古地理，1993，13（02）：13-24.

[54] 刘宝珺，余光明，W.费里希，L.拉斯巴赫等. 喜马拉雅特提斯域中、新生代沉积盆地演化构造格局及其与阿尔卑斯的对比[C]// 地球科学国际交流（14）- 中国地质科学院"七五"对外科技合作成果选编. 地质出版社，1993：1-18.

[55] 刘宝珺. 积极开拓沉积学研究新领域[J]. 中国科学院院刊，1994，（02）：163-164.

[56] 刘宝珺，丘东洲. 中国南方岩相古地理与油气前景[J]. 南方油气地质，1995，(01)：4-7+5+3.

[57] 刘宝珺，许效松，徐强. 扬子东南大陆边缘晚元古代—早古生代层序地层和盆地动力演化（英文）[J]. 岩相古地理，1995，15（03）：1-16.

[58] 牟传龙，刘宝珺等. 新疆阿舍勒，冲乎尔地区泥盆纪岩相古地理研究[J]. 岩相古地理，1995，15（05）：1-13.

[59] 徐强，刘宝珺，许效松. 东秦岭南带沉积盆地演化[C]// 中国地质科学院文集（1995中英文合订本），1995：8.

[60] 许效松,刘宝珺,赵玉光.上扬子台地西缘二叠系—三叠系层序界面成因分析与盆山转换[J].特提斯地质,1996,(00):1-30.

[61] 牟传龙,刘宝珺等.新疆阿舍勒—冲乎尔地区泥盆纪火山沉积盆地大地构造背景及其演化[J].特提斯地质,1996,(00):70-84.

[62] 牟传龙,刘宝珺,朱晓镇.新疆阿合勒—冲乎尔地区泥盆纪相动力学研究[J].岩相古地理,1996,16(03):30-38.

[63] 徐强,刘宝珺,许效松.中国南方早古生代碳酸盐台地形成与发展(英文)[J].岩相古地理,1996,16(04):1-5.

[64] 刘宝珺.岩相古地理研究的回顾与展望[M]//世纪之交,矿物学岩石学地球化学的回顾与展望——全国第六届矿物岩石地球化学学术交流会论文集.原子能出版社,1998:368-372.

[65] 刘宝珺,陆元法,薛堂荣,贝丰.热泉热液系统金的成矿地球化学研究[J].地球学报,1998,19(3):251-260.

[66] 陈喜昌,刘宝珺等.嘉陵江水资源的开发与防灾工程[J].沉积与特提斯地质,2000,(02):27-32.

[67] 赵玉光,刘宝珺,许效松.地质历史时期海平面变化曲线的数学模型[J].地球科学,2000,2(25):117-121.

[68] 刘宝珺.21世纪的资源,环境和可持续发展[J].四川师范学院学报(自然科学版),2000,(01):1-4.

[69] 刘宝珺.坚持对资源的合理开发,使用及保护[M]//赵鹏大等著.院士论坛——资源·环境与可持续发展.中国地质大学出版社,2000:13-27.

[70] 刘宝珺.资源,环境与人类[M]//上海市对外交流协会编.院士展望二十一世纪.上海科学技术出版社,2000:121-127.

[71] 刘宝珺.21世纪的资源与环境[M]//十院士与中学生的谈话.天津人民出版社,2001:27-35.

[72] 刘宝珺,李廷栋.地质学的若干问题[J].地球科学进展,2001,16(05):607-616.

[73] 王剑,刘宝珺,潘桂棠.华南新元古代裂谷盆地演化——Rodinia超大陆解体的前奏[J].矿物岩石,2001,21(03):1-7.

[74] 牟传龙,刘宝珺等.兰坪中新生代沉积盆地模拟与流体势[J].矿物岩石,2001,(03):44-51.

[75] 刘宝珺.中国沉积学的回顾和展望[J].矿物岩石,2001,21(03):1-7.

[76] 刘宝珺,王剑,谢渊等.当代沉积学研究的新进展与发展趋势——来自第三十一届国际地质大会的信息[J].沉积与特提斯地质,2002,(01):1-6.

[77] 刘宝珺,李伟,付建奎,岑晓春.吐哈盆地台北凹陷粘土矿物纵向异常演化与成因分析[J].地球科学,2002,(05):504-508.

[78] 李伟,刘宝珺,白淑艳.柴达木盆地侏罗系地层沉积大迁移及成因分析[J].石油学报,2002,(06):16-19+6.

[79] 李伟,刘宝珺,吕涛等,酒西盆地老君庙构造带油气来源的探讨[J].石油勘探与开发,2003,(02):30-32.

[80] 张金亮,刘宝珺等.苏北盆地高邮凹陷北斜坡阜宁组成岩作用及储层特征[J].石油学报,2003,(02):43-49.

[81] 李伟,刘宝珺,闵磊.塔里木油田水碳酸盐平衡系数与有机酸的意义[J].石油学报,2003,(05):32-35.

[82] 许效松,刘宝珺,牟传龙等.中国西部三大海相克拉通含油气盆地沉积-构造转换与生储岩[J].地质通报,2004,(11):1066-1073.

[83] 常象春,刘宝珺等.苏北盐城凹陷天然气与凝析油的成因机制[J].海洋地质与第四纪地质,2004,(04):95-100.

[84] 徐强,刘宝珺的规模.四川晚二叠世生物礁层序地层岩相古地理编图[J].石油学报,2004,(02):47-50.

[85] 刘宝珺,谢俊,张金亮.我国剩余油技术研究现状与进展[J].西北地质,2004,(04):1-6.

[86] 刘宝珺.西部大开发中的资源与环境[J].山东科技大学学报(自然科学版),2005,(01):1-7.

[87] 潘桂棠,刘宝珺.南水北调西线工程上马应慎之又慎[J].四川水力发电,2006,(05):108-111+136.

[88] 刘宝珺,廖声萍.我国的固体矿产与资源安全的分析[J].山东科技大学学报(自然科学版),2006,(03):1-5.

[89] 潘桂棠,刘宝珺.南水北调西线工程面临的挑战与对策[J].国土资源科技管理,2006,(04):1-4.

[90] 刘宝珺,韩作振,杨仁超.当代沉积学研究进展,前瞻与思考[J].特种油气藏,2006,(05):1-3+9+103.

ZZ-015-029.刘宝珺，潘桂堂.水资源开发应实现三个超越［N］.四川日报，2006.9.7，4版.

［91］刘宝珺.青藏高原东缘地质及大陆动力学研究的新进展——《青藏高原东缘大陆动力学过程与地质响应》与《The Geology of the Eastern Margin of the Qinghai-Tibet Plateau》书评［J］.地质通报，2007，（08）：1056-1058.

［92］刘宝珺.南水北调西线工程的科学思考［J］.绿色财富，2007，（1）22-26.

［93］刘宝珺.南水北调西线工程要慎行［J］.决策咨询通讯，2007，（04）：1-5.

［94］刘宝珺，廖声萍.水资源的现状、利用与保护［J］.西南石油大学学报，2007，29（06）:1-11.

［95］刘宝珺.沉积成岩作用研究的若干问题，沉积学报，2009，27（05）:787-791.

［96］刘宝珺，资源，环境的科学发展观［M］// 科学与中国：十年辉煌、光耀神州（十集）.北京大学出版社，2012:24-47.

［97］江新胜，刘宝珺.中国全球变化趋势与南水北调西线工程的全球变化风险［J］.矿物岩石，2014，34（04）:108-115.

二、著作

［1］波洛文金娜，叶戈罗娃等编.岩石结构.第一册，岩浆岩［M］.刘宝珺等译.地质出版社，1959.

［2］成都地质学院编.沉积岩石学［M］.中国工业出版社出版，1961.

［3］成都地质学院编.沉积岩石学附编 沉积岩研究方法及实验指导书［M］.中国工业出版社，1961.

［4］成都地质学院岩石教研室（曾允孚，刘宝珺等）.沉积相及古地理教程［M］.中国工业出版社，1961.

［5］（美）H.布拉特，G.V.米德顿，R.C.穆雷.沉积岩成因［M］.冯增昭，何镜宇，刘宝珺等译.科学出版社，1978.

［6］刘宝珺，沉积岩石学［M］.地质出版社，1980.

［7］刘宝珺，曾允孚.岩相古地理基础和工作方法［M］.地质出版社，1985.

［8］刘宝珺，肖永林等.昆明盆地晚新生代地质与沉积演化［M］.重庆出版社，1990.

［9］刘宝珺，张锦泉.沉积成岩作用［M］.科学出版社，1992.

［10］刘宝珺，许效松，潘杏南，黄慧琼，徐强.中国南方古大陆沉积地壳演化与

成矿［M］.科学出版社，1993.

［11］刘宝珺，许效松.中国南方岩相古地理图集（震旦纪—三叠纪）［M］.科学出版社，1994.

［12］Liu Baojun, Xu Xiaosong. ATLAS OF THE LITHOFACIES AND PALAEOGEOGRAPHY OF SOUTH CHINA［M］. New York: SCIENCE PRESS 1994.

［13］徐强，刘宝珺，许效松，杨志华，翟刚毅.东秦岭南带沉积盆地演化及多金属成矿条件［M］.四川科学技术出版社，1994.

［14］陆元法，刘宝珺，薛堂荣，王仲文，王小龙.狗头金表生金生物成矿作用［M］.西南交通大学出版社，1994.

［15］Liu Baojun, Li Sitian. Basin Analysis, Global Sedimentary Geology and Sedimentology［M］.The Netherlands by Ridderprint bv, Ridderkerk, 1997.

［16］许效松，刘宝珺，徐强，潘桂堂等.中国西部大型盆地分析及地球动力学［M］.地质出版社，1997.

［17］林凌，刘宝珺.南水北调西线工程备忘录［M］.经济科学出版社，2006.

［18］刘宝珺，刘宝珺论文集［C］.四川科学技术出版社，2010.

［19］林凌，刘宝珺，南水北调西线工程备忘录.增订版［M］.经济科学出版社，2015.

参考文献

[1] 中国人民政治协商会议天津市委员会/南开区委员会.天津老城记忆[M].天津人民出版社,1997.

[2] 刘海峰,史静寰主编.高等教研史[M].高等教育出版社,2010.

[3] 梁吉生.张伯苓与南开大学[M].山西教育出版社,1955.

[4] 中国地质调查所.中国地质调查所概况(1961-1931)[M].中国地质调查所,1931.

[5] 喻传鉴先生纪念文集编辑组.喻公今尤在：南开中学柱石、爱国教育家喻传鉴纪念文集[C].天津教育出版社,1989.

[6] 申泮文.天津旧南开学校覆没记[M].南开大学出版社,1955.

[7] 崔国良,夏家善,李丽中编.南开话剧运动史料(1923-1949)[M].南开大学出版社,1993.

[8] 中国教育年鉴编辑部.中国教育年鉴(1949-1981)[Z].中国大百科全书出版社,1984:223.

[9] 重要教育科学研究所.中华人民共和国教育大事记(1949-1982)[Z].教育科学出版社,1983:51.

[10] 赵鹏大.励精图治五十秋：中国地质大学简史[M].中国地质大学出版社,2002.

[11] 北京西山的地质研究及其地质实习基地的历史回顾[J].中国地质大学学报,

1990（6）:698.

［12］李延祥.中条山古铜矿冶遗址初步考察研究［N］.文物季刊，1993（2）:64.

［13］在全国地质工作计划会议上陈云副总理的讲话［N］.人民日报，1952-12-19.

［14］李四光.李四光全集，第8卷［C］.湖北人民出版社，1996：402.

［15］滕焕君.档案记载白银的艰苦创业史［J］.档案，2003（5）.

［16］宋叔和.甘肃皋兰县白银厂黄铁矿［J］.地质评论，1949：34.

［17］李琴琴."铜城"一曲对天歌：郭士奇讲述宋叔和三进白银厂率队找矿［EB/OL］.http://www.360doc.com/content/15/0209/06/1124634_447363564.shtml，2013-8-20.

［18］红涛，李纯泉，等.资源勘查工程油气方向本科毕业设计现状与思考——以中国地质大学（武汉）为例［J］.中国地质教育，2017（1）:26.

［19］刘江.情系青藏，求实创新——记中国科学院新增院士莫宣学教授［J］.中国地质教育，2010（1）:3.

［20］中国地质大学岩石教研室.池际尚论文选集［C］.地质出版社，1997:11.

［21］张以诚.山路辉煌——记1953届毕业生、首届李四光地质科学研究获得者、中国科学院地学部委员刘宝珺［A］//吕录生.山花烂漫［M］.中国地质大学出版社，1992（10）:1-5.

［22］中国科学院地质研究所，兰州科学院地质研究室，北京地质学院.祁连山地质志.第一卷［C］.科学出版社出版，1960.

［23］刘宝珺.白银厂黄铁型铜矿床区域地质结构矿区演示和矿化特点以及该类型矿床之找矿方法［D］.中国地质大学档案馆，1956.

［24］黄振辉.地质研究所1956年在祁连山和青藏高原的地质研究工作初步报导［J］.科学通报，1956：54.

［25］涂光炽:中国科学院地质研究所1956年祁连山工作简报［J］.地质评论.1957，17（1）:130.

［26］冯益民:祁连造山带研究概况——历史、现状及展望［J］.地球科学进展，1997，12（4）:307.

［27］中国地质大学校史编撰委员会.地苑赤子——中国地质大学院士传略［M］.中国地质大学出版社，2001.

［28］刘宝珺.刘宝珺论文集［C］.四川科学技术出版社，2010.

[29] 刘鸿允.中国古地理图[J].科学大众,1957:230.

[30] 王扬宗.不当专家当农民——"文革"前科研人员参加体力劳动的政策与实践[J].科学文化评论,2009,6(1):7.

[31] 四川省科学技术协会.情满大地——刘宝珺院士从事地质工作六十周年[M].四川科学技术出版社,2010:8.

[32] 李玉琪,等.从石油天然气勘探的历史经验重新认识四川盆地[J].西安石油大学学报(社会科学版),2014,23(5):56.

[33] 赵拓.鼓足干劲,为攀登现代科学高峰而奋斗——1960年2月21日在全院首次科学讨论会上的报告[R].成都地质学院报,1960:6.

[34] 刘宝珺,朱燮玉.滇西宝山区晚期古生代基性火山岩之时代及特征.成都理工大学科研档案,1963-12:220030.

[35] 光弼,刘宝珺,朱燮玉,段丽兰.滇西宝山——施甸一代石炭二迭纪地层及其特征.成都理工大学科研档案,1963-12:220030.

[36] 何起祥.沉积地球科学的历史回顾与展望[J].沉积学报,2003-3,21(1):10.

[37] 桂林冶金地质研究所情报组.含铜砂岩矿床的特征与找矿[J].地质与勘探,1972(1).

[38] 刘宝珺.关于层控矿床研究的评述[A]//地质科技在发展中[C].地质情报研究所出版,1980,56.

[39] 孙枢,李任伟.我国沉积学专业委员会和沉积地质专业委员会的三十年[J].沉积学报,2009(5):777-786.

[40] 邓小平 邓小平文选(第二卷)[M].人民出版社,2008:86.

[41] 柏木.所长负责制探讨[J].科学学研究,1985,3(4):83-90.

[42] 国土资源部中国地质调查局.中国地质调查百项理论[M].地质出版社,2016:11.

[43] 陈友明.全球沉积地质计划——一次国际学术讨论会报告[J].科学发展与研究,1987(2):1-12.

[44] 林凌,刘宝珺,马怀新,刘世庆.南水北调西线工程备忘录(增订版)[M].经济科学出版社,2015.

[45] 赵城.黄万里的长河万里[M].陕西人民出版社,2013:223.

[46] 江新胜,刘宝珺.中国全球变化趋势与南水北调西线工程的全球变化风险

[J].矿物岩石.2014，34（4）:108.

[47]成都理工大学校史编委会编.成都理工大学校史（1956-2016）[M].中国文史出版社，2016.

[48]张万年，孙弥祯等编.地质矿产部成都地质矿产研究所三十年.本刊稿，1992.

[49]刘宝珺.1955年至1965年工作、学习散记.原件藏于馆藏基地.

[50]水利部南水北调规划设计管理局.南水北调工程纵览[EB/OL].http://nsbd.mwr.gov.cn/nsbdgcjszl.

[51]南水北调管理司.1925-2016南水北调大事记[EB/OL].http://www.nsbd.gov.cn/zx/dsj.

[52]水利部黄河水利委员会.黄河记事[EB/OL].http://www.yellowriver.gov.cn/hhyl/hhjs.

后 记

刘宝珺院士是成都理工大学的名誉校长，早在大学时代就已慕其声名。

第一次与刘宝珺院士的"往事"正面相遇，大抵是在其八十寿诞之际，当时学校党委宣传部组织对他进行深度专访。担纲采访的同事是川大中文系研究生，采访归来一脸"迷妹"表情，满是对老先生的景仰，后来报纸为此刊登了一个整版的专访，文章写得紧实，老先生的学术人生被密不透风地浓缩在了新闻纸的方寸之间。

多年来，学校宣传部同人陆续做过一些宝珺院士的人物通信报道，对先生的研究方向、集大成的重要科研贡献以及壮丽的学术生涯有所涉足，但囿于接触有限，多数文章还是浮于具象的事件光影，一笔宕过之后也就再无下文。

直至 2015 年，我们与先生因中国科协老科学家学术成长资料采集工程项目而得缘识深。光阴三年有余，项目组与他有了极为频繁的交往，故而更深切地了解其学识和人品，彼此间亦建立了深厚的认同与信任。喜人间草木，赏丝竹雅乐，大啖美食，细品佳茗……他对这些"物外之趣"的欢实，也成为区别其他学斋中人，而自成一挂的"宝珺 Style"。

能参与刘宝珺院士学术成长资料采集工程项目，是我们项目组每名成员的荣幸。"荣幸"二字绝非溢美之词，而是从心肺间流出的真切感受。三年来，我们同先生一起从二十世纪三十年代回溯至今，我们寻访他的数个故交探究潮水往事，我们奔赴他学术生命历经的重要之处，我们从上千份实物资料以及海量的文献参考中打捞历史钩沉……更重要的是，当先生将学术思考引入更深的话语空间，当实物资料愈渐丰富，当"非采不可"的人物越来越多，当"非探不可"的底越来越深，我们更加理解了参与采集工程的重大意义。这不仅是共和国科技史上的一项大型文化建设工程，也是以地质见长的成都理工大学塑造、弘扬地学人文精神，培养一流地学人才的历史拓印。对于年轻的参与者来说，则是一次向上拔节生长的重大机遇，在深度探究院士学术品格和科学思想的过程中，逻辑思维逐渐进入科技史的研究体系，个体能力和综合素质得到显著提升，自我认知迭代升级到更为丰盛的精神领域。

出　　发

采集工作是一项卷帙浩繁的系统工程，其硬核程度远超想象。一方面是海量实物资料、文字资料、音像资料的采集、归纳、整理，涉及档案学、图书馆学、广播电视编导等综合学科门类；另一方面是大事年表、资料长编、直接和间接人物专访、以学术成长经历为主线的著书立传，需要具备沉积地质学、历史学、新闻采编等学科背景。作为理工科院校，要集结具有一定专业水准的各路人马参与这项工作，中间甘苦实难细表。

开始仅觉得组建团队不易，随着观摩交流、赴京培训等工作渐次展开，项目小组则充分感受到倘若没有决绝的耐心和毅力、孤往的勇气、对科技文献格物致知的研究精神，以及打捞烟波浩渺史料的能力，这项工作即使开始，也决计不可能走到胜利的终点——我们瞬间对成都理工大学校训"穷究于理，成就于工"有了无与伦比的体悟。

曾向同城有过采集项目经验的高校同人讨教，对方面授机宜时强调最多的是"做好打持久战的准备"。

2015年下半年，采集工程项目正式启动，首先从著作、论文、档案等相对容易入手的基础性工作做起。项目组建了一个名为"挖挖机"的微信群，志在发扬挖挖机开掘到底的精神，寻找宝珺院士丰富的学术历程宝藏，哪怕是一灯如豆，也要在单兵掘进中不言放弃。

这是一项"用力而缓慢穿透硬木板的过程"。毕竟沉积学对采集小组而言几乎等同于眼前一片漆黑，成员们做了大量案头工作，通过网络搜索、数据库检索以及购买等途径，获取了宝珺院士的传记性资料和发表的论著，尤其以刘宝珺干部人事档案以及《情满大地——刘宝珺院士从事地质工作六十周年》《刘宝珺院士论文集》《探幽索微绘沧桑——刘宝珺地质工作六十年》等公开出版物为代表，并通过与院士的多次沟通交流，厘清了他的学术成长主线和脉络，并据此开展了更加精细化的采集。

这是一项"上穷碧落下黄泉，动手动脚找东西"的过程。半个多世纪已过，涉及先生的珍贵历史资料多是散佚四处，而且真正符合学术成长采集要求的原始资料十分匮乏。为了系统性开展采集工作，更为了不留遗珠之憾，采集小组生生把采集项目变成了一场场"破案"。线索可能来自老院士五十年前的一封家书，信中的某段文字不经意间抽出了另一个事实的芽苞，成为我们如获至宝、寻找另一个实物真身的重要实证。我们也经常会在某个事实前方遭遇一堵历史的厚墙，翻不过去时就停下来"四处张望"，从草蛇灰线间寻找新的出口——由于访谈工作通常和实物采集交叉推进，在访谈中获得的关键人物、重大事件和重要节点信息，往往瞬间化成数条明晃晃的线索，激发我们小步快跑，顺藤摸瓜地觅得手稿、证书、野外科考等原件资料。至于多方比对核实，对事件时间、逻辑关系进行无数次复盘推敲，澄清或订正现有的论述，层层褪去各种信息盲区，更是"破案"人员既苦恼又兴奋的工作常态。

改　　变

2016年的暮春时节，采集小组正式启动了对宝珺院士的访谈工作。这是整个项目中的关键环节，几乎决定了我们对第一手访谈资料的掌握效度，乃至对此后的间接人物访谈、资料长编，尤其是学术研究报告的功败垂成产生至关重要的影响。

整个正式访谈大约持续了三个月。在成都理工大学传播科学与艺术学院二楼为此专设的一个房间里，采访者与受访者相隔半米，在问与答之间将老先生的人生长卷缓缓打开，铺展，端详，细看，延伸……房间隔音，一帘稠绿丝绒幕布被精心布置为访谈背景，鹅黄色的光打在老院士脸上，令人似有恍惚——仿佛众人皆置身于光阴，看一个孩童蹒跚，看一个少年成长，看一个青年奋斗，看他在无边的时光里时而大步流星，时而逡巡踯躅，各种场景交替，重叠，在兼容与不兼容之间来回跳跃，让人在宏大叙事间与无数鲜活的细节迎面相遇，传主的学术成长历程变得渐次清晰。我们陆续准备的提纲有近四万字，几乎抛出的每一个问题，老先生都能不疾不徐地回答，惊人的准确背后全是博闻强识的功夫。字面提纲是开放式和闭合式问题结合，但更多的是依靠现场追问，继而打开了无数扇意想不到的往事窗户，极大地丰富了我们著书的素材。

在对刘宝珺院士分十二次进行对话式访谈后，我们获得了访谈音视频一千二百多分钟，整理访谈稿约二十三万字。但坦白地说，这个过程并不算格外顺利。

我们在访谈中与之打交道的，不仅是一个沉积地质学家，更是一个在沉积学领域代表顶尖学术思想的八旬泰斗；不仅是一个历经时代潮汐的老人，更是一个新中国沉积地质事业发展的亲历者和推动者；不仅是一个自带光环的中科院院士，更是一个将自然科学和人文科学融于一身的学术大家。如何与一个站在穹顶之上，有着极其丰厚生命阅历的长者在同一个频次对话？这是采集小组当时面临的最大困境。

访谈曾遭遇"尬聊"。访谈之初，老先生口吻平淡，多少带着些疏离。要么就有一说一，要么对有些问题避之不谈，要么就按照接受媒体采访的语言惯性来表达。若再穷追猛打地多问下去，他大约会说"这个问题已经讲过了，细节不必再谈"。这样的时刻曾数次出现：涩得跟青梅似的问题抛出去，无法直抵受访者内心，倾听与倾诉之间无法建立一种心领神会的默契，追问的底气不足导致语言格外僵硬，不少重要的信息线索像风筝断了线，再寻下文困难重重。再者说，一个科学家的学术人生即使再全面丰富，也无法如探针一样深入到那个无底洞的"底"，材料掌握得越丰富，对信息筛选、分类、归纳和提炼的要求就越高。

如果不能充分获得老院士对项目组的信心，我们如何能让他把此生最重要的历程充分托付给一个以作学术成长为己任的团队？

转机大约出现在当年 11 月以后。

忙完学校六十周年校庆后，负责实物资料的几个年轻姑娘赴宝珺院士曾工作过的成都地质矿产研究所，整整一周戴着口罩翻箱倒柜，几乎找遍了所里的角角落落，把能反映他科研成果、学术贡献的历史资料和实物仪器雄赳赳地扛了回来。当小组成员把整理好的部分实物资料带给宝珺院士时，一向沉稳的老先生被彻底感动，"有些东西我都忘了在哪儿，没想到你们居然找到了！"所有资料的扎实规范程度不啻训练有素的科技史研究者，甚至当年他用过的幻灯片都被"挖挖机"团队挖了出来，并为几百张幻灯片标注了说明。披沙拣金后形成的丰富采集成果，让宝珺院士开始对采集项目的重大意义、对采集团队的专业精神有了更加深入的了解和支持。几天后，他主动打电话邀请我们到家中，郑重将此前从未披露的照片、信件、获奖证书等原件资料无保留地捐赠给了采集小组。

获得老科学家本人的配合和信任，是采集工作至关重要的一环，从此刻开始，采集小组才真正走进了院士的内心。

随着采集工作的渐次推进，尤其是近三十人的间接人物采访、辗转京津及武汉开展各种档案资料的寻访，使项目小组与老先生有了更多谈资，形成了更加深入生动的共鸣共情，很多此前在直接访谈中未能得以知晓的细节与事实，层层叠叠浮出水面。

真正让先生同采集小组"莫逆于心，遂相与为友"，则是 2018 年 3 月他看完研究报告前五章的初稿之后。前五章共二十一节，纵贯传主从 1931 年出生津门到 1982 年赴任成都地矿所所长前的人生长河。拿到初稿后，八十七岁的老先生开了几个晚上的"夜车"，一气读完了前五章十五万字的内容。读毕掩卷已是晨光熹微，丝毫没有睡意的老人难掩激动，提笔给采集小组写下了密密麻麻的四页读后感。在这封珍贵的读后感中，宝珺院士评价该书所用材料真实全面（包括单位档案的收集、有关个人各个阶段的采访），还做了诸多查证、考证，参考了多方的证明和评价材料，"很丰富准确，成为该文的一大特点，说明作者下了大功夫，有十分认真负责的态度"。他认为前五章鲜明地抓住了重要时期和重要事件，特别是把事件的发生与当时的国情、社会情、当时的学术界发展结合起来，与个人的行动、思想结合起来，以此印证个人的成功并非生而有之，而是有特定的背景和思想基础，"这个关系的整体性很重要，也是该书写作的一大特点"。尤其令他惊讶感动的是，作者不是地质专业（甚至不是自然科学方面的人员），写出的东西竟然那么确切，达到了专业水平。

在这封信中以及此后相处的多个场合里，宝珺院士都表达了对采集小组全心投入、事无巨细工作的感谢，以及双方合作的愉快心情。采集小组感动于先生对这项工作的肯定，每一位同志都将先生的这番话当作对采集工作的褒奖，对大家工作的褒奖。做好宝珺院士项目采集工作，于我们而言更成为了一份责任。

笔　耕

从事高校宣传工作，在撰写学术型人物传记方面的优势和短板都很突出。

长期码字，如果还能心生欢喜，那么文字从笔下流出的时候有着天然的熟稔；如果还能对自己的文字在豆蔻词工上有更高的追求，那么写出的东西应该不会差到哪里去。此外，宣传工作需要从事大量新闻采访，对"七分采，三分写"的倚重使整个采集工作的口述访谈资料扎实厚密，为整个研究报告的撰写提供了十分重要的内容支撑。

但掀开硬币的另一面，会写秋水文章的文科生遇到学术话语系统、艰涩的科研概念时，有着天然的畏惧和逃避，何况还是遇到形同天书的沉积学。由于缺少专业学术思维，在提笔开展学术型人物传记的过程中，困惑与困难纷至沓来。

对史料的研究是研究报告的重头戏。即使是一个在文字的疆域里横刀立马的骁勇猛士，面对学术型人物传记时，也不得不勒住缰绳，先从大量的关于史学和科学的论著文献开始读起，这样的啃读包括宝珺院士大量论文集、重点出版教材、代表性著作，也包括与传主本人在各个历史时期有重要关联的人物的相关学术成果，还包括传主从小学到研究生阶段多所学校的校情校史、成都理工大学校史、成都地质矿产研究所发展史。此外，还要分阶段了解当时的国情，对传主构成人生命运拐点的重要历史事件背景。还有一个必须啃下的"硬骨头"，那就是整体了解世界沉积学的发展脉络，以及新中国地质科学事业、沉积学发展的整体谱系。

按照中国科协的要求，研究报告要兼顾文学性和科学性。真正进入操作层面，文学性和科学性就如住在心里的两个名为感性和理性的小人，不仅无法水乳交融，而且还明火执仗般地彼此对峙。世间岂得双全法，这根平衡的金线在研究报告收官时依旧处于动荡的摇摆之中，毕竟两种思维方式都要各自开出繁花，不是一件容易的事。

写作中，枯坐几小时是常事。看不懂艰涩的学术概念，厘不清复杂的逻辑关系，数不尽沉繁的资料背景。那一刻，拔剑四顾心茫然，从肉身到精神彻底被无力感狠狠击倒，WORD 文档连同大脑皆是空白。

写作中，充实也是常事。反复研读各种资料，在无数个深夜跟字面上的刘宝珺对话，问他无数个为什么……梳理历史肌理那些纵横的脉络，寻找先生的思想温度，将已知与未知的历史细节进行还原，最开始是知道，然后是看见，再往后大约就是懂得。学术之于人物，人物之于时代，一个沉积学家的学术传记与历史研究的对话在脑海中逐渐明朗起来，文字开始形成某种力量，牵引自己在这个长跑项目中坚定地抵达终点。

水源于泉。宝珺院士对采集、写作给予了充分的支持与宽容，并分阶段逐一对二十余万字的初稿进行审校，从全书框架结构、事实脉络、学术概念、文辞表达等一一进行了细致修订。心中有丘壑，眉目作山河，先生谦逊儒雅的大家风范，对诸事一丝不苟的沉潜态度，以及老骥伏枥、学无止境的精神，不仅深深感染着我们，更让年轻人受教终生。如果说"不辜负期待"是采集小组最朴素的初心，那么"值得被期待"则是采集小组倾力倾情投入这份探究工作，最终希望实现的愿景。

整个学术研究报告经修改打磨，进一步去冗刈芜，补正阙如。在本书成稿过程中，成都理工大学张锦泉教授对相关章节提供了宝贵修改意见。王娅老师对部分史料的查证、文稿的编辑校对付出了相当的精力，并负责完成了全书插图及附录部分的编写工作。采兰撷芷，千折百转，我们的工作还得到了成都理工大学档案馆、沉积研究院、传播科学与艺术学院、图书馆，成都地质矿产研究所等单位的支持，尤其是得到了四川省科协的悉心指导和无私帮助。在此一并表达深深谢意。

衷心感谢在本书写作过程中全体项目组成员、成都理工大学党委宣传部同人、"云立方"学生传媒中心学生记者的支持与参与。搁笔至此，莫名有了"才下眉头，却上心头"的惴惴然，因个人力有不逮，该书难免出现行文错误、文辞不当之处，还望读者诸君雅鉴并指正。

周图伽

2019 年 4 月　于成都

老科学家学术成长资料采集工程丛书
已出版（110种）

《卷舒开合任天真：何泽慧传》　　　《此生情怀寄树草：张宏达传》
《从红壤到黄土：朱显谟传》　　　　《梦里麦田是金黄：庄巧生传》
《山水人生：陈梦熊传》　　　　　　《大音希声：应崇福传》
《做一辈子研究生：林为干传》　　　《寻找地层深处的光：田在艺传》
《剑指苍穹：陈士橹传》　　　　　　《举重若重：徐光宪传》

《情系山河：张光斗传》　　　　　　《魂牵心系原子梦：钱三强传》
《金霉素·牛棚·生物固氮：沈善炯传》《往事皆烟：朱尊权传》
《胸怀大气：陶诗言传》　　　　　　《智者乐水：林秉南传》
《本然化成：谢毓元传》　　　　　　《远望情怀：许学彦传》
《一个共产党员的数学人生：谷超豪传》《没有盲区的天空：王越传》

《含章可贞：秦含章传》　　　　　　《行有则　知无涯：罗沛霖传》
《精业济群：彭司勋传》　　　　　　《为了孩子的明天：张金哲传》
《肝胆相照：吴孟超传》　　　　　　《梦想成真：张树政传》
《新青胜蓝惟所盼：陆婉珍传》　　　《情系梁菽：卢良恕传》
《核动力道路上的垦荒牛：彭士禄传》《筮草释木六十年：王文采传》

《探赜索隐　止于至善：蔡启瑞传》　《妙手生花：张涤生传》
《碧空丹心：李敏华传》　　　　　　《硅芯筑梦：王守武传》
《仁术宏愿：盛志勇传》　　　　　　《云卷云舒：黄士松传》
《踏遍青山矿业新：裴荣富传》　　　《让核技术接地气：陈子元传》
《求索军事医学之路：程天民传》　　《论文写在大地上：徐锦堂传》

《一心向学：陈清如传》　　　　　　《钤记：张兴钤传》
《许身为国最难忘：陈能宽传》　　　《寻找沃土：赵其国传》

《钢锁苍龙　霸贯九州：方秦汉传》
《一丝一世界：郁铭芳传》
《宏才大略：严东生传》
《我的气象生涯：陈学溶百岁自述》
《赤子丹心 中华之光：王大珩传》
《根深方叶茂：唐有祺传》
《大爱化作田间行：余松烈传》
《格致桃李伴公卿：沈克琦传》
《躬行出真知：王守觉传》
《草原之子：李博传》

《宏才大略 科学人生：严东生传》
《航空报国 杏坛追梦：范绪箕传》
《聚变情怀终不改：李正武传》
《真善合美：蒋锡夔传》
《治水殆与禹同功：文伏波传》
《用生命谱写蓝色梦想：张炳炎传》
《远古生命的守望者：李星学传》

《善度事理的世纪师者：袁文伯传》
《"齿"生无悔：王翰章传》
《慢病毒疫苗的开拓者：沈荣显传》
《殚思求火种　深情寄木铎：黄祖洽传》
《合成之美：戴立信传》
《誓言无声铸重器：黄旭华传》
《水运人生：刘济舟传》
《在断了A弦的琴上奏出多复变
　　　最强音：陆启铿传》
《弄潮儿向涛头立：张乾二传》

《虚怀若谷：黄维垣传》
《乐在图书山水间：常印佛传》
《碧水丹心：刘建康传》
《我的教育人生：申泮文百岁自述》
《阡陌舞者：曾德超传》
《妙手握奇珠：张丽珠传》
《追求卓越：郭慕孙传》
《走向奥维耶多：谢学锦传》
《绚丽多彩的光谱人生：黄本立传》

《探究河口 巡研海岸：陈吉余传》
《胰岛素探秘者：张友尚传》
《一个人与一个系科：于同隐传》
《究脑穷源探细胞：陈宜张传》
《星剑光芒射斗牛：赵伊君传》
《蓝天事业的垦荒人：屠基达传》

《化作春泥：吴浩青传》
《低温王国拓荒人：洪朝生传》
《苍穹大业赤子心：梁思礼传》
《仁者医心：陈灏珠传》
《神乎其经：池志强传》
《种质资源总是情：董玉琛传》
《当油气遇见光明：翟光明传》
《微纳世界中国芯：李志坚传》
《至纯至强之光：高伯龙传》
《材料人生：涂铭旌传》

《一爆惊世建荣功：王方定传》
《轮轨丹心：沈志云传》
《继承与创新：五二三任务与青蒿素研发》

《淡泊致远　求真务实：郑维敏传》
《情系化学　返璞归真：徐晓白传》
《经纬乾坤：叶叔华传》
《山石磊落自成岩：王德滋传》
《但求深精新：陆熙炎传》
《聚焦星空：潘君骅传》

《寻梦衣被天下：梅自强传》
《海潮逐浪镜水周回：童秉纲口述人生》

《采数学之美为吾美：周毓麟传》
《神经药理学王国的"夸父"：金国章传》
《情系生物膜：杨福愉传》
《敬事而信：熊远著传》